全国第四次中药资源普查（河北省）丛书

总主编◎姜建明　裴　林　郑玉光

河北省中药材产业发展报告

主　编◎裴　林　王　斌　田艳勋

中国健康传媒集团
中国医药科技出版社

内容提要

本书立足于河北省中药材资源及区域分布状况、结合河北省中药材产业发展历史、国家与河北省相关政策环境、宏观经济对中药材产业发展的影响、在中药材产业现状、中药材进出口、中药工业、中药农业、科技支撑、发展机遇、产业拓展、冀药品牌发展、河北省科技支撑情况、以及中药材产业竞争力分析、中药材精准扶贫到乡村振兴中存在问题等多方面进行了系统地分析和总结，特别是对产业发展存在的问题、成因进行深度分析，提出建议和发展措施，既是在中药材产业相关资料归纳汇总基础上，提出中药材产业宏观发展见解，也是中药材产业发展的指引和相关部门发展决策的重要参考。

图书在版编目（CIP）数据

河北省中药材产业发展报告 / 裴林，王斌，田艳勋主编．—北京：中国医药科技出版社，2023.12

（全国第四次中药资源普查（河北省）丛书）

ISBN 978-7-5214-4284-7

Ⅰ.①河…　Ⅱ.①裴… ②王… ③田…　Ⅲ.①中药材—制药工业—产业发展—研究报告—河北　Ⅳ.①F426.77

中国国家版本馆CIP数据核字（2023）第219864号

美术编辑　陈君杞

版式设计　南博文化

出版　**中国健康传媒集团** | 中国医药科技出版社

地址　北京市海淀区文慧园北路甲22号

邮编　100082

电话　发行：010-62227427　邮购：010-62236938

网址　www.cmstp.com

规格　787 × 1092mm $^{1}/_{16}$

印张　16 $^{3}/_{4}$

字数　418千字

版次　2023年12月第1版

印次　2023年12月第1次印刷

印刷　三河市万龙印装有限公司

经销　全国各地新华书店

书号　ISBN 978-7-5214-4284-7

定价　388.00元

《全国第四次中药资源普查（河北省）丛书》

编委会

编 委 会

前言

QIANYAN

本书为全国第四次中药资源普查（河北省）丛书之一，以裴林等中药资源项目团队承担全国第四次中药资源普查（河北省）项目，在前期总结太行山、燕山区域中药资源调查数据的基础上，立足于河北省中药材资源及区域分布状况、结合河北省中药材产业发展历史、国家与河北省相关政策环境、宏观经济对中药材产业发展的影响、在中药材产业现状、中药材进出口、中药工业、中药农业、科技支撑、发展机遇、产业拓展、冀药品牌发展、河北省科技支撑情况、以及中药材产业竞争力分析、中药材精准扶贫到乡村振兴中存在问题等多方面进行了系统地分析和总结，特别是对产业发展存在的问题、成因进行深度分析，提出建议和发展措施，既是在中药材产业相关资料归纳汇总基础上，提出中药材产业宏观发展见解，也是中药材产业发展的指引和相关部门发展决策的重要参考。

本书在编写过程中得到了河北省中医药科学院中药资源中心、河北省中药原料质量监测与技术服务中心、河北农业大学、河北中医学院等多个业内专家的支持与帮助，尤其是各位老师和研究生为本书编写、整理了很多珍贵的图片资料，在此表示诚挚的敬意和衷心地感谢。

由于本书编写人员能力所限，且随着中药材产业迅猛发展，中药材产业数据资料更新较快，我们所掌握资料与分析阐述还有许多不足之处，本书的编写还有需要继续完善的地方，敬请同行专家提出建议，以便我们后续补充和修订。

编者

2023年10月

目　录

第一章

河北省中药材产业发展历史

第一节 中医药发展历史

一、我国中医药发展历史

中医药起源于远古先民们长期的生产与生活实践，据推算最迟也是产生于五千年前的新石器时代。历史上传说的“伏曦氏制九针”“神农尝百草”就是原始社会医药活动的标志。人们在觅食过程中逐渐发现了某些草对于某些疾病有着治疗功能，随着时间发展，逐渐积累起一定的经验并传承了下来。这时的人们开始带着治疗某种疾病或强身健体的目的，去采集特定植物，由此形成了“药”的概念。但这时人们对于“药”的概念还是模糊不清的，“药”的概念真正形成的时代应是在商代的后期。

夏商西周时期，医巫并存，卜筮史料记载了大量的医药卫生内容，形成了中医药学的雏形。《诗经》是周初至春秋中期的作品，是我国现存文献中最早记载具体药物的书籍，虽并非记载中药的专著，但它为我们提供了研究本草起源及药物功用的珍贵史料。书中仅植物药就收载50余种，书中还对某些药物的采集、形状、产地及服用季节等进行了简略叙述。西周时期出现了中国历史上最早的对民间开放的官办王室医疗保健机构，西周的医生已开始分工为食医、疾医、疡医和兽医4种，并逐步形成了集医、药、医政一体的机构，有药库、药房和配制药剂的专门工厂，同时还发药给患者治病。而酒和汤剂的发明及药用，可以说是医药发展史的第一次跃进。

春秋战国之际，医巫分离，临床医学的分科初见端倪。在临床实践、天文学和五行学说的基础上，萌发了中医病因说，批判了鬼神致病论。中药品种日益增多，药物学知识不断丰富，出现了记载大量药物的书籍《山海经》。《山海经》是较早涉及到中医知识的书，是我国最早记述药物功效的文献，《山海经》对药物的产地、形状、特点及效用等内容均有所描述，并记载了食、汤服、沐浴、佩戴、涂抹等多种用药方法，宛如一部药学经典，被称为我国本草著作的开先河之作。在春秋时期的城市里，有我国早期的药业存在。那时，由于中医学的理论体系尚未形成，加上迷信思想的盛行，药业的形成还处于不断地孕育之中。到了战国时期，“医”与“药”逐渐分成了两个概念。“医”是指出现了一些杰出的医学家。扁鹊，姬姓，秦氏，名越人，春秋战国时期名医，历来被医学界尊为我国古代医学的祖师。“中国的医圣”、“古代医学的奠基者”扁鹊在诊视疾病中，已经应用了中医全面的诊断技术：望色、听声、写影和切脉。他精于望色，通过望色判断病症及其病程演变和预后。他是我国历史上最早应用脉诊来判断疾病的医生，并且提出了相应的脉诊理论。扁鹊十分重视疾病的预防。他认为对疾病需要预先采取措施，把疾病消灭在萌芽里，这样可以达到事半功倍的效果。扁鹊精于内、外、妇、儿、五官等科，是一位能兼治各科疾病的多面手，擅用砭刺、针灸、按摩、汤液、热熨等多种治疗方法综合治疗疾病。据记载，扁鹊还精于外科手术，而且应用了药物麻醉来进行手术。战国著名的民间流动医生，除扁鹊外，还有俞氏、矫氏、卢氏、文越等。中国第一部医学理论的经典著作——《黄帝内经》成书较早，该书以论述人体解剖、生理、病理、病因、诊断等基础理论为重点，兼述针灸、经络、卫生、保健等多方面，运用阴阳五行学说解释人与自然以及人体内部脏腑的相互关系，并用整体观念论述有关病理、诊断、预防、治疗的基本理论。《黄帝内经》分为《素问》和《灵枢》两部分。《素问》重点论述了脏腑、经络、病因、病机、病证、诊法、治疗原则以及针灸等内容。《灵枢》重点阐述了经络腧穴，针具、刺法及治疗原则等。《黄帝内经》奠定了中医药理论体系的基础，是中国影响极大的一部医学著作，被称为医之始祖。除此之外，由于春秋战国时期我国医药学得到了迅速的发展，此期涌现了一批医学典籍，长沙马王堆3号汉墓出土的帛书中，《足臂十一脉灸经》《阴阳十一脉灸经》《五十二病方》《导引图》等，就是此期关于经脉、医方和医疗体育的专门著作。

秦汉时期，临床医学理论体系和药物学体系达到了前所未有的发展。东汉著名医学家张仲景撰写的《伤寒杂病论》问世，这标志着古代中医临床医学体系的初步建立。《伤寒杂病论》是一部论述外感病与内科杂病为主要内容的医学典籍，其中系统地分析了伤寒的原因、症状、发展阶段和处理方法，以六经论伤寒、以脏腑辨杂病，形成了一套理法方药相结合的体系，建立了辨证论治的基本规范，其所载方剂及方剂学理论，更以“众方之祖”之势奠定了药物方剂学基础。华佗与董奉、张仲景并称为“建安三神医”。少时曾在外游学，钻研医术而不求仕途。他精通内、外、妇、儿、针灸各科，医术全面，尤其擅长外科，精于手术。首创用全身麻醉法施行外科手术，被后世尊之为“外科鼻祖”。晚年因遭曹操怀疑，下狱被拷问致死。现存最早的本草著作《神农本草经》的问世，标志着药物学体系的初步建立。书中共记载药365种，将药物分为上、中、下三品，无毒的称上品为君，毒性小的称中品为臣，毒性剧烈的称下品为佐使，即后世所称的“三品分类法”。该书系统地总结了汉以前的药学成就，归纳了药物的四气五味、有毒无毒、配伍法度、用药方法、剂型选择等基本原则，初步奠定了药学的理论基础。

三国两晋南北朝时期，社会虽长期动乱割据，医药学却得到了全面的发展，在汉代的基础上，广泛总结经验，出现了大量的医学著作，特别是脉学、针灸学、本草学及方剂学方面。魏、蜀、吴三国鼎立的时间不过六十年，但由于彼此间进行的大规模战争对医药产生了异常突出的需求，使医药业得到了一定的发展，尤以长安和魏都洛阳、孙吴的南粤广州、蜀都成都为盛。由于历经了三国时期长期以来的战乱与疾病流行，人们迫切需要得到药品及时治疗，晋代人们对成药商品的重要性有了深刻的认识，出现了“成剂药”的专用名称。医药家葛洪所著的《肘后备急方》最先对“成剂药”进行了记载。除此之外，葛洪主张利用简、便、廉、验的疗法，《肘后备急方》是临床第一部急救手册，其中记载了多种伤寒、疟疾、结核病、天花、麻风等常见疾病的病因、病状和治疗方法，可用于急诊或临床诊疗。到了南北朝时期，出现了由药商独立经营的药铺，医业和药业开始有了明显的分工。南朝的长江下游地区，药业发展特别迅速，各地药材相互交流，市场上出现了同种药材的多种规格。南朝齐、梁间的著名药物学家，在校订《神农本草经》的基础上，又增加汉魏以来名医的用药经验，撰成《神农本草经集注》一书。《神农本草经集注》共记录730种药物，除了增加对每种药物的说明外，还将药物分做玉石、草本、虫兽、米食、果、菜及有名未用七大类，首创“诸病通用药”，分别列举80多种疾病的通用药物，考订了古今用药的度量衡，并规定了汤、酒、膏、丸等剂型的制作规范。该书不仅是这一时期最具代表性的本草著作，而且标志着综合本草模式的初步确立。此外，南朝刘宋时期雷敩的《雷公炮炙论》是我国第一部炮制专著，该书较系统地介绍了300种中药的炮制方法，提出药物经过炮制可以提高药效，降低毒性，便于贮存、调剂、制剂等。它标志着本草学这一新兴分支学科的诞生。

隋唐时期，国家统一，经济繁荣，中医药得到第一次全面的发展，历史上著名的综合性医经方书多出现在这一时期，文献整理编著、药物学著作及临床各科的总结性专著均有很大进步。隋朝时，太医院博士巢元方奉诏主持编撰了《诸病源候论》，其中列述病症很多，内容涉及内科、外科、儿科、妇科、皮肤学、眼科及耳鼻喉科，反映出早在我国隋代就对病源的探讨，发病机理的分析，以及对症候的描述方面，有了相当深入、系统地探索。《诸病源候论》是中国最早的病因证候学记录，也是我国第一部病因、证候学专著，其对病症的详细描述，影响深远，许多后世中医著作对有关的论述都是直接或间接引用本书的原文及论点。隋唐时期还出现了一代名医、药师孙思邈。孙思邈是京兆华原人，少时因病学医，对医学有较深研究，并博涉经史百家学术，兼通佛典。他总结了唐以前的临床经验和医学理论，收集方药、针灸等内容，集民间的单方、验方于一体，著《千金要方》与《千金翼方》，内容十分丰富，合称为《千金方》。该书被誉为我国最早的一部临床医学百科全书，是我国第一部理法方药俱全的医学巨著。其书首列妇女、幼儿疾病，并倡立脏病、腑病分类，具有新的系统性，在医学上有较大贡献。唐代还出现了一部书名为《外台秘要》的重要医学著作，系王焘撰成于天宝十一载，辑录唐以前医家对各科疾病的理论和方药，包括内、外、骨、妇产、小儿、精神病、皮肤、眼、齿等科疾病，对某些传染病，如伤寒、温病、疟疾、虚劳等症，论述尤详，重视灸法。唐以前所散佚的方书，多赖此书存其概略，得以流传。唐代国内药材产地扩大，品种增加，外来药物也日益增多，药材市场变得十分复杂，原来的本草已不适用。为适应形势，唐高宗遂命苏敬等22名医官重新编撰了《本草经集注》，于显庆四年书成《新修本草》，又名《唐本草》。该书广收当时各地的药物知识，并首创药物自然来源的分类方法，还收集全国郡县所产的药物标本，描绘成图，为最早的药物图谱。这是我国以君主权力来编订和推行的官修药物文献，也是我国第一部药典。

两宋时期，朝廷对医药学呈现出史无前例的重视。宋以前医书虽丰，而亡佚大半，流传于世的一些古医籍，亦常常错简脱衍，讹误滋生。到了宋代，朝廷先后组织人员编纂方书和本草、设立校正医书局、铸造针灸铜人、设立惠民局、和剂局、安剂坊、养济院、福田院等，有力地促进了医药卫生事业的进步[1]。值得一提的是唐慎微所撰《经史证类备急本草》，此书为宋代本草集大成之作，其资料之富、内容之广、体例之严，对后世本草发展影响深远，《本草纲目》即以此书为蓝本，后世辑佚古本草，率多取材于此。宋代士人知医，成为风尚，每有“不为良相”，则为“良医”之说，“儒医”之称，亦源于此时。一些文臣武将如刘禹锡、欧阳修、王安石等都参与过古医书的整理，苏轼、沈括等均有个人收集的医方著述。同时，由于活字印刷术的发明，使得大量医药书籍得以刊印推广。这段时期，药性理论有了新的发展，归经理论开始了初步的探索，药品的栽培、采集技术不断提高，炮制加工趋于完善和初步定型。药材的经营进一步繁荣、商业化。

金元时期，北方少数民族与汉族文化大融合，医学史上出现学派争鸣，一些名家独树一帜，形成了各具特色的医学流派。其中刘完素的火热说、张从正的攻邪说、李东垣的脾胃说和朱震亨的养阴说，这金元时期的四大医学流派被称为“金元四大家”。刘完素，河间人，他的医学主张又称河间学派，是宋金医学界最早敢于创新并且影响较大的一位医家。他对内经六气病机进行了专门研究，并加以充实和发展，总结了正常情况下，不同脏腑与五运六气的配属关系，运用五运六气来概括疾病纷繁复杂的变化机理，具六气皆能化火而建立了以火热立论的寒凉派。张从正也是一位具有革新思想的医家，他主张“治病应着重驱邪，邪去则正安，不可畏攻而养病”，发展和丰富了应用“汗、吐、下”三法，世称“攻下派”。他还十分重视社会环境，精神因素等致病作用，成功地应用“心理疗法”来治疗各种疾病，对心理疗法有重大贡献。李杲是著名医家张元素的弟子，他发探了张氏脏腑辨证之长，区分了外感与内伤。认为“人以胃气为本”，“内伤脾胃，百病由生”。首创内伤学说理论，代表作是《脾胃论》。他采取了一套以“调理脾胃”，“升举清阳”为主的治疗方法，世称“补土派”。朱震亨充分研究了《内经》以来，各家学说关于“相火”的见解，创造性地阐明了“相火”有常有变的规律，提出了著名的“阳常有余，阴常不足”的观点，临症治疗上提倡滋阴降火之法，世称“滋阴派”。同时强调节制“食欲”、“色欲”的重要性，提出“百病皆因痰作祟”的观点。金元时期的医学家们从实践中对医学理论做出新的探讨，阐发各自不同认识，创立各具特色的理论学说，开拓了中医药发展的新局面。这个时期也是归经理论、升降沉浮理论形成的阶段。

明代，医药学发展出现革新趋势。不为良相，便为良医的思想使大批知识分子由儒入医，改善了医生的文化素质和知识结构。明代著名医学家、药学家李时珍，字东壁，号濒湖，蕲州人。李氏家族世代行医，他继承家学，着重研究药物，重视临床实践，主张革新，大量收集民间单方，同时参考历代医药及有关书籍，对药物加以鉴别考证，纠正了古代本草书籍中药名、品种、产地等某些错误，并系统地收集整理了宋、元以来民间发现的很多药物，充实了内容，著成《本草纲目》。《本草纲目》是到16世纪为止中国最系统、最完整、最科学的一部医药学著作，不仅为中国药物学的发展作出了重大贡献，而且对世界医药学、植物学、动物学、矿物学、化学的发展也产生了深远的影响，被誉称为“东方医学医典”、“中国植物志”。随着药物学的进展，明代方剂学有了巨大进展。一方面是大量方剂书，尤其是巨型方剂著作的出版，另一方面是对理、法、方、药的研究也更为重视。《普济方》是我国现存最大的一部方书，也是明代最大的方书。它搜罗极广，篇幅很大，几乎收录了十五世纪以前所有保存下来的方书内容。随着医术的发展，人们对药品消费的要求越来越高。由此，中药的炮制相当讲究，方法甚多。由陈嘉谟编著的《本草蒙荃》，对炮制法的分类和辅料的使用目的进行了系统总结，使炮制学日臻完善。明代医学在依靠长期经验积累和求专的过程中构建其综合应用的性质，形成了具有独特理论体系的中医药学。此外，明代的药品种类空间增加，促进了药业的迅速发展，全国性的药材市场相继在河南禹州、百泉、祁州、樟树形成，并迅速发展到全国。由于民营药业的强劲发展，客观上冲击了官营药业的基础，加上官府腐败丛生，以致官药局在明代中期逐渐衰亡，官药局体制至明末彻底衰亡，历时1200余年。

清代是中医学理论的综合汇通和深化发展阶段，中医学传统理论和实践经过长期的历史检验和积淀，至此已臻于完善和成熟。标志性成果是温病学派形成，温病是感受温邪所引起的一类外感急性热病的总称。明朝吴有性的《温疫论》是温病学的重要里程碑，之后其他医家对温病学体系继续进行临床实践及理论探讨。清朝温病学说又更进一步发展，已经形成了独立专题。这个时期的重要人物及著作有叶桂的《温热论》、薛雪的《湿热条辨》、吴瑭的《温病条辨》。此外，这个时期人痘接种以预防天花的方法得到大力推行。清代医家王清任根据尸体解剖和临床经验写成《医林改错》，改正了古代医书在人体解剖方面的一些错误，强调了解剖知识对医生的重要性，并发展了瘀血致病理论与治疗方法。清代在整理已有医药学成就和临证经验的基础上，编撰了门类繁多的医学全书、类书、丛书及经典医籍的注释等。清代医学家赵学敏编辑的《本草纲目拾遗》，对中医药作出重大贡献。《本草纲目拾遗》是一部重要的药物学专著，共载药物921种，其中716种是《本草纲目》所未收载或记录不详者。陈梦雷等著《古今图书集成医部全录》，内容辑录有古典医籍的注释、临证各科诊治、医家传略、医学艺文与记事，为著名中医学类书。吴谦等著《医宗金鉴》，临床各科理法方药歌诀俱备，为太医院的中医学教科书。清代专题类本草门类齐全，张仲岩的《修事指南》，将历代各家有关炮制记载综合归纳，较为系统地论述了各种炮制方法，吴其濬的《植物名实图考》，详记每种植物形态、产地、栽培、用途、药用部位、效用治验等内容，并附有插图，为我们研究药用植物提供了宝贵的文献资料。随着人口和从医业药人员的猛增，清代的中医药业发展到了封建社会的极盛时期，清代成药生产经营超过明代。然而到了清代末期，西医的大量涌入，严重冲击了中医的发展，中医群体受到政府打压，许多中医技术就此停滞甚至消失，正统医术难以传承，中医药学的发展进入低谷，步履艰难。

1912年，孙中山领导的辛亥革命推翻了满清王朝，结束了两千多年的封建统治，进入了民国社会。民国的38年里，中医药学术经历了前所未有的冲击和考验，中西医药业之间进行了史无前例的博弈。医药界依傍政治势力互相攻击，具有较浓的政治化色彩。国民政府对中医药采取了不支持和歧视的政策，余云岫更是于1929年在第一届中央卫生委员会议中起草了《废止旧医以扫除医事卫生障碍案》，会议讨论过程中，提案几乎全票通过，中央卫生委员会特刊，公布“废止中医案”。该法案一经公布，中医界引发轩然大波，最后在于右任的帮助下，中央政府停止将废除中医的法案推行全国。经过志士仁人的努力，中医药学以其顽强的生命力经受住了考验，并在发展中显示了强大的生命力。民国时期的中医药著作数量巨大、内容丰富、时代特点明显。陈存仁主编的《中国药学大辞典》是民国时期中药学发展的一项重要成就，该书既广罗古籍，又博采新说，且附有标本图册，受到药界之推崇。虽有不少错讹，仍不失为近代第一部具有重要影响的大型药学辞书。张山雷编撰的《本草正义》是适应教学和临床应用需要的中药学讲义，该书博采众长，详加考证，并融入张氏独特见解，不仅对诸药的性味、功效和主治作了深入阐发，而且对本草的采集、炮制和用法也有精辟论述。然而这个时期国内战乱频频，日本帝国主义入侵中国，不仅占领了中国的土地，还使中国的中医药业遭到了空前的浩劫。1937年8月13日日军进攻上海，100余家中药店变成废墟，此后全国的中药店仅剩三分之一。战前刚有一定发展的中国人创办的西药业，也因此饱受摧残。日寇侵略中国的领土，大肆掠夺我国的中药资源，开办中药原料药厂，并将产品运回国内，使中国遭受了巨大的经济损失。尽管民国时期内忧外患，西药业在全国仍有较大发展，而普通民众对中医药在防病治病、救死扶伤中的功效一直看重，因此，县城及乡镇医药业仍有相当大的发展[2]。

中华人民共和国成立后，毛泽东同志特别关注中医药的传承与发展，先后发表了一系列重要论述，提出“中西医应当团结合作”、“创造中国统一的新医学、新药学”等观点，并将“团结中西医”写入卫生工作方针。1958年10月11日，毛泽东同志在《卫生部党组关于西医学中医离职班情况成绩和经验给中央的报告》上作出重要批示，指出“中国医药学是一个伟大的宝库，应当努力发掘，加以提高”，为我国中医药及中西医结合工作指明了前进方向。中医药发展由此从全面起步进入快速发展的阶段，在教育、科研、技术等方面取得了长足进展，为后续发展打下了良好的基础[3]。新中国成立70多年来，尤其是改革开放以来，中国的政治、经济、文化、科技等发生了翻天覆地的变化。党中央、国务院高度重视和大力支持中医药发展，中医药与西医药优势互补，相互促进，有了巨大发展。1982年《宪法》第21条规定：“国家发展医疗卫生事业，发展现代医药和我国的传统医药。”从此，中医中药的存在与发展有了根本大法的保护。改革开放的国内环境和经济全球化的趋势，给中国药业带来了持续健康发展的大好机遇。联合国世界卫生组织已肯定了中国传统医药的科学价值。美国等西方发达国家对中医药有了新的认识，逐步放开了进口限制。一些第三世界国家和发达国家如澳大利亚已承认了中医药的合法地位。中国实施西部大开发战略，更有利于促进中医药资源优势转化为产品优势，刺激中医药的快速增长，不少省、市、区甚至县都已把发展中医药列入重要的支柱产业，这将使中医药行业逐步与国际接轨，获得持续健康的发展。党的十八大以来，以习近平同志为核心的党中央坚持中西医并重，把中医药摆在了国家发展战略层面的重要位置，中医药事业迎来了发展的大好时机。目前，我国中药产业已基本形成以科技创新为动力、中药农业为基础、中药工业为主体、中药装备工业为支撑、中药商业为枢纽的新兴产业体系，发展模式从粗放型向质量效益型转变，产业技术标准化和规范化水平明显提高，涌现出了一批具有市场竞争力的企业和产品，中药工业产值不断攀升，逐渐成为国民经济与社会发展中具有独特优势和广阔市场前景的战略性产业。中医药已成为中国与世界各国开展人文交流、促进东西方文明交流互鉴的重要内容，成为中国与各国共同维护世界和平、增进人类福祉、建设人类命运共同体的重要载体。

二、河北省中医药发展历史

河北省有着悠久的历史文化，是中医药的发祥地之一。其中安国是享誉世界的中药之都，承德是著名的皇家药庄，滦平是国药养生的重要发源地之一，具有悠久的中药材发展历史。河北省的医学底蕴深厚，名医辈出，流派纷呈，在医史上地位显赫，是中医药文化大省。其中有与黄帝并列的医经派，医祖扁鹊倡导“四诊合参”，河间学派“寒凉攻下”，易水学派“补虚益损”；金元医学争鸣的开创者和主要医学家，河间县刘完素、易水县的张元素；还有一代名医正定县的李东垣、赵县的王好古、藁城的罗天益；更有我国中西医结合的先行者，玉田县的王清任、盐山县的张锡纯等都是影响深远的大师、学术创新的典范，奠定了中医事业坚实的基础，并深深影响着未来的发展。同时，河北历代医家留下了相当数量的中医药古籍。据郭霭春的《河北医籍考》所载，共收录医籍250多部，涉及医家160多位。这些医籍分为医经、脉法、伤寒、本草、针灸、方论、医话医案、养生、兽医、杂录十类，河北医籍数量在全国各省当中居第十位，而金元时期尤为突显，河北医学著作达50种左右，居当时全国第二。

历史上河北即是重要的中药产地，以安国药业历史最为源远流长，素有“药都”及“天下第一药市”之称。千百年来，安国药材以其种植地道，质量优良，加工技术精湛而闻名中外，故赢得“举步可得天下药”和“草到安国方成药，药经祁州始生香”的赞誉。安国市，古称祁州，为四大药都之首，位于河北省中部、保定市南部，地处华北平原腹地，京、津、石三角中心地带，处于环京津和环渤海经济圈中。东北与博野县为邻，西与定州相连，西北与望都县、清苑区交界，西南与深泽县相连，东南与安平县接壤。安国在两千余年前就存在，在西汉时期设置了安国县，封了第一个安国侯。宋朝时期，因祁州治所迁到此地，因此安国又被称为“祁州”。安国的中药文化发展经过了漫长的过程，纵观历史，安国的药材交易却始终繁荣兴旺。安国是中国近300年历史上最大的药材交易中心，御用药商同仁堂的采购基地，极负盛名的“八大祁药”，唯一的御敕药王，首批国家非物质文化遗产所在地。如今，安国仍是中国最大的中药材集散地之一，安国中药材市场的规模与影响力也在逐年提升。

安国的中药文化是在中药材集散市场的基础上形成和发展的。安国在建制立县后很长的一段时期，中药并不是社会生活的主要内容。一直到北宋，据安国县志记载：相传，北宋太平兴国年间太宗弟秦王赵廷美患病，邀遍名医，皆未能治，便贴皇榜寻医。一日一医揭榜进宫，自称祁州南关人氏，取药丸数粒，让秦王喝下，秦王用药后病愈。便派人追医致谢。医以为惹祸，自缢身亡。宋廷就说是祁州南关的“皮王神阁”神显灵治愈了秦王的病，重建庙宇，广为宣扬。从此“皮王神阁”香火渐盛，逐步形成药材交易庙会。虽然安国在宋朝已出现药市雏形，但直至明朝初年都发展缓慢，并没有形成全国范围内的药材交易市场，也没有明显的地方特色，交易仅限于本地和邻近的几个县域进行，药材交易额亦不大。到了明朝，安国药市有了起色。明永乐年间，成祖朱棣敕修药王庙，成化年间宪宗遣人到药王庙为药王树碑，使药王的影响越来越大，药王庙名声大噪，药材交易量日渐增大。明万历年间，药材加工炮制工艺日趋完善，药业体系初步形成。清代，安国药市的规模快速膨胀，来安国买卖药材的除了有来自全国各地的客商外，还有苏俄、印度、日本、越南、朝鲜等外国药商，药材交易品种多、数量大。规模的扩大使得交易时间延长，由一年一会到一年两会，并且有相当一部分药商在安国设立了药材店堂，进行经常性的中药交易。庞大的市场需要使专业分工更加细化，管理更为严密。以“十三帮”、“安客堂”为代表的行会组织的出现正是这种需要的反映。“十三帮”是由来安国做生意的各地客商自发组成的，各帮集中经营一些有地区特色的大宗药材，形成一定程度的垄断经营，保护本区域药商的利益。各帮都有帮首、规约和习惯。“安客堂”是由安国富士明绅与药商协商成立的组织，负责接待客商，调解客商之间的纠纷，管理经济人，处理贷款纠纷等等。“安客堂”是一种行会形式的管理组织，立有许多规范交易的明文，具有很高的权威性。“安客堂”给当地药市经纪人验发执照，对违规的经纪人给予处罚，甚至有权变卖经纪人的产业平贷还债。行业组织和管理规范所代表的制度文化，标志着安国中药文化走向成熟。明清以来，在这里形成了我国长江以北最大规模的药材交易市场。

民国时期，由于战争动乱影响了药市发展，但安国药市仍发挥着全国药材集散中心的作用。1936年，赵燏黄曾调查安国药市，并在其《祁州药志》中说到，安国“为从来南北药材集散地之一大市场”，“祁州之药材，实可称全国药材总汇之地，药商辐辏之区也”，“祁州之南关，药市喧闹，药气熏天，熙来攘往”。新中国成立后，安国药业掀开新的一页。1956年，安国举办了新中国成立后首届全国中药材交流大会。此后，56次不同类型的药材交流大会，对促进祖国药业发展发挥了巨大作用。1978年，改革开放之后，安国药市迅速恢复活力，药材贸易得到进一步发展。1980年恢复全国药材交流会，开放药材市场，药材种植面积大幅度增加，形成了“经销、加工、种植、医疗、保健一条龙，科技、教学、信息、服务相配套”的发展新格局。1984年7月，占地15亩的西关药市建成，内设2500平方米的交易大棚、4700多个摊位、上市中药材200多个品种。1985年，建成占地400亩、有六条大街、420座楼房、9000多平方米交易大厅的祁州药市，原卫生部部长崔月犁为祁州药市题写了匾额，并成为每年春秋全国中药材交流大会的主会场。20世纪80年代以来，沐浴着改革开放的春风，被誉为“华夏珍药荟萃之区，举步走遍九州之地”的安国东方药城成为全国最大的中药材专业市场。此后，中药材市场逐步扩张，吸引全国80多家知名药业企业前来设立分支机构，韩国、美国、日本等国客商纷纷投资兴业。1994年8月，安国市人民政府投资6亿元建设了占地2000亩、建筑面积70多万平方米、有近万个摊位、年成交额达30亿元的“东方药城”。国务院原总理李鹏为“东方药城”题写了城标。东方药城获得了“国家级文明市场”的殊荣，每年的“全国中药材交流大会暨中华药材节”都在这里举行。2006年，“安国药市”被列为首批国家非物质文化遗产，中药材加工业随之崛起，药业涵盖了一二三产业，成为县域经济支柱。2012年12月以来，安国市着力推进中药都“三区、三基地、三体系”建设，仓储物流商贸区、绿色循环工业区、健康养生文化区建设如火如荼，研发基地、出口基地、种植示范基地渐成规模，种植规范体系、流通标准体系、质量追溯体系日臻完善。近年来，安国中医药全产业链发展取得了显著成效，特别是围绕“现代化中药材交易市场上档升级”，正在强力推进仓储物流商贸区建设，着力打造质量标准化、交易电商化、服务智慧化的现代中药材交易中心。

药材交易市场的变迁见证着安国药市的飞速发展，安国药市变迁的六个主要阶段：

南关药市：药市初起时，交易市场位于药王庙前，当时该区域除药王庙外，基本为空地。明代已成规模，包括今天的药王庙大街、药市街、南大街、北大街、东后街和农民街一带。

大药市、小药市：药市以药王庙为中心、向四周扩展，形成大药市、小药市，多为药材商号。至康熙年间，药市范围发展到东大街一带。著名的卜家、崔家、党家、朱家即在此，持续到80年代。

西关药市：1984年7月，药市迁至西关街，后在其街南建了占地15亩的交易中心，可容纳4700多个摊位、1.5万人。

祁州药市：1985年10月，药市迁至城北。占地6万余平方米，建筑面积2.4万平方米。由两条东西大街、两条东西小街和一个中心交易大厅组成。交易大厅可容纳5000个摊位，大厅外有商户176户，药市中还有住宿、包装、运输、金融等服务设施。

东方药城：1996年，安国药市大部分药商迁往东方药城内经营，今安国药材交易仍在东方药城内进行。东方药城占地2000多亩，建筑面积60万平方米，分为九个区，中药材经营企业一千三百多家，经营品种2800多个，日吞吐中药材1000多吨。中心交易大厅经营面积12000平方米，摊位2000多个，经营品种达2800多种。市场从业人员2.5万人，辐射全国各地及港台、东南亚、欧美、澳洲等20多个国家和地区，年成交额逾100亿元。

数字中药都：随着世界各地对中国中药材需求的增大，近年来安国先后建成安国现代中药工业园区、现代中药农业园区以及中药材专业交易市场–数字中药都等一系列产业高端发展平台，利用“互联网+云计算+大数据”等技术，打造中药材电子交易、第三方检测和产品质量全程追溯“三网合一”新模式，对中药材产品二维码扫描查询，实现药材“来源可知、去向可追、质量可控、责任可究”，加快向标准化、数字化、国际化的方向跨越提升，实现由县级平台向省、国家乃至国际平台的跨越。

第二节 河北中药材资源及区域分布

一、河北省中药材资源丰富

河北省地处华北平原，是全国唯一兼有平原、丘陵、山地、高原、湖泊和海滨的省份，气候环境类型复杂多样，是中药材生产经营大省，历史悠久，丰富的地貌类型造就了河北中药材资源的丰饶，有中药材资源1716种，其中药用植物1442种，栽培药材200多种，列入国家各种保护目录的药材有60多种，列入河北省植物保护名录的有130多种，闻名全国的道地药材有20余种。其中，安国种植药材有300多个品种，其中尤以菊花、山药、紫菀、沙参、薏米、芥穗、白芷、花粉等八大品种出类拔萃，被誉为“八大祁药”，成为河北道地药材的代表。现如今，河北省不仅拥有安国“八大祁药”，还大量出产金银花、柴胡、连翘、酸枣仁、黄芩、北苍术等30余种道地中药材，常年种植的中药材有120种，在全国中药材产地中始终占有举足轻重的地位。河北省野生药材资源丰富，多集中在河北省北部和西北山区，其中承德最多，占32%，其次是张家口，占24%，秦皇岛占13%，保定占12%。栽培药材多集中在太行山、燕山、冀西北山地丘陵区及中南部丘陵、平原，建立了中药材道地性种植优势产区。目前，中药材产业已被河北确定为乡村振兴重要产业强力推进，总面积达129.5千公顷，总产值达246.2亿元。河北中药材，将肩负起经世济人、引领地方发展的重任。

二、河北省中药材优势品种突出

河北省是传统的中药材生产大省，全国中药材主产区之一，在全国占有重要地位，是我国中药工业、大健康产业原料的供应和质量保障基地。近年来，河北省挖掘地域优势，大力发展中药材产业，其产值不断增加，产品影响力不断增强。河北省已形成了十大道地中药材产业县，包括涉县的柴胡、连翘产业，巨鹿县的金银花、枸杞产业，邢台县的酸枣仁产业，内丘县的酸枣仁、王不留行产业，安国市的八大祁药产业，隆化县的柴胡、桔梗产业，围场满族蒙古族自治县的桔梗、黄芪产业，滦平县的黄芩、桔梗产业，青龙满族自治县的北苍术、桔梗产业，蔚县的知母、防风产业，中药材产业区域布局规模和优势凸显。

道地药材品种呈现区域化、规模化发展趋势，一些品种正在形成河北省甚至是全国特色药材优势产区，延续了河北作为国内重要中药产地的地位，如安国中药材、涉县柴胡、清河山楂、巨鹿金银花、邢台县酸枣仁、滦平中药材等特色农产品优势区；中药材品牌建设取得初步成效，安国中药材入选第二批中国特色农产品优势区，承德热河黄芩获得第一批国家道地药材认证，巨鹿、内丘、平泉、围场和安国分别成为全国最大的金银花、邢枣仁、杏仁、桔梗和栝楼单品生产集散地。河北省部分道地药材在全国产销中占有重要地位。酸枣仁、天花粉、王不留行、祁紫菀、山杏等中药材产量占全国总产量的60%以上，连翘、北柴胡、金银花、北苍术等中药材产量占全国总产量的1/3。金莲花、半夏、猪苓、口防风、荚膜黄芪、知母、祁沙参、祁山药、祁白芷等一批强势发展品种正在迅速崛起。注重中药材全产业链发展，“热河中药花海小镇”在河北省率先探索了一二三产业融合发展模式，带动中药材产业向“产业发展+科技支撑+精准扶贫+美丽乡村”融合方向发展。

三、河北省道地中药材区域分布

中药材是中医药事业传承和发展的物质基础，道地药材是我国传统优质药材的代表。道地药材是指经过中医临床长期应用优选出来的，产在特定地域，与其他地区所产同种中药材相比，品质和疗效更好，且质量稳定，具有较高知名度的药材。立足于全省资源禀赋，我省充分考虑道地药材生长习性和种植基础，以不与粮争地为前提，加快扩大山区丘陵和坝上高原地区种植规模，稳定平原地区种植面积，着力构建燕山、太行山中药材产业带和冀中平原、冀南平原、坝上高原中药材产区的“两带三区”优势区域布局。据统计，全省优势产区种植规模发展到171万亩，占中药材总面积的82%。太行山、燕山产业带，充分发挥适宜种植面积大、岗坡山地多的优势，大力推广山地中药材、林下中药材、粮药间作等模式，实施道地药材人工抚育、仿野生栽培和生态栽培，打造全省面积最大的中药材道地产区。坝上高原区，立足气候冷凉、环境友好、地域广阔的特点，用足用好首都“两区”建设和退耕还林还草腾出的发展空间，大面积种植耐干旱、耐贫瘠、易机械化生产的道地中药材品种；冀中平原区，利用安国“千年药都”影响力，发挥北方最大中药材交易市场引领作用，巩固提升优势地位，培树全国标准化生产标杆，带动周边区域规模化集约化发展；冀南平原区，依托专业交易市场，突出传统种植特色，调优单品品质，推广机械化采收，降低成本、提高效益。

第三节　河北中药材产业发展机遇

一、国家政策方面

近年来，国家出台了多项中医药振兴发展战略规划，从顶层设计到落地执行，贯穿中医药行业全产业链。如今，中医药已上升为国家战略，政策加速推动中医药产业高质量发展。国家中医药法律法规的颁布实施，为中药材产业发展提供了良好的政策环境。《关于扶持和促进中医药事业发展的若干意见》从宏观层面指明中医药产业发展方向，明确要提升中药产业发展水平。《中华人民共和国中医药法》第一次从法律层面明确了中医药的重要地位、发展方针和扶持措施，为中医药事业发展提供了法律保障。《全国道地药材生产基地建设规划（2018~2025年）》的颁布有助于加快道地药材生产基地建设，提升中药材质量，推进中药产业发展。《关于促进中医药传承与创新发展的意见》，明确指出要继承好、发展好、利用好中医药产业。《关于医保支持中医药传承创新发展的指导意见》指出，提升医保对中医药的支持力度，将医保对中药态度由之前的限制为主转向支持，大幅度提升市场信心。《中药材生产质量管理规范》为中药材生产质量管理制定了详细规范。国务院办公厅印发《“十四五”中医药发展规划》，其中提到，鼓励中药材产业化、商品化和适度规模化发展，推进中药材规范化种植、养殖，进一步完善中医药高质量发展政策和体系，中药再次体现重要地位。结合着全国第四次中药资源普查工作陆续完成，各地中医药资源底数逐渐清晰，中医药行业发展再次迎来一个重要机遇。

近年来，河北省委、省政府高度重视中药材产业发展，将中药材产业确定为乡村振兴重要产业强力推进，将中医药和生物制药列入全省十二个重点扶持和加快发展产业，中药材产业也被确定为推进现代农业发展的五大主导产业之一。为了推动中药材产业发展河北省颁布实施了一系列政策条例。《关于扶持和促进中医药事业发展的实施意见》中提出要充分认识扶持和促进中医药事业发展的重要性，明确了中医药事业发展的指导思想、基本原则和目标任务。《河北省贯彻〈中医药发展战略规划纲要（2016–2030年）〉实施方案的通知》指出要全面振兴河北省中医药事业，实现由中医药大省向中医药强省跨越。《河北省中医药条例》是全国首部中医药地方性法规，为完善中医药服务，促进中药保护和产业发展，推动健康河北建设提供了强有力的法治保障。《关于加快中药材产业发展的实施意见》深入贯彻习近平总书记关于发展中医药工作的重要论述，对推进我省“十四五”时期中药材产业高质量发展具有重大而深远的意义。《关于持续深化“四个农业”促进农业高质量发展行动方案（2021–2025年）》中包括了对道地中药材的专项推进方案。《河北省道地中药材产业集群2022年推进方案》制定了具体方案以促进我省中药材产业高质量发展。《河北省中医药发展“十四五”规划》明确了“十四五”时期河北省中医药发展的总体思路、发展目标、重点任务和发展路径，对今后五年全省中医药发展进行全面规划部署。这些条例以建设中医药强省为目标，对中药产业发展中的诸多问题进行了规范，为河北省中药材产业发展提供了良好的政策环境。

二、市场需求方面

中医药及大健康产业将成为中国经济发展的蓝海。作为中医药及大健康产业发展的基础，中药材种植产业也必将迎来千载难逢的发展机遇。中药材是国家鼓励和支持的战略性新兴产业，具有产业关联度大、延伸链条长、低能耗、无污染等特点，兼有经济、社会和生态多重效益，同时也是我国农业生产的重要组成部分，是农业增效、农民增收的重要来源。

我国新农合制度全面推行，中医医疗保障服务体系逐渐完善，促进了中医药产业发展，中成药制药企业数量不断增加，对于中成药的研发不断深入，中成药种类和数量大量增加，对中药材的需求不断增加；另外，“健康中国”理念上升为国家战略，吸引了大量资金流入健康产业，人们的养生观念越来越强，健康需求不断增长，并呈现多样化、差异化特点，这也将带动中药材需求增加，特别是药食同源性中药材需求量增加；中药材还可用于兽药生产及兽用饲料添加剂，这也为中药带来巨大的市场需求。中药材市场需求旺盛，为河北省中药材产业发展提供了广阔前景。

随着现代医学模式的转变和健康观念的变化，国际社会对中医药的理解、认同和交流合作日益广泛，中医药的功效正逐步为世界各国所承认，世界卫生组织的传统医学战略、各国中医药管理与贸易政策及国际中医药贸易的发展和法律规定为中医药国际贸易创造了良好的市场与政策环境，国际市场对中药材的需求越来越大。随着对外贸易发展水平的不断提高、中医药"一带一路"全方位合作新格局基本形成，以及世界各国对传统医药重视程度的不断提高，我国中药材出口贸易得到进一步发展，成为我国具有国际优势的产业之一。中医药巨大的国际市场给中药材产业发展提供了很好的国际市场条件。

三、技术发展方面

随着现代生物技术迅猛发展，新方法和新技术的不断应用，中国的中药材产业得到突破性发展。由农业农村部和财政部支持，建成于2017年的国家中药材产业技术体系，先后组建了科技部重点领域"中药生态农业创新团队"、"国家蒙药加工技术研发专业中心"，以及湖南、湖北和山西三省的中药材产业技术体系等14个平台。该体系突破药用植物细胞与不定根产业化技术、构建中药资源循环利用体系、引领中药生态农业研究与实践、抓住中药材ISO国际标准制定主导权、提出了基于逆境效应的道地药材拟境栽培理论，构建了中药材生态种植模式和技术评估体系、研发出高效轮作栽培技术体系，使我国中药材产量和品质得到显著提升，推动中药材产业发展迈入高质量发展新阶段。

为了促进中药材产业发展，2015年河北省在全国率先成立省级中药材产业技术体系创新团队。积极开展中药材生产相关研究，制定了国家中医药行业标准30多项，河北省中药材系列地方标准80多项；选育出中药材新品种10余个，优良种质10余个，并在生产上推广应用；在中药材道地产区建立中药材示范基地50多个，集成示范套餐技术100多项；组建了中药材专家顾问组，为中药材生产提供技术和市场预警等服务，在一些中药材生产大县设置专人负责中药材生产和技术推广，为中药材产业发展提供了优良的技术环境。每年安排500万元资金支持科研攻关，突破一批关键技术，省级中药材地方标准数量居全国首位，基本形成了涵盖全省大宗中药材野生抚育、仿野生栽培、绿色防控、配方施肥和林药间作等全链条的标准体系。各地加强宣传培训，狠抓标准实施，引导推动中药材生产加工从无标向有标转变，产品品质显著提升。

四、疫情防控方面

2019年新冠疫情在给人类健康带来巨大威胁的同时，也为中医药在发展壮大、走向世界创造了难得的机遇。中医药在疾病预防、治疗、康复中的独特优势，在抗击新冠疫情过程中展露无遗。中医药作用的发挥体现在抗击疫情整个过程中，包括预防、治疗和康复。中医药的作用分三方面：一是扶正气，调节机体的内环境，提升免疫力；二是通过外用药作用于黏膜，降低接触病毒的危险度；三是通过中药的挥发性物质，芳香辟秽，改变病毒依附的生存环境。在现代医学既无特效药也无疫苗可用的危急之时，中医药借鉴历史上防治瘟疫的经验，以扶正祛邪和辨证论治方法为基本，全方位、全过程参与防控救治，发挥了显著作用。

在我国的新冠肺炎防控中，中医药引起了大家的关注。从官方的公开资料可以看到，临床疗效观察显示，中医药总有效率达到了90%以上。中医药的抗疫贡献，为中国人民的生命安全筑起一道健康屏障。现阶段，虽然我国新冠疫情已经逐渐得到控制，但全球新冠疫情仍处于大流行状态，新发传染病不断出现，我国慢性病发病率总体呈上升趋势，传统传染病防控形势仍然严峻。随着疫情持续蔓延反复，像板蓝根、金银花等具有增强免疫力、防御流感的中药销量飙升，对疫用中药材的需求量明显提高。

第四节　中药材产业概念界定

一、产业

产业是现代经济生活中从事生产或作业的各行业、各部门以及企业和私人服务单位的集合，或者说产业是为国民经济提供产品或劳务的组织或部门的总称。广义的产业是从事国民经济中同性质的生产或其他经济社会活动的企业、事业单位、机关团体和个体的总和。狭义的产业主要是直接从事同类经济活动的企业、事业单位和个体的总和。产业是由国民经济中具有同一性质，承担一定社会经济功能的生产或其他经济社会活动单元构成的，具有相当规模和社会影响的组织结构体系。

构成产业具有三个规定性：产业构成的规模规定性；产业构成的职业化规定性；产业构成的社会功能规定性。综合以上规定性的单元集合体才可称之为这样那样的产业。

二、产业链

产业链是围绕某类产品或服务，以各种产业联系为基础而形成的涉及多个产业环节的链式结构。从范围上讲，不仅包含了各参与企业的链接，而且还强调各参与企业所在行业之间的链接。从内涵上讲，不仅包括了经济全球化背景下，在产业中的生产、贸易和服务功能的一体化趋势，还深化到产业链上物料供应、信息流动、产业组织形式、技术创新、价值实现与利益分配等各个方面的问题。郑胜利认为，产业链主要是指产业价值链[4]。郑勇军和汤筱晓认为，产业链主要是围绕服务于某种特定需求或进行特定产品的生产所涉及的一系列互为基础、相互依存的上下游之间的链接关系[5]。

产业链管理是一种集成化的管理思想和方法，就是从某个产业的角度来强调对产业间的物流、信息、价值、组织、技术等方面进行管理，即产业链中的人、财、物以及信息、技术等要素的管理，以寻求整个产业的最优效益，提升产业的综合竞争力。

三、中医药产业

中医药行业主要由中药材、中药饮片和中成药三大支柱产业组成，是我国传统医学的瑰宝，在疾病的预防、治疗以及保健等领域有着独特的优势，目前全球40亿人使用中草药治病，市场潜力巨大。

在已有的大量学者的研究中，对于中医药产业的概念有着很多不同的表述。熊新忠认为中医药产业指的是在经济社会中，以中医药理论为指导，专门从事中医药经营和研究的相关部门或机构[6]，这一定义从产业主体的角度界定了中医药产业的概念。李泊溪则将产业发展现代化走向和中医药产业发展特点相结合，将中医药产业解释为国民经济中从事中医药类产品的生产、经营、研究等相关经济活动的领域[7]。齐谋甲等认为中医药产业是一个社会生产体系，其中既有工业和农副业，又有商业和服务业[8]。薛文礼则认为中医药产业是新兴健康产业群，是在传统中医理论和中医药基础上，结合现代工业化方法所形成的，主要包括中药、保健品和医疗器械等行业[9]，这一概念认为中医药产业是与中医药产业各环节要素息息相关的集群或体系，而不是单一的产业。王海燕则认为中医药产业是企业和组织以及其经济活动的集合，是由中医药相关产业所构成的一个全面的产业链条和产业体系，它涉及到与中医、中药有关的所有经营组织及其生产经营活动的各个环节、各个方面[10]。

（一）中药农业

中药农业以中药材采集、栽培和养殖为主要内容。包括对野生药材的引种驯化和抚育管理，以及利用现代高科技对中药进行特殊方式的半工业化生产；还包括部分药材的产地粗加工业。中药农业是中药产业的基础产业，中药材生产是推进中药产业现代化进程的基础，它不仅要为中药工业提供原料，而且要为中药商业提供货源。

（二）中药工业

中药工业以中药饮片炮制加工、中成药制剂和中药保健品生产为主要内容。主要包括中成药工业、中药饮片工业、中药保健品工业，还包括中药制药机械、辅料、包装材料等相关产业。近几年新发展起来的植物药材提取物（中间体）也成为一项重要内容。中药工业是推进和实现中药产业现代化的主要带动力，是中药产业的主导力量和发展方向。

（三）中药商业

中药商业以药材、饮片、中成药、保健品等市场供应为主要内容，以及与中药产业紧密相关的储藏、运输、服务业，也包括中药的出口贸易等。中药商业是联系中药农业与中药工业的桥梁和纽带，是中药产品走向国内、国际市场不可缺少的重要环节。

（四）中药知识产业

中药知识产业以科研、教育、信息、技术服务、技术转让等为主要内容，是一个新兴的产业，是实现中药新产品、新技术、新工艺、新设备研究开发及生产、销售的重要组成部分。中药知识经济产业涉及中药科学技术、经营管理、知识产权、信息技术、电子商务等诸多知识领域。中药知识产业的形成和发展，在知识经济时代，将推动整个中药产业的现代化和国际化，促进中药科研、教育和信息高质量发展，同时提供高技术含量的新产品及各种信息。中药知识产业是中药产业建立、成立及开拓新的经济增长点的基础和依托，是创造新财富的重要来源，是中药产业的灵魂，将逐步发展成为中药产业中最大的产业。

四、中医药产业链

中医药产业链包含中药原材料种植、医药制造、医药商业、第三方物流和医药零售等，最后到达终端消费者。中药制造中最重要的三个环节是中药材、中药饮片和中成药。中药材是指未经加工或未制成成品，可供制药的中药原料，通常来自天然植物、动物和矿物；中药饮片是指经过加工炮制的中药材，可直接用于调配或制剂；中成药是以中药材为原料，在中医药理论指导下，为了预防及治疗疾病的需要，按规定的处方和制剂工艺将其加工制成一定剂型的中药制品，是经国家药品监督管理部门批准的商品化的一类中药制剂。具体产业链构成如图1–1所示。

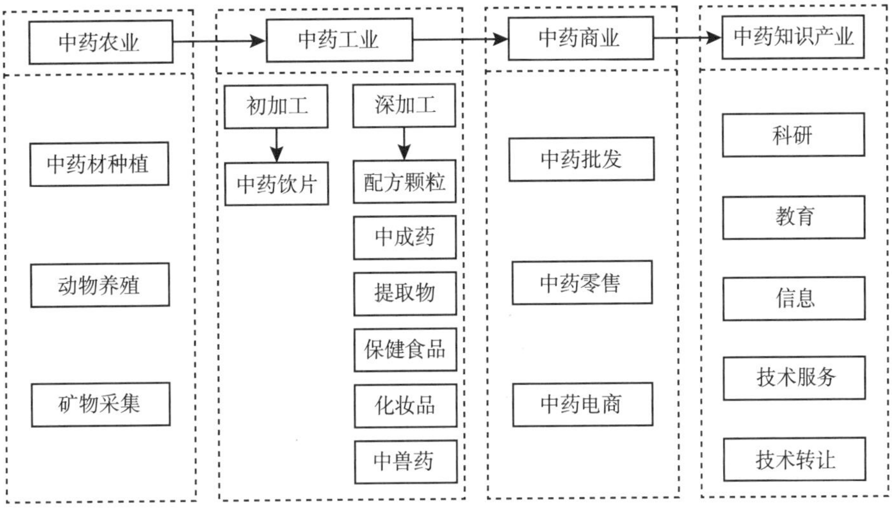

图1–1 中医药产业链简况图

五、中药材产业

中药材产业是以我国传统医药理论为指导，在宏观经济中从事中药材生产、经营、研究等相关经济活动的集合。从内容上来看，中药材产业不仅包含种植、加工、流通、仓储、销售等基础产业链，还包含中药饮片、中药材提取物、中成药等多个领域，因此中药材产业是一个内涵和外延都十分广泛的概念，如图1–2所示。作为"国粹"的中药材产业是我国最具资源优势和知识产权优势的产业之一，近年来，随着绿色浪潮风靡世界，我国的中药经济保持了良好的发展势头，市场前景广阔。

中药材产业是推动健康服务业发展的重要力量之一，挖掘传统医药宝库，鼓励中药材产业发展创新，培育以中药材为根源、具有完全自主知识产权的大健康产业，将有利于调整医药行业的产品结构，发展相关产业，帮助农民脱贫致富，促进区域经济的协调发展[11]。

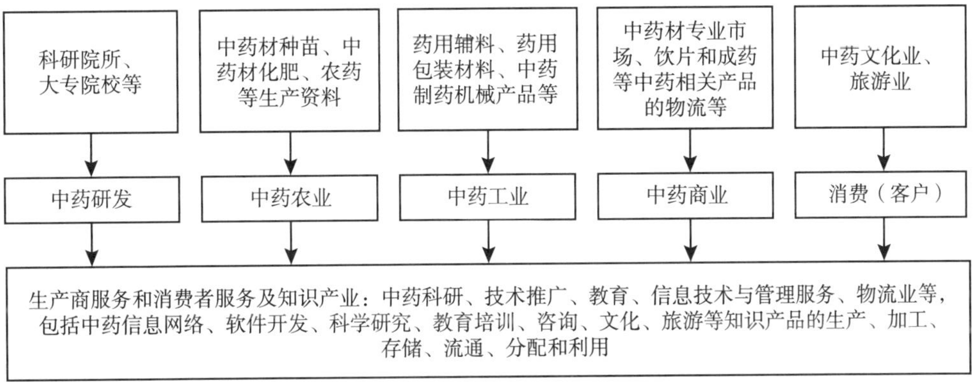

图1–2 中药材及其关联产业示意图

六、中药材产业链

中药材产业链就是在中药材原料种植环节、加工环节、销售环节之间组成的一条链条，也就是中药材从初始原料到产成品销售的变化过程。中药材产业链的上游环节就是中药材的种植环节，中药材种植户对中药材进行种植和采收；中药材产业链的中游环节就是中药材的加工环节，中药材加工企业把从农民手上回收来的中药材进行加工，进行清洗、切片和中药饮片制造，这一环节是中药材产业链的关键一步；中药材产业链的下游环节就是中药材的销售环节，中药材企业将加工完成的中药产品带到市场进行出售，这一环节中品牌宣传和市场的选择尤为重要。

中药材产业链的诸多环节是由多种经营主体或参与者所组成，通过这些经营主体的活动，产业链得以运转。选种和研发环节是整条产业链创新的源头，目前我国政府属于这一环节的主体经营者，包括高校、科研单位、部分企业的研发部门。药材种植环节中，农民或农民集体负责药材的种植、养殖，在某些情况下，他们也拥有药材初加工的设施，可对药材进行初步加工；初加工主要由贸易企业（药材商）或饮片生产厂家来完成，部分制药企业也可完成中药材的初加工，初加工以后原药材才成为具有各种标准特征和品级的商品，经贸易流通到制药领域。具体环节如图1–3所示。

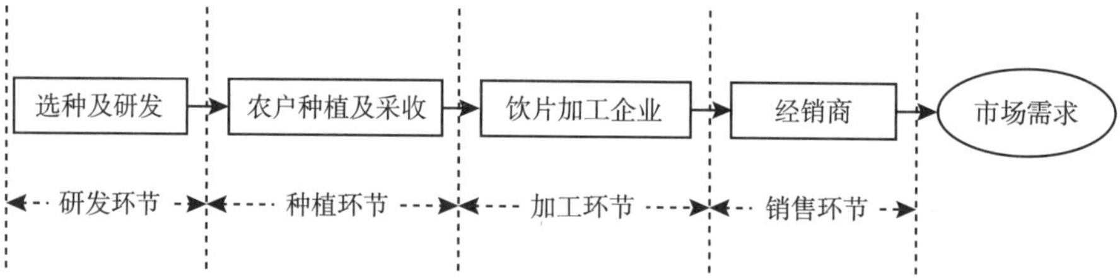

图1–3　中药材产业链布局图

第二章

中医药相关政策

一、国家相关政策

（一）萌芽阶段（1949~1978年）

新中国成立以来，中医药开启产业化进程。我国政府开始大力发展中药材的栽培和养殖，从单一品种、个体分散种植到多品种的集约化生产，从古典药铺、手工作坊到机器化标准生产的中成药厂，在政府的努力下，我国中药产业体系初步形成。1949年9月，新中国的卫生医疗状况不容乐观。为了尽快改变疾病丛生、缺医少药的严峻局面，动员广大中医有效投入到新中国卫生医疗工作中来，毛主席立足中国国情，从中国社会发展的实际出发，对中医药学的历史地位和现实价值进行了科学的、实事求是的审视和评价。1954年，毛泽东主席对中药发展作出了重要批示："中药应当很好地保护与发展，我国中药有几千年的历史，是祖国极宝贵的财富。"同年10月26日，中央文化教育委员会党组向中央提交了《关于改进中医工作问题的报告》，对"限制和排挤中医"的问题提出了相关改进措施，如成立中医研究院、吸收中医参加大医院工作、扩大和改进中医的业务、改善中医进修工作、加强对中药产销的管理、整理出版中医书籍等。

（二）发展阶段（1979~2009年）

1991年，国务院发布了《关于进一步搞活农产品流通的通知》，旨在放开市场，解决农产品流通滞后的问题。因此，中药材市场政策放宽，全国掀起了建立中药材市场的高潮，中药材市场数量一度破百。2009年，受"甲流"的影响，中医药被证明对疫症的防治有明显作用，如"连花清瘟胶囊"、"金花清感方"一经推出都极大推动所涉及到中药材品种的需求量。同年5月，国务院下发《关于扶持和促进中医药事业发展的若干意见》，指出要建设道地药材良种繁育体系和中药材种植规范化、规模化生产基地，开展技术培训和示范推广，从而提高中药产业的发展水平。

（三）高速发展阶段（2010年至今）

随着我国经济社会的发展，中药材物流体系不适应中医药事业发展和人民群众健康需求扩大的矛盾愈发突出，尤其是在流通与物流中的品质得不到保障。为此，在2014年，商务部在《关于加快推进中药材现代物流体系建设指导意见的通知》提出到2020年要初步形成采收、产地加工、包装、仓储和运输一体化的中药材现代物流体系的总体目标。但是同时中药材保护和发展仍面临严峻挑战。因此，2015年3月，国务院发布了《中药材保护和发展规划（2015–2020年）》，旨在切实保护野生中药材资源、解决中药材质量品质下降、价格大幅波动等问题。2016年，国务院印发了《中医药发展战略规划纲要（2016–2030年）》，提出要推进中药材规范化种植养殖，促进中药产业转型升级，构建现代中药材流通体系。同年5月，商务部印发《全国中药材物流基地规划建设指引》，明确了中药材物流基地的四大服务功能，提出了物流基地规划建设的5项原则要求。同年8月，国务院发布《中医药发展“十三五”规划》，提出要促进中药材种植养殖业绿色发展，发展中药材种植养殖专业合作社和合作联社，提高规模化、规范化水平，支持发展中药材生产保险，推动贫困地区中药材产业化精准扶贫。

到2017年，国家中医药管理局、国家发展和改革委员会联合印发《中医药“一带一路”发展规划（2016–2020年）》，提出对企业从事中药材的种植、牧畜、家禽的饲养以及濒危野生动植物养殖（种植）等项目所得，可按税收法律法规规定减免企业所得税。同年6月，科技部和国家中医药管理局发布了《“十三五”中医药科技创新专项规划》，提出要攻克一批常用大宗中药材种植（养殖）、加工、质量控制的技术难题，培育一批中药材大品种，打造中药材大健康产业链。9月，国家中医药管理局与国务院扶贫办、工业和信息化部、农业部、中国农业发展银行联合发布《关于印发中药材产业扶贫行动计划（2017–2020年）的通知》，提出在贫困地区实施中药材产业扶贫行动，以建立切实有效的利益联结机制为重点，将中药材产业发展与建档立卡贫困人口的精准脱贫衔接起来，基本实现户户有增收项目、人人有脱贫门路，助力中药材产业扶贫对象如期“减贫摘帽”。

2018年，国家市场监督管理总局发布《中药材生产质量管理规范（修订草案征求意见稿）》，向社会公开征求意见。同年8月，中共中央、国务院在《关于打赢脱贫攻坚战三年行动的指导意见》中提出实施中药材产业扶贫行动计划，鼓励中药材企业到贫困地区建设中药材基地。12月，农业农村部会同国家药品监督管理局、国家中医药管理局编制了《全国道地药材生产基地建设规划（2018–2025年）》提出以下目标：到2020年，建立道地药材标准化生产体系，基本建成道地药材资源保护与监测体系，加快建设覆盖道地药材重点产区的生产基地。到2025年，健全道地药材资源保护与监测体系，构建完善的道地药材生产和流通体系，建设涵盖主要道地药材品种的标准化生产基地，全面加强道地药材质量管理，良种覆盖率达到50%以上，绿色防控实现全覆盖。

2019年10月，中共中央、国务院提出《关于促进中医药传承创新发展的意见》，指出要强化中药材道地产区环境保护，修订中药材生产质量管理规范，制定中药材种子种苗管理办法，规范道地药材基地建设，加强中药材交易市场监管，深入实施中药材扶贫行动。同年12月，《中华人民共和国基本医疗卫生与健康促进法》通过，提出要加强中药的保护与发展，充分体现中药的特色和优势，发挥其在预防、保健、医疗、康复中的作用。

2020年7月，国家药典委员会编写的《中国药典（2020年版）》进一步完善了中药材安全性检测方法；加强和完善了专属性鉴别。对中药材品种和来源的增加与退出，名称、来源和药用部位以及采收和加工方法及药材性状的修订都做出完善。同年12月，国家药监局发布的《关于促进中药传承创新发展的实施意见》指出要修订中药材生产质量管理规范（GAP），制定中药材生产质量管理规范实施指南，引导促进中药材规范化种植养殖，推动中药材产地加工，鼓励中药饮片企业将质量保障体系向种植加工环节延伸，从源头加强中药材、中药饮片质量控制。

2021年，国务院发布了《关于加快中医药特色发展的若干政策措施》，明确提出，要加强中药材质量安全风险评估与风险监测，促进快速检测装备研发和技术创新，建设第三方检测平台。同年12月，由中国中医科学院黄璐琦院士、张小波研究员主编的《全国中药材生产统计报告（2020）》对全国中药材生产情况、各省域中药材生产情况、不同类型中药材的生产情况等进行统计分析，从多个维度展示了全国中药材生产的基本情况。

二、河北省相关政策

2011年开始，河北省中药材产业进入高速发展阶段。2011年，河北省人民政府出台《关于振兴中医药事业的决定》（冀政［2011］99号），启动河北省中药材种植示范园创建工作，壮大河北省中药产业。2014年，编制了《河北省中药产业发展规划（2015-2020年）》。2016年，《河北省中医药发展“十三五”规划》提出进一步优化“两带三区”（燕山产业带、太行山产业带、冀中平原产区、冀南平原产区和坝上高原产区）特色区域布局。鼓励中药生产企业向中药材产地延伸产业链，开展趁鲜切制和精深加工。2017年，《河北省中医药条例》提出要加强中药材保护，规定完善分级保护制度，制定河北道地中药材目录。2019年，《河北省中药材标准》填补了河北省常用中药材与饮片监管的空白，有效促进河北省中医药事业发展，保证人民用药安全。同年，《关于加快推进中医药产业发展的实施意见》提出要提高中药材种质种源的道地化水平、种植方式的规范化水平和生产体系的标准化水平，全面加强道地中药材的质量管理。2020年，《关于制定国民经济和社会发展第十四个五年规划和二〇三五年远景目标建议》提出要建设太行山－燕山中药材种植带。2021年，发布了《关于加快中药材产业发展的实施意见》。2022年，《河北省中医药发展“十四五”规划》提出中医药产业竞争力要明显增强，培育一批绿色道地“冀药”品牌和冀产中药大品种，中药材种植面积达到255万亩，种植和初加工产值达到500亿元。

三、其他相关政策

根据附录3内容，可以发现涉及中药材相关的国家标准出台了47项，涉及到的颁发部门包括商务部、国家质量监督检验检疫、工业和信息化部国家能源局总局、中华中医药学会和农业农村部等。涉及到的主要规范包括中药材追溯通用标识规范、中药材商品规格等级、产地加工技术规范、包装技术规范、产业项目运营管理规范、中药材微生物学检验和中药材种子等。

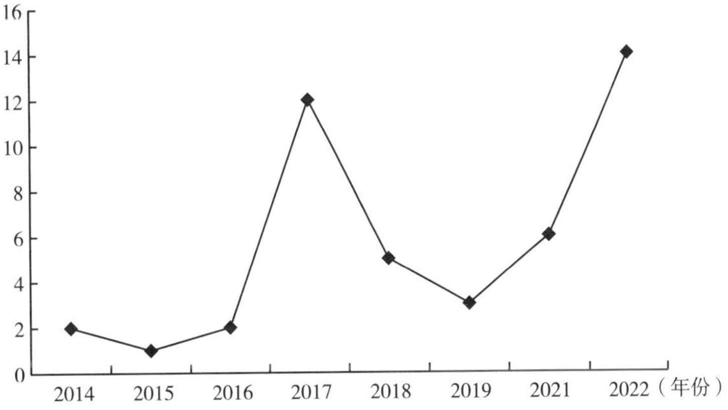

图2-1　2014~2022年中药材国家标准数量

据图2–1可以看出，自中药材产业进入快速发展阶段，相关技术规范不断出台，尤其在2017年达到了顶峰，出台了12项相关国家标准。

根据附录4–附录7，可以发现涉及中药材的行业标准出台了29项，主要包括机械方面、商品检验方面和商业方面。涉及到的主要规范包括中药材颚式破碎机、相关检验方法、中药材鉴定方法、仓储管理规范、仓库技术规范等等。中药材种子质量标准出台了13项，涉及到的主要规范包括远志、黄芩、知母、桔梗、白芷等等。

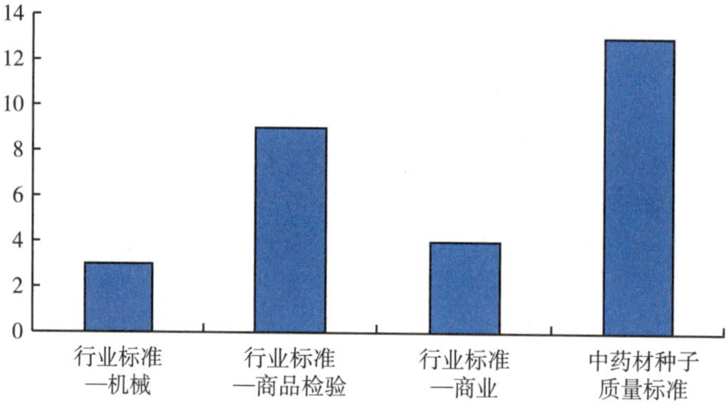

图2–2　涉及中药材的不同行业标准数量

据图2–2可以看出，涉及中药材领域的机械行业标准有3项，商品检验行业标准有9项，商业行业标准有4项，中药材种子质量标准有13项。

根据附录8内容，可以发现河北省涉及中药材的相关标准出台了14项，涉及到的颁发部门包括河北省质量技术监督局、河北省市场监督管理局。涉及到的主要规范包括祁菊、蒲公英、北苍术、苦参等中药材种子的质量标准。

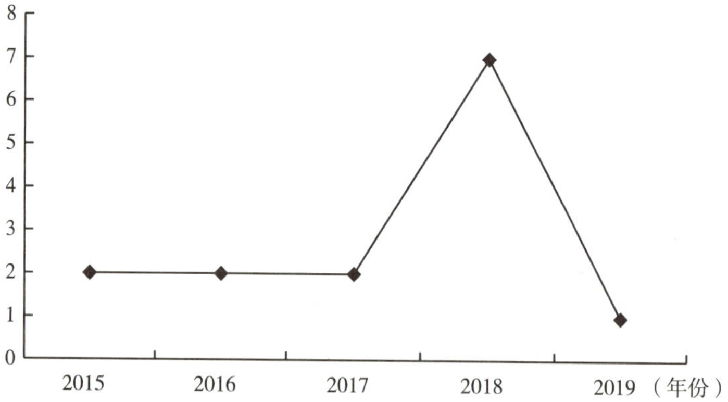

图2–3　2015~2019年河北省中药材相关技术标准数量

据图2–3可以看出，自中药材产业进入快速发展阶段，河北省相关的技术规范不断的出台，2015~2017年每年分别出台了2项，2018年达到巅峰，出台了7项，2019年出台了1项。

第三章

中药材上下游产业发展情况

第一节　研发情况

一、我国医药行业研发投入现状及问题

（一）我国医药行业研发投入现状

随着人民对健康的日益关注，医药行业需要不断地进行产品改进和创新才能满足市场需求。此外，随着我国医改政策的进一步深入，医药行业的利润空间进一步缩小，为了在有限的市场上保持自身健康有序的发展，坚持创新发展战略，加大研发环节资金投入，研发出更多能够满足市场需求的产品成为医药行业共同的目标。

表3-1　2011~2020年我国医药制造业研发经费支出情况

年份	R&D经费支出总额（亿元）	投入强度（%）
2011	211.2	1.46
2012	301.6	1.63
2013	347.7	1.69
2014	390.3	1.67
2015	441.5	1.72
2016	488.5	1.73
2017	534.2	1.97
2019	609.6	2.55
2020	784.6	3.13

数据来源：《国家统计局》

如表3-1所示，医药制造业研发投入总额从2011年开始一直处于增长趋势，截至2020年末投入总额达到784.6亿元。与此同时，研发投入强度随着研发规模的扩大而提高，从2011年的1.46%提高到了2020年的3.13%。医药制造业在2020年规模以上工业企业中，研发投入强度排名第二。可见医药行业顺应市场发展规律，加大了研发投入的积极性。政府也逐渐加大对医药制造企业研发活动的重视程度，不断完善相关税收优惠政策，为医药企业这样的以研发创新为目标的企业提供税收优惠，进一步推动了我国医药行业的发展。

（二）我国医药行业研发投入问题分析

我国医药制造业虽然研发投入总额和强度在不断提高，在规模以上工业企业中，研发投入强度排名也比较靠前，但是研发强度相比于西方发达国家来说，仍处于比较低的水平，其中罗氏投入强度高达22.2%，强生在西方算比较低了，但也能达到14.7%，可见国内医药企业研发投入强度严重不足。截至2020年研发强度只有3.13%，连4%的投入强度都没有达到，可见我国医药企业依靠内生性创新活动进行研发获得竞争的能力不足，与发达国家还存在较大的差距。因此，医药行业在未来的发展道路中，要想缩小与发达国家的差距，同时拉大与同行业的差距，就需要高度重视研发投入。

与此同时，中药企业研发投入资金强度较弱。如表3-2所示，列出了中药企业营利排名前10的企业2021年研发投入总额与投入强度情况（以研发投入总额进行排名）。

表3-2　2021年中药企业研发投入排名前10情况表

企业名称	研发支出合计（亿元）	研发投入强度（%）
以岭药业	7.37	8.39
步长制药	7.22	4.51
白云山	6.12	1
天士力	6	4.42
华润三九	5.81	4.26
同仁堂	2.58	2.01
万邦德	1.85	1.35
云南白药	1.81	0.55
昆药集团	1.32	1.71
太极集团	1.27	1.13

2021年中药企业营利排名前10的企业其研发投入均低于10亿元，投入最多的是以岭药业，研发投入为7.37亿元，步长制药研发投入为7.22亿元，位居第二，有五家企业的研发投入在5亿元以下。一个行业乃至一个国家创新能力的提高需要全体企业和相关部门的共同努力，基于这种情况下，企业自身对研发创新活动的重视是必不可少，同时，政府作为宏观经济的调控者，通过税收激励的手段来给创新企业营造更好的政策环境，推动各企业积极进入创新的浪潮中，从整体上提高我国的科技创新水平。

二、河北省医药行业研发投入现状

表3-3　2014~2020年河北省医药制造业研发经费支出情况

年份	R&D经费支出总额（亿元）	投入强度（%）
2014	18.24	2.04
2015	19.28	2.13
2016	21.4	2.27

续表

年份	R&D经费支出总额（亿元）	投入强度（%）
2017	21.3	2.27
2019	13.0	1.70
2020	18.6	2.10

数据来源：河北统计局

如表3-3所示，医药制造业研发投入总额呈波动发展趋势，先上升、后下降、再上升，截至2020年河北省医药制造业研发投入总额达18.6亿元，投入强度为2.10%。近年来，河北省发展和改革委员会研究起草《支持全省生物医药产业高质量发展的若干政策》《推动生物医药产业链集群发展三年行动计划》《河北省"十四五"生物经济发展规划》等系列文件，聚焦生物医药产业基础高级化、产业链现代化，大力支持创新药品研发和产业化，不断提升产业链竞争力，以品种优化、链条延伸为主攻方向，推动生物医药产业实现高质量发展。

数据显示，2021年，河北省规模以上医药制造业工业增加值增速为14.0%，比全省工业平均水平高9.1%；医药制造业增加值占全省工业行业的3.13%，同比增长了0.17%；全省规模以上医药工业实现营业收入1068.79亿元，同比增长了10.7%；实现利润总额187.5亿元，同比增长了12.0%。实现了规模和效益的双提升。

同时，河北省药物研发日趋活跃，临床试验数量超过300个，位居全国第8。石药集团创新药"玄宁"得到国际最高标准认证，以岭药业一类中药莲花清咳片获批上市，华北制药抗狂犬病毒单抗注射液获批上市。医药企业制造能力和制造水平也位于全国前列，不仅抗生素和维生素原料生产能力居全球领先地位，而且片剂、胶囊、粉针、软胶囊、中药注射剂、大输液等制剂产品的生产能力也位于全国领先地位。黄芩、黄芪、知母、柴胡、连翘等产量居全国前列，中药注射液产量居全国首位。河北省的产业链现代化水平逐步提高。

在市场主体培育方面，也取得了明显成效。河北省共有生物医药生产企业409家，医疗装备（器械）生产企业1801家。其中，规模以上生物医药生产企业324家，石药集团、华北制药等5家企业连续3年进入国家医药工业百强行列，森朗生物、博海生物等一批创新型企业快速成长，数量居全国第7位，药明康德、昆翎医药、轩竹医药等高成长性企业也在河北省落户。除了单独的企业，特色产业集群也加快发展。石家庄国家生物产业基地加快向高端化聚集化发展，雄安新区承接北京非首都功能疏解步伐加快，安国现代中药工业园加速打造现代中医药产业创新聚集区。

第二节　全国中药材及中成药进出口情况

一、中药材进口情况

我国是全球最大的药材消费市场，很多中药材品种产能不足甚至没有资源分布，药材进口需求非常旺盛。从海关总署统计的数据来看，2021年我国进口中药材67674吨，同比减少0.5%，进口金额30496.5万美元，同比增加52.7%。这是由于一方面近年来受新冠疫情等因素冲击，中药材主要货源国（泰国、缅甸、印度等）出口贸易受到一定程度的影响，另一方面，进口中药材受国家药品监督管理局、海关总署等多部门的监管，而目前仍存在监管政策不协调的情况，部分药材进口面临制度障碍，中药材均价大幅增长，不利于我国进口中药材。中药材月进口量、进口金额、进口均价情况分别如图3-1、图3-2、图3-3所示。

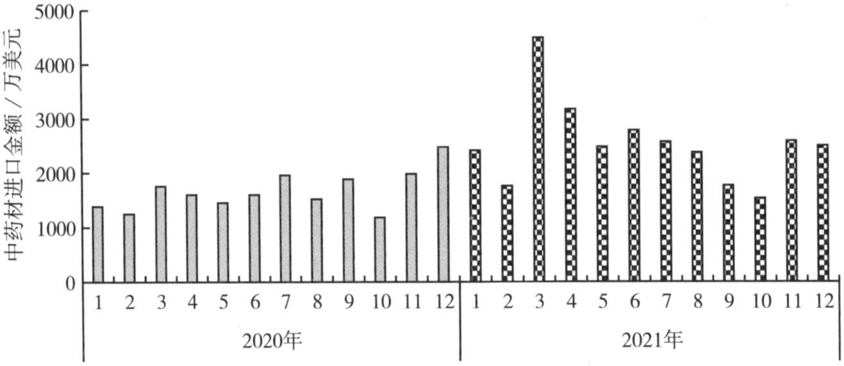

图3-1　2020~2021年中药材月进口量情况

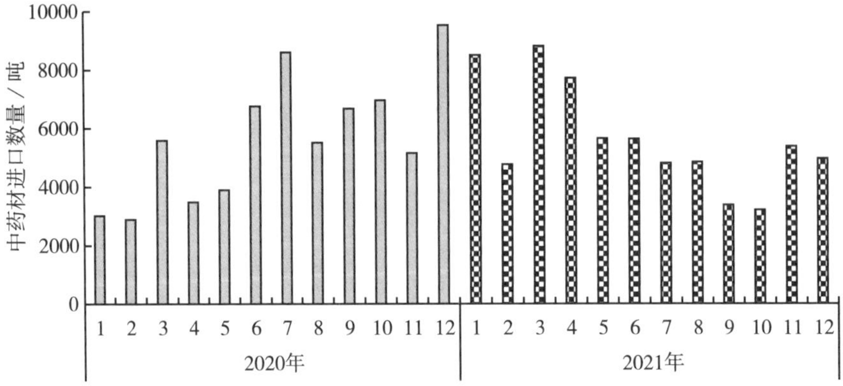

图3-2　2020~2021年中药材月进口金额情况

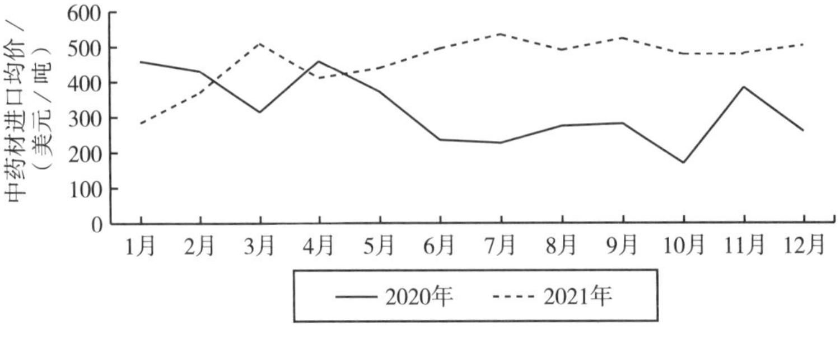

图3-3　2020~2021年中药材进口均价情况

二、中药材及中成药出口情况

（一）中药材及中成药出口量下降

从海关总署统计的数据来看，我国中药材夏季出口数量偏少，冬季出口数量相对较多，2月份受春节假期的影响，出口量处于全年最低水平。从整体上看，我国中药材出口量在2018至2020年呈稳步上升趋势；但进入2021年出口量有所回落，呈下降趋势，这是由于新冠疫情的影响，许多国家和地区对中药材的需求持续增长，我国中药材出口数量从2018年的117135吨增长到2020年的131957吨，上涨了12.65%。近年随着国内市场需求的不断上涨，且国际经济动荡下行导致中药材出口贸易受阻，部分企业开始取消出口计划转销国内市场，正因如此，我国中药材的出口数量开始下降，2021年中药材出口总量125967吨，同比下跌4.54%。除1月、11月、12月外，其他月份出口数量均低于11000吨，明显差于往年。月出口量情况如图3–4所示。

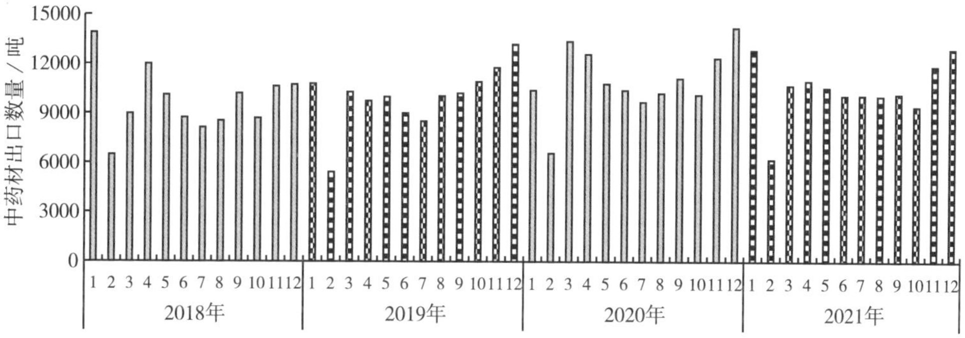

图3–4　2018~2021年中药材月出口量情况

中成药的出口数量下跌也较为明显。2021年全年中成药的出口总量为11564吨，同比下跌7.65%，月出口量情况如图3–5所示。

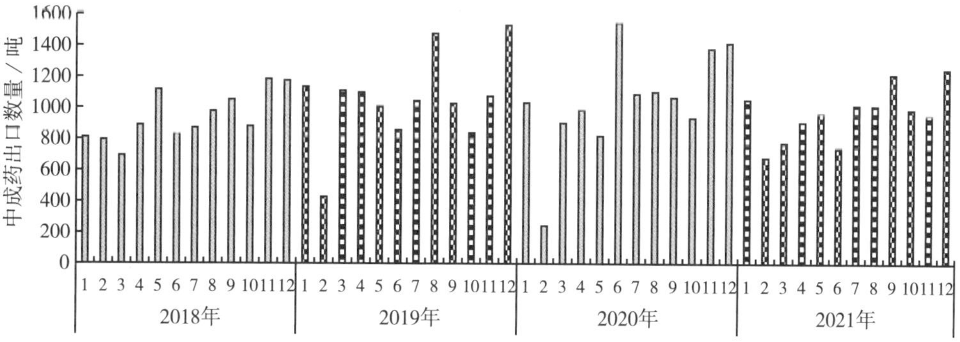

图3–5　2018~2021年中成药月出口量情况

（二）中药材出口总额稳步上涨，中成药出口总额呈波动上涨趋势

从整体上看，我国中药材及中成药出口总额不断增加。自新冠疫情暴发以来，中西医结合、中西药并重、“三药三方”等“中国办法”在抗击新冠疫情中发挥了巨大作用，

这一经验也被分享到世界各地，加速了中医药的国际化传播。从海关总署统计的数据来看，2021年中药材出口金额达到96204万美元，同比上涨了1.5%，中成药出口金额超过30456.5万美元，同比上涨了17.45%。中药材、中成药月出口金额情况分别如图3-6、图3-7所示。

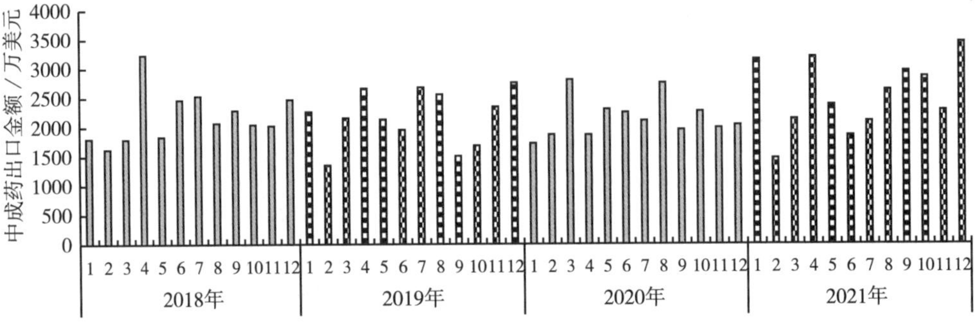

图3-6 2018~2021年药材月出口金额情况

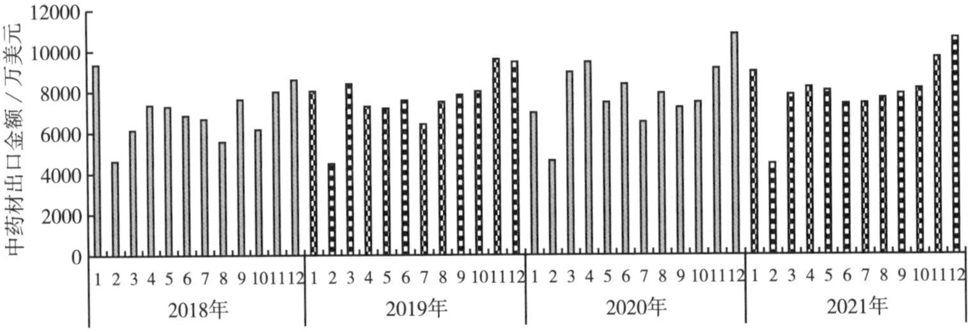

图3-7 2018~2021年中成药月出口金额情况

（三）中药材出口均价、中成药出口均价上涨明显

2021年，我国中药材均价总体上呈波动上涨趋势，10月份出口均价达到峰值，超过8600美元/吨。从全年而言，近四年来中药材出口均价逐年攀升，2021年全年出口平均价格为7637.24美元/吨，上涨了6.32%。中药材出口均价情况如图3-8所示。

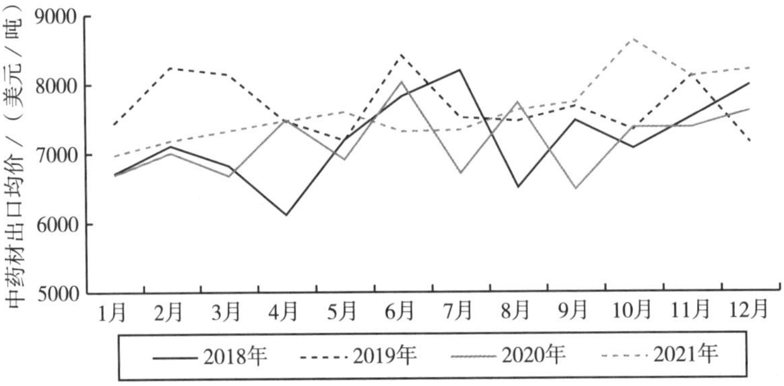

图3-8 2018~2021年药材出口均价情况

从海关总署统计的数据来看，2018年和2019年中成药出口均价相对稳定，在2.2万美元/吨附近。2020年初受新冠疫情影响各月份的出口均价较为动荡，最低至1.44万美元/吨，最高为7.64万美元/吨。2021年中成药全年出口平均价格为2.63万美元/吨，上涨了27.2%，均价的大幅提高是出口总额增长的保障。中成药出口均价情况如图3-9所示。

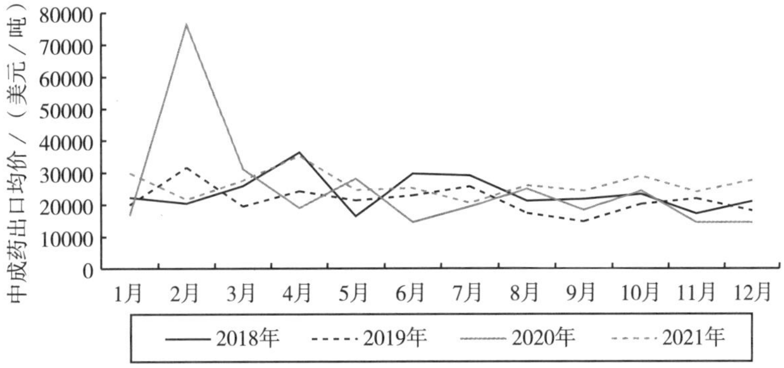

图3-9　2018~2021年中成药出口均价情况

第三节　河北省中药材及中成药进出口情况

一、河北省中药材及中成药出口现状

河北省是我国中药材生产经营大省，与西药相比，中药出口具有以下优势：一方面，中药毒副作用小，安全有效；大多数的西药都具有一定的毒副作用，而许多中药材都可以无需加工直接食用，例如：山楂和杏仁等的毒性和副作用甚微。另一方面，中药拥有其他国家无法比拟的历史优势和丰富的珍贵文献；《神农本草经》、《黄帝内经》等无一不是中华文明的结晶。

表3-4　河北省中药材及中成药出口情况

年份	出口额（万美）	同比增长（%）	出口量（吨）	同比增长（%）
2018	2762.7485	26.5531	3581.7640	–7.7012
2019	2263.0492	–18.0870	3374.4740	–5.7874
2020	3317.9978	46.6162	3774.2290	11.8464
2021	3911.0513	17.8738	3618.2630	–4.1324

数据来源：《石家庄海关统计》

从石家庄海关统计的数据来看，河北省中药材及中成药的出口量呈现上升趋势。全球新冠肺炎大流行对各个国家提出前所未有的挑战，而中医药在抗击疫情中发挥了无可替代的作用，清肺排毒汤治疗率达到74.9%，总有效率达90.0%以上，突出的抗击疫情作用进一步提升了全球对中医药的认可度。

河北省中药材及中成药的出口数量在2021年呈现出下降的趋势，这是由于近年来国际经济动荡下行导致中药材出口贸易受阻，部分企业开始取消出口计划转销国内市场，河北省的出口数量开始下降。

二、河北省中药材进口现状

表3-5　河北省中药材进口情况

年份	进口额（万美元）	同比增长（%）	进口量（吨）	同比增长（%）
2020	518.6781	62.6041	199.0990	206.5816
2021	849.0801	63.7008	342.1072	71.8277

数据来源：《石家庄海关统计》

从石家庄海关统计的数据来看，河北省中药材的进口量呈现上升趋势。2021年，河北省进口中药材342.1072吨，同比增长71.8277%，进口849.0801万美元，同比增长63.7008%。受新冠疫情的影响，河北省中药材进口量自2020年开始大幅增长。

三、河北省中药材进出口存在问题

（一）中药中某些元素成分不符合国外标准，造成出口下降

中医界普遍存在的问题就是中药材本身含有的毒素对中药材和中式成药的安全构成潜在威胁。2016年英国药物安全机构加大对中成药调查力度，检测出复方芦荟胶囊的汞含量严重超标，并在官网中强调多数未经认证的英国进口中药中均含大量影响人体健康的汞、铅等毒素，此举降低了消费群体对中药材及其中式成药的信任度和购买力度。中药中某些元素成分不符合国外标准，这是限制河北省中药材及中成药出口贸易、开拓国际市场的重要因素。

（二）政策监管不协调，部分药材进口面临制度障碍

河北省是我国中药材消费大省，很多中药材品种产能不足甚至没有资源分布，中药材进口需求非常旺盛。但由于进口中药材同时受国家药品监督管理局、海关总署等多部门的监管，目前存在监管政策不协调的情况，部分药材进口面临制度障碍。

第四节　中药工业经济效益情况

一、中成药生产行业

截至2020年年底全国医药制造业企业8170家，比年初增加778家，其中2020年年底河北省有315家，比年初增加42家。

2020年中成药制造业企业营业总收入为25054亿元，同比增长4.90%；利润总额达

到3693亿元，同比增长15.99%。近年来我国对高技术产业的投资也在增长，2020年医药制造行业全部投资增长11.5%，其中国有企业增长34.3%，内资企业增长11.2%，港台澳投资增长30.4%，外商投资增长4.9%。因此，可以看出我国对中药行业越来越重视。2018~2020年中成药生产行业经济效益情况如图3-10、图3-11所示。

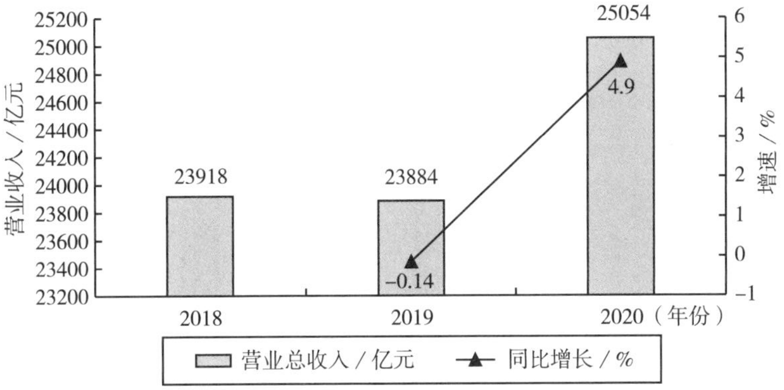

图3-10　2018~2020年按地区和行业我国医药制药行业营业总收入及同比增长情况

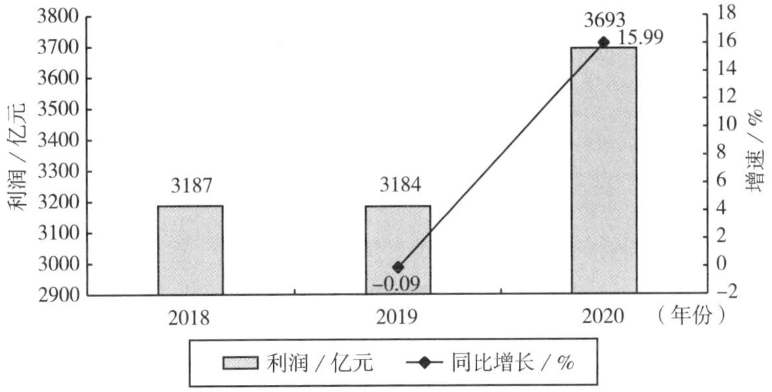

图3-11　2018~2020年按行业和地区我国医药制造行业利润及同比增长情况

二、中药饮片行业主营业务收入状况

中药饮片是我国中医药的精华所在，中医临床的辨证论治，对症施药要通过中药饮片实现。2009年，饮片被列入《国家基本药物目录》，大大推动了中药饮片行业发展。1996年，饮片加工业总产值为4.7亿元；2017年，中药饮片行业主营收入达2165亿元，是近10年来的最高。20余年间产业规模增长了460倍，年均增长率超过30%，远超同期医药工业平均增幅。饮片产业营业收入占医药工业的比例也从不足3%增加到2017年的7.26%，其中，近10年饮片产业主营业务收入占医药工业的比例在2013年达到最大的12.59%。

在全国医药工业各子行业中，中药饮片的增速一直是最高的，如从2006~2015年10年的复合增长率高达29.7%，远远高于医药行业整体的21%，而近年，随着对中药饮片行业从企业GMP到具体品种系列监管的加强，饮片行业增速逐渐下滑，2019年中药饮片行业的营收增速出现负增长，仅为-4.5%，2020年依然出现负增长，中药饮片同比仅仅为-8.64%。具体情况如图3-12所示。

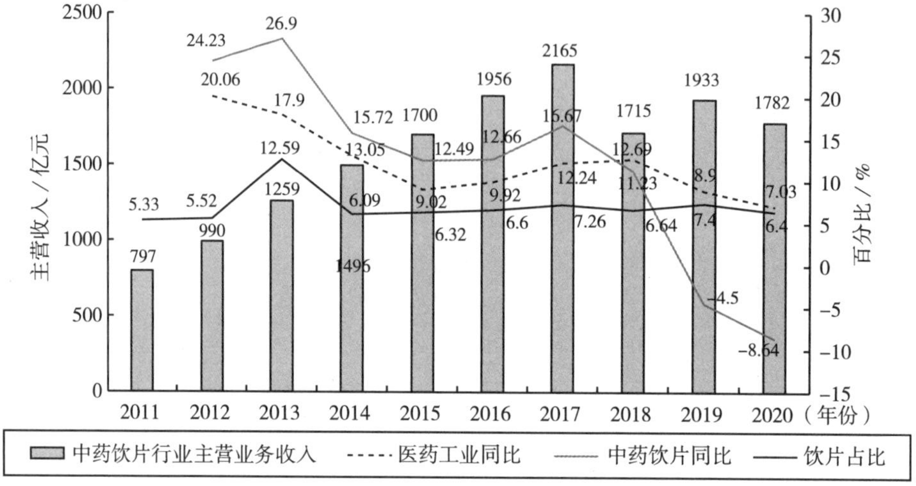

图3-12　2011~2020年饮片加工业主营收入情况

注：数据来源于中华人民共和国工业和信息化部、国家统计局（每年有关部门发布统计前，将重新审定上年数据，并据此计算当年增长率数据，因此与按去年已实际发布数据直接计算的增长率数据有出入）。

三、中药饮片加工业利润状况

多年来，饮片加工业利润率一直较低，为6.5%~8.5%，远低于医药工业平均利润水平。2019年，饮片加工业平均利润率仅为8.4%，2020年，饮片加工行业利润率下跌至7.04%，同比减少1.36%，仅相当于医药工业平均利润水平的47.3%（2020年医药工业平均利润率为14.75%）（表3-6）。除饮片外，医药工业其他主要领域2020年平均利润率均在13%以上。饮片加工业本身利润水平就较低，近年来的利润增速态势更令人担忧。2020年饮片行业利润出现大幅下跌，出现近年来罕见的负增长，总利润同比增长-23.19%（图3-13）。

表3-6　2020年医药工业主要子行业利润总额

行业	利润总额/亿元	同比增长/%	占比/%	利润率/%
化学药品原料药制造	525	23.86	12.73	13.31
化学药品制剂制造	1102	-7.75	26.74	13.19
饮片加工	125	-23.19	3.04	7.04
中成药生产	619	4.33	15.01	14.02
生物制品制造	610	28.79	14.78	21.80
医药工业总体	4123	19.34	100.00	14.75

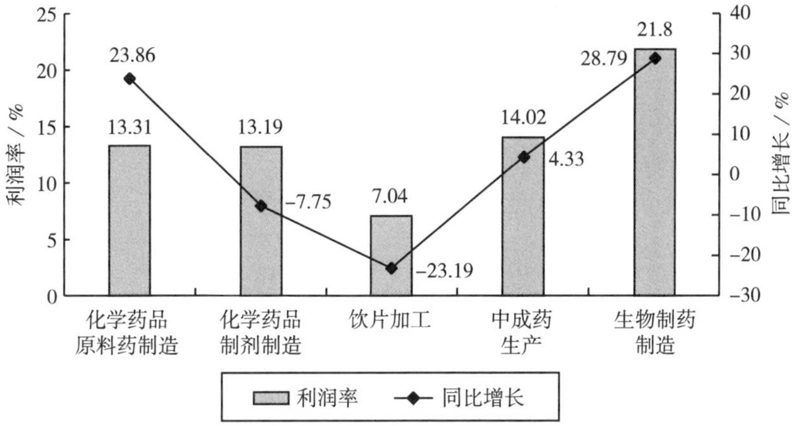

图3−13　2020年医药工业主要领域利润情况

第五节　医疗卫生情况

在医疗卫生方面，中药材也发挥重大的作用。一方面，国家政策大力支持中药材产业，在医疗行业投入大量的科技资金，促进了医疗行业的发展，同时也推动了中药材产业的发展。另一方面，随着我国经济持续快速发展，居民收入持续提高，随着今后国民经济的进一步发展，我国居民可支配收入和卫生费用支出也将进一步提高，人口结构老龄化、慢性疾病发病率提高、公众医疗保障意识增强等因素，中药将凭借其良好疗效及滋补调养功效受到越来越多消费者青睐，消费需求持续增加，带动行业的进一步发展；因此，中药材产业的未来发展前景良好，市场需求增加也推动着中药材产业的发展。

针对医疗卫生情况，主要从三个方面进行分析：一是法定传染病稳定控制；二是诊疗人次向医院聚集；三是次均费用提高。

一、法定传染病稳定控制

2020年1月20日，国家卫生健康委发布公告，将新型冠状病毒感染的肺炎纳入乙类传染病并按照甲类传染病管理，我国传染病病种增加至40种。2020年，全国甲、乙类传染病报告发病267万例，报告死亡2.6万人。报告发病数居前5位的是病毒性肝炎、肺结核、梅毒、淋病和新型冠状病毒肺炎，占甲乙类传染病报告发病总数的92.2%。报告死亡数居前五位的是艾滋病、新型冠状病毒肺炎、肺结核、病毒性肝炎、狂犬病，占甲乙类传染病报告死亡总数的99.5%（见表3−7）。

同期，全国共报告丙类传染病发病313万例，死亡85人。其中丝虫病无发病和死亡病例报告，居前5位的病种依次为流行性感冒、其他感染性腹泻病、手足口病、流行性腮腺炎和急性出血性结膜炎，占丙类传染病报告发病总数的94.7%。报告死亡数较多的病种依次为流行性感冒、其他感染性腹泻病和手足口病，占丙类传染病报告死亡总数的96.5%（见表3−7）。

表3-7　2020年全国法定传染病报告发病及死亡数

病名	发病例数	死亡人数	病名	发病例数	死亡人数
甲乙丙总计：发病例数5800000例；死亡人数26085人					
甲乙类合计：发病例数2670000例；死亡人数26000人					
鼠疫	4	3	伤寒和副伤寒	7011	5
霍乱	11	0	流行性脑脊髓膜炎	50	3
传染性非典型肺炎	0	0	百日咳	4475	1
艾滋病	62167	18819	白喉	2	0
病毒性肝炎	1138781	588	新生儿破伤风	34	1
脊髓灰质炎	0	0	猩红热	16564	1
人感染高致病性禽流感	0	0	布鲁氏菌病	47245	0
麻疹	856	0	淋病	1051 60	0
流行性出血热	8121	48	梅毒	464435	54
狂犬病	202	188	钩端螺旋体病	297	8
流行性乙型脑炎	288	9	血吸虫病	43	0
登革热	778	0	疟疾	1051	6
炭疽	224	0	人感染H7N9禽流感	0	0
细菌性和阿米巴性痢疾	57820	2	新型冠状病毒肺炎	87071	4634
肺结核	670538	1919			
丙类合计：发病例数3130000例；死亡人数85人					
流行性感冒	1145278	70	黑热病	202	1
流行性腮腺炎	129120	1	包虫病	3327	1
风疹	2201	0	丝虫病	0	0
急性出血性结膜炎	28471	0	其他感染性腹泻病	1062277	9
麻风病	200	0	手足口病	761355	3
斑疹伤寒	1069	0			

注：新冠肺炎数据为本年度报告病例按报告日期统计的临床诊断病例和实验室确诊病例（含外籍及台港澳输入病例）。

二、诊疗人次不断提升

2021年1–11月，全国医疗卫生机构总诊疗人次为60.5亿人次（不包含诊所、医务室、村卫生室数据），同比增长22.4%。医院38.0亿人次，同比增长27.8%；基层医疗卫生机构19.5亿人次（不包含诊所、医务室、村卫生室数据），同比增长13.9%。从数据中可以看出，选择医院就诊的人次增速比选择其他机构的增速快，说明居民选择医院就诊的意愿加强。

医院中：公立医院32.2亿人次，同比增长28.3%；民营医院5.8亿人次，同比增长24.8%；基层医疗卫生机构中：社区卫生服务中心（站）7.3亿人次，同比增长17.3%；乡镇卫生院10.2亿人次，同比增长8.3%（见表3-8）。

表3-8　全国医疗卫生机构医疗服务量

机构分类	诊疗人次数（万人次）		诊疗人次增长（%）
	2020年1-11月	2021年1-11月	
一、医院	297700.3	380351.4	27.8
公立医院	251117.4	32232.4	28.3
民营医院	46582.9	58119.1	24.8
三级医院	156725.9	215945.8	37.8
二级医院	107294.8	126454.4	17.9
一级医院	17049.1	20074.3	17.7
未定级医院	16630.5	17877.0	7.5
二、基层医疗卫生机构	170886.3	194695.4	13.9
#社区卫生服务中心	61992.7	72726.1	17.3
#政府办	45086.5	52439.2	16.3
乡镇卫生院	94127.4	101978.8	8.3
#政府办	93350.4	101010.8	8.2
三、其他机构	25794.9	30153.8	16.9
医疗卫生机构合计	494381.4	605200.7	22.4

注：#系其中数。不包含诊所、医务室、村卫生室数据。

三、就诊次均费用提高

2020年，医院次均门诊费用324.4元，按当年价格比上年上涨11.6%，按可比价格上涨8.8%；人均住院费用10619.2元，按当年价格比上年上涨7.8%，按可比价格上涨5.2%。日均住院费用1122.6元。2020年各级公立医院中，三级医院次均门诊费用上涨10.7%（当年价格，下同），人均住院费用上涨5.6%，低于公立医院病人费用涨幅（见表3-9）。

表3-9　医院病人门诊和住院费用

指标	医院		公立医院		三级医院		二级医院	
	2019	2020	2019	2020	2019	2020	2019	2020
次均门诊费用（元）	290.8	324.4	287.6	320.2	337.6	373.6	214.5	238.4
上涨%（当年价格）	6.1	11.6	5.7	11.3	4.8	10.7	5.0	11.1
上涨%（可比价格）	3.1	8.8	2.7	8.6	1.9	8.0	2.0	8.4

注：次均门诊费用指门诊病人次均医药费用，人均住院费用指出院病人人均医药费用，日均住院费用指出院病人日均医药费用。2019年居民消费价格指数为102.9。

根据数据可以得到的结论为：我国法定传染病在逐步地得到稳定控制；去医院诊疗的人数也越来越多，更多地开始倾向于使用中药进行诊疗；门诊病人次均医药费用和人均住院费用均提高，由此可看出中药材在潜移默化地影响着我们的生活，通过将中药材加工成不同的中药，用于不同人群，不同疾病的治疗。

第四章

宏观经济对中药材产业发展的影响

PEST分析是指宏观环境的分析，是指一切影响行业和企业的宏观因素。PEST分析模型是指分析政治（Political）、经济（Economy）、社会（Society）、技术（Technological）四种宏观因素对组织发展的影响。

一、政治环境

中医药行业在我国历史悠久我国医药制造行业的主要管理部门是国家药品监督管理局及其各级机构、卫生计划委员会、国家发展和改革委员会以及人力资源和社会保障部。2009年中药饮片被列入国家基本药物目录，进一步推动了中药饮片行业发展。1949年至今，我国也制定了中药材产业发展的政策制度法规规划，大力推进中药材产业的发展和完善。

其中，我国从1949年至今共发布有关中药材及中医药的政策41个（表4-1），河北省共出台9个。

表4-1　全国1949~2022年出台中药材及中医药政策数量

年份	数量
1949~1978年	1
1979~2009年	3
2010年至今	37
其中：2018年至今	24
总计	41

在出台的一系列政策中，2018年出台的《全国道地药材生产基地建设规划（2018-2025年）》，提出道地中药材种植“提质增效”的目标。该规划指出道地药材是中医药事业发展的基石，因此要加强道地药材资源保护和生产管理，规划引导道地药材生产基地建设，推进标准化、规范化生产，稳步提升中药材质量，做到濒危稀缺道地药材种质资源保护、道地药材良种繁育品种创新、经营主体培育、生产经营模式创新，建立健全道地药材产销信息监测体系、道地药材流通体系与技术推广体系、道地药材质量检测追溯体系，加强产地加工能力、产地贮藏能力、综合利用能力建设。2019年出台的《关于加快推进中医药产业发展的实施意见》提出要提高中药材种质种源的道地化水平、种植方式的规范化水平和生产体系的标准化水平，全面加强道地中药材的质量管理，加快产销对接建设，打通产业链，完善中药材产业结构，着力提升河北省中药材产业的核心竞争力。2022年出台的《“十四五”中医药发展规划》指出，到2025年，中医药健康服务能力明显增强，中医药高质量发展政策和体系进一步完善，中医药振兴发展取得积极成效，在健康中国建设中的独特优势得到充分发挥。《规划》提出了中医药服务体系、特色人才队伍、传承创新、产业和健康服务业、文化、开放发展、治理水平等方面的具体发展目

标，以及十五项主要发展指标。因此，在国家政策的扶持下，中药材行业的发展前景是大为乐观的。

二、经济环境

根据2010~2021年我国GDP数据可以看出，我国的经济蓬勃发展，收入就业指标表现较好，民生持续改善。图中也反映出我国的GDP一直处于增长的状态，且增长速度都大于零，只是每年的增长幅度不同，如图4-1所示。

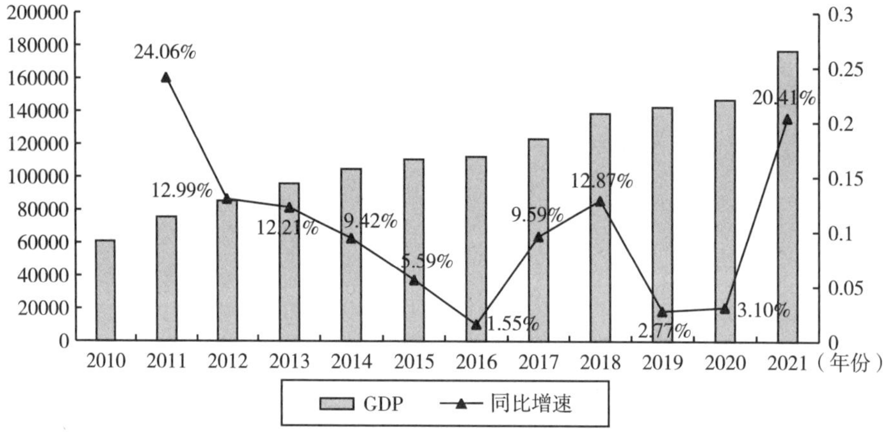

图4-1　2010~2021年中国GDP数据及同比增长情况

2015~2021年人均可支配收入呈现持续增长的趋势，良好的经济环境有利于刺激中医药产业的发展，中药材在中医药事业传承和发展中起着至关重要的作用，中医药具有长久的发展历史，因此在良好的经济市场环境下，中药材产业也迎来了快速发展时期。但是我国经济发展也存在一些问题：外部需求疲软、人口红利减少、落后产能过剩，第三产业和城镇化改革还有较大发展空间，多重问题交织。具体如图4-2所示。

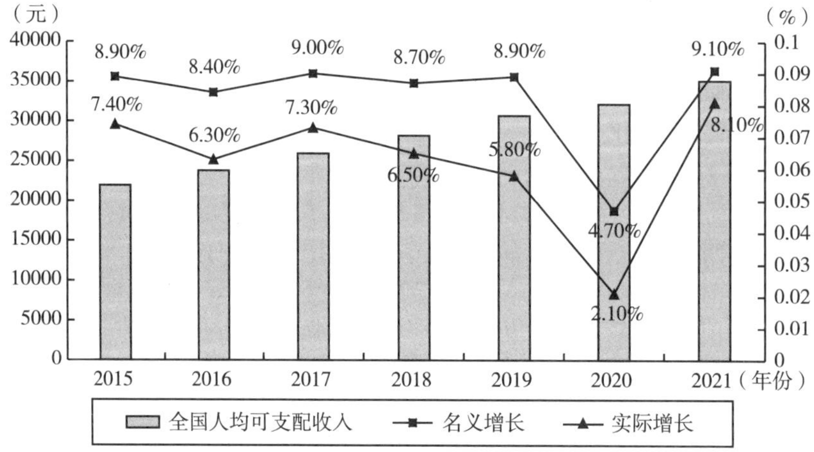

图4-2　2015~2021年人均可支配收入

面对错综复杂的困难局面，党中央、国务院适时提出供给侧结构性改革、“一带一路”等稳中求进的发展战略。供给侧结构性改革是调整目前供需关系结构性失衡的重要措施，各个行业领域存在的问题也各不相同，中药类行业整体还未达到消费者对高安全性、质量佳、个性化、附加值等要求，供需问题严重凸显，改革正是集聚资源、调整产业结构形成规模经济的机遇。

中医药产业具有需求刚性化、发展弱周期性等特点，受国内经济波动影响较小。因此，在国家经济结构转型升级的大背景下，中医药产业将作为国家“一带一路”战略的重要输出载体，发展成为国家新的经济增长极。“一带一路”外交战略带领中医药走出国门，中药材的进出口量也在逐年增长，甚至进入国际市场，刺激中药材行业研发具有中医药文化高附加值的中药产品，进而占领国际市场份额。

此外《中医药发展战略规划纲要2016–2030年》将中医药行业纳入国民经济支柱产业，中药类保健食品获得国家宏观经济政策的支持。然而中医药在全世界范围内的认可度不高，其出口还是比较困难。产品运输、仓储、管理都缺乏完善的基础设施与高素质人才，医药物流运输中心相对不完善，使得企业需要投入大量的资金去建设物流体系与培养人才，这也让很多中国药企望而却步。

三、社会环境

中药材是中华民族的瑰宝，是关系国计民生、保障人民生命健康的战略资源。伴随着全球新冠疫情蔓延，中医药防控疫情效果凸显，海外声誉也逐渐提高，推动着中药材行业的国际化发展。

（一）人口数量及结构的变化，拓宽了医药服务市场

国家人口发展战略研究显示，预计中国将在2033年总人口达到峰值，在此之前，人口数量的增长将对药品消费起到持续推动的作用。人口结构的变化也对药品消费结构的形成造成影响，近15年来的数据表明，我国人口结构变迁具有如下特征：第一，0~25岁人群比重下降，而25~49岁以上青壮年和50岁以上的老年人口比重上升，截至2020年底，我国总人口数达141212万人，全国65岁及以上老年人口数超过19064万人，占全国总人口数的13.5%（图4–3）。

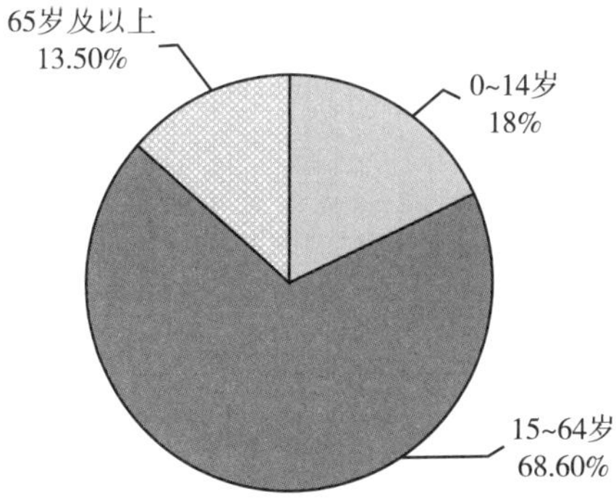

图4–3 2020年我国人口年龄结构分布

注：数据为第七次人口普查数据

数据来源：国家统计局

联合国规定一个国家或地区65岁及以上人口超过总人口数的7%，则该国家或地区进入了老龄化社会，由此可见，我国已经步入了老龄化社会。从年龄构成来看，2020年中国0~14岁人口比重为18%，人数较上年有所增长，15~64岁人口比重为70%，65岁及以上人口数量为16780.86万人，与2010年人口数据相比，增长了5979.62万人，占总人口比重为12%。（图4-4、图4-5）

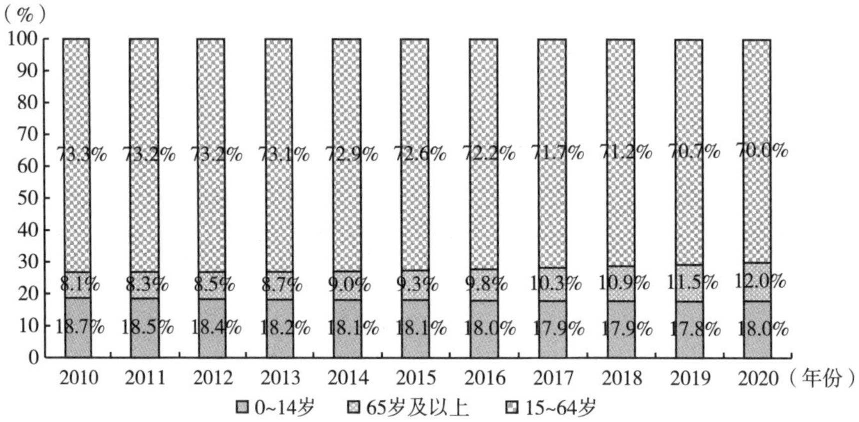

图4-4　2010~2020年中国人口结构占比图

根据图4-5可以看到2010~2020年我国65岁及以上人口数量同比增长率是一种先上升后下降的趋势，但增长率都在2.7%以上，呈正增长。2011~2017年我国65岁及以上人口数量一直呈上升趋势，表明我国65岁及以上人口在逐年增长且增速过快；2017~2020年我国65岁及以上人口同比增长率开始下降，表明我国近几年65岁及以上人口数量增长缓慢，根据整体增长率情况，可以大致预测2021年我国65岁及以上人口数量增长率在4%。由此说明我国2010~2020年65岁及以上人口数逐年增加，我国人口老龄化日趋明显。

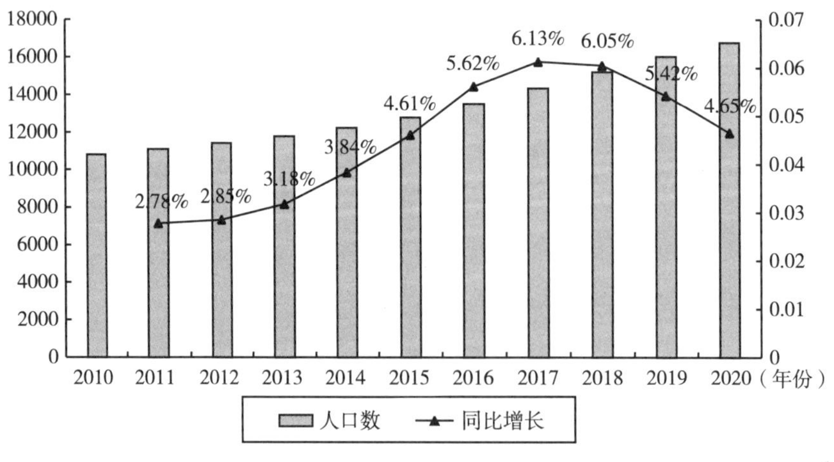

图4-5　我国2010~2020年65岁及以上人口数量及同比增长率统计图

由于老年人口的增多且老年人患病率的增高，对医疗服务的需求日益加大，以及中医药在治疗和预防疾病上具有西医不可比拟的作用和影响，这将给中医药产业带来更多的发展空间。

（二）消费观念、健康观念的改变，加大了医药消费投入

消费习惯和文化在人类进化中扮演着十分重要的角色，对一个行业有着很大的影响，行业生产的最终目的是盈利，而企业生产出来的产品应该符合当前消费者的消费习惯才能在市场中占据有利位置，才能赢得利润，反之就会被市场淘汰。

表4-2　医院病人门诊和住院费用

指标	医院		公立医院		三级医院		二级医院	
	2019	2020	2019	2020	2019	2020	2019	2020
次均门诊费用（元）	290.8	324.4	287.6	320.2	337.6	373.6	214.5	238.4
上涨%（当年价格）	6.1	11.6	5.7	11.3	4.8	10.7	5.0	11.1
上涨%（可比价格）	3.1	8.8	2.7	8.6	1.9	8.0	2.0	8.4

注：次均门诊费用指门诊病人次均医药费用，人均住院费用指出院病人人均医药费用，日均住院费用指出院病人日均医药费用。2019年居民消费价格指数为102.9。

根据表4-2可以得到近两年去医院诊疗的人数越来越多，开始倾向于中药诊疗；门诊病人次均医药费用和人均住院费用均提高，加之随着新医改的进行，其中相关政策的落实和确定，一定程度上解决了当前看病难、看病贵等问题，这有利于转变人们医疗消费观念；根据图4-6可以得到近五年我国居民在医疗保健类的消费逐年增加，居民的消费价格指数越来越低，表明通货膨胀率降低，经济发展趋势向好，因此随着经济水平的提高，经济趋势向好，人们越来越关注养生健康问题，越来越多的人选择中药等保健产品进行身体健康管理（图4-6）。

因此，对中医药的经济投入及关注越来越多，整个中国的医药消费市场在不断地扩大，这对于中医药产业的发展是一个很好的机会。

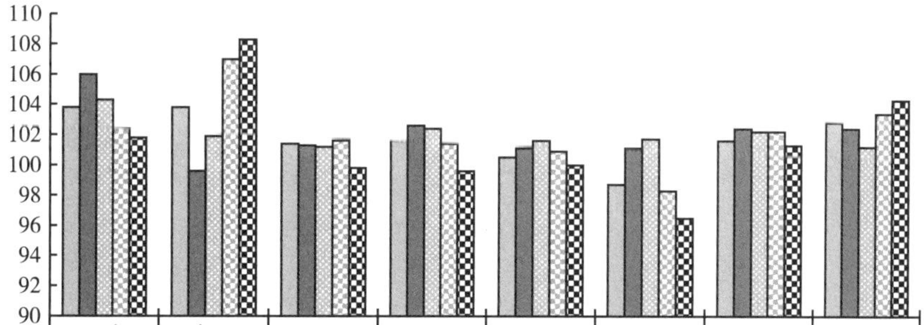

	医疗保健类	食品烟酒类	衣着类	居住类	生活用品及服务类	交通和通信类	教育文化和娱乐类	其他用品和服务类
2016年	103.8	103.8	101.4	101.6	100.5	98.7	101.6	102.8
2017年	106	99.6	101.3	102.6	101.1	101.1	102.4	102.4
2018年	104.3	101.9	101.2	102.4	101.6	101.7	102.2	101.2
2019年	102.4	107	101.6	101.4	100.9	98.3	102.2	103.4
2020年	101.8	108.3	99.8	99.6	100	96.5	101.3	104.3

图4-6　2016~2020年中国居民分类价格指数对比（上年=100）

（三）疫情防控的需要，加速了中药材产业的国际化发展

近现代以来，中医药行业的发展一直面临着西方医学科学文化的冲击，但在此次新冠疫情中，中医药文化体系以其独特的思维方式和良好的临床价值取得了政府和民众的支持和肯定，为中药材行业在国内的发展营造了良好的社会文化环境。在驰援国外疫情防控工作中，使用的连花清瘟胶囊和金花清感等中药产品不仅早期干预效果显著，而且价格较为低廉，使得中医药的国际声誉和中医药文化的国际认可度不断提高。国际社会文化环境的转变不仅有利于国内更加坚定中医药文化自信，也是将中医药文化推广全球的重要历史机遇。

四、技术环境

中药一般具有多项功效，且中医体质辨识针对性强，不同体质需用相应性味中药调节，中药配伍可达到提质增效作用，可研制具有复合功能的中药类保健食品。

相较于化学药品，中药制剂在剂型、制备工艺等方面自身特点明显。传统剂型有丸散膏丹、酒露汤饮、曲茶锭灸等，治疗疾病时各有侧重，可根据药物性质等因素选择；制备工艺包括前处理和成型，前处理工艺分为炮制、粉碎、提取、纯化、浓缩、干燥等；制剂成型工艺根据原料性质和成型要求选择，按剂型物态可分为固体、半固体、液体和气体制剂技术，而制剂辅料以“药辅合一”为原则，坚持辅料与药效相结合。

中药提取、质控等方面新技术发展迅速。借助现代分析技术已建立起了中药复方体系的全息指纹谱，应用化学计量学方法评估工艺过程和关键参数，进一步改良中药提取工艺参数。在质量控制方面，中药指纹图谱方便、易操作，有效控制中药外表特征不明显的中药制剂质量，对于中药保健食品，在选择指标成分时要兼顾功能因子和发挥协同功效作用的非标志性成分；中药质量标志物是基于中药生物属性、制造过程和配伍理论等医药体系自身特点提出的核心质量概念，应用到中药保健食品中需针对其核心功能选定质量标志物。

五、小结

通过PEST模型分析，可以得知中药材产业在政治环境方面，国家以及地方政府大力出台与中药材有关的政策，因此得出中药材产业的发展前景是大为乐观的。在经济环境方面，我国近几年经济快速发展，人均可支配收入增加，促使中药材产业处于健康的发展态势。社会环境方面，中药材受我国人口数量及结构、消费观念、健康观念的改变及新冠疫情的影响，三者都对中药产业有一定的推进作用，有利于中药材产业的发展。技术环境方面，中药提取、质控等方面新技术发展迅速，推动中药材产业快速发展。综合四个方面，我国的政治、经济、社会及技术环境均有利于中药材产业的发展（图4–7）。

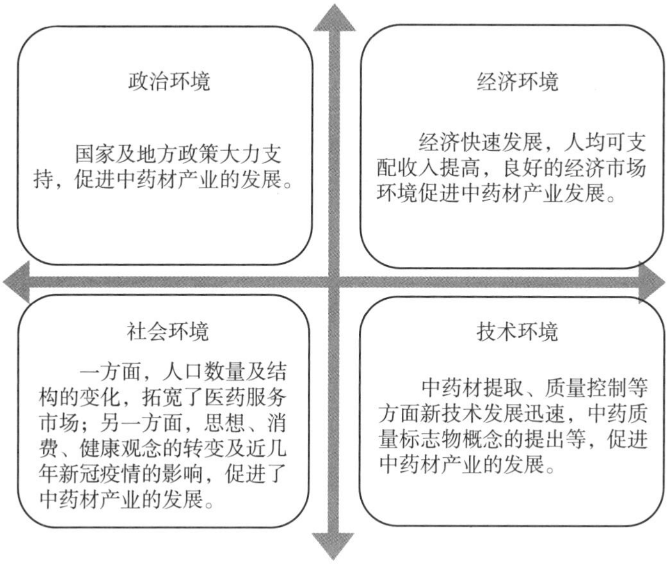

图4–7　pest分析小结

第五章

河北省中药材产业发展现状

第一节　全国及河北省中药材生产情况

一、全国药材生产情况

（一）全国中药材种植情况

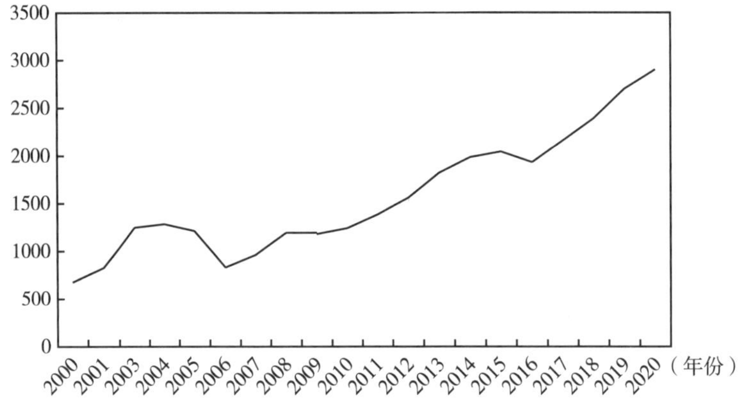

图5-1　2000~2020年全国中药材播种面积趋势图

数据来源：中国农村统计年鉴

据图5-1分析，全国中药材近二十年种植规模可以大致分为三个阶段。第一阶段2000~2005年呈现上升趋势，从676千公顷增长到了1213.3千公顷；第二阶段2006~2007年种植规模有所下滑，2007年下降到831千公顷；第三阶段2008~2020年，上升较为明显，呈直线式上升，2020年达到2905.1万亩。中间2016~2017年种植规模有所下滑，一是因为部分土地复耕种粮，另一方面则是因为中药材种植行业技术门槛较高和种植户人数下降。

我国中药材种植呈现不均衡性，从东北到西南依次增多。近年来，中草药种植面积不断扩张。我国中药材种植主要分布在湖南、贵州、甘肃、陕西、辽宁、广东、云南等几个种植大省市。

（二）全国中药材产值变化趋势

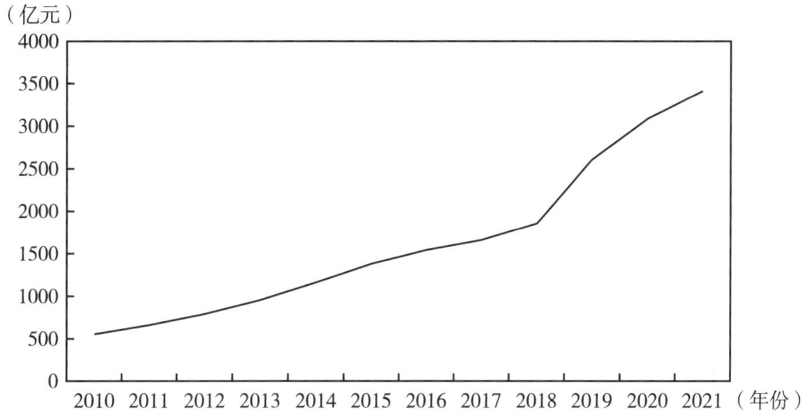

图5-2　2010~2021年全国中药材产值趋势图

数据来源：中国农村统计年鉴

据图5-2分析，随种植面积的增长，我国中药材产值整体呈上升趋势，大致可以分为两个增长阶段，2010~2017年（平缓增长阶段），到2017年产值达到1856.6亿元，同比增长10.62%；2018~2021年（快速增长阶段），产值从2018年2605.1亿元涨至2021年3414.1亿元，同比增长23.7%。

云南省作为种植大省，产值位于全国第一。我国中药行业发展与地方中药材种植发展高度相关，从区域分布上看，在农业经济发达、中药材种植范围较大的华中地区以及西南以及华南地区，中药企业更为集中，资源更为丰富。从代表企业分布情况来看，我国中药行业产业链相关企业在广东、云南等中药经济发达地区发展迅速。

（三）全国中药材单位面积产值变化趋势

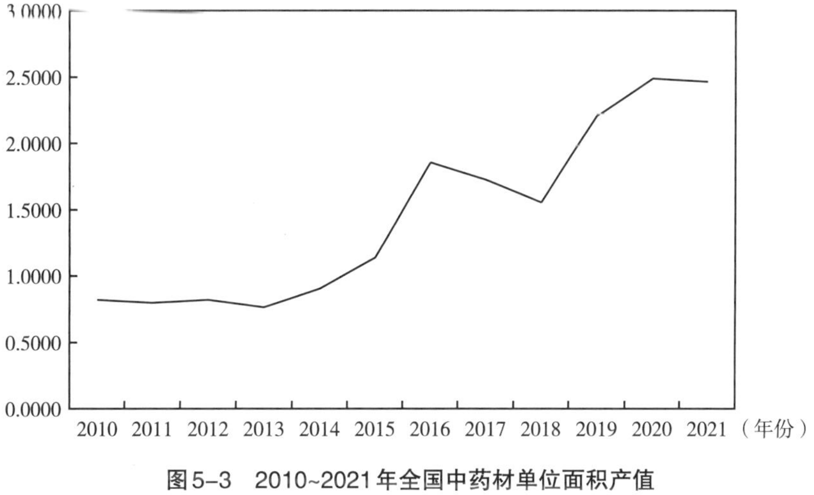

图5-3　2010~2021年全国中药材单位面积产值

数据来源：中国农村统计年鉴

据图5-3所示，2011~2021年全国中药材单位面积产值可以大概分为三个阶段。第一阶段（上升阶段）2010~2016年，前期缓慢上升，2015~2016年仅一年时间从1.1374亿元/千公顷涨至1.8558亿元/千公顷；第二阶段（下降阶段），2017~2018年出现了产值下滑的现象，因为受到政策方面和疫情的影响以及行业技术门槛较高和药农人数的降低使得中药种植面积下降，导致单位面积产值下降；第三阶段（快速上升阶段），2019~2021年持续上升，到2021年涨至2.4651元亿/千公顷。

（四）区域规模发展

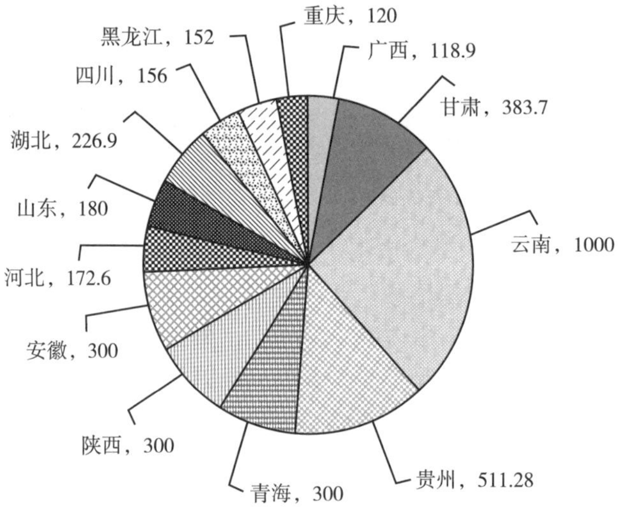

图5-4　十万亩以上大省种植情况　单位（万亩）

通过收集整理各种植大省数据，可以看出十万亩以上种植大省有云南、甘肃、广西、重庆、黑龙江、四川、湖北、山东、河北、安徽、陕西、青海、贵州。其中云南为种植面积最大的省，种植面积为1000万亩，其次为贵州省，种植面积为511.28万亩，具体如图5-4所示。

从单品种来看，全国种植面积较大的品种分别为：黄姜、三七、杜仲、厚朴、黄柏等，具体如表5-1所示。

表5-1　种植面积万亩以上的单品种

单品种	种植面积（万亩）	单品种	种植面积（万亩）
三七	79	水飞蓟	10
刺梨	10	板蓝根	10
金银花	10	五味子	10
杜仲	10	沙棘	10
花椒	10	人参	10
太子参	10	刺五加	1
杜仲	48.6	黄芪	1

续表

单品种	种植面积（万亩）	单品种	种植面积（万亩）
厚朴	42.7	防风	1
黄柏	40.3	大力子	1
木瓜	23.3	苏子	1
银杏	21	苍术	1
黄连	11.96	平贝	1
黄姜	210.8	肚背	10.5

二、河北省药材种植情况

（一）河北省中药材种植情况

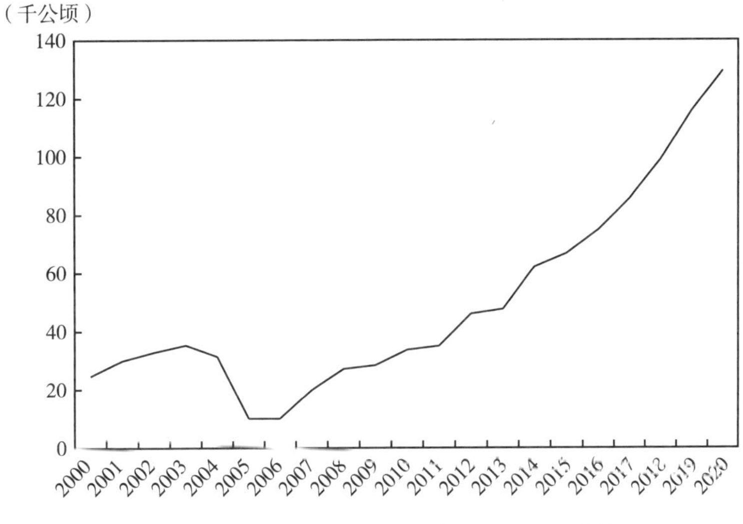

图5-5　2000~2021年河北省中药材播种面积趋势图

数据来源：中国农村统计年鉴

据图5-5所示，河北省中药材近二十年种植规模可以大致分为三个阶段，第一阶段（平稳上升期）2000~2004年，从24.7千公顷增长到了31.4千公顷；第二阶段2005~2006年中期种植规模下降幅度较大，2006年下降到10.2千公顷；第三阶段（直线上升期）2007~2021年，上升较为明显，2021年达到129.5千公顷，较大的市有承德、邢台、保定、石家庄、邯郸等市，种植面积均在20万亩以上。我省中药材产业发展，已经形成燕山、太行山产业带和冀中、冀南平原、坝上高原产区“两带三区”产业发展格局，保障了中药工业原料供应和质量稳定，并在种植业结构调整、产业扶贫和农民增收中发挥了重要作用。

（二）河北省中药材产值变化趋势

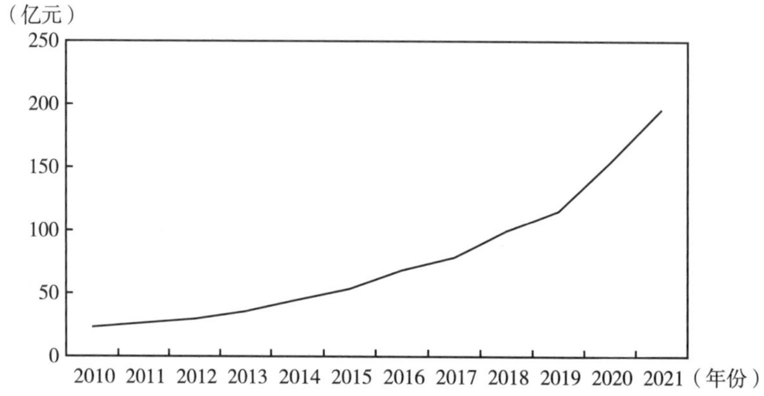

图5-6　2010~2021年河北省中药材产值趋势图

数据来源：中国农村统计年鉴

据统计分析，我省中药材产值与我国的趋势大致相似，整体呈上升趋势，大致可以分为三个增长阶段，2010~2015年（平缓增长阶段），到2015年产值达到53.5亿元；2016~2018年（快速增长阶段），产值从68.3亿元涨至99.5亿元，同比增长31.35%；2019~2021年（直线上升阶段），2021年产值达到246.2亿元，三年时间产值上涨了近两倍。具体情况如图5-6所示。

（三）河北省中药材单位面积产值变化趋势

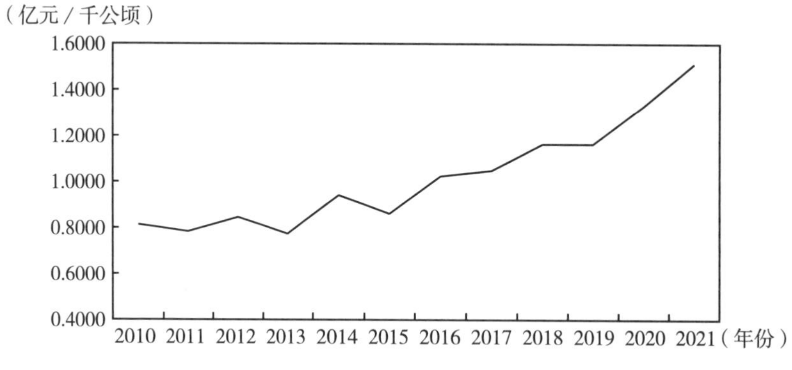

图5-7　2010~2021年河北省中药材单位面积产值

数据来源：中国农村统计年鉴

据图5-7分析，2010~2021年河北省中药材单位面积产值呈震荡上升趋势，其中2012年、2014年出现单位产值小幅度下滑，整体趋势呈上升，可以分为两个阶段，第一阶段2010~2019年缓慢上升，从0.8137亿元/千公顷上升至1.1658亿元/千公顷，第二阶段2019~2021年快速上升，2021年涨至1.5135亿元/千公顷。

（四）规模化种植情况

河北省已建成万亩以上中药材大县达45个，具体情况见表5-2；5万亩以上大县21

个，具体情况见表5–3；10万亩以上大县9个，比上年增加1个，具体情况见表5–4。种植面积在10万亩以上的县有巨鹿县、隆化县、滦平县、安国市、青龙县、围场县、邢台县、丰宁县和内丘县。

表5–2　万亩以上大县种植面积表（截至2021年第一季度）

序号	县	面积（万亩）	序号	县	面积（万亩）
1	巨鹿县	16.80	24	迁西县	4.00
2	隆化县	16.28	25	深泽县	3.36
3	滦平县	15.58	26	任丘市	3.19
4	安国市	15.32	27	望都	3.00
5	青龙县	14.25	28	正定县	2.74
6	围场县	13.71	29	清河县	2.70
7	邢台县	12.50	30	河间市	2.47
8	丰宁县	10.52	31	武安市	2.45
9	内丘县	10.06	32	安平县	2.20
10	宽城县	9.52	33	井陉县	2.04
11	平泉市	8.12	34	平乡县	1.74
12	涉县	7.70	35	沽源县	1.70
13	蔚县	6.65	36	大名县	1.69
14	赤城县	6.30	37	南和县	1.60
15	承德县	6.12	38	涞水县	1.51
16	蠡县	6.00	39	冀州市	1.41
17	平山县	5.75	40	磁县	1.35
18	行唐县	5.50	41	尚义县	1.30
19	阜平县	5.33	42	魏县	1.29
20	兴隆县	5.28	43	承德双滦区	1.21
21	涞源县	5.10	44	邱县	1.05
22	博野县	4.86	45	承德营子区	1.01
23	灵寿县	4.54			

表5–3　5万亩以上大县种植面积表（截至2021年第一季度）

序号	县	面积（万亩）	序号	县	面积（万亩）
1	巨鹿县	16.80	12	涉县	7.70
2	隆化县	16.28	13	蔚县	6.65
3	滦平县	15.58	14	赤城县	6.30
4	安国市	15.32	15	承德县	6.12

续表

序号	县	面积（万亩）	序号	县	面积（万亩）
5	青龙县	14.25	16	蠡县	6.00
6	围场县	13.71	17	平山县	5.75
7	邢台县	12.50	18	行唐县	5.50
8	丰宁县	10.52	19	阜平县	5.33
9	内丘县	10.06	20	兴隆县	5.28
10	宽城县	9.52	21	涞源县	5.10
11	平泉市	8.12			

表5-4　10万亩以上大县种植面积表（截至2021年第一季度）

序号	县	面积（万亩）
1	巨鹿县	16.80
2	隆化县	16.28
3	滦平县	15.58
4	安国市	15.32
5	青龙县	14.25
6	围场县	13.71
7	邢台县	12.50
8	丰宁县	10.52
9	内丘县	10.06

数据来源：河北农村统计年鉴。

第二节　河北省中药材市场发展情况

一、全国中药材市场

1996年，经国家中医药管理局、卫生部、国家工商行政管理局批准，在全国设立十七个中药材专业市场，前4位为中国四大药都，这其中也包括国内规模最大的十大药市。其中有3个药市每年召开一次全国性的药材交流交易会，另外七个药市是在固定地点，每天都有药材交易。

（一）安徽亳州中药材交易中心

亳州被称为“华佗故里，药材之乡”历史悠久，明清时期便是中国最大的药材集散地。亳州中药材市场占地400亩，建筑面积20万平方米，拥有1000家中药材经营铺面

房、6000多个摊位，主要经营品种有山药、何首乌、香附、地黄、益母草、枸杞子、金银花、紫苏等植物药[12]。目前中药材日上市量高达6000吨，上市品种约2600种，日客流量约5~6万人，对外市场主要面向东南亚等国家，中药材交易额约100亿元，2021年进出口贸易量首次突破6万亿美元，同比提高超过2成①。

（二）河南省禹州中药材专业市场

禹州又称华夏药都，中医药历史文化悠久。禹州市位于中原腹地，特殊的综合地理因素孕育了禹州市得天独厚的药材生长环境，中药材种类约为1084种，包括植物类药材780种，动物类药材283种，矿物类药材21种。在中药材市场周边有许多中成药厂家，市场经营的中药材品种达上千种，中华药城的药材价廉物美，以批发为主，兼顾零售，依托周边乡镇三十余万亩的中药材种植基地，在国内中药材市场上占有重要份额，颇受商家青睐。禹州中药材市场所在的许昌市的农业产值为182.05亿元，占总产值的53.85%。禹州市场中心交易大厅可容纳5000个交易摊位，市场内部街经营门店达2000余间，禹州中药材专业市场拥有690家来自全国各地的中药材商户，日均上市中药材2000吨以上，日均客流量1~2万人次，年交易额达25~30亿元[13]。

（三）安国中药材市场

安国市素有“药都”和“天下第一药市”之称，是全国最大的中药材集散地。安国中药材市场品种丰富且货源充足，规模品种以“八大祁药”和大宗品种白术、防风、毛知母、丹参、牛膝等为主，经营品种3000余种，年成交额150亿左右，以“八大祁药”为主，常规品种40多个。东方药城占地2000多亩，建筑面积60万平方米，有商楼1100多座，各类药业企业600多家，中药材出口企业12家。经营企业中有一般纳税人187户，药业个体工商户1546户，经营品种达1500多种，日吞吐中药材1000多吨，从业人员3万人，经营触角遍及全国各地，辐射港台、东南亚、欧美、澳洲等20多个国家和地区，年成交额逾150亿元左右，中药材出口占河北省中药材出口总量的65%以上，被河北省列为首批“出口基地县”[14]。

① https://cnkmprice.kmzyw.com.cn/

（四）成都市荷花池药材专业市场

四川省素有“中医之乡、中药之库”的美誉，中药材资源极其丰富。全省共有中药材资源5042种，占全国中药总资源的65%以上。荷花池中药材专业市场建筑面积20万平方米，占地面积142亩，市场内设3000多个展位，拥有3500个铺面、摊位，经营中药材品种达1800余种，年成交量20万吨，药材辐射整个西部地区，并销往沿海一带，还远销日本、韩国等，是西部最大的中药材专业市场，其规模和效益在中药材市场中名列前三位[15]。近年来，由于该市场硬件设施老化、交易方式初级、管理手段滞后，再加之受两次搬迁的影响，目前市场经营户流失惨重，由原来的3000多户骤减为目前的1600户左右，市场的发展前景不容乐观。为此，省市政府加大了对该市场发展的扶持力度，逐步发展成为中国西部最大的现代化中药材集散中心和物流中心，使其向专业化、规模化、现代化和国际化方向发展[16]。

（五）江西樟树中药材市场

江西省樟树市中药业在东汉时开始萌芽，历史悠久，是全国三大药材交易会主办地之一。2019年樟树市中药材累计种植面积达39万亩[17]，已发现野生药约有500种，种植道地药材包括樟树吴茱萸、樟树黄栀子、樟树车前子、清江枳壳、金银花、银杏、厚朴、玉竹、太子参、丹参、元胡、菊花等40余个品种。常年种植的中药材有100多种，其中“清江枳壳”、“樟树吴茱萸”和“樟树黄栀子”已成功获得市场的认可，全市医药企业245家，共引进龙头企业23家，现有300余户药商在场内经营，经营上千种中药材产品，辐射全国21个省市、港、澳、台以及东南亚地区，日均人流量数千人，年成交量10万吨，交易额超10亿元，产业集群营业收入达830亿元。2020年江西省中药材产值为28亿元，2021年江西省中药材产值为32.1亿元，中药材产值同比增长14.64%。

（六）广州市清平中药材专业市场

清平中药材专业市场于1979年经广州市政府批准开办，是唯一建立在大都市中心区域的中药材市场。该市场建筑是珠江文化带中的一部分，也是广州市唯一合法的中药材产品交易场所，市场上有经营各种中药材产品的店铺，包括滋补贵细、药食同源、药膳养生种类的各经营商家，主营产品有人参、鲜人参、白全须、

红参、白参片、红参片、西洋参片等；花胶专营档口主要经营黄花胶、鳘鱼胶、房胶等高低档次的鱼胶产品；海味批发档口有海参、鲍鱼、海马等各类干货，价格有高有低。市场内中药材货品齐全，客商来自五湖四海，商品交易活跃，销往全国和港澳台、东南亚及世界各地，是中国最大的南药集散地[18]。清平中药材专业市场年营业额超20亿元，占国内中药材交易额的25%，2020年广州市总产值为75702万元，荔湾区农业生产产值为64624万元，占比85.37%[19]。

（七）山东鄄城县舜王城药材市场

中药材产业是鄄城县的传统特色产业，是山东省唯一的国家级中药材专业市场。鄄城县气候适宜中药材生长，种植中药材已有上百年历史。种植品种主要涉及丹皮、白芍、白芷、板蓝根、红花、金银花、丹参、油用牡丹等30多种，蒲公英、马齿苋、茅根、芦根、香附、蒺藜等大面积种植。全县中药材种植面积近10万余亩，平均每亩效益在3000元以上，该市场占地14万平方米，建筑面积6万平方米，中药材加工企业30余家，拥有固定门店460余套，日上市摊位1000余个，经营品种1100多种，年经销各类中药材5万吨，交易额可达3亿多元[20]。

（八）兰州市黄河中药材专业市场

甘肃省是全国第二大药材产地，历史悠久，全国四大药材主产区之一，全省共有中药材1540余种，野生药材资源丰富，其中药材产量大、品质优，驰名海内外，主要销售的药材包括岷当归、纹党参、红黄芪、旱半夏、马蹄、大黄、甘草、冬虫夏草等，其中当归、党参、大黄的年产量分别占全国总产量的90%、30%和40%，该市场利用现代网络销售物流进行交易，年销售额在2亿元左右，市场营业额已达上亿元，实现利税上千万元。

（九）广东省普宁中药材专业市场

普宁中药材市场历史悠久，明清年代，是粤东地区中药材集散地。普宁中草药资源十分丰富，野生药材400多种，主要包括陈皮、巴戟、山栀子、干葛、乌梅、山药、枳壳、厚朴、千重纸等品种，是中药材药源市场的主要基地。该市场占地面积4.2万平方米，建筑面积4.5万平方米，设施配套完善，拥有铺位400多间，

经营商户405户，经营全国地道中药材共1000个品种，中药材销售已辐射到全国18个省市，远销日本、韩国、东南亚、港澳、北美等国家和地区[21]，目前，市场日均上市品种700多个，年贸易成交额8.5亿元以上。

（十）湖北省蕲州中药材专业市场

湖北省蕲春县是闻名遐迩的医药文化之乡，鄂东药材主产区之一，是鄂东地区最大的药材集散地。蕲州中草药资源极为丰富，不仅品种较多，而且门类也较齐全，历来为重点药材产区之一，县境内生长的中草药就有1059种[22]。该市场占地102亩，建筑面积12000平方米，蕲州中草药资源极为丰富，不仅品种较多，而且门类也较齐全，历来为重点药材产区之一。该市场主体有112家，中药材鲜干货商品量达2.4万吨，产值1.6亿元，年销售额近3亿元，上市中药材达1000多个品种，年销售丹皮、杜仲、桔梗等地产药材近800吨，是长江中、下游重要的中药材集散地[23]。

（十一）湖南省廉桥药材专业市场

湖南省廉桥中药材市场是湖南省内经国家审批设立的中药材专业市场之一，交通便利，目前，本地产药材200余种，市场经营中药材1000余种，玉竹、玄参、射干产销量占全国80%的份额，杜仲、厚朴占全国70%的份额，白术、金银花、百合占全国50%份额[24]，该场地3万多平方米，其中有中药材经营店铺800多家，中药饮片深加工企业69家，涉及2000多种中药材，成交量在全国17个药材专业市场中排名第四。2019年廉桥药都市场的成交额为78.6亿元，药材出口总额约为8204万美元。

（十二）重庆解放路中药材市场

重庆解放路中药材市场，历史悠久，重庆历来是长江上游的水陆交通枢纽、西南工商重镇，是西南地区传统的药材集散地，具有传统中药材集散地和中药材资源的优势。地形复杂，气候湿润，适宜中药材的种植，长期以来形成品种较多、产量较大的特点，据统计有349种中药材，占全国资源普查数的79.65%，主要包括黄连、枳壳、栀子、云木香、玄参、丹皮、

半夏、杜仲、贝母，此外，黄柏、使君子、薏苡仁、木爪、佛手、柴胡、金银花、黄连等产品。重庆中药材专业市场建设建筑面积10000平方米，另备有停车场500平方米，2019年重庆市中药材总产值为1104191万元，2020年中药材产值为1285625万元，较去年产值增长了16.43%。

（十三）黑龙江哈尔滨三棵树中药材市场

哈尔滨三棵树是东北三省唯一的中药材专业市场，为我国北方中药材经营的集散地。黑龙江气候昼夜温差大，光照时间长，适合中药材的生长，主要品种有甘草、黄芪、黄芩、防风、柴胡、桔梗、龙胆草等根茎中药材。三棵树中药材专业批发市场营业面积2.4万平方米，经营商户有200多户，经营上千个品种，既有人参、鹿茸、林蛙油、熊胆等东北特产，也有来自全国各地的中草药，既服务于各中药材经销商，也面向中药厂[25]。哈尔滨2019年农业生产总值为1076.5亿元，2020年为1168.6亿元，同比增长8.56%。

（十四）西安万寿路中药材市场

西安万寿路中药材市场是经国家正式批准的全国17个重要的药材经营流通专业市场之一，交通便利，该市场占地约7万平方米，签约中药材企业486家，市场批发零售兼营，有固定、临时摊位共1500余个，经营品种达1600多种，销售辐射新疆、甘肃、兰州、青海、宁夏及周围市县。2020年西安市农林牧副渔生产总产值为5644139万元，其中农业总产值为3924251万元，占比为69.53%。

（十五）湖南岳阳花板桥中药材市场

岳阳市中药材种植历史悠久，是国家首批验收颁证的全国八家中药材专业市场之一。湖南省是药材资源大省，全国361个常用重点中药材品种中，湖南拥有241个，占全国的66.8%[26]，产量60万吨以上，位居全国第2位，主要品种包括湘莲、金银花、白术、吴茱萸、黄精、艾叶、栀子、茯苓、百合等。该市场占地123亩，建筑面积5.5万平方米，市场有来自全国20多个省市的经营店铺480多户，年成交额近3亿元，全产业链产值510亿元[27]。

（十六）昆明菊花园中药材专业市场

昆明菊花园中药材专业市场是全国最早实行企业化市场管理的中药材市场，也是云南省仅有的中药材专业市场，该市场经营中药材品种达4000多种，主要品种有三七、云当归、云党参、天麻、附子、黄草乌等，该市场交易的药材占全省中药材供给量的80%以上，占地140多亩，经营商户约为500户，交易范围主要是立足西南，面向全国，出口南亚、东南亚等国家，年贸易额可达20亿元[28]。

（十七）广西玉林中药材专业市场

广西玉林中药材专业市场交通运输十分方便，中药材资源丰富，中药材物种4623种，其中植物药4064种，种类居全国第二位，市场占地60亩，共有铺面式摊位812间，市场经营户800多户，经营药材品种1000多种，市场贸易辐射全国20多个省市地区，转口远销日本、韩国、越南、泰国、马来西亚、新加坡等东南亚地区。2021年广西壮族自治区中药材产值达到170.3亿元，对推进玉林中药产业化的发展起到重要作用。该市场是广西最大的中药材市场[29]。

二、河北省中药材市场发展竞争力分析

河北省作为我国中药材生产大省，积极推进中药材产业的发展，逐步形成了中药材产业“两带三区”的发展格局，本文以安国市场为例，运用SWOT分析法将四大药都进行比较，分析安国中药材市场的优势、劣势、机遇和威胁，并提出相应的发展建议，从而促进河北省中药材市场的发展。

（一）优势分析

1. 京津雄协同发展，市场竞争力增强

安国距离石家庄国际机场只有60公里，具有明显的交通优势，安国地处华北平原腹地，京、津、雄三角中心地带，于京津雄和环渤海经济圈中，随着京津雄一体化发展加速，中医药企业纷纷落户河北，借助北京、天津的人才优势、创新优势，有利于推动河北省中药材市场发展动力，提升了河北省中药材市场的竞争力和社会影响力。

2. 中药材资源丰富助推市场发展

由图5-8可得，2021年河北省中药材在产面积居四大药都之首，仅安国中药材市场

年提供商品中药材3000万kg，产量占河北省中药材总产量的70%以上。四大药都在市场交易方面缺乏自己独特的品牌，祈紫菀、祁薏米、祁芥穗、祁白芷、祁菊花、祁花粉、祁沙参、祁山药是安国传统的八大祁药，道地药材品种酸枣仁、天花粉、王不留行、祁沙参、祁山药、祁紫菀、热河黄芩、山楂、山杏等占全国总产量的60%以上，太行连翘、北柴胡、金银花、山药占全国总产量的三分之一。京津雄经济圈人口1亿，中药工业、大健康产业的发展对河北药材资源优势和特色具有较强的依赖，这将有利于增强安国市场的产业竞争力，从而助推河北省中药材产业发展。

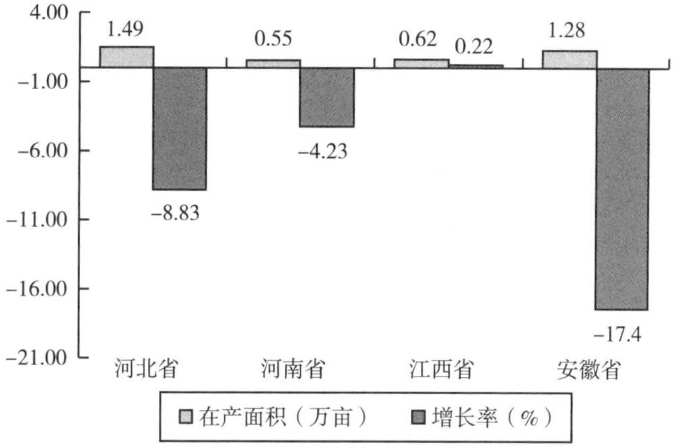

图5-8 四大药都2021年中药材在产面积及增长率

数据来源：河北省统计局 中国农村统计年鉴 天地云图中药产业大数据

3.市场发展利好，前景广阔

安国是享誉世界的“中药之都”，投资40亿元的“数字中药都”已经建成并投入使用，目前是我国规模最大、最先进的中药材交易中心，为河北省中药材发展搭建了跨越式发展平台。同仁堂、葵花药业等一批知名中药企业的入驻，展示其明显的市场拉动效应和集聚效应，为河北省中药材产业发展提供了强大助力和产业竞争力。

4.政策的大力扶持

国家连续出台中药材相关扶持政策，对我国中药材资源保护和中药材产业发展进行了全面部署，河北省政府将中药材产业市场作为新兴战略产业来推进，出台了《河北省中医药健康服务发展规划（2015–2020年）》、《河北省“大健康、新医疗”产业发展规划（2016–2020年）》等政策，并加强对河北道地、特色中药材进行品种选育和产地保护，有利于树立安国市场的品牌优势，推进中药材绿色循环经济；支持安国市场中药材产地初加工基地的建设，鼓励中药生产企业向中药材产地延伸产业链，提高安国中药材市场的附加值。

（二）劣势分析

1.受灾面积增加，市场资源紧张

国家对中医药的大力支持使广大人民增强对传统医疗的认同，国内市场对中药材的需求空前加大，伴随而生的是空前激烈的产品市场竞争和对传统中药材的滥采滥用，根据图5-9可得，2020年河北省、安徽省中药材受灾比例呈上升状态，中药材产量资源骤减，使越来越多的中药资源面临枯竭和濒危的境地，导致安国市场出现产量劣势的局面，这与中医药的快速发展形成了突出市场供需矛盾，资源保护迫在眉睫。

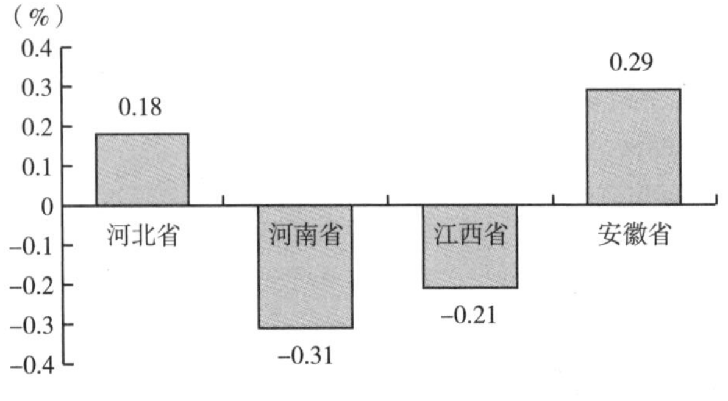

图5-9　四大市场2020年中药材种植受灾面积增长率示意图

数据来源：河北省统计局 中国农村统计年鉴 天地云图中药产业大数据

2. 种质混杂，优质品种缺乏

各地区种植中药材的品种由于气候条件的差异较大，同一种药材的种质、栽培类型、成分及质量也各不相同，导致安国市场品种混乱、种质混杂、品质较低，这是影响安国市场发展规模化、规范市场管理的重要因素。培育中药材优良品种、实施良种工程，是解决市场种质混杂的重要步骤，也是推动建立现代化高标准中药材市场的关键途径。

3. 市场消息滞后、销售方式落后

安国市场销售方式主要以传统农业化、实体店铺、路边不固定摊位等作为经营手段，政府出资构建的现代化中药材贸易平台建设成本极高，价格昂贵，大多商户及客户对数字化平台交易的认识程度不够高，导致产品线上市场销量较小。目前安国市场尚未形成规模化中药材产业格局，线上信息发布平台不完善，安国中药材市场发展动力不足，市场在销售过程中处于相对被动状态。

4. 市场缺乏专业型人才，人员文化程度低

由于安国是县级市，市场上缺乏吸纳大量劳动力的大型企业和加工密集型的私营企业，当地就业的收入较低，对中药材经营、管理和研发的专业人才和高级人才缺乏吸引力，在四大市场中竞争优势不很突出，所以安国市场销售人员的学历大部分是中学及以下，存在人才匮乏的现象。

（三）机遇分析

1. 国际市场前景广阔

中药产业不断走出国门，走向世界，人们对于中药认识观念的不断转变，外国人民对中药材的接受度逐步提高。在防治新冠肺炎的过程中，中药作用得到了社会的公认，受到世界卫生组织的积极评价。这些年，我国政府、社会各界不断推进中药材市场发展的国际化、规范化，中医中药在一些国家已经取得了合法地位，为中药进入国际市场提供了较好的有利条件。

2. 国家政策的支持

国家要求我国要在中药产业中重点开展理论创新和研究，国务院办公厅印发《中药材健康服务发展规划（2015–2020年）》，对当前和今后一个时期，将对我国中药材健康服务发展进行全面部署，这是全面贯彻落实《国务院关于促进健康服务业发展的若干意见》制定的专项规划，也是我国第一个关于中药材健康服务发展的国家级规划。2021年1月22日，国务院办公厅印发《关于加快中医药特色发展的若干政策措施》，其中明确提到，加快实施市场道地中药材提升工程，不断加强市场道地药材良种繁育和生产基地建设，推进中药材种植、交易规范化，鼓励中药材市场发展多样化，与专业合作社和联合社合作发展，引导建立有质量保证、可溯源的中药材市场。

3. 市场需求与日俱增

随着我国人民生活水平的提高以及老龄化时代的到来，人们越来越关注健康问题，对营养保健品的需求日益旺盛，中药材以其滋补保健和营养食品的功能，吸引了广大消费者，中药材需求的不断增大，中医药行业将迎来前所未有的发展机遇。中国海关总署数据显示，2019年国际经济动荡的情况下，我国中药类商品的进出口贸易总额呈现较好的增长态势，中药类商品贸易总额达61.74亿美元，同比增长7.05%；其中，出口额同比增长2.82%，进口额同比增长15.93%，中药材无论从进口还是出口方面都保持增长的态势。

（四）威胁分析

1. 国内市场竞争加剧

中药产业作为朝阳产业，越来越受到各地政府的重视，多个省市将中药产业确认为当地的支柱产业，一些没有中药产业历史的省份也将中药产业作为新的经济增长点来进行发展规划，从图5–10中可以安国市场在四大市场年交易额竞争中并非劣势，远超樟树市场和禹州市场，但亳州市场2020年中药材市场交易额高达90亿元，远超安国市场交易额，这将直接威胁到安国中药产业的优势地位。

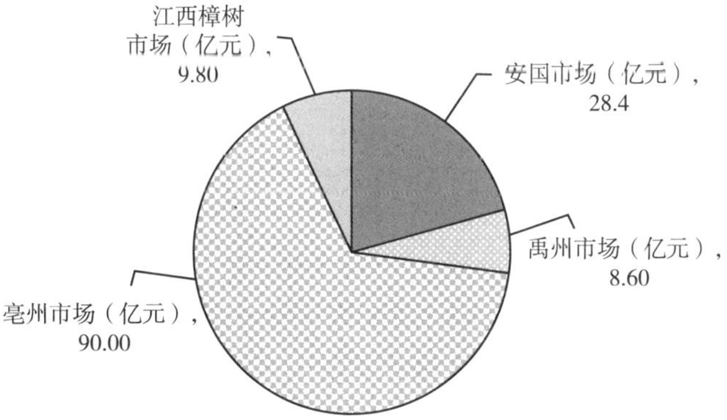

图5–10　四大市场2020年中药材交易额

数据来源：河北省统计局 中国农村统计年鉴 天地云图中药产业大数据

2. 国外市场竞争激烈

在国际市场上，日本、韩国、欧美、东南亚等地是中草药的需求大国，同时，这些国家也是我国中药市场的竞争对手，目前，我国中药行业现代化发展程度较低，市场地位与我国悠久的中药文化地位不匹配，安国市场药商总体而言较国外大型市场相比，在规模、知名度、产品质量等方面略显欠缺。

3.市场数字化水平低，经营队伍不专业

随着现代化的发展，中药材市场药商应该顺应时代的发展，利用电子信息技术、现代化技术，通过线上交易平台来改变营销模式，加大宣传力度，但是，由于线上平台成本昂贵、生产资料成本的上涨，迫于成本的压力，而且药商对于互联网线上宣传方式认识程度不到位，网络宣传与药商的融合少之又少，导致多数商家并没有最大限度地利用线上平台市场。

4.缺乏标准仓储与物流经营体系

安国中药材市场以社会化的仓储模式为主，对中药材进行统一的仓储管理，中药材质量监督以及信息整合依靠古老的抽样实际调查等来实现，效率低下而且可信度不够高，实际数据存在着偏差，而且没有统一的药材管理，安国的药材市场缺乏可靠的信息来源，在市场上出现质量低下的中药材产品的状况时有发生。安国市场也没有统一的物流管理，缺乏现代化的货物流通勘查体系，人工勘查的高成本致使药材勘查无力实施。

三、河北省中药材市场发展建议

（一）增强市场竞争力

通过整顿和规范河北省市县内中药材流通经营秩序，例如在安国数字中药都建立专业物流区整合市县内中药材物流资源。设立分区物流配送专线，建立物流配送信息系统，提高全市中药材、中药饮片等物流配送效率。整合现有物流配送资源，设立数字化物流区，建立运输过程中的质量监控体系，同时做好河北省市县园区内中药材运输物流与市场的规划，促进中药材行业的物流资源向集中化、规模化方向发展，提高河北省中药材市场发展的竞争力。

（二）建设数字化交易市场

不断推进中药材市场发展现代化、标准化、信息化的发展进程，以大企业为依托，大市场为导向，加大对安国东方药城、传统药材交易市场的资源整合力度，引入第三方中药材质量监测机制，加强质量流通追溯体系建设，发展电子商务等新兴技术，创新物流交易模式，建设数字化中药都线上交易平台，实现中药大商贸物流发展。通过对传统中药材交易市场的升级改造，建立集交易中心、仓储管理、信息平台于一体的发展模式，扩大经营品种类别，鼓励中药材、中药饮片、中成药、现代保健品等的经营、仓储和物流的统一，将安国建设成为全省乃至全国标准化引领的中药物流体系与信息平台中心。

（三）调整优化产业结构

在政府的指导下，逐步优化中药材市场产业结构，引导安国市场形成大企业带动小企业的发展模式，医药制造业带动饮片加工业的良性发展，并向种植业和服务业拓展，从而引领安国传统中药产业市场和现代中药产业向园区化、集聚化和集群化方向发展，实现安国市社会经济的跨越式发展。对中成药、大健康的龙头企业给予重点扶持，同时围绕龙头企业延伸产业链，鼓励龙头企业带动相关企业整体进入产业园区发展，形成产业联盟，发挥主体带动作用，加快产业融合步伐。

（四）建立现代化仓储体系

根据国家有关政策规定，整顿引导或关停改造河北省市县内所有不符合仓储要求的民间仓库，提升原有仓储基地的硬件建设水平和管理制度，引导全市县药商和药农从目前分散式仓储的现状，逐步向"专业仓库"、"专业服务"和"专业管理"的方向转变。同时运用新技术提高仓储管理水平。

（五）加强人才的培养

由政府和科研院校带头，发挥各自优势，建设成为集中药教育、科学研究、科技创新、成果转化和文化传播等功能于一体的标准化基地。加强与国内外知名院校建立长期合作的关系，共同研发中药关键技术，共同享有科研成果。要改变当前存在的人才不足的现状，离不开大学生，更离不开政府和企业对内部行政、管理的制度进行改革，对博士、硕士形成内在的吸引，而非一次性砸钱，让能力衡量一切，让留在河北省市县发展的人才具有更宽广的施展发展空间。

第三节　河北省主要中药材品种价格波动情况

一、河北省主要中药材品种资源分布情况

（一）资源分布

根据《全国道地药材生产基地建设规划（2018–2025）》，可将全国道地药材划分为八大产区，包括华北、东北、华东、华中、华南等区域，并对不同气候地域的代表性种植模式，以及该气候下主产药材品种进行系统梳理，如下表5–5所示：

表5–5　全国八大产区种植模式及品种分布

产区	主要气候特征	常见种植模式	道地药材品种
华北产区	温带季风气候	药粮间作套作、林下种植、野生抚育	主产北药，包括黄芩、连翘、知母、酸枣仁、柴胡、北苍术、黄芪、山楂等
东北产区	温带、寒温带季风气候	林下种植、仿野生种植	主产关药，包括人参、鹿茸、北五味、关龙胆、关防风等
华东产区	热带、亚热带季风气候	药粮套作轮作、林下种植、景观生态种植	主产江南药、怀药，包括白芍、牡丹皮、百合、元胡、山茱萸、茯苓、薄荷等
华中产区	温带、亚热带季风气候	药粮套作轮作、林下种植	主产怀药、蕲药，包括怀山药、怀地黄、山茱萸、天麻、茯苓、木香等

续表

产区	主要气候特征	常见种植模式	道地药材品种
华南产区	热带、亚热带季风气候	林下种植、药粮间套作种植	主产南药，包括阳春砂、佛手、罗汉果、肉桂、何首乌、广藿香、益智仁等
西南产区	温带、亚热带高原气候	药粮套作轮作、林下种植	主产川药、云药，包括川乌、黄连、川牛膝、川黄柏、三七、丹参、茯苓、川白芷、川枳壳、龙胆、独活等
西北产区	温带季风气候	仿野生种植、野生抚育、药粮轮作、林下种植	主产秦药、维药，包括当归、大黄、枸杞、红景天、银柴胡、胡黄连、猪苓、青皮、甘草、黄芩、肉苁蓉等
青藏产区	高原山地气候	仿野生种植、野生抚育	主产藏药，包括胡黄连、大黄、羌活、甘松等

河北省作为华北产区的主要分布地之一，地处暖温带与湿地的交接区，四季分明，温度适宜，日照充沛，适宜多种农作物生长与林果种植，是我国中药资源比较丰富的地区，更拥有着我国著名的四大药都之一——河北安国药都市场。据调查，河北省现有药用植物资源1442种，常年种植120种，除安国八大祁药外，还大量产出柴胡、金银花、北苍术、黄芩、连翘、酸枣仁、防风、知母等30余种道地中药材，其中省级重点抓连翘、酸枣仁、金银花、北苍术四大品种。此外，河北产区地形复杂多样，是我国唯一兼有高原、山地、丘陵、平原、湖泊和海滨的省份，适合发展林下种植、间套作种植和仿野生种植等多种生态种植模式，也因此形成了许多具有代表性的特色种植模式，包括柴胡–玉米套作种植模式、黄芪、柴胡等药粮间作轮作生态种植模式、黄芩–果树套作生态种植模式、知母林下种植模式和连翘仿野生种植模式等。

随着省委、省政府对中药材产业强力推进，“两带三区”优势产区总规模171万亩，占中药材种植总面积的82%。如下为五大产业带（区）及其区域内特色中药材品种分布情况（表5–6）。

表5–6 “两带三区”所涉地域与品种分布情况

产业带（区）	所涉地域	特色品种分布
燕山产业带	承德、张家口、秦皇岛	黄芩、黄芪、金莲花、北苍术、防风、款冬花、桔梗、苦参、枸杞、关黄柏等
太行山产业带	邯郸、邢台、石家庄、保定	柴胡、连翘、酸枣、王不留行、知母、丹参、紫苏、皂角等
冀中平原区	保定安国	安国八大祁药，包括祁花粉、祁沙参、祁菊花、祁紫菀、祁白芷、祁山药、祁荆芥、祁薏米
冀南平原区	邢台巨鹿	金银花、枸杞
坝上高原区	张家口、承德	黄芩、黄芪、金莲花、北苍术、防风、板蓝根等

燕山产业带，位于河北东北部，主要包括滦平、隆化、宽城、平泉、兴隆、承德县、蔚县、赤城、尚义和青龙等10个县，是河北省中药材主产区之一。主要品种有黄芩、黄

芪、金莲花、北苍术、防风、款冬花、桔梗、苦参、枸杞、关黄柏、五味子、丹参、猕猴桃、人参、全蝎、山楂、杏仁等，大力推广山地中药材、林下中药材等种植模式，实施道地药材人工抚育、仿野生栽培与生态种植。该区域又可分为冀北山地与长城两侧地区，其中冀北山地包括承德、平泉、滦平、隆化四县等地，分布有人参、黄柏、柴胡，以及驰名中外的“热河黄芩”等资源；长城两侧地区包括兴隆、宽城以及秦皇岛山地丘陵地区，其野生中药资源丰富，主产山楂、杏仁、北苍术等药材。

太行山产业带，主要包括涉县、武安、峰峰矿区、内丘、邢台县、灵寿、行唐、井陉、涞源和阜平等10个县（区），其分布的药用植物达1000余种，广泛分布有柴胡、连翘、酸枣、王不留行、知母、丹参、紫苏、皂角、鬼针草、黄芩、远志、黄精、玉竹等品种。该区域又可分为东部低山丘陵地区与西部山地丘陵地区，其中东部低山丘陵地区包括邢台等山地，主要分布酸枣、山楂、山杏、猕猴桃等资源；西部山地丘陵地区分布有柴胡、黄芩、知母，尤以易县“西陵知母”闻名。

冀中平原区，位于太行山东麓、京广线两侧，以安国为中心，利用安国“千年药都”影响力，发挥北方最大中药材交易市场的引领作用，重点发展安国八大祁药（祁花粉、祁沙参、祁菊花、祁紫菀、祁白芷、祁山药、祁荆芥、祁薏米），其他主要品种有丹参、板蓝根、白芷、菊花、桔梗、党参、白芍、白术、生地、玄参、黄芪、紫菀、紫苏等。其中，蠡县、望都以北，涿县以南中药资源较少；蠡县、望都以南，主要分布丹参、板蓝根等资源。

冀南平原区，以巨鹿为中心，中药资源主要为耐盐碱、耐干旱、耐瘠薄品种，重点发展金银花和枸杞，拥有全国最大的枸杞子生产基地之一，并将打造全国最大的金银花种植基地和集散中心，突出种植特色，调优单品品质，推广机械化采收。其他药材资源主要有白术、红花、菊花、地黄等。

坝上高原区，位于河北最北部，主要包括沽源、康保、丰宁和围场等县。海拔高且阳光充足，但干旱多风，水热条件差，主要药材资源为耐干旱、耐贫瘠、喜光的根与根茎类药用植物，包括甘草、麻黄、黄芩、黄芪、赤芍、玉竹、金莲花、北苍术、防风、板蓝根等品种，野生药材蕴藏量大。该区域又可分为坝上东部高原地区与坝上西部草原地区，其中坝上东部高原地区包括丰宁、围场县，自然条件恶劣，适宜种植耐寒、耐旱的药用植物，分布有大量金莲花、黄芩、甘草资源；坝上西部草原地区包括康保、沽源县等，降水极少，适宜种植旱生药材，分布有麻黄、防风、甘草等资源。

二、河北省主要中药材品种价格走势

（一）草本类品种

1. 北苍术

（1）主要特点及分布状况

苍术，为菊科植物北苍术或茅苍术的干燥根茎，耐寒且适应性强，生长周期为两年到四年间，一般每年4月以及9月两季采挖，具有燥湿健脾、祛风散寒以及明目功效等（图5-11）。

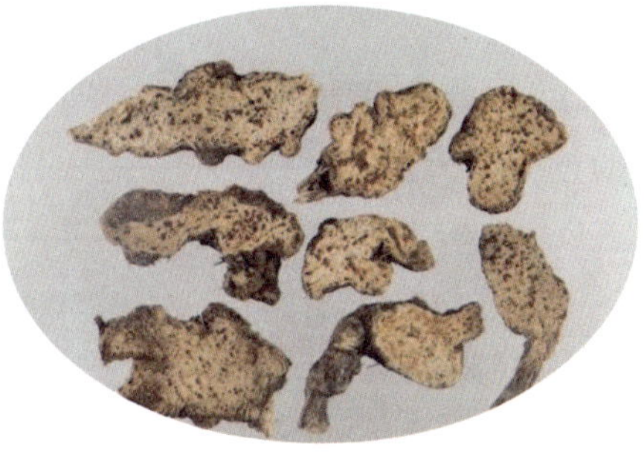

图5-11　北苍术形貌

苍术主要分为北苍术、茅苍术、关苍术三种，北苍术为国内市场主流货源，主产于秦岭以北的河北、山西、内蒙古、辽宁、吉林、黑龙江等地区，其中河北产区主要分布于隆化、青龙、赤城、围场、易县、丰宁、抚宁、涞源、怀来等地，家种北苍术以秦皇岛青龙、承德隆化等地面积较大（表5-7）。

表5-7 苍术主要分布及流通特点

品种	分布	流通特点
北苍术	河北、山西、内蒙古、辽宁、吉林、黑龙江、陕西、甘肃	国内市场流通
茅苍术	江苏、湖北、安徽、江西、陕西	大多出口日本
关苍术	黑龙江、吉林、辽宁	大多出口日本、韩国

（2）价格波动情况

目前，北苍术主要交易于安国、亳州、荷花池以及玉林药市，流通规格包括光统个、半撞皮个。交易价格数据来自中药材天地网，具体分析如下：

①不同药市价格表现对比：2016年1月以来，国内四大药市，即安国药市、亳州药市、荷花池药市、玉林药市北苍术（光统个）行情表现坚挺，价格高昂上扬，不断突破峰值。总体来看，四大药市虽都经历了三阶梯式的震荡攀升，但不同药市价格反应程度差异化明显。其中，玉林药市北苍术价格对市场反应最为灵敏，且行情较佳，尤其在2020年2月新冠疫情来临之际，玉林药市率先表现出明显上涨趋势，价格最早拉动至高位；荷花池药市在2017~2020年间行情最为低迷，在此期间其价格走势明显低于行业均值，仅能表现出其他药市北苍术价格的80%左右；而亳州药市在2021年下半年时，相对其它三药市价格最为疲软，价格仅在200元以下波动；安国药市北苍术市场行情则表现得中规中矩，市场反应与四大药市平均市场行情相当。如图5-12所示。

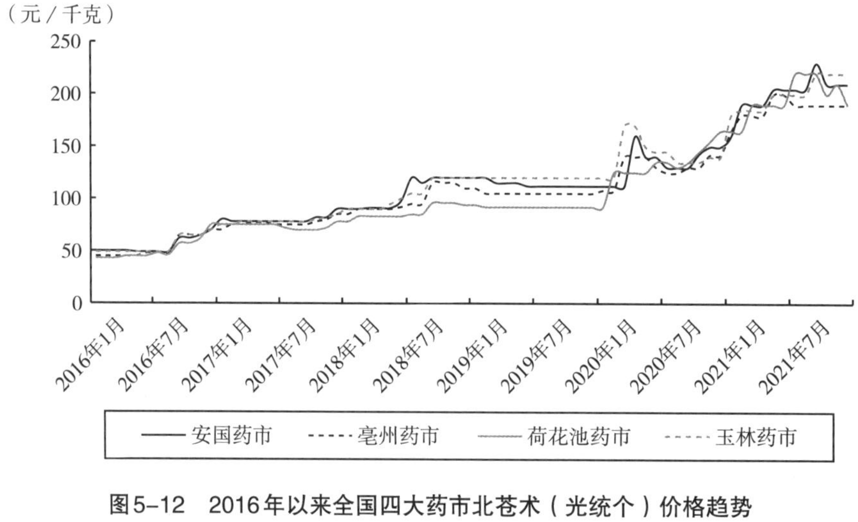

图5-12 2016年以来全国四大药市北苍术（光统个）价格趋势

数据来源：中药材天地网

②历史价格波动分析：自2016年至今，安国市场北苍术价格共经历了三阶梯式的

震荡攀升，其中北苍术（半撞皮个）市场行情整体低于北苍术（光统个），两者波动趋势保持一致。2016~2017年，北苍术（光统个）由50元/千克稳步上行至70元/千克，野生北苍术因无秩序采挖导致资源逐年减少，虽然家种北苍术已开始发展，但种植周期长且发展规模尚小，不能满足市场正常需求，而2016年底随着国家对药厂"飞检"力度加大，正品货源紧缺，市场行情表现更为坚挺；2017~2019年，北苍术价格持续走高，涨幅达60%，并突破115元的高位，尤以在夏秋用料入药高峰期时，市场行情拉升极快，而且苍术作为保健药物、畜牧饲料等用量常年稳增，虽家种较为广泛，但品质不佳、成熟期长、产量不稳，货源依旧供不应求；2020年至今，北苍术作为防疫关键药材，受新冠疫情影响，价格如脱缰野马一般不断突破高位，加之市场存量不足、供给疲软，行情一路走高，截至2021年底，价格已涨至210元/千克，涨幅高达87.5%。如图5-13所示。

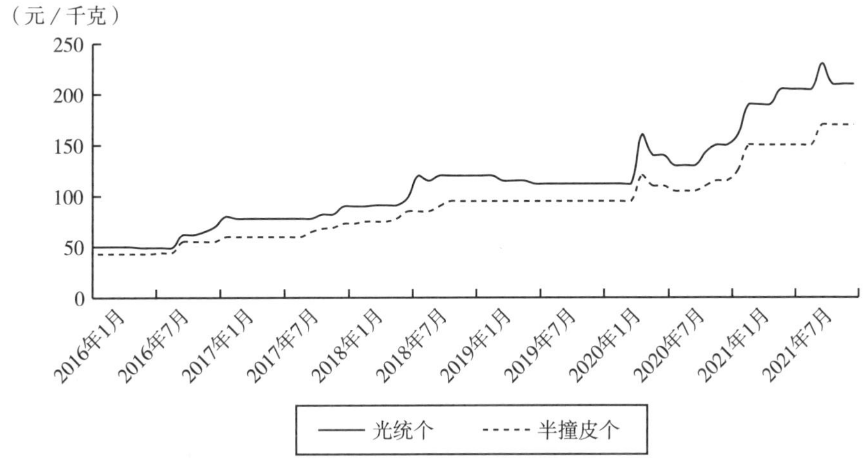

图5-13　2016年以来安国药市不同规格北苍术价格趋势

数据来源：中药材天地网

③2021年度价格波动分析：2021年度，河北省安国市场北苍术（光统个）价格开盘于160元/千克，收盘于210元/千克；北苍术（半撞皮个）价格开盘于125元/千克，收盘于170元/千克，整体呈先上涨后疲软走势。北苍术（光统个）本年价格坚挺，稳持高位主要是由于市场货源供不应求：第一季度，河北新冠疫情反弹，北苍术作为防疫应急清单的中药之一，需求量拉动上升，但去年疫情导致大货紧缺，新货供应动力不足，价格虽已至高位，但短短两周内又快速拉升21.4%；第二季度，疫情风波逐渐平复，但市场存量不足，即将进入夏季用料高峰，价格出现新一波正常拉升；第三季度，前两月市场需求量下滑，货源购销显畅，商户对行业发展信心充足，价格趋稳，后一月货源库存量持续薄弱，价格突破历史最高位230元/千克；第四季度，北苍术秋季产新后，市场供应充足，价格逐渐趋于疲软，从虚高位下滑，收盘于210元/千克，全年涨幅达31.3%。北苍术（半撞皮个）全年走势与北苍术（光统个）基本相似，年涨幅达36%。如图5-14所示。

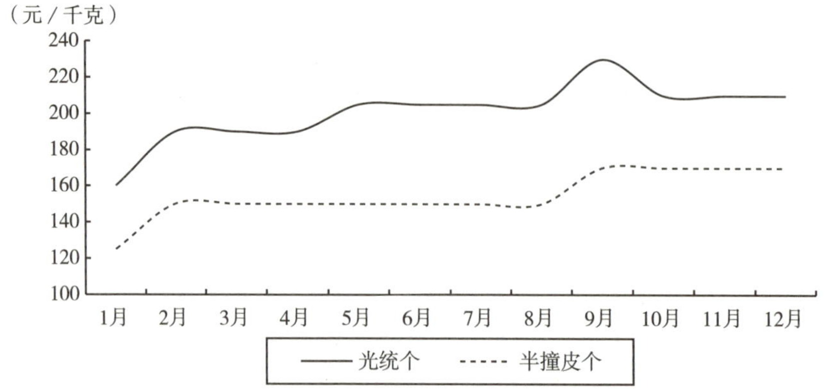

图5-14　2021年度安国药市不同规格北苍术价格趋势

数据来源：中药材天地网

2. 柴胡

（1）主要特点及分布状况

柴胡，药用部位为伞形科植物柴胡或狭叶柴胡的干燥根，耐寒且喜湿润，生长周期为两年到三年间，一般每年春、秋二季采挖，具有解热、镇痛、抗病毒等功效（图5-15）。

图5-15　柴胡形貌

柴胡主要分为北柴胡、南柴胡两种，其中北柴胡主产于东北三省、河北省、河南省、陕西省、内蒙古、山西省、甘肃省；南柴胡主产于东北三省、陕西省、内蒙古、河北省、江苏省、安徽省等地（表5-8）。

表5-8　柴胡主要分布状况

品种	别名	分布
北柴胡	竹叶柴胡、硬苗柴胡、韭叶柴胡、津柴胡	东北三省、河北省、河南省、陕西省、内蒙古、山西省、甘肃省
南柴胡	狭叶柴胡	东北三省、陕西省、内蒙古、河北省、江苏省、安徽省

（2）价格波动情况

目前，柴胡主要交易于安国、亳州、荷花池以及玉林药市，流通规格均为统根。交易价格数据来自中药材天地网，具体分析如下：

①不同药市价格表现对比：2017年1月以来，国内四大药市，即安国药市、亳州药市、荷花池药市、玉林药市柴胡（统根）价格波动趋势差异明显。其中，亳州药市、荷花池药市柴胡价格表现最为低迷，亳州药市行情虽长期稳中有涨，但最高位也仅到达63元/千克的水平；荷花池药市行情大幅波动，柴胡价格既跌落过53元/千克的市场价格谷底，也曾在短时期内攀升至75元/千克的高位，但大多徘徊于60元/千克左右。而玉林药市、安国药市柴胡价格表现较优，两大药市波动趋势相似，但其中玉林市场行情更为坚

挺，最高曾突破80元/千克的峰值；安国药市对价格反应更为敏感，价格波动较为频繁。如图5-16所示。

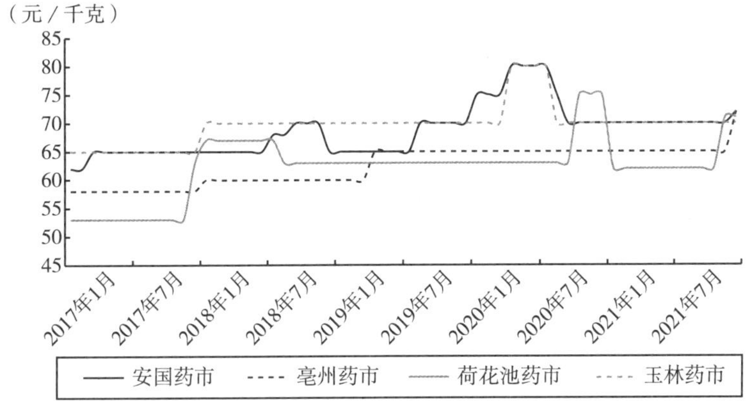

图5-16　2017年以来全国四大药市柴胡（统根）价格趋势

数据来源：中药材天地网

②历史价格波动分析

自2013年至今，河北安国药市柴胡（统根）价格大多在65元/千克左右徘徊，并于2016年时降至行情谷底52元/千克，于2020年时达到行情顶峰80元/千克。柴胡作为中药材常用品种，用途广泛且需求量大，柴胡资源发展至家种后，产出量增加，市场供给比较稳定，但仍有多种因素对市场行情产生影响。其中，第一阶段（2013年1月~2015年4月），价格保持平稳上涨状态，受行情较佳的刺激，种植户生产积极性较高，柴胡种植规模扩大，但种植周期长，且农户种植技术与水平较低，导致产量不高，市场整体库存不大，货源走动较快；第二阶段（2015年5月~2016年7月），随着种植规模进一步扩大，加之库存压力增加，市场消耗产能过剩，价格出现下滑，降幅达12.13%；第三阶段（2016年8月~2020年7月），由于前期受流感以及寻货商家关注，人气小幅上升，价格回温，后期因新冠疫情影响，刚性需求带动货量走动增加，库存不丰，行情从前期平稳波动式上扬，发展至后期螺旋阶梯式上涨，阶段涨幅接近30%；第四阶段（2020年8月后），产量较大，疫情过后，供需恢复平衡，行情从虚高位回落，价格降至70元/千克。如图5-17所示。

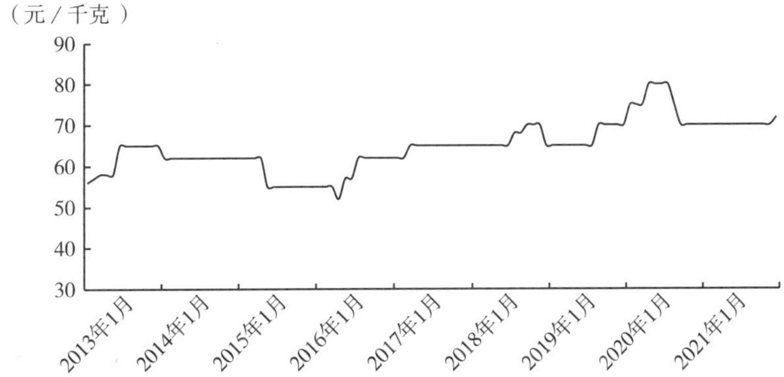

图5-17　2013年以来安国药市柴胡（统根）历史价格趋势

数据来源：中药材天地网

③2021年度价格波动分析：进入2021年来，河北安国药市柴胡（统根）依旧保持2020年末70元/千克的行情，在稳中实现小幅上涨。其中1-11月，价格较上年未发生变动；12月，价格微涨至72元/千克。柴胡全年行情较平稳的主要原因是，一方面产地未出现大幅扩种，且雨水、干旱等原因导致单产较低，加之去年货源减产，库存薄弱，另一方面市场需求量变动不大，商家购进较为积极，货源购销显畅，价格坚挺。如图5-18所示。

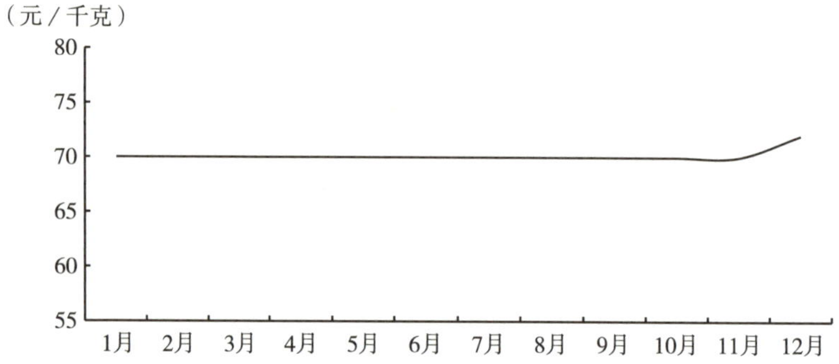

图5-18　2021年度安国药市柴胡（统根）价格趋势

数据来源：中药材天地网

3.酸枣仁

（1）主要特点及分布状况

酸枣仁，为植物酸枣的种子，喜光、耐寒、耐旱、忌涝，花期为每年六月至七月间，果期为每年九月至十月间，具有养心补肝、宁心安神、敛汗以及生津作用（图5-19）。

图5-19　酸枣仁形貌

酸枣仁资源分布广泛，主要分布于长江以北地区，包括华北、西北，以及辽宁、山东、江苏、安徽、河南、湖北、四川等地，其中以河北所产为最优（表5-9）。

表5-9　酸枣仁主要分布地区

分布地区	特点
河北邢台、内丘、赞皇；山东汶上县	为我国最大的酸枣仁加工集散地，产出量占全国酸枣仁产量的77%
山东胶南、淄州、五莲、招远、莱芜、龙口等地	产出量占全国产量的21%左右
河北平山、赞皇、武安、涉县、青龙等地；北京昌平、平谷、怀柔等地；天津蓟州区；河南、辽宁、山西、陕西、甘肃等地	产出量仅占全国产量的2%左右

（2）价格波动情况

目前，酸枣仁主要交易于安国、亳州、荷花池以及玉林药市，除进口外，流通规格均为机选统货。交易价格数据来自中药材天地网，具体分析如下：

①不同药市价格表现对比：2017年1月以来，国内四大药市，即安国药市、亳州药市、荷花池药市、玉林药市酸枣仁（机选统货）价格均在震荡中持续走高。其

中，2017~2018年间，四大药市价格基本趋于一致，长时间于170元/千克左右波动；2019~2020年间，安国药市对市场反应更为敏感，率先完成价格涨跌动作，荷花池药市表现最为疲软；2021年后，荷花池药市行情先抑后扬，八月至九月短短一月间，价格增长110元，并于12月突破市场最高位470元/千克，而其它三大药市价格趋势相一致，收盘于450元/千克。如图5-20所示。

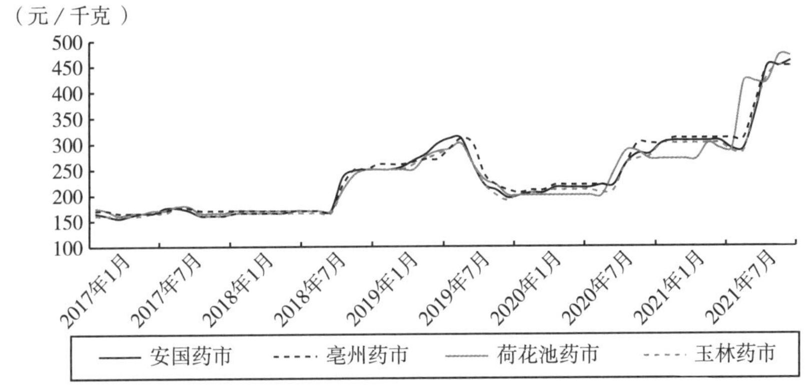

图5-20　2017年以来全国四大药市酸枣仁（机选统货）价格趋势

数据来源：中药材天地网

②历史价格波动分析：2013年至2021年间，河北安国市场酸枣仁价格经历了如下变动：2013年，酸枣仁价格迅速上涨，最高价达到了250元/千克；2014年在维持短暂稳定后，价格大幅下滑，短短三个月降幅达43.75%；2015~2018年间稳中有涨，价格在150元/千克的基准上震荡；2019年8月，达到行情顶点，实现300元/千克；但随后价格再次在三个月间回落至200元/千克；自2020年9月开始，行情持续坚挺走高，直至2021年底，价格已涨至440元/千克，创历史新高。2014与2019年两次价格大幅回落的主要原因，其一是产新后酸枣仁产量丰收，市场供给充足，导致酸枣仁大量积压，价格大幅下降；其二是市场价格升高后，刺激农户上山采收并以次充好，但由于质量管控严格，大量不符合正规药厂标准的酸枣仁流落市场出售，价格普遍下降。而由于酸枣开花坐果期降雨偏多，无论是华北、东北还是西北产区，酸枣挂果少，减产幅度大，且酸枣仁不易储藏，库存薄弱，加之市场保健需求旺盛，价格在近些年出现多次飙升。只在气候以及产量稳定的情况下，酸枣仁市场行情才会趋于平稳。如图5-21所示。

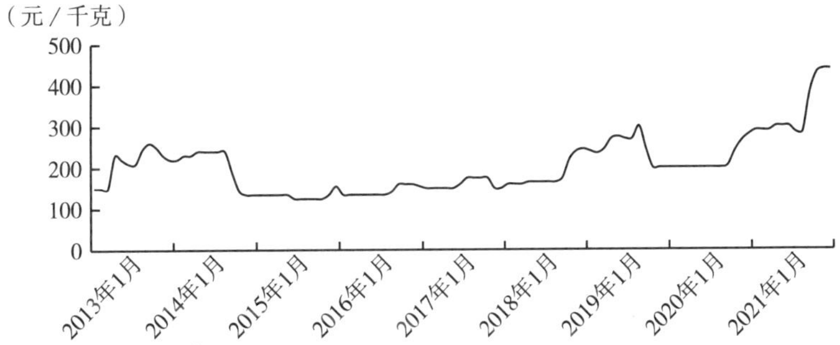

图5-21　2013年以来安国药市酸枣仁（机选统货）历史价格趋势

数据来源：中药材天地网

③2021年度价格波动分析：2021年度，河北安国市场酸枣仁整体行情表现为先维稳后坚挺上行。酸枣仁价格开盘于290元/千克，此后维持在300元/千克左右；直至8月后价格陡然拉升至高位，突破历史价格峰值440元/千克，涨幅高达54.39%。酸枣仁价格攀上顶峰，主要是受人气、资金与天气因素的共同作用，进入8月份以来，受高价驱使，农户上山采摘的积极性高升，但抢青行为导致新货出仁率低，加之雨水天气影响，酸枣仁质量与产量均下降，市场库存均较为薄弱，由于市场需求刚性，行情大幅走高。如图5-22所示。

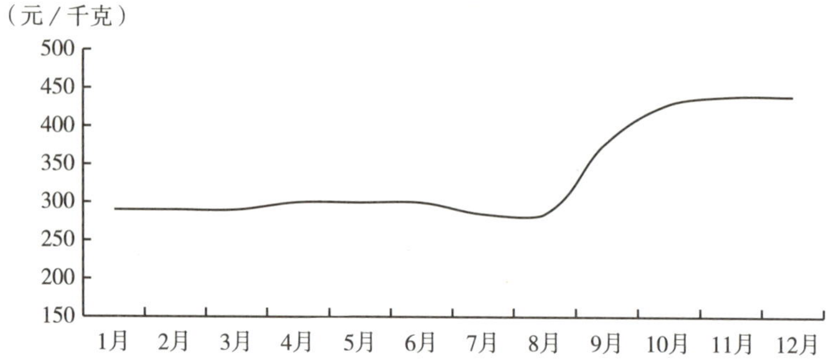

图5-22　2021年度安国药市酸枣仁（机选统货）价格趋势

数据来源：中药材天地网

4.防风

（1）主要特点及分布状况

防风，为多年生伞形科草本植物，性温和、耐贫瘠、耐干旱、忌潮湿，花期为每年八月至九月之间，果期为每年九月至十月之间，具有解热、镇痛、抗癫痫等功效（图5-23）。

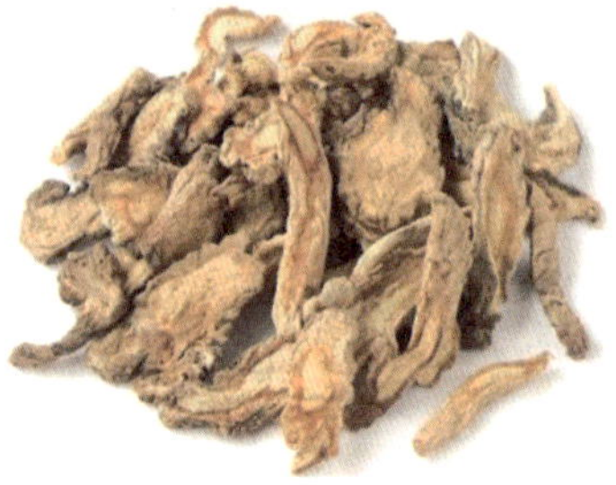

图5-23　防风形貌

防风主要产于黑龙江、吉林、辽宁、内蒙古、河北、宁夏、甘肃、陕西、山西、山东等省区，其中野生以内蒙古所产为优；家种以河北所产为优（表5-10）。

表5-10　防风主要分布状况

分类	主要分布地区	特点
野生防风	东北地区、华北地区，以及陕西、甘肃、宁夏、山东等地	年产量微乎其微，市场流通量极少
家种防风	河北安国、行唐、牛营子等地	具有明显价格优势，成为目前市场供应主体

（2）价格波动情况

①不同药市价格表现对比：目前，防风（秧播）主要交易于安国、亳州以及玉林药市，荷花池药市仅交易防风（统片）。交易价格数据来自中药材天地网，具体分析如下：

2017年1月以来，包括安国药市、亳州药市、玉林药市在内的国内三大药市防风（秧播）价格差异明显。其中，玉林药市价格表现最为坚挺，价格始终凌驾于其他药市之上，直至2021年底，价格已攀升至35元/千克；亳州药市防风行情与玉林相似，但整体表现较弱；安国药市价格波动最为频繁、剧烈，且市场行情最为疲软，2017至2020年，价格不断震荡下滑，直至2021年有所回温，价格收尾于27元/千克。荷花池药市防风（统片）价格变化趋势与防风（秧播）走势较为一致，自2017年开始价格接连走低；2021年后价格有所回升。如图5-24所示。

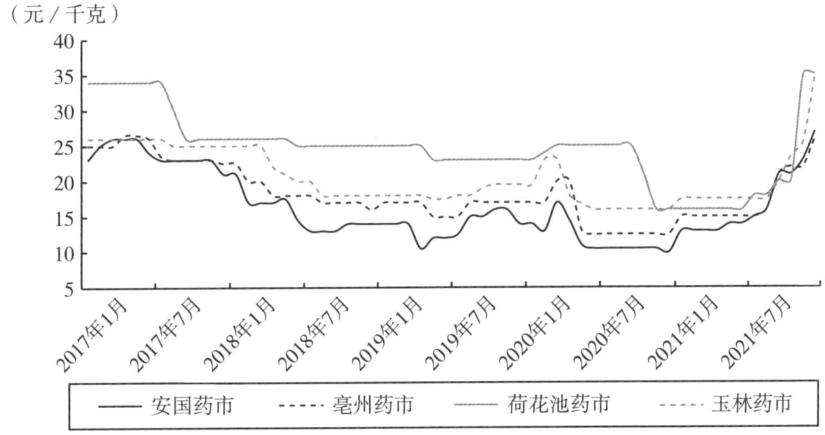

图5-24　2017年以来全国四大药市防风（秧播）价格趋势

数据来源：中药材天地网

②历史价格波动分析：近年来，河北安国市场防风价格呈现出“下跌-稳中震荡-上涨”的发展趋势。防风适应性强，分布较广，市场流通主要以家种为主，随着近年来流感等疾病多发，防风需求量逐年增长。由于2016年受种植面积减少影响，产量下降，价格进入上升通道；2017年，现有库存量难以弥补市场需求，价格在高位运行，最高涨至27元/千克；随后再次陷入沉寂，2018年药农因防风价格上涨而扩大种植面积，产量持续增多，加之库存冲击，价格下滑至15元/千克左右；直至2019年，防风新货集中上市，价格跌至近年来最低位12元/千克；虽受市场行情较差影响，农户纷纷减少种植面积，但由于新颁药典对防风性状做出要求，部分商户甩卖淘汰大批不符合条件防风，导致市场均价一路下滑，部分商户认为风险较大，仅观望不做交易，2020年价格始终在低位滑行；直至2021年，因商家关注度提升且防风种植面积逐年降低，防风行情一路高走。如图5-25所示。

图5-25　2017年以来安国药市防风（籽播）历史价格趋势

数据来源：中药材天地网

③2021年度价格波动分析：2021年度，河北安国市场防风（籽播）价格开盘于15元/千克，收盘于31元/千克，行情一路走高，全年总涨幅高达106.7%。由于多年持续低价影响，一方面家种防风种植面积不断调减，河北产区种植面积减幅在75%以上，加之雨水导致本年折干率低下，产量明显低于正常年份；一方面防风累年库存得到一定消化，商户所剩货源不多，随着牛市与商家关注力度加大，货源走俏顺畅，防风市场行情逐步向好，价格已然翻倍。如图5-26所示。

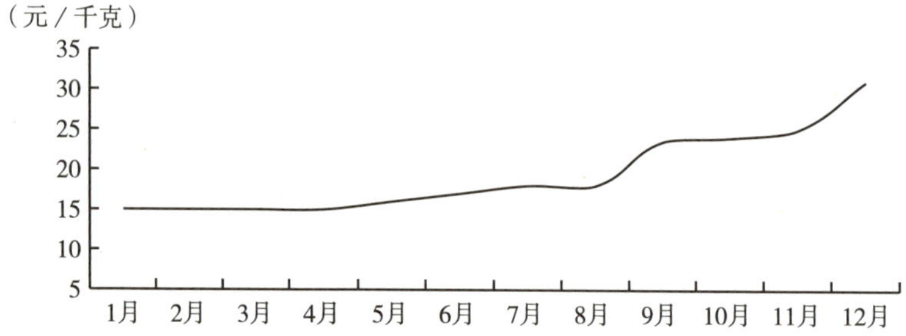

图5-26　2021年度安国药市防风（籽播）价格趋势

数据来源：中药材天地网

5.知母

（1）主要特点及分布状况

知母，为根茎状多年生草本植物，适应性强，耐干旱、耐寒、喜温暖，生长周期一般为两年，产新于春季3-4月、秋季10-11月两季，且春季产新量较大，具有滋阴降火、润燥滑肠等功效（图5-27）。

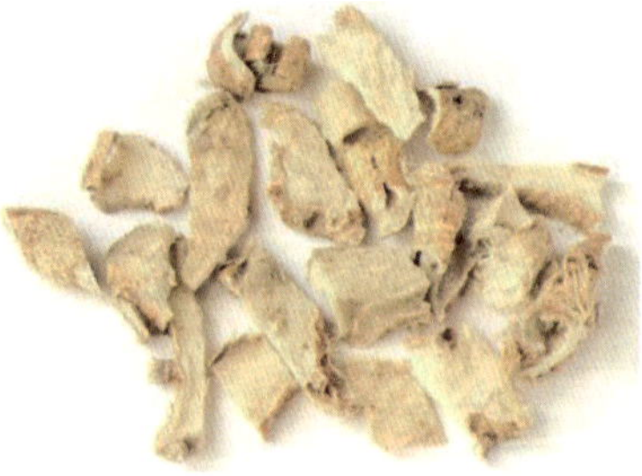

图5-27　知母形貌

知母家种区域集中在河北安国、安徽亳州两大国内知名种植基地，两地种植兴起后迅速向周边县扩散，吸引河北定州、深泽、安平以及亳州赵桥等地纷纷开始种植；知母野生资源分布于河北、山西、内蒙古等地（表5-11）。

表5-11　知母主要分布状况

分类	主要分布地区
野生知母	河北张北、易县、赤城、涞源、阜平；山西榆社、五台、代县、寿阳；内蒙古；辽宁等地
家种知母	河北安国、博野、定州、深泽、安平、里县；安徽亳州

（2）价格波动情况

目前，知母（家种统片河北）主要交易于安国药市；知母（家种统片安徽）交易于亳州、荷花池药市以及玉林药市。交易价格数据来自中药材天地网，具体分析如下：

①不同药市价格表现对比：2017年1月以来，包括亳州药市、荷花池药市、玉林药市在内的国内三大药市知母（家种统片安徽）价格走势总体较为相似。其中，2017~2018年间，荷花池药市知母行情表现最为理想，玉林药市价格表现最为疲软；2018~2020年间，荷花池药市价格突跃入谷底，震荡于10元/千克左右的水平，玉林药市反而坚挺上

行，保持于12元/千克；2021年后，荷花池药市价格反应最为敏感，率先完成小幅上涨，玉林药市紧随其后，而亳州药市知母价格则稳步上升。如图5-28所示。

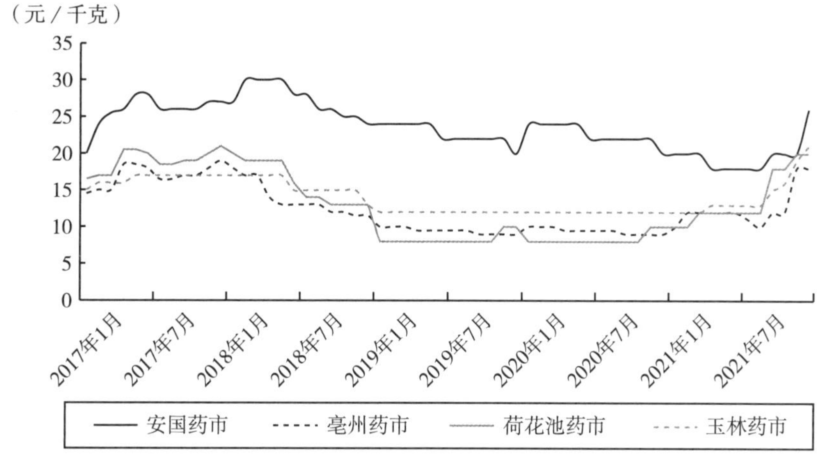

图5-28　2017年以来全国四大药市知母（统片）价格趋势

数据来源：中药材天地网

②历史价格波动分析

由于知母生长周期相对较长，从历史价格来看，河北安国知母价格波动频率低于其它中药材品种，可将近年来趋势划分为三个阶段：第一阶段（2016年底~2018年5月），行情坚挺。知母产出新货量少，价格从低谷处上扬，到2017年初涨至20元/千克，随后持续上涨至2018年产新后，最高价为30元/千克；第二阶段（2018年5月~2021年8月），疲软运行。由于受高价刺激，药农种植积极性明显提高，扩大种植导致知母产量暴增，自产新后，价格阶梯式下滑，直至2021年5月下降至近年来价格最低点18元/千克；第三阶段（2021年8月至今），行情回暖。受恶劣天气影响，产出量低，知母价格小幅回升至20元/千克，11月产新后价格继续高升至29元/千克。总体来看，目前知母种植面积较大，货源较为充足，产出量除满足市场需外，剩余多转为库存，除受天气等产地因素影响外，市场价格较为低迷，常在小幅范围内震荡。如图5-29所示。

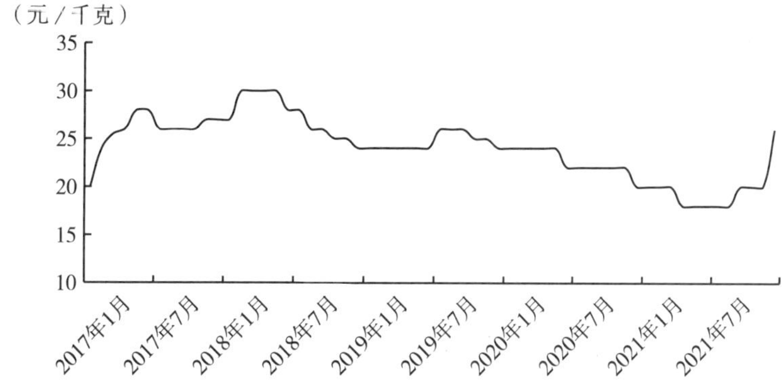

图5-29　2017年以来安国药市知母（统片）历史价格趋势

数据来源：中药材天地网

③2021年度价格波动分析：进入2021年，河北安国知母价格结束2020年疲软运行，行情日渐上涨。其中，知母价格开盘于20元/千克，后在保持此价格水平的基础上持续波动，直至产新后，价格上涨，最终收盘于26元/千克，全年总涨幅达30%。由于种植知母单产较高，种植成本较低，获利比较稳定，惯性种植户较多，所以尚未产新前，价格一般不会产生太大波动；而11月产新时，因为水灾导致采挖受阻，部分商家趁市场库存薄弱时喊价，且产地较去年减产三分之一，价格短期内上扬。如图5-30所示。

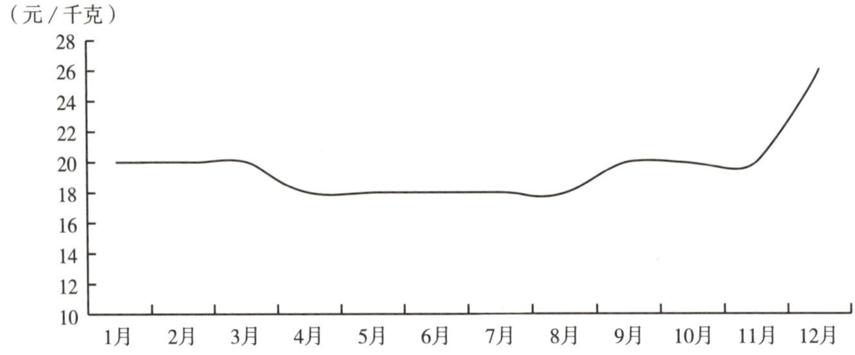

图5-30　2021年度安国药市知母（统片）价格趋势

数据来源：中药材天地网

6.金银花

（1）主要特点及分布状况

金银花，一般在5月中、下旬采第一次花，6月中、下旬采第二次花，为忍冬科忍冬属植物忍冬的干燥花蕾或带初开的花，具有清热解毒之功效。主治外感风热或温病发热，中暑，热毒血痢，痈肿疔疮，喉痹，多种感染性疾病（图5-31）。

图5-31　金银花形貌

金银花分为，植物忍冬多分布于华东、中南、西南及河北、山西、辽宁、陕西、甘肃等地；华南忍冬多分布于广东、广西、海南；菰腺忍冬分布于浙江、安徽、福建、江西、湖北、湖南、广东、广西、四川、贵州、云南、台湾等；黄褐毛忍冬分布于广西、贵州、云南（表5-12）。

表5-12　金银花主要分布

品种	分布
植物忍冬	华东、中南、西南及河北、山西、辽宁、陕西、甘肃
华南忍冬	广东、广西、海南
菰腺忍冬	浙江、安徽、福建、江西、湖北、湖南、广东、广西、四川、贵州、云南、台湾
黄褐忍冬	广西、贵州、云南

（2）价格波动情况

目前，金银花主要交易于安国、亳州、荷花池以及玉林药市，流通规格为色青花。交易价格数据来自中药材天地网，具体分析如下：

①不同药市价格表现对比：2016年1月以来，国内四大药市，即安国药市、亳州药市、荷花池药市、玉林药市金银花（色青花）行情表现坚挺，总体来说，在2021年收尾时，价格均高于2016年1月，四个药市都经历了先上涨后下降的趋势，从2016~2020年，四个药市均一路攀升，其中，亳州药市在2018年由于当年的产量较低，药市上面供给出现短缺，第一次出现峰值，期间又经历了回落和再次高涨，在2020年期间涨到最高值，然后从2020~2021年期间，四个药市的价格相对于峰值来说均有所下降，其中安国、亳州、玉林下降幅度较大，荷花池药市下降的幅度较小。如图5-32所示。

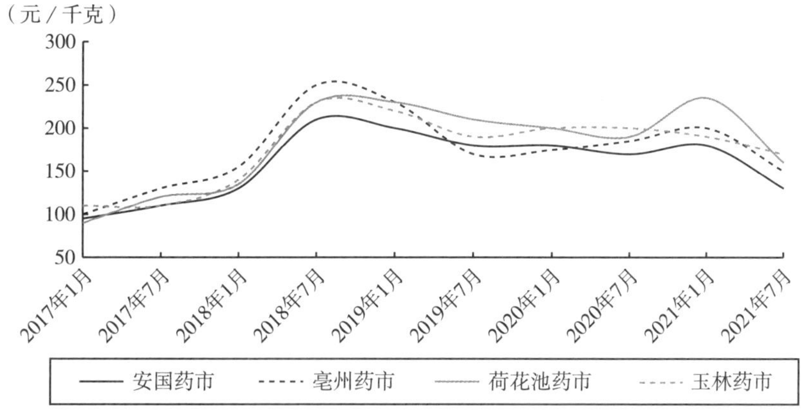

图5-32　2017年以来全国四大药市金银花（色青花）价格趋势

数据来源：中药材天地网

②历史价格波动分析：从2013年至今，金银花药市的价格经历了较大的波动。2013~2016年，金银花价格有小幅度的上涨，由107.4元/千克到120元/千克，在2013年，河北等主产区和部分新产区盲目发展金银花种植后，价格下滑以致无法弥补采摘成本，药农纷纷弃种金银花，年轻劳动力选择出门务工，导致河北省大部分产区金银花产能下降、种植管理水平下降。气候灾害因素的影响，也使得金银花产量缩减，使得当地金银花价格上涨；2014~2016年，由于提炼工艺不成熟，金银花中的杂质较多，使得价格有较大幅度下降。2017~2019年，由于2017年底流感再度来袭，行情再涨。产区金银花种植户库存薄弱，药市上无大货供应，并且2018年春季，河北巨鹿金银花开花时节遭遇干旱天气，导致其单产缩减，价格上涨。2020~2022年，2021年受在地面积有量影响，今年货源产出量较2020年有所增多，但是金银花本地头茬货源含量高，但农残方面具有不稳定性，导致价格进一步上升。由于新冠疫情出现，2021年强劲的需求使行情再次拉升，金银花行情再次攀升至280元高价，也就再次刺激了农户种植积极性，生产面积扩增，从而导致后续价格可能有所下降。如图5-33所示。

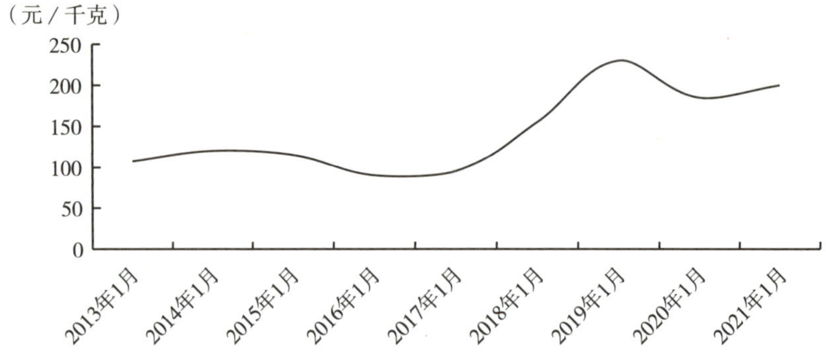

图5-33　2013年以来安国药市金银花（色青花）历史价格趋势

数据来源：中药材天地网

③2021年度价格波动分析：2021年度，金银花的开盘价格是200元/千克，收盘价格为140元/千克，在该年度，价格趋势在2月份有一个幅度的上涨，然后开始下跌，在6月份到年末保持不变。第一季度，前期受到新冠疫情的影响，行情有所上扬，但是受到产地价格下落，药市行情逐渐回落，随着要货商家减少，价格逐步下降；第二季度，产品开始产新，行情开始疲软，导致价格有所下降，到6月份，产新结束，药市上面货源较为充足，价格开始趋于一个稳定状态；第三第四季度，药市上面的供给需求均较为稳定，所以价格维持不变，收盘于140元/千克。金银花全年降幅为30%，同比相同时期有所下降。如图5-34所示。

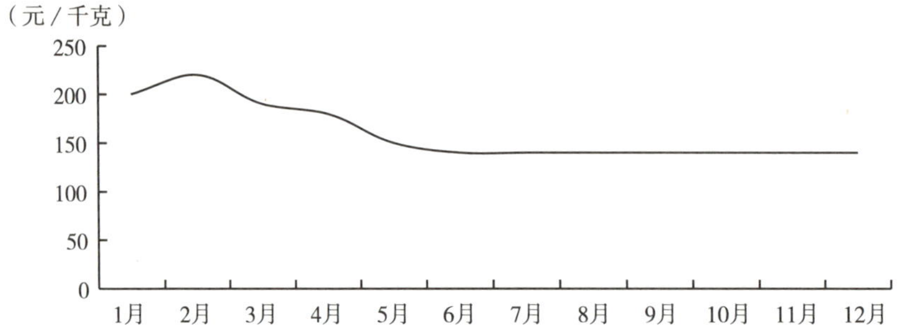

图5-34　2021年度安国药市金银花（色青花）价格趋势

数据来源：中药材天地网

7. 黄芩

（1）主要特点及分布状况

黄芩，别名山茶根、土金茶根，是唇形科黄芩属多年生草本植物，花果期7~9月。黄芩生于向阳草坡地上，海拔60~1300（1700~2000）米（图5-35）。

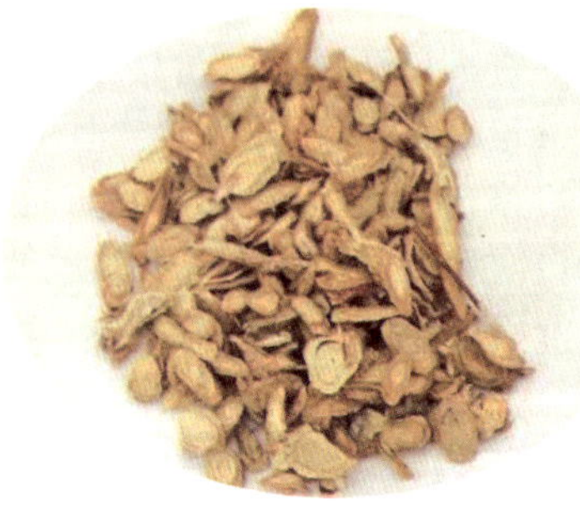

图5-35　黄芩形貌

产于黑龙江、辽宁、内蒙古、河北、河南、甘肃、陕西、山西、山东、四川等地，中国北方多数省区都可种植。其以根入药，味苦、性寒，有清热燥湿、泻火解毒、止血、安胎等功效。主治温热病、上呼吸道感染、肺热咳嗽、湿热黄胆、肺炎、痢疾、咳血、目赤、胎动不安、高血压、痈肿疖疮等症。黄芩的临床抗菌性比黄连好，而且不产生抗药性。

（2）价格波动情况

目前，黄芩主要交易于安国、亳州、荷花池以及玉林药市，四个药市均流通规格为黄芩（家种统个）。交易价格数据来自中药材天地网，具体分析如下：

①不同药市价格表现对比：从2017年1月开始，四个药市的黄芩价格都开始向上攀升，并且安国、亳州、荷花池三个药市受到新冠疫情的影响，均在2020年期间达到峰值，而玉林药市的价格一直攀升到2021年7月才到达最高值。其中荷花池药市较为特殊，到达峰值之后一直保持着较高的价格，波动较小，其他药市均出现了一定的下降。从2017年7月到2019年7月，四个药市均较为平稳，价格的波动较小。如图5-36所示。

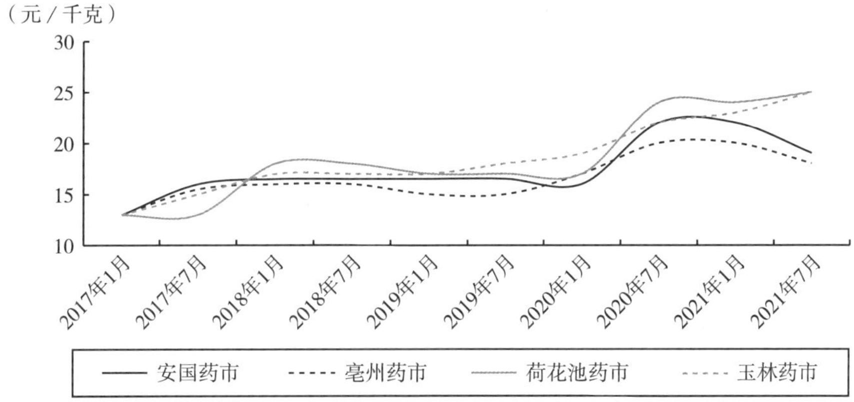

图5-36　2017年以来全国四大药市黄芩（家种统个）价格趋势

数据来源：中药材天地网

②历史价格波动分析：从2013年至今，黄芩药市价格有一次较大的波动，其中从2013~2017年，黄芩价格较为平稳，没有太大的波动，2013年由于当地野生黄芩的收价不高，采挖的人较少，产地货源存量偏少，估计不足30吨，以不撞皮的货源为主，货源走动一般，行情较为平稳。2014年，少有客商前到产地购货，产地货源走动缓慢，产地剩余货源不多，大货不易组织，在年末，药市和药厂商家小批量购进频繁，行情小幅上涨。2015~2017年，产地货源较为充足，外来购买较少，价格一直处于较低水平，并且由于货物积压时间较长，采收时间较长，质量下降，从而价格有所下跌。2018年，由于前期货物销售不佳，导致产量有所下降，药市上出现供不应求，价格上涨，达到最高值为60元/千克。2019年，种植面积开始上涨，货源充足，价格开始下跌。但是在2020年，受到疫情影响，黄芩成为抗击疫情的药物，价格下降开始放缓。黄芩受近几年涨价刺激，种植面积有所增加，价格开始持续走低。如图5-37所示。

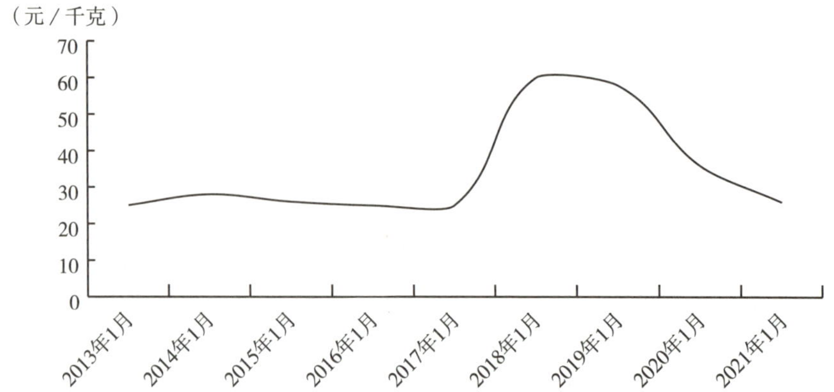

图5-37 2013年以来安国药市黄芩（围场野生未撞皮）历史价格趋势

数据来源：中药材天地网

③2021年度价格波动分析：2021年度，黄芩（未撞皮）价格开盘于26元/千克，收盘于23元/千克，降幅为11.5%；黄芩（撞皮）价格开盘于40元/千克，收盘于35元/千克，降幅为12.5%；整体保持为1-9月保持稳定，在10月份开始下降，全年体现为下降的趋势。在前三个季度，由于药市行情较为稳定，价格以为维持在26元/千克，在9月份，黄芩开始产新，药市上面行情不变，但是货源增大，导致价格有一定下降，撞皮价格变化与未撞皮相似。如图5-38所示。

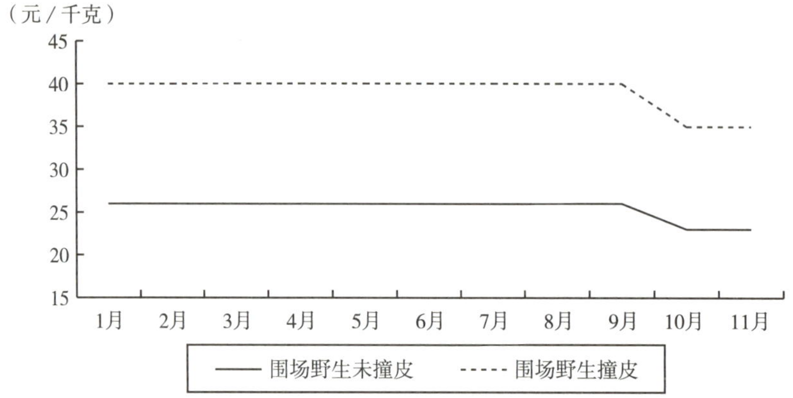

图5-38 2021年安国药市黄芩价格趋势

数据来源：中药材天地网

8. 山楂

（1）主要特点及分布状况

山楂，用于肉食积滞、胃脘胀满、泻痢腹痛、瘀血经闭、产后瘀阻、心腹刺痛、胸痹心痛、疝气疼痛、高脂血症。焦山楂消食导滞作用增强。用于肉食积滞，泻痢不爽。主产于山东、河南、河北、辽宁。山楂每年在5~6月开花，8~10月结果，山楂的

图5-39 山楂形貌

寿命很长，而且生长速度很快，一般山楂在秋季9~10月成熟，也可以在这个时间段采摘山楂，营养价值更好，口感更美味（图5-39）。

（2）价格波动情况

目前，山楂主要交易于安国、亳州、荷花池以及玉林药市，四个药市均流通规格为山楂（手工统片）。交易价格数据来自中药材天地网，具体分析如下：

①不同药市价格表现对比：从2017年1月开始，四个药市的价格波动趋势大致一样，到2021年年末均高于2017年的价格，其中从2017~2020年，山楂价格一路上升，到达最大值，四个药市的涨幅分别为59.1%、50%、50%、42.9%，从涨幅可以看出，安国药市的涨幅较大，上涨行情优于其他，然后开始有一个较大幅度的下降。2020~2021年均维持在一个较低的价格，并且在2021年年末，受到货源影响，均有一定的价格上升；四个药市均有一个共同的特点就是在价格上升或者下降之后，均会在一个较长时间内保持不变。如图5-40所示。

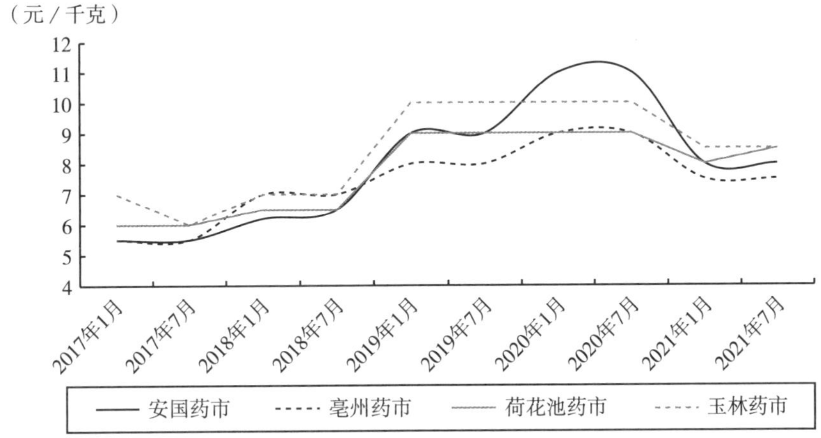

图5-40　2017年以来全国四大药市山楂（手工统片）价格趋势

数据来源：中药材天地网

②历史价格波动分析

从2017年至今，山楂的药市价格有一次较大的波动，从2017~2020年，每年的价格逐步上升，2017年前期，由于2016年产量较大，产新后行情出现下滑，近期药市行情转稳，价格偏低，到2017年7月，正值青黄不接，药市货源批量走动顺畅，持货者喊价高于前期。并且2017年鲜货走销良好，加之价低加工户加工积极性不高，导致近期药市货源来货量一直不大，行情稳步上调，价格开始上涨；2018年，鲜果行情高于去年，山楂片加工出的成本随之提高，产新后货源走销顺畅，价格继续上涨；2019年，由于产区天气干旱，有落果现象，导致新果上市减少，行情坚挺，价格呈现出上涨趋势；2020年初继续保持较好势头，但是到2020年产新时期，由于产量上涨，价格开始回落；2021年货源充足，行情一般，价格保持在低水平；2022年受到去年鲜货行情上扬影响，加工成本高于去年，价格开始上涨。如图5-41所示。

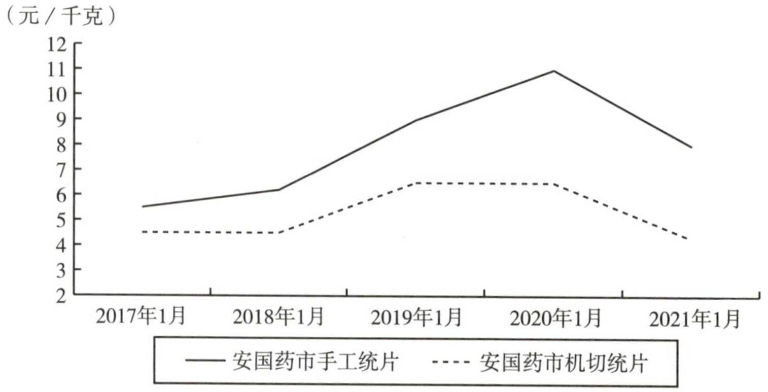

图5-41　2017年以来安国药市山楂历史价格趋势

数据来源：中药材天地网

③2021年度价格波动分析

2021年度。山楂（手工切片）开盘价格为8元/千克，收盘于9元/千克，全年涨幅为12.5%；山楂（机切统片）开盘于4.3元/千克，收盘于6元/千克，涨幅为28.3%。在1-11月份，全年都保持着货源较为充足，行情销售一般，虽然个别地区受到雨水天气影响，但是充足的货源导致价格没有受到太大影响；在12月份，受今年鲜货行情上扬影响，加工成本高于去年，价格有所上涨。山楂（机切统片）与全年变化趋势接近。如图5-42所示。

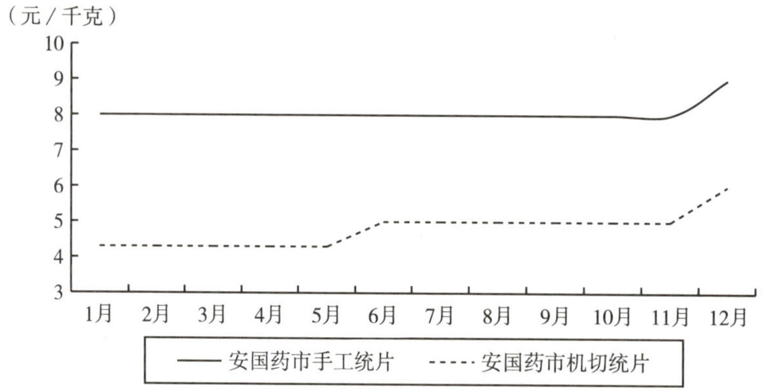

图5-42　2021年安国药市山楂价格趋势

数据来源：中药材天地网

9.射干

（1）主要分布状况

图5-43　射干形貌

射干，花期6~8月，果期7~9月，生于林缘或山坡草地，大部分生于海拔较低的地方，但在西南山区，海拔2000~2200米处也可生长。喜温暖和阳光，耐干旱和寒冷，对土壤要求不严，山坡旱地均能栽培，以肥沃疏松。地势较高、排水良好的沙质壤土为好。中性壤土或微碱性适宜，忌低洼地和盐碱地（图5–43）。

分布于全世界的热带、亚热带及温带地区，分布中心在非洲南部及美洲热带。产于中国吉林、辽宁、河北、山西、山东、河南、安徽、江苏、浙江、福建、台湾、湖北、湖南、江西、广东、广西、陕西、甘肃、四川、贵州、云南、西藏。也产于朝鲜、日本、印度、越南、苏联。用于感受风热，或痰热壅盛所致的咽喉肿痛等症。用于痰涎壅盛，咳嗽气喘等症。咽喉肿痛，喉痹不通，二便不通，诸药不效，腹部积水，皮肤发黑，乳痈初起。

（2）价格波动情况

①不同药市价格表现对比：目前，北苍术主要交易于安国、亳州以及玉林药市，流通规格包括统个、统片。交易价格数据来自中药材天地网，具体分析如下：

从2017年1月年到2018年7月，射干的价格在三个药市一直保持着较为稳定的状态，其中玉林药市价格稳定的趋势一直维持到2021年7月，然后开始一路攀升，在年末上升到近几年的最高点；相比来说，安国药市和亳州药市，在2018年7月开始有价格波动，开始有一定的下降，并且下降之后保持较长时间的稳定，一直维持在较低的价格水平，安国药市虽然有波动，但是价格较低，低于前几年水平；三个药市另一个统一的趋势是从2021年7月，均开始大幅度地价格上升，均达到了各个药市近几年的最高值。从下方折线图来看，安国药市和亳州药市的价格变化趋势较为相似，波动要大于玉林药市。如图5–44所示。

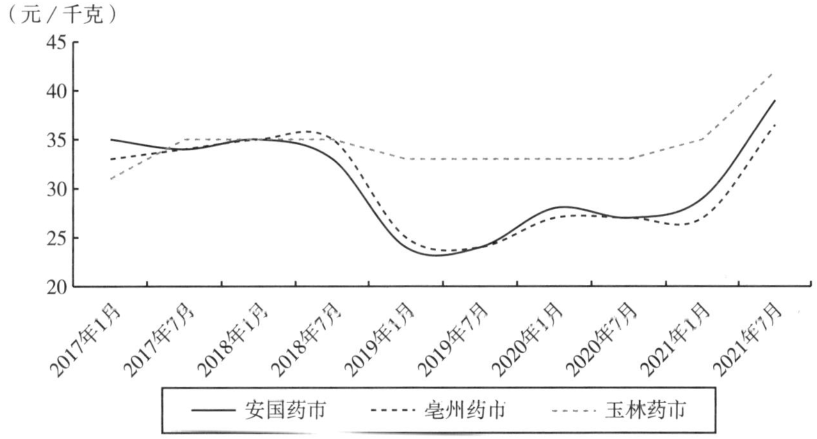

图5–44 2017年以来全国四大药市射干（统个）价格趋势

数据来源：中药材天地网

②历史价格波动分析

2017年至今，其中2017和2018年，均受到货源产出量不大，产新后行情稳步上涨，年初维持在一个较高水平，并且，中间药市货源走销一般，行情与前期变化不大，价格较为稳定；2019年由于药市货源走销不快，行情继续走疲，并且2018年年末产量增加，货源充足行情开始低迷，价格下降；2020年受到产新影响以及新冠疫情，货源交易量不大，行情有所上扬，但是受疫情需求拉动，行情表现坚挺，但受疫情防控影响，货源交易受阻；2021年，由于新货产出量不大，产新后鲜货行情稳步走高，持货者有惜售心理，近期在需求拉动下货源走销顺畅，行情再次出现上扬，达到55元/千克的高峰。如图5-45所示。

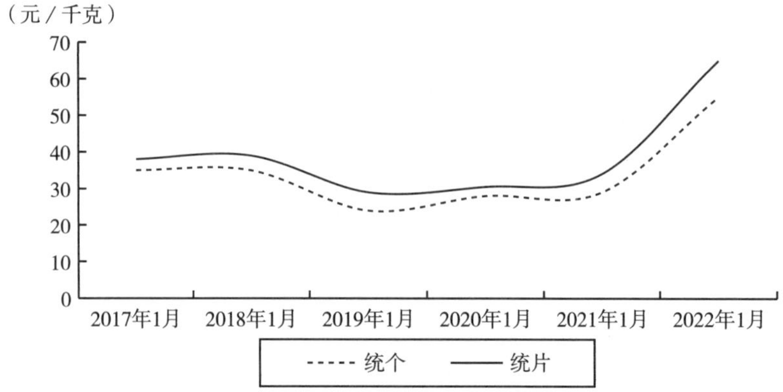

图5-45　2017年以来安国药市射干价格趋势

数据来源：中药材天地网

③2021年度价格波动分析

2021年，河北省安国药市，统个射干开盘价格为29元/千克，收盘于53元/千克，涨幅为82.8%；统片射干开盘价格为34元/千克，收盘于60元/千克，涨幅为76.5%。第一季度，射干（统个）年后货源批量走销顺畅，持货者喊价坚挺，货源充足，部分商家加大关注力度，价格较为稳定；第二季度，近期货源走销依然顺畅，并且，今年货源产出量不大，加上良好消化，导致行情不断上扬，商家关注力度较高，价格有所上涨；第三季度，随着货源消化，可供货源量减少，近期行情不断上扬，并且，因本品生长周期较长，持货者仍有惜售心理，夏季的用料高峰期，价格持续上涨；第四季度，由于今年新货产出量不大，导致鲜货行情稳步上扬，前期药市有商家寻货，持货者多惜售心理，喊价较为坚挺，价格继续攀升。射干（统片）全年走势与射干（统个）大致相同。如图5-46所示。

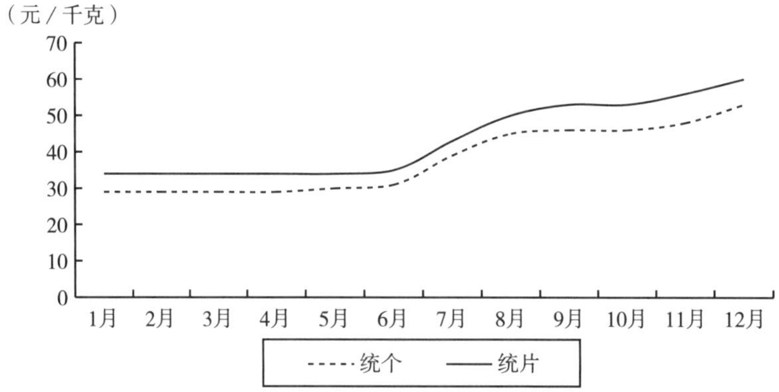

图5-46　2021年安国药市射干历史价格趋势

数据来源：中药材天地网

10.苦参

（1）主要特点及分布状况

苦参，6–8月开花，7–10月结果。分布于中国南北各省区。印度、日本、朝鲜、俄罗斯西伯利亚地区也有分布。生于山坡、沙地草坡灌木林中或田野附近，海拔1500米以下。根含苦参碱和金雀花碱等，入药有清热利湿，抗菌消炎，健胃驱虫之效，常用作治疗皮肤瘙痒，神经衰弱，消化不良及便秘等症；种子可作农药；茎皮纤维可织麻袋等（图5–47）。

图5–47　苦参形貌

（2）价格波动情况

目前，苦参主要交易于安国、亳州、荷花池以及玉林药市，流通规格为苦参统片。交易价格数据来自中药材天地网，具体分析如下：

①不同药市价格表现对比：从2017年到2021年，四个药市价格波动趋势差距较大，其中最为平稳的是亳州药市，从始至终均保持在13元/千克；其他三个药市，苦参的行情不容乐观，均为价格下降的趋势，其中荷花池药市从2017年一直到2021年7月，保持在稳定，从7月到年底开始下降为12元/千克；玉林药市前期保持稳定，中间出现下降，后来又保持稳定。安国药市是四个药市中价格波动最为频繁的，对于药市的反应是最为敏感的，从13元/千克到10元/千克，中间经历了价格的下降，上升和保持稳定。如图5–48所示。

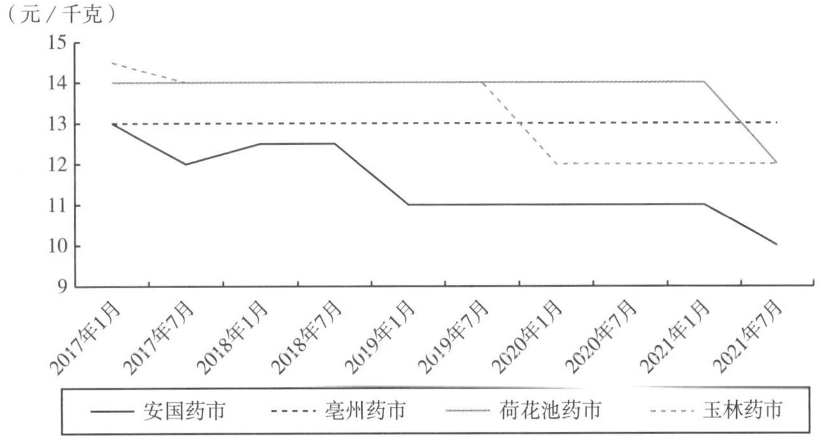

图5–48　2017年以来全国四大药市苦参（统片）价格趋势

数据来源：中药材天地网

②历史价格波动分析：从2017年至今，安国药市的苦参两大来源地为内蒙古和山西，由于2016年内蒙古地区价格较低，农户不愿意采摘，导致产量下降，并且山西地区由于年底药企采购减少，货源走动缓慢，从而使得安国药市上面货物较少，价格相对较高。2018年受到2017年较高价格的刺激，两大产地货源走动开始变好，货源充足，并且药市需求良好，价格较为稳定。2019~2021年，由于最近两年的种植面积加大，产新增加，价格略有下降。如图5–49所示。

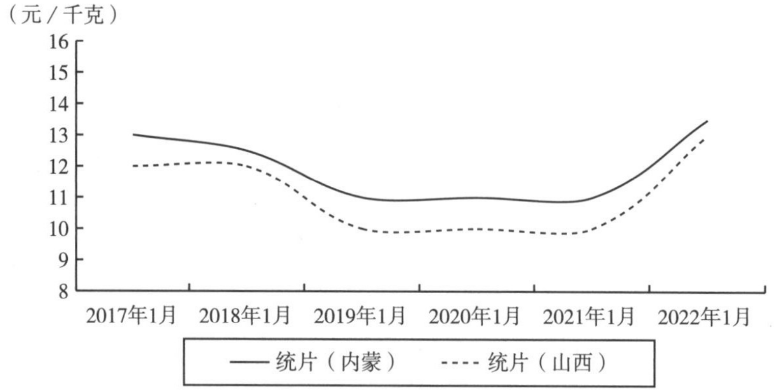

图5-49 2017年以来安国药市苦参历史价格趋势

数据来源：中药材天地网

③2021年度价格波动分析：2021年，河北省安国药市苦参（内蒙）价格开盘于11元/千克，收盘于13.5元/千克，涨幅为22.7%；苦参（山西）开盘于10元/千克，收盘于12元/千克，全年涨幅为30%。第一季度，药市需求正值旺季，货源批量走动顺畅，但是3月份商家采购不积极，药市库存有量，行情难有波动；第二季度，由于药市商家对其关注力度依然不大，由于缺乏实际需求拉动，产地及药市货源走动均较缓慢，行情继续保持低迷状态；第三季度，受中药材普涨影响，前期有商家拿货，行情随之转坚，价格略有上涨，后期没有前期行情波动，近期货源正常购销，行情有所转稳；第四季度，受前几个季度的低价影响，今年商家有一定的关注力度，近期货源批量走销顺畅，整体行情高于前期，并且，今年鲜货价格有所抬高，整体行情有所上扬。苦参（山西）全年走势与苦参（内蒙）基本相似。如图5-50所示。

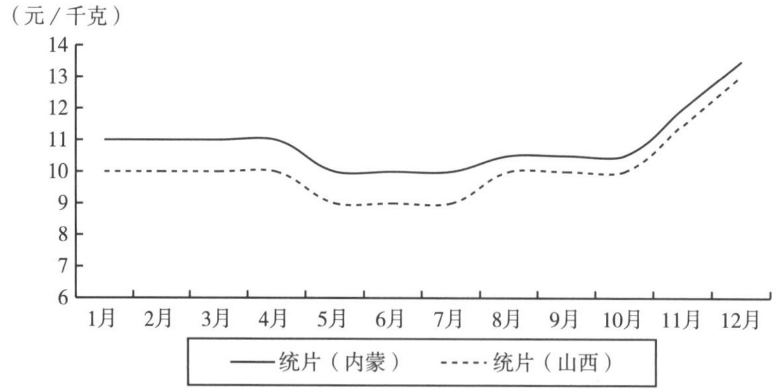

图5-50 2021年安国药市苦参价格趋势

数据来源：中药材天地网

11. 连翘

（1）主要特点及分布状况

连翘，为木犀科植物连翘的干燥果实。秋季果实初熟尚带绿色时采收，除去杂质。蒸熟，晒干，习称“青翘”；果实熟透时采收，晒干，除去杂质，习称“老翘”。连翘喜光且有一定程度的耐阴性，耐干旱瘠薄，怕涝。花期为每年3-4月，果期7-9月。具有清热解毒，消肿散结，疏散风热等功效（图5-51）。

图5-51　连翘形貌

多丛生于山野荒坡间，各地亦有栽培。分布于中国河北、山西、陕西、山东、安徽西部、河南、湖北、四川。其中河北产区主要是邯郸涉县，河北西部也有移栽扩种现象。

（2）价格波动情况

目前，连翘主要交易于安国、亳州、荷花池以及玉林药市，流通规格包括青翘水煮统、黄翘净。交易价格数据来自中药材天地网，具体分析如下：

①不同药市价格表现对比：2016~2019年，国内四大药市，即安国药市、亳州药市、荷花池药市、玉林药市连翘（青翘水煮统）行情低迷，价格波动不大；2020年起，受新冠疫情影响，连翘行情一路走高，不断突破峰值。总体来看，四大药市都经历了波动攀升，且不同药市价格反应程度无明显差异。但玉林药市连翘价格相较于其他市场反应最为灵敏，且行情较佳，尤其在2020年2月新冠疫情来临之际，玉林药市率先表现出明显上涨趋势，价格最早拉动至高位；安国药市在2016~2019年间行情最为低迷，在此期间其价格走势明显低于行业均值；荷花池药市和亳州药市连翘市场行情则表现得中规中矩，市场反应与四大药市平均市场行情相当。如图5-52所示。

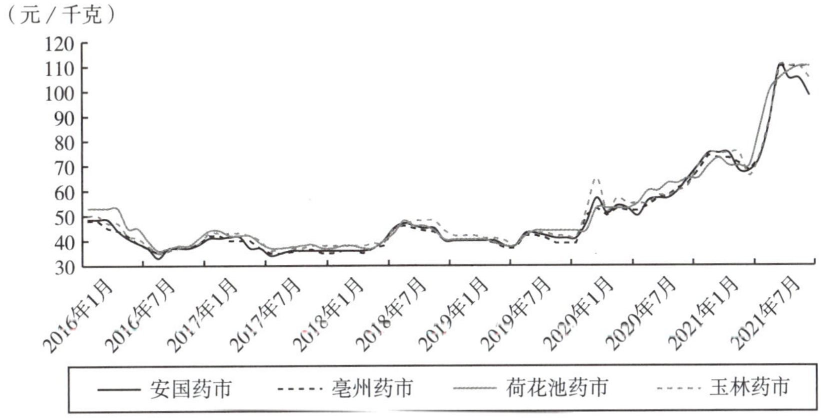

图5-52　2016年以来全国四大药市连翘（青翘水煮统）价格趋势

数据来源：中药材天地网

②历史价格波动分析：连翘价格在2016~2017年间有小幅下降，由48.5元/千克下降至36元/千克。近两年连翘购销人气差，外来客商多持谨慎态度，大多是要多少买多少，没有压大货的。而且近年来连翘主产县政府都下文件发布告制止抢青，效果明显，抢青得到有效遏制，致使连翘的价格走动未出现往年的阶段性高潮。2018年，受倒春寒天气和国家严查环保的影响，连翘的产量下降且加工成本提高，导致价格微涨，由36元/千克上行至40元/千克。2019年市场行情相对疲软，无较大波动。2020年至今，连翘作为清热解毒的药材，受新冠疫情和恶劣天气影响，连翘价格不断突破高位，加之市场存量不足、供给疲软，行情一路走高。截至2021年12月，价格已涨至98元/千克，涨幅高达

139%。如图5-53所示。

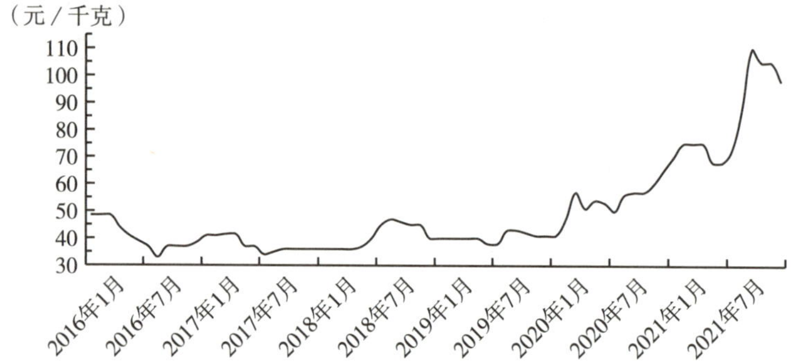

图5-53　2016年以来安国药市连翘（青翘水煮统）历史价格趋势

数据来源：中药材天地网

③2021年度价格波动分析：2021年度，河北省安国市场连翘（青翘水煮统）价格开盘于70元/千克，收盘于98元/千克，整体呈上涨走势。连翘（青翘水煮统）本年价格上涨，主要是由于市场货源供不应求：第一季度，受疫情和天气影响，货源批量走销顺畅，持货者惜售，喊价进一步抬高；第二季度，持货者出售意愿较强，货源走销缓慢，行情呈疲软走势；第三季度，随着产新深入，产区鲜果行情继续上扬，导致加工成本抬高，市场价在坚挺中运行。后一月产新收尾，新货产出量不大，加上库存薄弱，货源产出量少，鲜货行情继续走高，干品价格随之上调，第三季度涨幅达到50.6%；第四季度，行情相对平稳，货源多为实销，市场供应充足，价格逐渐趋于疲软，从虚高位下滑，收盘于98元/千克，全年涨幅达40%。如图5-54所示。

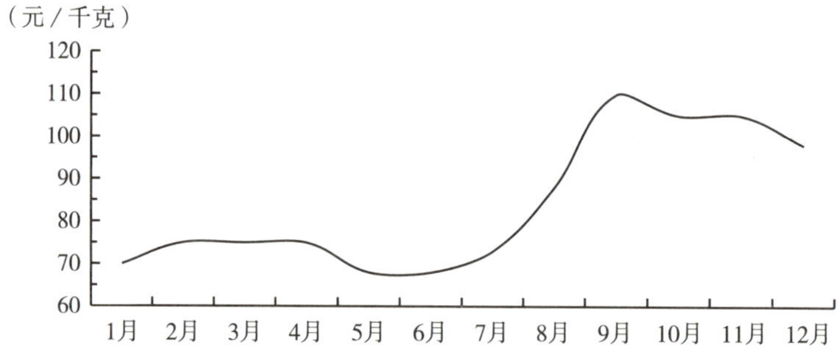

图5-54　2021年度安国药市连翘（青翘水煮统）价格趋势

数据来源：中药材天地网

12. 黄芪

（1）主要特点及分布状况

黄芪，为豆科黄芪属植物蒙古黄芪或膜荚黄芪的干燥根，性喜凉爽，耐寒耐旱，怕热怕涝。生长周期为三年，春、秋二季采挖，具有健脾补中，升阳举陷，益卫固表，利尿，托毒生肌等功效（图5-55）。

图5-55　黄芪形貌

黄芪主要分为蒙古黄芪和膜荚黄芪两种，具体分布如

表5-13所示。

表5-13　黄芪主要分布及生长环境

品种	分布	生长环境
蒙古黄芪	河北、山西、内蒙古、辽宁、吉林、黑龙江、西藏、新疆	生于山坡、沟旁或疏林下
膜荚黄芪	北京、天津、河北、山西、内蒙古、辽宁、吉林、黑龙江、山东、四川、西藏、陕西、甘肃、青海、宁夏	生于向阳山坡或灌丛边缘，或见于河边砂质地

（2）价格波动情况

目前，黄芪主要交易于安国、亳州、荷花池以及玉林药市，流通规格包括统个、家种统个、统片、家种统片。交易价格数据来自中药材天地网，具体分析如下：

①不同药市价格表现对比：总体来看，疫情对黄芪（家种统个）价格影响不大，但黄芪（家种统片/统片）价格都因疫情有所上涨。四大药市的黄芪价格都经历了较大波动，但不同药市价格反应程度差异化明显。安国药市和亳州药市为同一规格黄芪（家种统个）。相比较而言，亳州药市的价格波动更为平稳，自2016年以来无较大波动；安国药市2016~2018年上半年市场行情有轻微起伏，2018年下半年~2020年上半年期间，黄芪市场产生了巨大波动，在此期间其价格走势明显低于行业均值，后趋于平稳。玉林药市黄芪（统片）价格对市场反应最为灵敏，且行情最佳，尤其在2020年2月新冠疫情来临之际，玉林药市率先表现出明显上涨趋势，价格最早拉动至高位。荷花池药市黄芪（家种统片）市场行情表现得中规中矩，前期价格较为平稳，后期因疫情原因行情上扬。如图5-56所示。

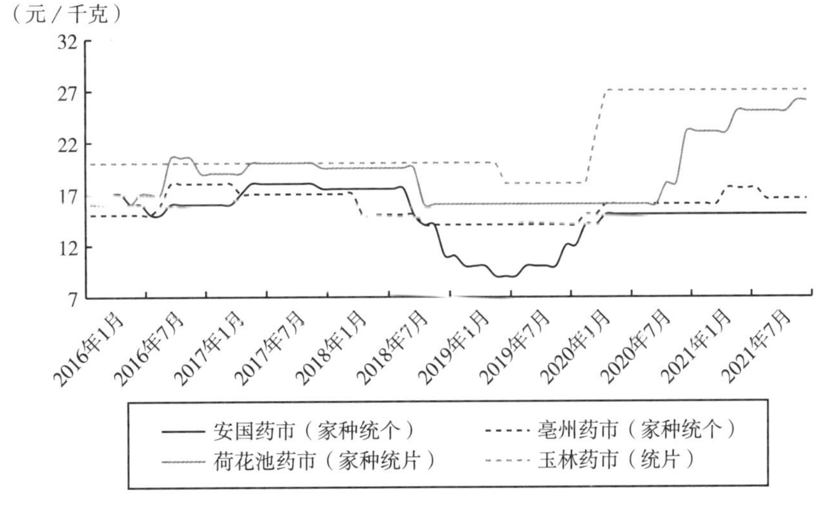

图5-56　2016年以来全国四大药市黄芪价格趋势

数据来源：中药材天地网

②历史价格波动分析：黄芪在2016~2018年上半年期间价格波动不大，较为稳定。黄芪属于中药大宗品种，其需求是刚性的，且种植面积依然较大，市场与产区可供货源充足，行情平稳运行。2017年黄芪受产地党参的涨价影响，价格稍有上浮，但最终因其库

存量大，较党参易存储等特性的影响，价格有所回落。2018年下半年~2019年上半年，黄芪价格大幅下降，由17.5元/千克下行至9元/千克。近两年黄芪种植面积有量，市场可供货源充足，随着黄芪老产区种植面积增加，新产区不断扩大，可采挖面积增大。黄芪库存充足，但市场货源交易量不大，行情持续低迷，价格大幅下跌，总跌幅高达48.6%。2019年下半年~2020年上半年，黄芪价格开始上扬，由9元/千克上行至15元/千克，涨幅高达66.7%。2019年下半年，新货产出后行情走低，但市场行情相对前期有所好转。2020年上半年，黄芪种植面积减少，新货产出量少，加工成本提高，导致持货者惜售，整体行情较去年有所上扬，2020年下半年~2021年，黄芪市场行情平稳，整年内并无波动。如图5-57所示。

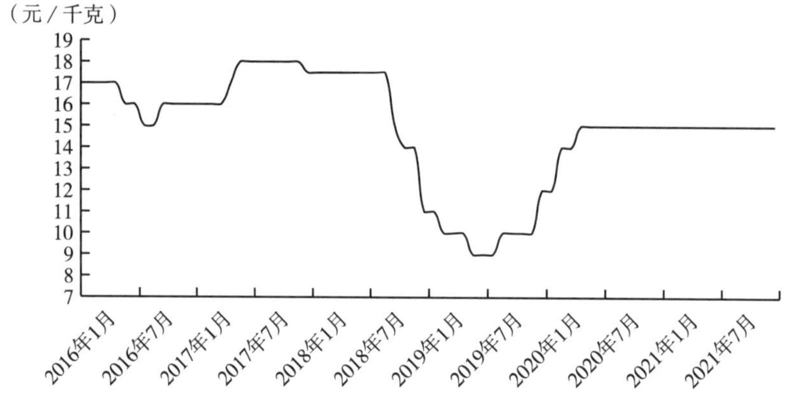

图5-57　2016年以来安国药市黄芪（家种统个）历史价格趋势

数据来源：中药材天地网

③2021年度价格波动分析：2021年度，黄芪（家种统个）价格开盘于15元/千克，收盘于15元/千克，黄芪市场货源多为加工户购进，交易量一般，行情平稳，整年内并无波动。如图5-58所示。

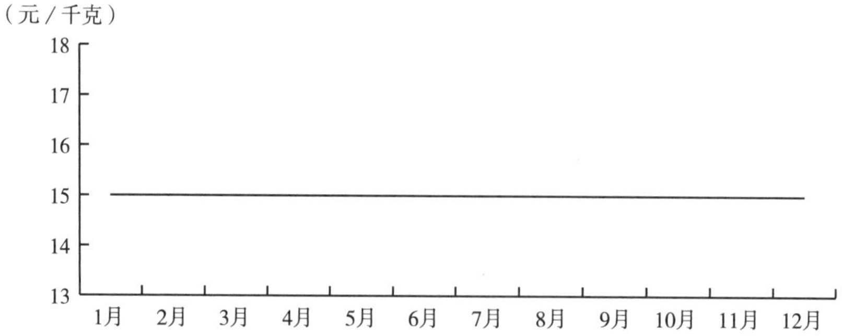

图5-58　2021年度安国药市黄芪（家种统个）价格趋势

数据来源：中药材天地网

13. 苦杏仁

（1）主要特点及分布状况

苦杏仁，为蔷薇科植物山杏、西伯利亚杏、东北杏或杏的干燥成熟种子。耐旱，耐寒，适应性强，一般每年6、7月产新，具有降气止咳平喘，润肠通便等功效（图5–59）。

杏仁分为甜杏仁及苦杏仁两种，苦杏仁多栽培于低山地或丘陵山地。主产三北地区（华北、东北、西北），以内蒙古、吉林、辽宁、河北、山西、陕西为多。其中，河北省平泉县为全国最大的苦杏仁产地。

图5–59　苦杏仁形貌

（2）价格波动情况

目前，苦杏仁主要交易于安国、亳州、荷花池以及玉林药市。交易价格数据来自中药材天地网，具体分析如下：

①不同药市价格表现对比：2016年1月以来，国内四大药市，即安国药市、亳州药市、莲花池药市、玉林药市苦杏仁（统）行情表现坚挺，价格上扬，不断突破峰值。总体来看，四大药市虽都经历了阶梯式的震荡攀升，但不同药市价格反应程度无明显差异。其中，玉林药市苦杏仁价格对市场反应最为灵敏，且行情较佳，尤其在2020年2月新冠疫情来临之际，玉林药市率先表现出明显上涨趋势，价格最早拉动至高位；安国药市在2016~2018年间行情最为低迷，在此期间其价格走势明显低于行业均值，仅能表现出其他药市苦杏仁价格的90%左右；而荷花池药市在2021年间，行情相对其它三药市最为坚挺；亳州药市苦杏仁市场行情则表现得中规中矩，市场反应与四大药市平均市场行情相当。如图5–60所示。

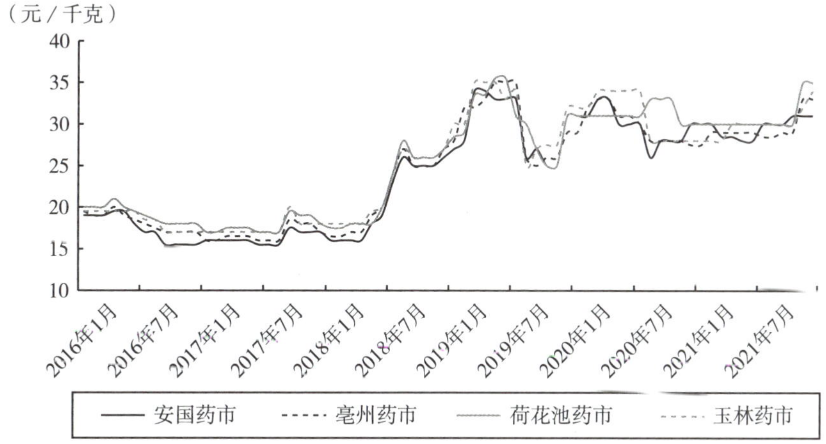

图5–60　2016年以来全国四大药市苦杏仁（统）价格趋势

数据来源：中药材天地网

②历史价格波动分析：苦杏仁在2016~2017年间价格并无明显波动，杏仁产区长势良好，市场存货有量并且新货产量较大，市场行情一直在小幅范围内波动。不过苦杏仁受加工工量的影响，行情下滑空间有限。2018~2019年第二季度，苦杏仁价格大幅上升，由17元/千克上行至33元/千克，涨幅高达94.1%。原因一是受寒流天气影响，今年新产量减少，加之市场存量不足，苦杏仁价格稳步上扬。二是因为新药典的颁布，对于药食两用品种增加了霉菌检测指标。由于杏仁从鲜果到核再到仁，是零星采集，聚少成多，需

要时间较长。而在此过程中，加工不及时或储存不当，很容易造成霉变。因此，杏仁的质量要求也导致其价格上涨。2020年，苦杏仁受新冠疫情影响不大，市场行情相对疲软，无较大波动。2021年，苦杏仁价格行情平稳，没有发生较大波动。如图5-61所示。

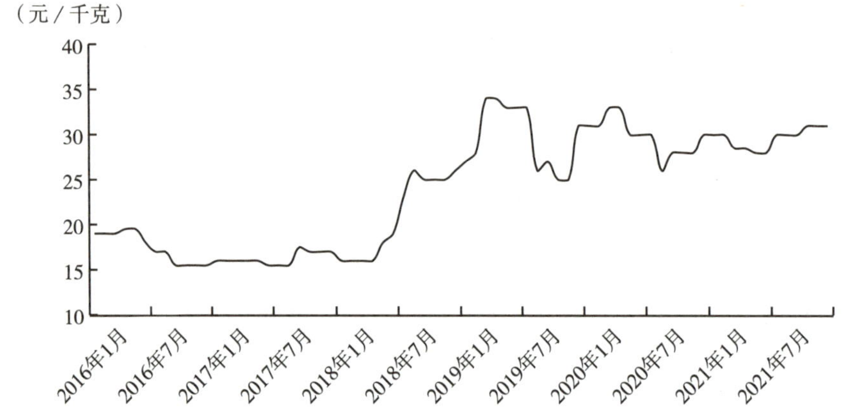

图5-61　2016年以来安国市苦杏仁（统）历史价格趋势

数据来源：中药材天地网

③2021年度价格波动分析：2021年度，苦杏仁价格开盘于30元/千克，收盘于31元/千克，依旧维持着2020年平稳运行的行情，没有发生较大波动。本年苦杏仁市场货源购销正常，行情坚挺，但相较于去年同期，价格有所下降。2020年3-7月苦杏仁价格为32.5元/千克，与今年30元/千克相比，跌幅达8.3%。如图5-62所示。

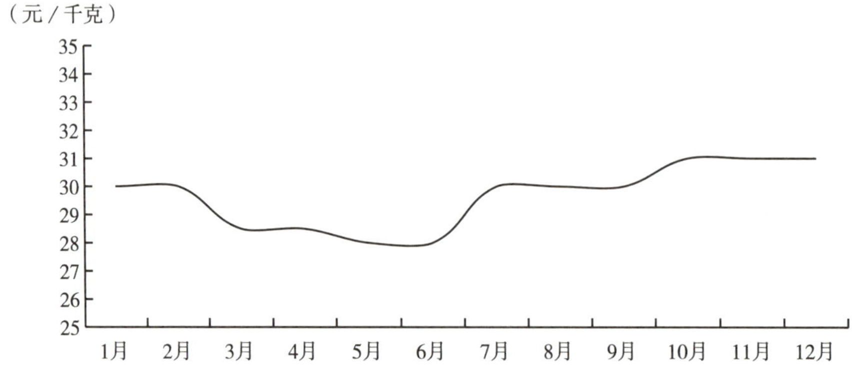

图5-62　2021年度安国药市苦杏仁（统）价格趋势

数据来源：中药材天地网

14.祁山药

（1）主要特点及分布状况

祁山药，又名淮山药、麻山药，为薯蓣科植物薯蓣的根茎。适应能力较强，喜温，并且能够耐寒，一般每年11月采挖，具有健脾益胃、助消化，滋肾益精等功效（图5-63）。

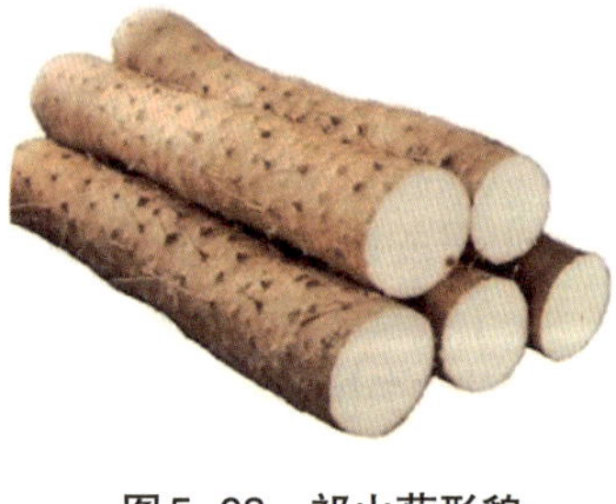

图5-63　祁山药形貌

祁山药为河北省安国市特产，全国农产品地理标志。祁山药的种植保护区域为河北省安国市伍仁桥镇、郑章镇、大五女镇、西城镇、明官店乡、北段村乡、南娄底乡、石佛镇、西伏落镇、祁州路街道办事处和药都街道办事处共11个乡镇（办事处）。

（2）价格波动情况

目前，祁山药主要交易于安国、亳州、荷花池以及玉林药市，流通规格包括毛条、光条。交易价格数据来自中药材天地网，具体分析如下：

①不同药市价格表现对比：总体来看，疫情对祁山药（毛条/光条）价格影响不大，但祁山药（毛条/光条）价格都因疫情有所上涨。四大药市的祁山药价格波动都不大，且不同药市价格反应程度无明显差异。安国药市、亳州药市和玉林药市为同一规格祁山药（毛条）。相比较而言，亳州药市和玉林药市的价格波动更为平稳，自2016年以来无较大波动；但安国药市祁山药价格自2016年至今，市场行情一直有轻微波动，且在2020年2月新冠疫情来临之际，表现出明显上涨趋势。玉林药市祁山药（光条）价格远高于其他药市，且行情最佳，但在2020年2月新冠疫情来临之际，玉林药市祁山药（光条）价格表现出下降趋势，跌幅达25.9%。后价格恢复平稳且有所上扬。如图5-64所示。

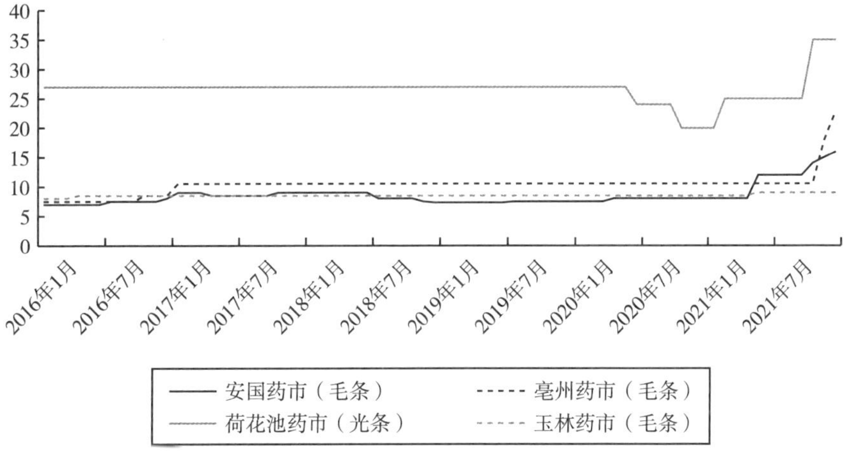

图5-64　2016年以来全国四大药市祁山药价格趋势

数据来源：中药材天地网

②历史价格波动分析：祁山药（统片）价格在2016年间有小幅上升，由9元/千克上行至11元/千克。期间由于环保查得比较严，山药加工受影响，新货产出量不大，产地货源不丰，大货惜售，导致价格微升。2017~2018年上半年，祁山药（统片）价格无明显波动。2018年下半年，因为市场监管力度增强，货源走销不快，行情有所走疲，祁山药（统片）价格由11元/千克下行至8.5元/千克，跌幅达22.7%。2019~2021年上半年，祁山药（统片）市场疲软，价格持续低迷。自2021年下半年起，因为祁山药（统片）的种植面积减少，新货产出量少，加上陈货库存得到消化，商家关注力度较高，持货者喊价进一步抬高，截至2021年底，价格已涨至18元/千克，涨幅高达125%。祁山药（毛条）全年走势与祁山药（统片）基本相似。如图5-65所示。

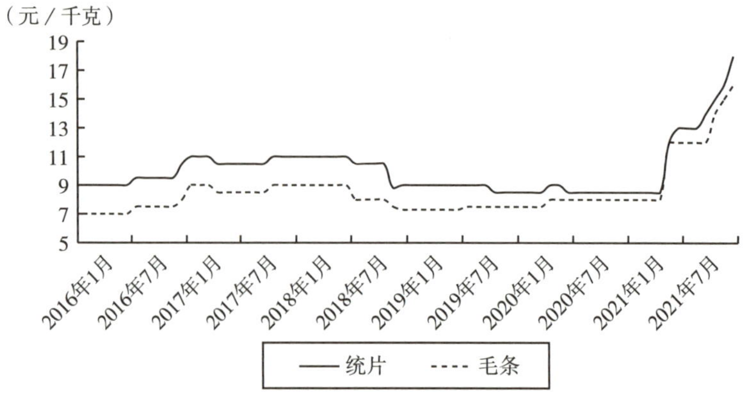

图5-65　2016年以来安国药市不同规格祁山药历史价格趋势

数据来源：中药材天地网

③2021年度价格波动分析：2021年度，祁山药（统片）价格开盘于8.5元/千克，收盘于18元/千克；祁山药（毛条）价格开盘于8元/千克，收盘于16元/千克，整体呈先疲软后上涨走势。祁山药（统片）本年价格坚挺主要是由于市场货源供不应求：第一季度，市场疲软，价格并无明显波动；第二季度，随着货源消化，市场可供货源量不大，价格出现新一波正常拉升；第三季度，市场需求量下滑，货源购销显畅；第四季度，进入产新期，由于种植面积不大，今年鲜货价格较高，干品行情高于前期，收盘于18元/千克，全年涨幅高达111.8%。祁山药（毛条）全年走势与祁山药（统片）基本相似，年涨幅高达100%。如图5-66所示。

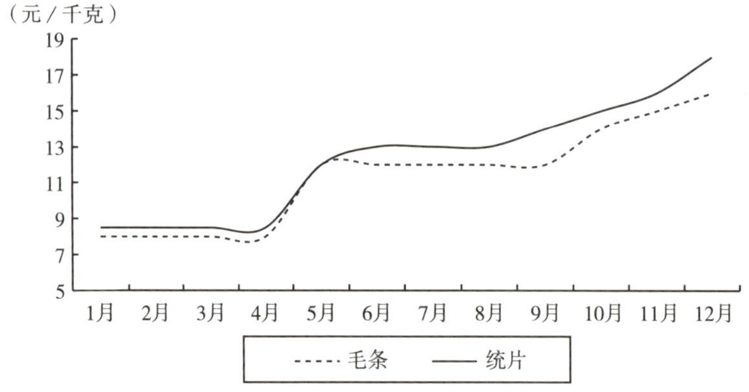

图5-66　2021年度安国药市不同规格祁山药价格趋势

数据来源：中药材天地网

15.丹参

（1）主要特点及分布状况

丹参，为唇形科植物丹参的干燥根和根茎。喜气候温和，一般为每年春、秋二季采挖，具有活血祛瘀，通经止痛，清心除烦，凉血消痈等功效。生于山野阳处

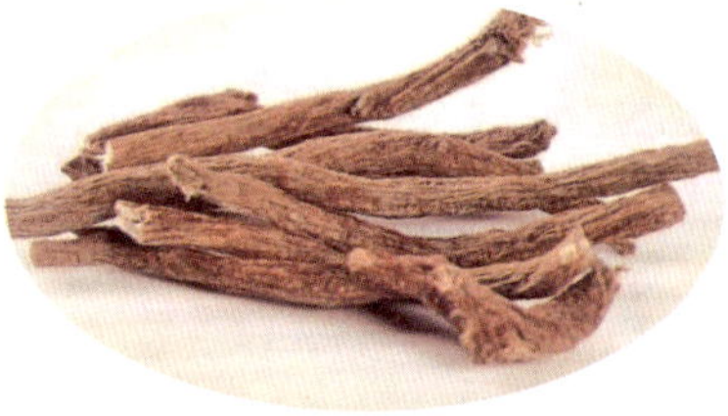

图5-67　丹参形貌

（图5–67）。

分布于中国河北、山西、陕西、山东、河南、江苏、浙江、安徽、江西及湖南；日本也有分布。其中河北产区主要为保定市安国市。

（2）价格波动情况

目前，丹参主要交易于安国、亳州、荷花池以及玉林药市，流通规格包括统个、节子。交易价格数据来自中药材天地网，具体分析如下：

①不同药市价格表现对比：总体来看，疫情对丹参（统个）价格影响不大，但丹参（节子）价格因疫情大幅上涨。四大药市的丹参价格都经历了较大波动，但不同药市价格反应程度差异化明显。安国药市、亳州药市和玉林药市为同一规格丹参（统个）。相比较而言，亳州药市的价格更为平稳，自2017年以来起伏较为平缓；安国药市和玉林药市2017~2018年上半年市场价格有所上扬，2019~2020年期间，丹参市场价格先下降后趋于平稳，2021年有所上扬，但效果甚微。荷花池药市丹参（节子）价格对市场反应最为灵敏，在2018~2020年间价格呈阶梯式下降，跌幅极大，丹参（节子）价格降至丹参（统个）价格，后受新冠疫情影响，丹参（节子）价格在2021年大幅上涨，价格拉动至高位。如图5–68所示。

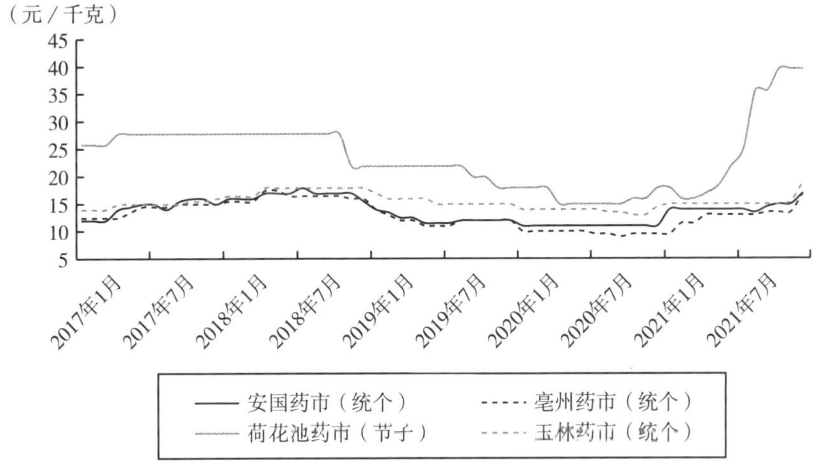

图5–68　2017年以来全国四大药市丹参价格趋势

数据来源：中药材天地网

②历史价格波动分析：自2017年至今，丹参市场价格共经历了三段震荡。2017~2018年上半年，因为丹参种植面积较小，产量远低于往年，行情出现不小的涨幅，货源紧张，丹参价格坚挺；2018年下半年到2020年，丹参行情回落，价格持续下跌，跌幅高达31.3%。前两年的高价激发了丹参种植户的种植热情，种植面积增加，货源产出量增多，且市场存货量处于充足状态。虽然近两年丹参的用量在逐渐增加，但仍处于供大于求的局面，导致丹参行情低迷；2021年至今，丹参受疫情影响不大，但受低价影响，农户种植积极性不高，产量减少，加之市场存量不足、供给疲软，行情一路走高，截至2021年底，价格已涨至17元/千克，涨幅高达54.5%。如图5–69所示。

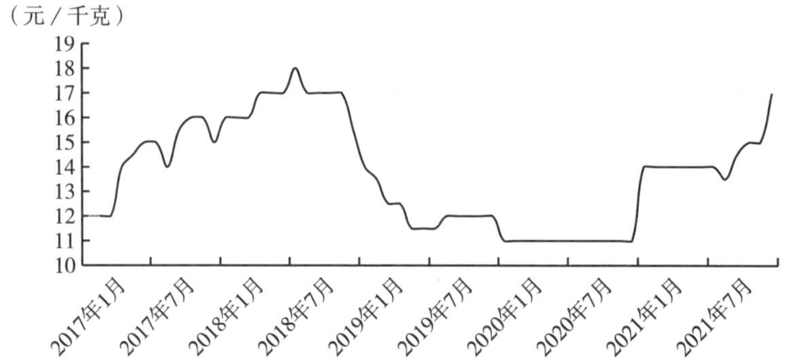

图5-69　2017年以来安国药市丹参(统个)历史价格趋势

数据来源:中药材天地网

③2021年度价格波动分析:2021年度,丹参价格开盘于14元/千克,收盘于17元/千克,整体价格呈上扬趋势。2021上半年丹参市场货源购销正常,行情坚挺。自8月开始,丹参价格经过微微下浮后开始稳步上扬,涨幅高达26%。主要原因有:一是今年春季丹参行情属于低价,让丹参种植户失去了种植热情,全国生产面积开始出现萎缩。二是今年的天气是极为异常的年份,"上半年旱、下半年涝",使得部分丹参产区长势不佳,单产下降明显。三是丹参作为大宗药材,需求量巨大,用途广泛,是保护心脏和心脑血管的良药,正逢用季,企业基本没有库存,加工户也多为按订单加工,不会滞存太多货源。如图5-70所示。

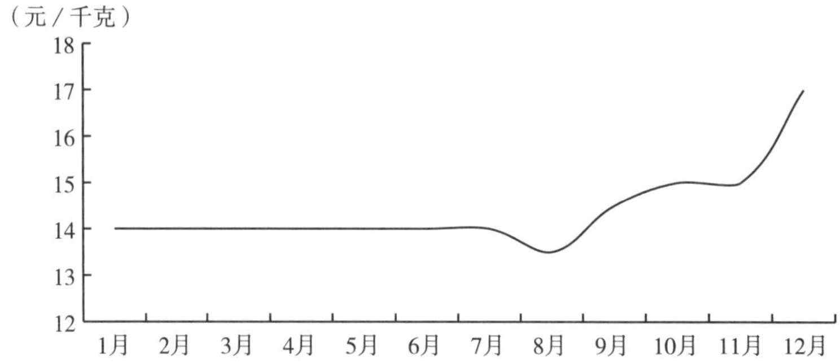

图5-70　2021年安国药市丹参(统个)价格趋势

数据来源:中药材天地网

(二)动物类药材品种

1.全蝎

全蝎,为钳蝎科动物东亚钳蝎的干燥体。春末至秋初捕捉,除去泥沙,置沸水或沸盐水中,煮至全身僵硬,捞出,置通风处,阴干。用于肝风内动,痉挛抽搐,小儿惊风,中风口㖞,半身不遂,破伤风,风湿顽痹,偏正头痛,疮疡,瘰疬。全蝎的道地产区只有河南、山东。河南洛阳是集散中心,山东是育肥中心,但随着产需矛盾的加剧,全蝎捕捉扩展到了河北、辽宁、山西、陕西、甘肃、宁夏、青海、内蒙古和新疆,这些省份也成为了野生全蝎资源的储备"仓库"。

全蝎可食度强，可烘干、油炸、泡酒等，开启了食用的全新领域，尤其在广东、山东等地，民众对该品的接受度较高。洛阳作为全蝎的集散地，每天发往全国各地的食用育肥蝎子在300公斤左右，月销约9吨货，按照这个食用量，每年大约有100吨的食用全蝎被消耗，并且势头不减；药用全蝎的年需求量在500~600吨。育肥的蝎子在黄曲霉素、灰分方面的过检比较容易。从行情走动情况来看，育肥货安全且收益稳定，育肥蝎子将成为一个朝阳行业。

从2018年以来，全蝎品种就一直走强。去年6~7月份，产地产新时的鲜货价格为680元，价格坚挺至今年5月上旬，育肥全蝎鲜货飙升到1020元，涨幅达30%，其它规格均有上涨。当前洛阳集散市场中，全蝎清水货价格在2400~2460元之间，野生冻货价格在860~870元之间，落池货价格在870~880元之间，同比去年产新价格，今年的全蝎品种均有所上升。如图5-71、图5-72所示。

山西、陕西、甘肃、宁夏、新疆等区域野生全蝎也都在积极产新中，由于人工采收费用的提高，野生全蝎产量不会太大，后市各规格全蝎价格仍会保持强势。

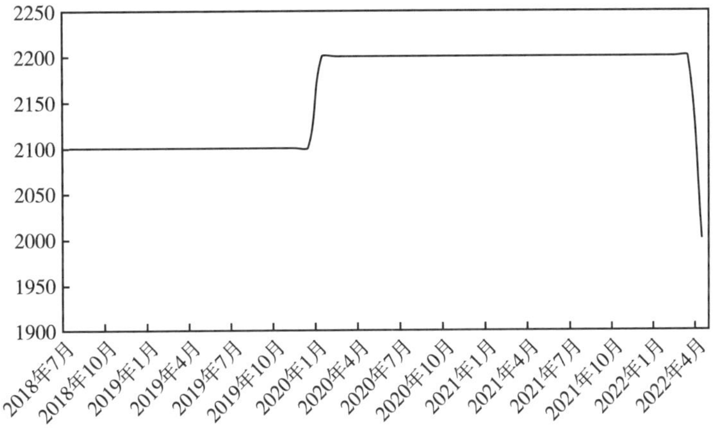

图5-71　2018年7月~2022年4月清水全蝎价格走势图

数据来源：中药材天地网。

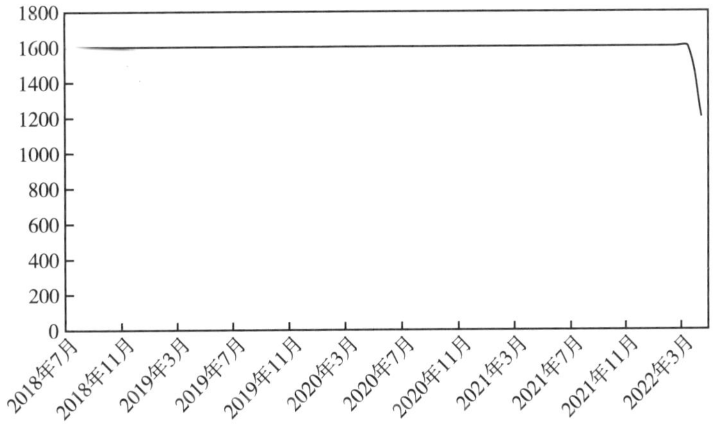

图5-72　2018年7月~2022年4月盐水全蝎价格走势图

数据来源：中药材天地网

2. 蝉蜕

蝉蜕属于野生动物品种，为蝉科昆虫黑蚱羽化后的蜕壳。主产于山东、河南、河北、湖北、江苏、四川，安徽等地。以山东产量较大。其功效是疏散风热，利咽开音，透疹，明目退翳，息风止痉。主治风热感冒，温病初起，咽痛音哑，麻疹不透，风疹瘙痒，目赤翳障，急慢惊风，破伤风证，小儿夜啼不安。

在2010年之前可以看出价格一直很平缓，2010年之后在整体大牛市带动下，而多年一直较为平稳的蝉蜕进入商家关注行列，进入了震荡上涨时期，这也符合大多数野生品种的共同特性：价格涨到一定程度，行情高位调整；然后再上涨至新一个高位，继续调整、继续上行。2012年以来，人们开始大量食用活金蝉子成风，造成蝉蜕产量大幅下降，这时候蝉蜕价格上涨开始提速。2012年金蝉子每只的价格在0.3元，到2016年产新时价格上升到每只1元。当然这价格上涨也不排除通货膨胀。2017年至2022年的价格走势如图5–73所示。

据估计蝉蜕的年用量在800~1000吨。2016年全国蝉蜕主产区的产新量：河南170吨左右、山东70吨左右、四川100吨左右、陕西100吨左右、安徽50吨左右、山西120吨左右，再加上湖北、江苏、浙江等这些副产区。全国2016年的总产量估计在750吨左右。缺口在今年已经开始凸显。

该品种易虫蛀，易碎，轻泡占空间大，易掉称，价格高，占资金成本大。由于此特性，产区收购商基本上都是收了就发走。一些专供药厂的收购商会有一定的库存。据产区收购商说现在的数量明显不比以前，年年减少。

随着市场监管力度的加强，药品与食品的应用开发，产出与供需的矛盾开始凸显，加之人气的聚集，有野生品种水蛭、蝎子等品种的高价做参照和示范，蝉蜕后市必将一片光明。

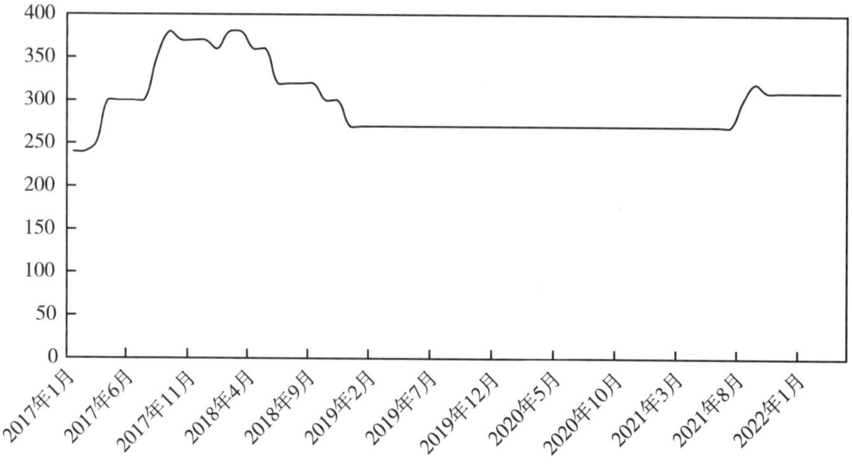

图5–73　2017年1月~2022年4月蝉蜕（统）历史价格

数据来源：中药材天地网

3. 蜈蚣

蜈蚣传统功效为祛风止痉，通络止痛，攻毒散结。主惊风，癫痫，痉挛抽搐，破伤风，风湿顽痹，偏正头痛，毒蛇咬伤。随着我国心血管疾病发病率逐年上升，在临床用于治疗冠心病、脑血管病、周围神经病变，以蜈蚣为主要药味的复方在临床应用极为广泛。还有五毒抗癌法，以毒攻毒中药直接抗击癌毒，以毒攻毒药物大多对癌细胞有直接的细胞毒作用。这样蜈蚣的功效和用途得到了广泛的应用，而且动物类药与人体结构相似吸收起来也要优于植物类药材。

我国药用蜈蚣的道地产地在以汉江为中心的湖北，在湖北省境内，汉江干流经白河县后，自郧西县进入湖北。丹江口以下，干流折向东南，沿途经襄阳市、宜城市、钟祥市、天门市、潜江市、仙桃市、汉川市等县市，最后由武汉市汉口龙王庙汇入长江。这些地区也就是我国蜈蚣主产区，以往能占到全国产量的百分之七十左右。还有河南南阳、信阳地区，安徽滁州地区，浙江嘉兴、海宁、桐乡，广西也有少量产出。

蜈蚣主要生活在多石少土的低山地带，平原地区只有少量分布。每年惊蛰后，气温转暖，蜈蚣冬眠苏醒，开始出土活动，善居于阴湿的杂草丛中或乱石沟里。从芒种到夏至，随着气温逐渐升高，它又渐渐移到阴凉的壕沟、坟地、田埂或土坎的缝隙之中，避过炎热的白天。到了晚秋季节，则又多栖于背风向阳的松土斜坡之下或树洞、树根较暖的地方。总之，蜈蚣喜欢在阴暗、潮湿、温暖、通风的洞穴中生活。

根据历史价格走势来看，两种不同长度的蜈蚣价格趋势平稳，出现的价格波动并不剧烈。具体价格走势如图5-74、图5-75所示。

蜈蚣需求非常刚性，用量增加对蜈蚣的捕杀也就相应增加，打个简单的比方也许以前全国产2000万条就能满足国内需求，现在仅湖北产量剧增到8000万条仍然供不应求，这也从侧面说明蜈蚣的用量大幅提升。但蜈蚣自身繁殖的能力已经赶不上人为捕杀的速度，用量的增加导致野生资源减少已成定局。

人类对蜈蚣生存的环境过度开发加上农药残留等等因素综合影响，这些都破坏了蜈蚣的生存环境，这也使得蜈蚣数量每年不断减少。

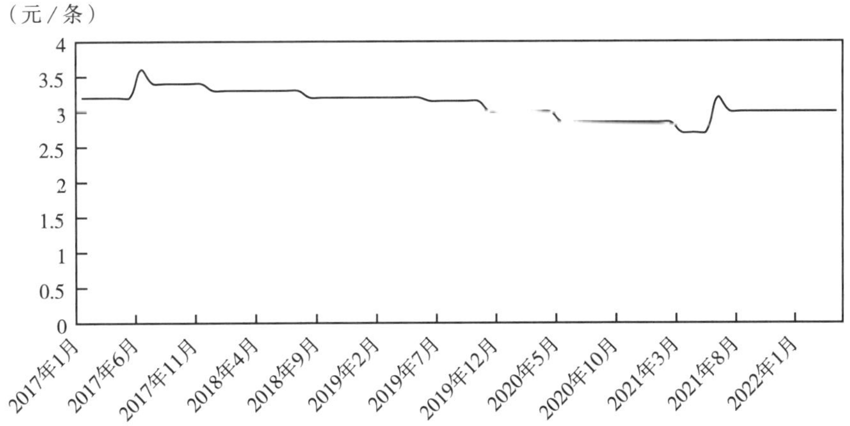

图5-74　2017年1月~2022年4月蜈蚣（15公分）历史价格

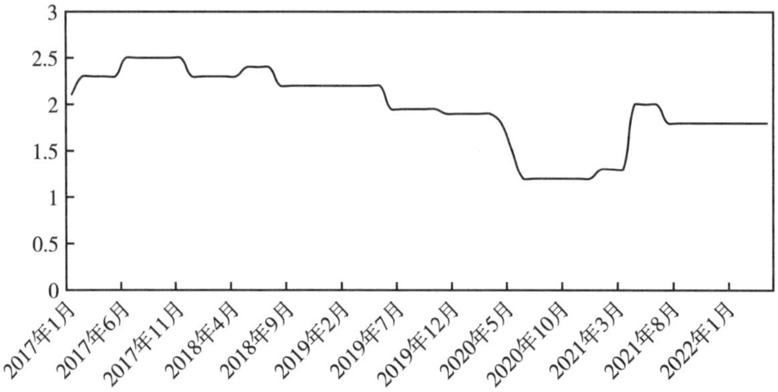

图5-75　2017年1月~2022年4月蜈蚣（12公分）历史价格

数据来源：中药材天地网

4. 土鳖虫

土鳖虫是蜚蠊目鳖蠊科地鳖属或冀地鳖属昆虫，别名地鳖虫、地乌龟、土元等。土鳖虫是一种名贵的中药材，应用广泛，市面上销售的多种跌打类药物中都含有土鳖虫。随着生态环境受破坏程度的日益严重，野生土鳖虫的数量越来越少，而市场对土鳖虫的需求量却越来越大，因此人工养殖地鳖虫具有非常好的市场前景。

《河南科技报》（2015年12月20日）以题为《地鳖虫养殖又到柳暗花明时》，对土鳖虫市场前景进行了分析，结论是在今后的10年内，土鳖虫价格仍将呈稳步上升趋势。

《市场信息报》（2018年12月19日）对全国药材市场进行了全面调查，发现土鳖虫产量不及市场需求的50%，以“养殖土鳖虫不愁没销路”发布了此信息。

《农业科技报》（2016年5月9日）以题为“土鳖虫市场价格持续上扬”以“野生资源逐年减少，市场需求日益加大”为副标题对土鳖虫市场进行全面分析，其结论是：今后土鳖虫价格会持续上扬。

《中国现代中药》（2019年第6期）国家中医药管理局公布了“30种紧缺药材”其中含有土鳖虫：药用范围逐渐加大，价格挺紧，高昂的价格将保持多年。

《全国药材信息》（2017年2月，国家药材集团公司，中国中药协会联合发布）：土鳖虫销势转快，目前销价为48~50元，年上升幅度为11.1%~20%。主要原因是养殖跟不上市场的需求。有多名业内专家对2019年以来土鳖虫市场的价格变化规律进行综合研究和科学分析后预测：在未来5年内土鳖虫价格将稳定在高价位期。在未来10年内土鳖虫市场将处于相对紧缺状态。近五年的价格走势如图5-76所示。

土鳖虫是一种耐寒耐热的昆虫，喜欢群居。它易饲养，适应性强、生长快、病虫少、效益高。人工养殖可因地制宜、因陋就简，充分利用空闲房屋饲养，小规模养殖可用缸、盆、木箱等设施，大规模养殖可用水泥池，多层立体饲养，其饲料来源广泛，米糠、麸皮、豆饼、剩饭以及各种菜叶、茎、瓜果皮、各种肉食残渣等都是土鳖虫的好饲料。养殖土鳖虫占地少、设备简陋、饲料广泛、花工少、病虫害少，每天只需喂一次，喂料时间在傍晚5~7点，正常一个劳动力可管理1000平方米。

土鳖虫的生长周期是6个半月，如果引种幼虫的话仅需4~5个月就可以出售。从效益来看，一平方可出鲜虫40斤，折合干品15斤，收购价每公斤40元，每公斤鲜虫仅需3元饲料成本，即60元，每平方可收入200余元。一个劳动力可轻松养殖1000平方，减去引种款，可获利10万元以上。作为长期发展项目，养殖户也可择优繁殖，效益自然逐年倍增，土鳖虫寿命可达3年，可连续产仔2年，具有较好的经济效益。

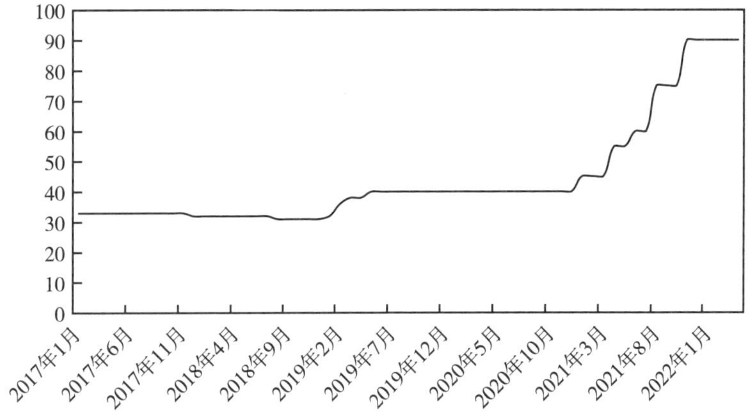

图5-76　2017年1月~2022年4月土鳖虫（统货）历史价格分析

数据来源：中药材天地网

5.水蛭

水蛭是一种宝贵的药用资源，在医学上具有多种药用功能，是很有开发价值的动物性中药材。随着世界性人口老龄化的发展，心脑血管病人增多（高血压、心脏病、脑血栓发病率占人群的2%~5%），加上人们对中药制品的偏爱，对水蛭的需求量将会进一步增加。

据《中闻畜牧水产消息报》报道，2017年国内外对水蛭干品的总需求量达350吨以上，实际供货量仅为150吨，尚有200吨缺口。

据有关专家统计。由于供需矛盾越来越大，致使价格不断上涨，其涨幅上升了87.5%，具体价格走势如图5-77、图5-78所示。造成水蛭价格上涨的主要原因有以下几个方面：

1）我国是利用水蛭最早的国家，随着国内医学的发展以及对水蛭药用价值的进一步开发，水蛭的需求量与日俱增。

2）欧美消费市场很大，近年来，日本、朝鲜、东南亚各国也从我国大量进口水蛭，造成国内水蛭市场紧缺，价格上涨。目前国际医药机构已不再要求中药产品是已知结构的单纯产品，而可以是成分固定、疗效稳定、安全可靠的混合物。水蛭作为传统中药的应用，一直受到国际医药市场的青睐，尤其是欧美及东南亚等发达国家，每年从我国大量进口，是我国动物药材出口的紧俏产品。人工养殖水蛭前景广阔，给创业者出口创汇带来了更大的机遇。

3）药用水蛭传统来源于自然捕捞，近年来，由于大量使用农药、化肥及化学工业排污对环境的污染，导致野生资源锐减。

预计从今后医药市场发展分析来看，水蛭的紧缺状况短期内难以缓解，供需矛盾越来越大，靠自然资源的再生，目前也无法解决这一矛盾。

为了弥补这一自然资源的短缺，保护珍贵而有限的野生资源，人工养殖水蛭势在必行。巨大的市场需求，为人工养殖水蛭营造了广阔的市场前景。可以预料，水蛭的人工养殖作为一种时尚的新兴产业，将在全国各省地蓬勃兴起。

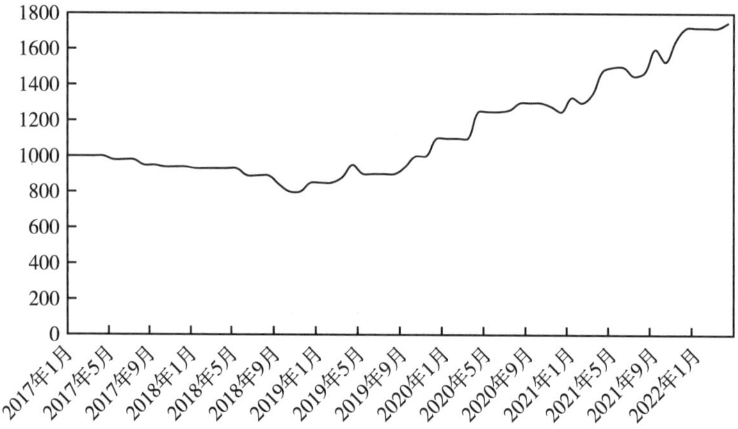

图5-77　2017年1月~2022年4月水蛭（清水）历史价格

数据来源：中药材天地网

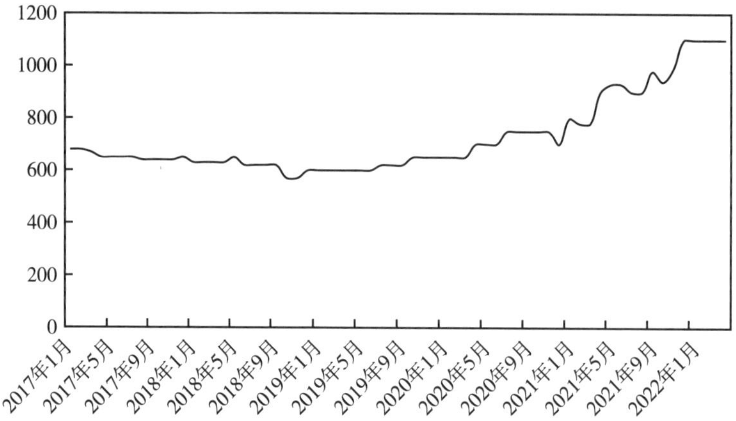

图5-78　2017年1月~2022年4月水蛭（矾水）历史价格

数据来源：中药材天地网

6.五灵脂

五灵脂为鼯鼠科动物橙足鼯鼠和飞鼠等的干燥粪便。全年可采，但以春、秋为多，春采者品质较佳。采得后，拣净砂石、泥土等杂质，按形状分别为灵脂块和灵脂米两类。生用行血止痛。治心腹血气诸痛，妇女经闭，产后瘀血作痛；外治蛇、蝎、蜈蚣咬伤。炒用止血。治妇女血崩，经水过多，赤带不绝。

灵脂米散灵脂。呈长椭圆形圆柱状，两端钝圆，长5~15毫米，直径3~6毫米。表面黑棕色，较平滑或微粗糙，常可见浅色的斑点，有的具有光泽。体轻而松，易折断，断面黄色，黄绿色或黑棕色，呈纤维性。气微弱，味微苦咸。以表面粗糙，外黑棕色、内黄绿色，体轻无杂质者佳，品质较灵脂块为差。以上2种药材主产于河北、山西。此外，甘肃、吉林、新疆、北京郊区亦产。

根据历史价格分析，五灵脂价格2019年10月急速增长后价格一直保持平稳，稳定在46元，具体走势如图5-79所示。

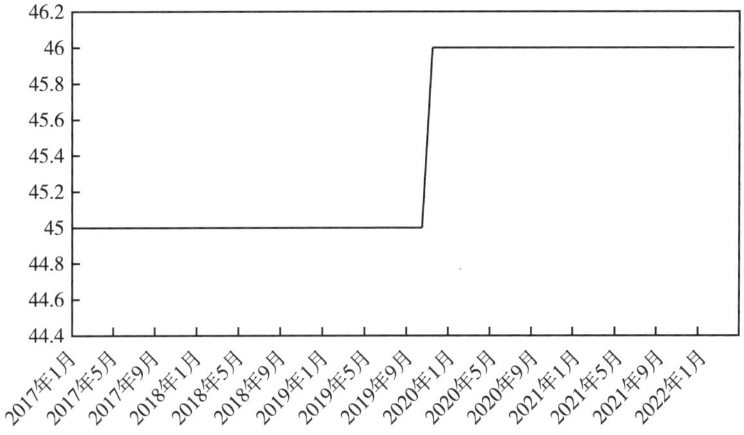

图5-79　2017年1月~2022年4月五灵脂（米）历史价格

数据来源：中药材天地网

7.鸡内金

鸡内金，中药名。为雉科动物家鸡的干燥沙囊内壁。杀鸡后，取出鸡肫，立即剥下内壁，洗净，干燥。本品为不规则卷片，厚约2mm。表面黄色、黄绿色或黄褐色，薄而半透明，具明显的条状皱纹。质脆，易碎，断面角质样，有光泽。气微腥，味微苦。用于食积不消，呕吐泻痢，小儿疳积，遗尿，遗精，石淋涩痛，胆胀胁痛，有健胃消食，涩精止遗，通淋化石作用。鸡内金价格走向平稳，偶尔出现些许波动，总体还是平稳走向，具体价格走势如图5-80所示。

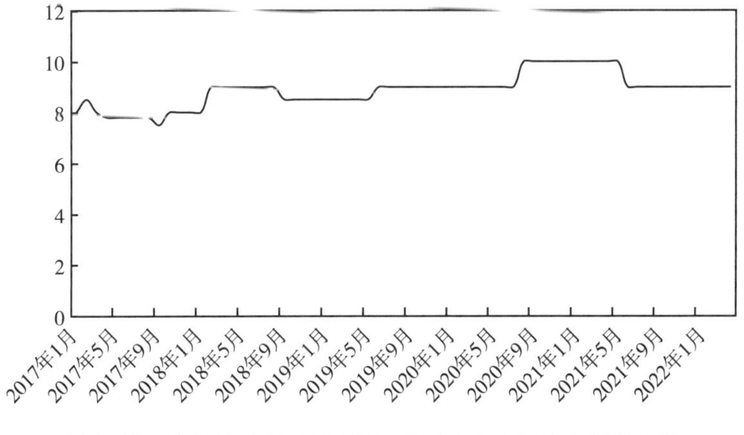

图5-80　2017年1月~2022年4月鸡内金（统个）历史价格

数据来源：中药材天地网

第四节　冀药品牌发展情况

一、全国中药材品牌发展情况

（一）全国中药材特色农产品优势区

1.全国中药材特色农产品优势区基本情况

2017年12月25日，原农业部等9部门认定了《中国特色农产品优势区名单（第一批）》，共有62处入选，其中，中药材类特优区有7处。2019年1月17日，农业农村部等9部门认定了《中国特色农产品优势区名单（第二批）》共有84处入选，其中，中药材类特优区7处[30]。2020年2月21日，原农业部等9部门认定了《中国特色农产品优势区名单（第三批）》，共有83处入选，其中，中药材类特优区有5处。2020年9月29日，原农业部等9部门认定了《中国特色农产品优势区名单（第四批）》，共有79处入选，其中，中药材类特优区有5处。一共24处中药材特色农产品优势区，以下是具体的特优区介绍。

安徽省亳州市亳州中药材中国特色农产品优势区，亳州市位于安徽西北部，得益于暖温带半湿润气候区，拥有超过百年的中药材种植历史、400多个品种，是神医华佗的故乡，居“四大药都”之首。主导特色农产品为四大亳药（亳桑皮、亳菊、亳芍、亳花粉），有地理标志产品亳白芍、2种农产品地理标志（亳菊、亳丹皮）、亳州国家中医药健康旅游示范区。

贵州省兴仁县兴仁薏仁米中国特色农产品优势区，兴仁薏仁米产地范围为贵州省黔西南州兴义市、兴仁县、安龙县、贞丰县、普安县、晴隆县、册亨县、望谟县8个县市现辖行政区域。主导特色农产品为兴仁薏仁米，荣登2017年中国百强农产品区域公用品牌、2018年中国区域品牌（地理标志产品）百强榜（位居第19位），有地理标志产品、地理标志商标兴仁薏仁米。

江苏省邳州市邳州银杏中国特色农产品优势区，邳州银杏地理标志产品保护产地范围为江苏省邳州市所辖行政区域，地处江苏北部徐州和连云港之间，地理坐标为东经117°35′50″~118°10′40″，北纬34°07′~34°40′48″，属半湿润暖温带季风气候。主导特色农产品为邳州银杏，有地理标志产品邳州银杏。

山西省长治市上党中药材中国特色农产品优势区，长治市地处晋东南，是全国著名中药材“北药”主产区、上党中药材中国特色农产品优势区，被誉为“神农故里、中药之乡”。主导特色农产品为十大党药（上党党参、上党连翘、上党柴胡、上党黄芩、上党苦参、上党板蓝根、上党金银花、上党白芍、上党知母、上党地黄），有4件地理标志商标（上党党参、壶关党参、上党连翘、潞州黄芩），2种农产品地理标志（平顺潞党参、平顺连翘）、平顺国家中医药健康旅游示范区。

吉林省抚松县抚松人参中国特色农产品优势区，抚松地处中国吉林省的东南部，位于长白山下、松花江畔。主导特色农产品为抚松人参，有地理标志产品吉林长白山人参（地理标志保护范围包括本特优区）、地理标志商标抚松人参，国家标准《地理标志产品 吉林长白山人参》（GB/T 19506–2009）。长白山人参荣登2017年中国百强农产品区域公用品牌。

四川省宜宾县宜宾油樟中国特色农产品优势区，主要分布于宜宾市，建成了以叙州区樟海镇、蕨溪镇、观音镇和翠屏区宗场镇、双谊镇、金秋湖镇为核心区油樟产业基地。主导特色农产品为宜宾油樟，有地理标志商标宜宾油樟。

宁夏回族自治区中宁县中宁枸杞中国特色农产品优势区，中宁县是中国枸杞自然分布的中心区域，中宁枸杞着生于清水河与黄河交汇的大面积洪积土壤上，土层深厚，土壤谐和，温寒兼容。主导特色农产品为中宁枸杞，荣登2017年中国百强农产品区域公用品牌，有地理标志产品宁夏枸杞（地理标志保护范围包括本特优区）、地理标志商标、农产品地理标志中宁枸杞，国家标准《地理标志产品宁夏枸杞》（GB/T 19742–2008）。中宁枸杞种植系统是中国重要农业文化遗产。

重庆市石柱县石柱黄连中国特色农产品优势区，石柱黄连主要生产在石柱县黄水镇黄水国家森林公园大风堡原始森林区，该地区独特的气候、水质和土壤条件是石柱黄连的最佳生长区。主导特色农产品为石柱黄连，有地理标志产品、地理标志商标石柱黄连，国家标准《地理标志产品石柱黄连》（GB/T 20358–2006）。石柱黄连生产系统是中国重要农业文化遗产。

河北省安国市安国中药材中国特色农产品优势区，中药材种植面积15万亩左右，以霍庄村为中心发展中药材优良籽种秧苗基地3000亩，发展6个中药材万亩规模种植区，推广标准化（GAP）种植面积5万亩。主导特色农产品为八大祁药（祁菊花、祁山药、祁紫苑、祁沙参、祁芥穗、祁白芷、祁花粉、祁薏米），有2件地理标志商标（安国祁山药、安国祁菊花），3种农产品地理标志（祈紫苑、祁山药、祁菊花）、安国国家中医药健康旅游示范区。

云南省文山州文山三七中国特色农产品优势区，云南省文山州文山县是三七的原产地，至今已有四百多年的种植历史。文山县已经被中国特产之乡评定为“中国三七特产之乡”。主导特色农产品为文山三七，荣登2017年中国百强农产品区域公用品牌，有地理标志产品、地理标志商标文山三七，国家标准《地理标志产品文山三七》（GB/T 19086–2008）。

安徽省霍山县霍山石斛中国特色农产品优势区，霍山县位于安徽西部、大别山腹地、淮河一级支流淠河上游。总体为山地地貌，属北亚热带湿润季风气候。主导特色农产品为霍山石斛，荣登2017年中国百强农产品区域公用品牌、2018年中国区域品牌（地理标志产品）百强榜（位居第56位），有地理标志产品、地理标志商标霍山石斛。

贵州省织金县织金竹荪中国特色农产品优势区，织金竹荪地理标志产品保护产地范围为贵州省织金县城关镇、绮陌乡、官寨乡、普翁乡、牛场镇、猫场镇、上坪寨乡、珠藏镇、熊家场乡、少普乡、三塘镇、纳雍乡、化起镇、龙场镇、三甲乡、板桥乡、以那镇、八步镇、金龙乡、桂果镇等20个乡镇现辖行政区域。主导特色农产品为织金竹荪，有地理标志产品、地理标志商标织金竹荪。

甘肃省岷县岷县当归中国特色农产品优势区，岷县位于甘肃省定西市南部，盛产当归、红芪、黄芪、党参等中药材238种，其中以“岷归”最为闻名，是“中国当归之乡”。主导特色农产品为岷县当归，有地理标志商标、农产品地理标志岷县当归。岷县当归种植系统是中国重要农业文化遗产。

青海省海西蒙古族藏族自治州柴达木枸杞中国特色农产品优势区，保护范围明确为青海省海西蒙古族藏族自治州（柴达木盆地全境）现辖行政区域。主导特色农产品为柴达木枸杞，有地理标志产品、农产品地理标志柴达木枸杞。

吉林省集安市集安人参中国特色农产品优势区，位于吉林省集安市。主导特色农产品为集安人参，发展历史悠久，文化底蕴深厚。

山西省安泽县安泽连翘中国特色农产品优势区，安泽连翘产地范围为山西省安泽县府城镇、唐城镇、和川镇、冀区镇、良马乡、杜村乡、马必乡共7个乡镇现辖行政区。主导特色农产品为安泽连翘，是山西省临汾市安泽县的特产。安泽连翘古称“岳阳连翘”，以个大、饱满、药用价值高而闻名全国，素有“全国连翘生产第一县”之称，是地理标志保护产品。

河北省巨鹿县巨鹿金银花中国特色农产品优势区，巨鹿县位于河北省南部，地处黑龙港流域。主导特色农产品为巨鹿金银花，相继被评为中国金银花道地药材之乡、中国金银花之乡、河北省十大道地中药材产业县，有国家级地理标志证明商标。巨鹿金银花还获评中国百强农产品区域公用品牌，并入选首届中国农民丰收节100个品牌农产品。

浙江省磐安县磐五味中药材中国特色农产品优势区，浙江省磐安县是“中国药材之乡”，也是浙江省最大的中药材主产区。主导特色农产品为磐五味，也即是浙江磐安生产中药中的白术、元胡、芍药、贝母、玄参这五种药的合称。

河南省焦作市怀药中国特色农产品优势区，位于河南省焦作市。主导特色农产品为怀药，其组成成分为山药、牛膝、地黄、菊花等中药因产在古怀庆府（今河南省焦作市境内）最为珍贵，故被称为怀药。

江西省樟树市樟树中药材中国特色农产品优势区，位于江西省樟树市。主导特色农产品为樟树，樟树中药材成功入选中国特色农产品优势区，“樟树吴茱萸”、“清江枳壳”和“樟树黄栀子”成功获得国家地理标志产品保护，成为生态农业发展的靓丽名片。

河南省卢氏县卢氏连翘中国特色农产品优势区，河南省卢氏县所产的连翘，为河南省特产。主导特色农产品为卢氏连翘，中药材品种，2004年卢氏连翘被国家定为唯一野生保护基地和地理性标志产品，2005年又被国家定为国家级农业标准化示范项目。

甘肃省渭源县渭源白条党参中国特色农产品优势区，渭源白条党参产区地处黄土高原边缘与西秦岭北坡区，甘肃省中部，属定西市六县一区之一。主导特色农产品为渭源白条党参，获得国家地理标志证明商标。

河北省邢台市信都区、内丘县邢台酸枣中国特色农产品优势区，酸枣主产地为太行山区，大量酸枣集中在邢台地区的沙河、邢台、内丘、临城等县，这里的酸枣产量占全省总产量的40%左右，达290多万公斤。主导特色农产品为酸枣仁，邢台在全国率先开展了酸枣野生资源人工抚育、优异种质评价筛选和野生品种驯化种植，已审定和认定优良品种20余个，制定省级标准3项。先后举办了4届“中国·邢台太行酸枣文化节”，在中国（上海）国际食品博览会上成功发布了邢台道地中药材“邢台酸枣仁”区域公用品牌，“邢台酸枣”成功获得国家地理标志证明商标。

山东省平邑县平邑金银花中国特色农产品优势区，主产于山东省平邑县，平邑县是农业部命名的“中国金银花之乡”。主导特色农产品为平邑金银花，1995年，平邑金银花被中国农业部评为“中国中草药金银花优质产品”。1996年3月，平邑县被命名为“中国金银花之乡”。2000年3月，被中国国家林业局命名为“中国名特优经济林金银花之乡”。2007年9月，平邑金银花通过中国国家质检总局地理标志产品的评审，成为临沂市第一个获得国家地理标志保护的农产品。

2. 全国中药材特色农产品优势区分布数量

根据附录9《中国特色农产品优势区名单》这些中药材类国家级特优区分布于五大道地药材产区。其中，东北道地药材产区2处、华北道地药材产区5处、华东道地药材产区6处、西南道地药材产区6处、西北道地药材产区5处；涉及16个省份。其中，安徽、山西、吉林、甘肃、河南、贵州六省各2处，河北省3处，江西、浙江、云南、四川、江苏、山东、青海、重庆、宁夏等9个省市各1处。如图5-81所示。

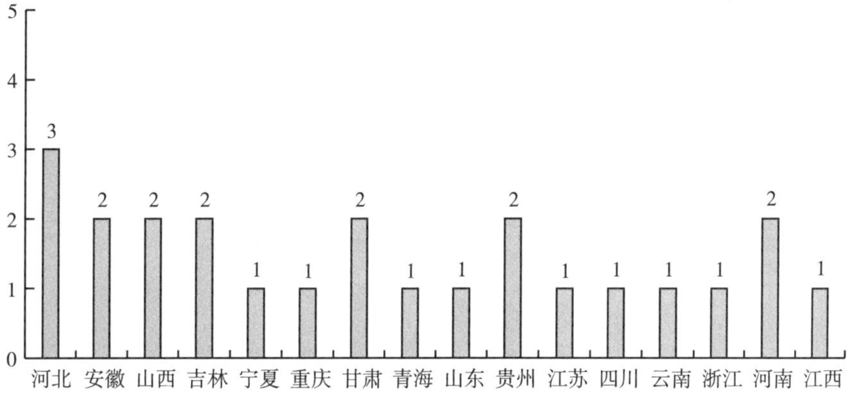

图5-81　全国中药材特优区分布数量

数据来源：河北省农业农村厅、河北省发展和改革委员会、河北省林业和草原局

（二）全国中药材地理标志

1. 全国中药材地理标志获批数量

农产品类型分为种植业、畜牧业和水产业3大类。种植类可细分为蔬菜类、果品类、粮食类、食用菌类、油料类、糖料类、茶叶类、香料类、药材类、花卉类、烟草类、棉麻蚕桑类、热带作物类和其他植物类等10余类[31]。通过农产品地理标志信息查询网，查询关于药材类的地理标志数量，得到以下结果：2008年、2009年分别有2~3件药材类获得《农产品地理标志登记证书》，此后2010~2019年每年药材类地理标志农产品数量处在12~22件，农产品地理标志得到快速的发展，而到2020年再创历史新高，高达42件。2021年有22件药材类获得《农产品地理标志登记证书》。如图5-82所示。

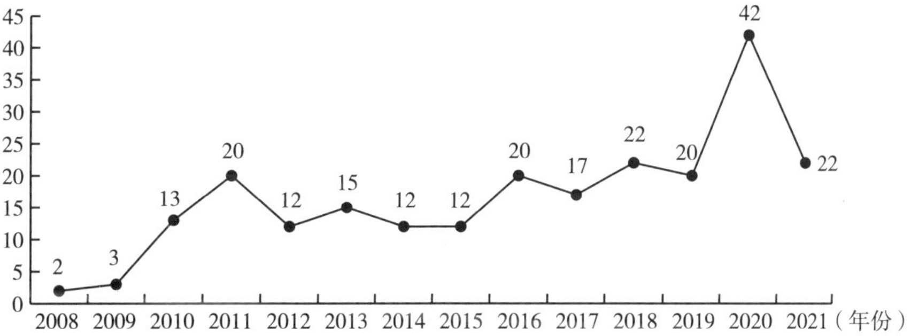

图5-82　2008~2021年全国中药材地理标志获批数量图

数据来源：农产品地理标志信息查询网

2.全国中药材地理标志区域分布

根据附录10《全国农产品地理标志数量统计表》，截至2020年底，除港澳台3地以外，国内其他省、自治区、直辖市获批农产品地理标志登记证书494件，但各地区数量分布差异较大。山东、河南、湖北、四川、浙江这五个省份数量处于34~44件，其中湖北省中药材农产品地理标志数量最多。甘肃、内蒙古、安徽、山西、吉林、陕西、江西、福建、重庆、湖南、辽宁、贵州、广东、云南、江苏等十余个省份数量处于11~25件。青海、新疆、宁夏、河北、广西、黑龙江、西藏处于3~10件，其中海南省和河北省中药材农产品地理标志数量最少。上海、天津、北京没有获得中药材类农产品地理标志登记证书。如图5-83所示。

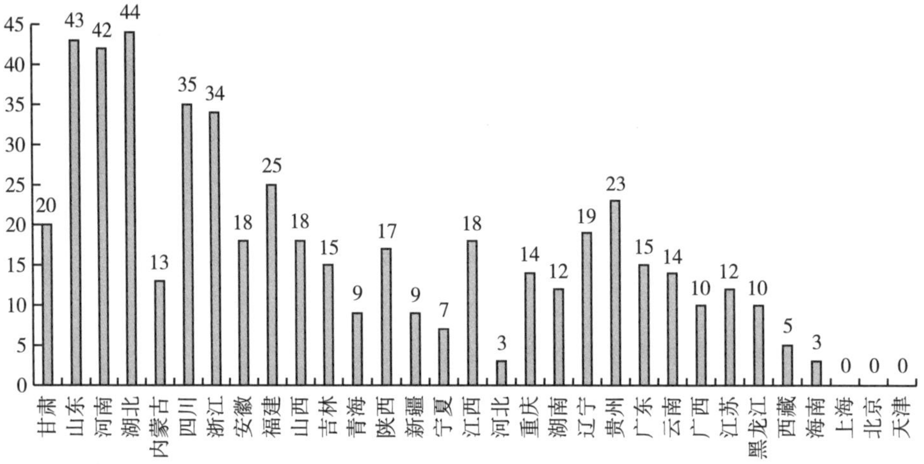

图5-83 全国中药材地理标志区域分布图

数据来源：2020年《第四次全国地理标志调研报告》

3.全国中药材区域公用品牌

（1）总体的区域公用品牌类别分布

由附录11《全国农业品牌目录2019农产品区域公用品牌》进一步分析，入围的区域公用品牌中，主要类别有：茶叶、食用菌、林特、中药材、粮食、油料、水产、蔬菜、畜禽、果品、其他（图5-84）。东部地区农产品品牌中入围数量最多的是水产类，东部地区水资源丰富，沿海城市居多，海洋资源丰富，水产业发展优势明显。中部地区入围数量最多的是粮油类，中部地区作为典型的农业大区域，气候、光照、土壤十分有利于农业生产，中部省份一直是我国主要的商品粮基地，尤其是东部地区由于发展外向经济致使粮食播种面积减少后，种植业在中部地区的发展地位凸显。西部地区入围数量最多的是果品类，西部地区大部分省份地处内陆，属温带大陆性气候，日照时间长，气候条件适合瓜果栽培和生长。区域公用品牌的概念界定中就强调了独特的自然资源，公用品牌百强分布也验证了这一点，各地区只有结合自然资源优势和地区特色优质农产品才能成功塑造农产品区域公用品牌[32]。

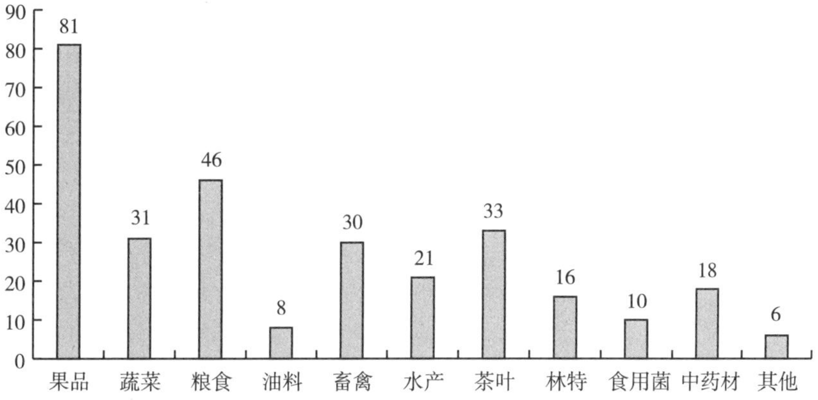

图5-84　总体的区域公用品牌的类别分布

数据来源：国家市场监督管理总局

（2）全国中药材区域公用品牌地区分布

通过整理第十七届中国国际农产品交易会公布的“2019中国百强农产品区域公用品牌”资料来看（见图5-85），东部地区省份的品牌上榜数量与中部地区上榜数量持平，西部省份上榜数量明显多于东部、中部地区省份，原因是西部地区独特的气候条件和地理条件使得西部的中药材品牌建设潜力很大。其中甘肃省、安徽省和贵州省农产品区域品牌入围数量最多。

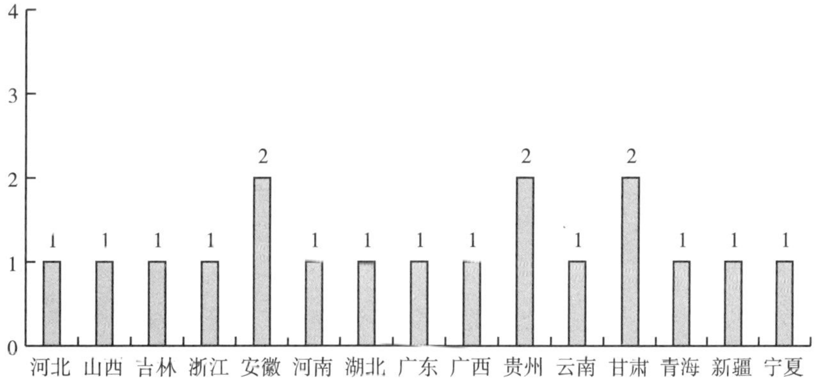

图5-85　全国中药材区域公用品牌地区分布

数据来源：国家市场监督管理总局

4.全国道地药材

以品种为纲、产地为目，定品种、定产地和定标准相结合，优化道地药材生产布局。将重点县较为集中的区域，划定为道地药材重点产区。按照因地制宜、分类指导、突出重点的思路，将全国道地药材基地划分为7大区域。以下数据来源于农业农村部会同国家药品监督管理局、国家中医药管理局编制的《全国道地药材生产基地建设规划（2018-2025年）》。

（1）东北道地药材产区

本区域大部分属温带、寒温带季风气候，是关药主产区。包括内蒙古东北部、辽宁、吉林及黑龙江等省（区），中药材种植面积约占全国的5%。本区域优势道地药材品种主要有人参、鹿茸、北五味、关黄柏、辽细辛、关龙胆、辽藁本、赤芍、关防风等。

（2）华北道地药材产区

本区域大部分属亚热带季风气候，是北药主产区。包括内蒙古中部、天津、河北、山西等省（区、市），中药材种植面积约占全国的7%。本区域优势道地药材品种主要有黄芩、连翘、知母、酸枣仁、潞党参、柴胡、远志、山楂、天花粉、款冬花、甘草、黄芪等。

（3）华东道地药材产区

本区属热带、亚热带季风气候，是浙药、江南药、淮药等主产区。包括江苏、浙江、安徽、福建、江西、山东等省，中药材种植面积约占全国的11%。本区域优势道地药材品种主要有浙贝母、温郁金、白芍、杭白芷、浙白术、杭麦冬、台乌药、宣木瓜、牡丹皮、江枳壳、江栀子、江香薷、茅苍术、苏芡实、建泽泻、建莲子、东银花、山茱萸、茯苓、灵芝、铁皮石斛、菊花、前胡、木瓜、天花粉、薄荷、元胡、玄参、车前子、丹参、百合、青皮、覆盆子、瓜蒌等。

（4）华中道地药材产区

本区属温带、亚热带季风气候，是怀药、蕲药等主产区。包括河南、湖北、湖南等省，中药材种植面积约占全国的16%。本区域优势道地药材品种主要有怀山药、怀地黄、怀牛膝、怀菊花、密银花、荆半夏、蕲艾、山茱萸、茯苓、天麻、南阳艾、天花粉、湘莲子、黄精、枳壳、百合、猪苓、独活、青皮、木香等。

（5）华南道地药材产区

本区属热带、亚热带季风气候，气温较高、湿度较大，是南药主产区。包括广东、广西、海南等省（区），中药材种植面积约占全国的6%。本区域优势道地药材品种主要有阳春砂、新会皮、化橘红、高良姜、佛手、广巴戟、广藿香、广金钱草、罗汉果、广郁金、肉桂、何首乌、益智仁等。

（6）西南道地药材产区

本区域气候类型较多，包括亚热带季风气候及温带、亚热带高原气候，是川药、贵药、云药主产区。包括重庆、四川、贵州、云南等省（市），中药材种植面积约占全国的25%。本区域优势道地药材品种主要有川芎、川续断、川牛膝、黄连、川黄柏、川厚朴、川椒、川乌、川楝子、川木香、三七、天麻、滇黄精、滇重楼、川党参、川丹皮、茯苓、铁皮石斛、丹参、白芍、川郁金、川白芷、川麦冬、川枳壳、川杜仲、干姜、大黄、当归、佛手、独活、青皮、姜黄、龙胆、云木香、青蒿等。

（7）西北道地药材产区

本区域大部分属于温带季风气候，较为干旱，是秦药、藏药、维药主产区。包括内蒙古西部、西藏、陕西、甘肃、青海、宁夏、新疆等省（区），中药材种植面积约占全国的30%。本区域优势道地药材品种主要有当归、大黄、纹党参、枸杞、银柴胡、柴胡、秦艽、红景天、胡黄连、红花、羌活、山茱萸、猪苓、独活、青皮、紫草、款冬花、甘草、黄芪、肉苁蓉、锁阳等。

二、河北省中药材品牌发展情况

（一）河北省中药材特色农产品优势区

1.河北省中药材特色农产品优势区基本情况

根据附录12《河北省特色农产品优势区》，省级特色农产品优势区一共认定了三批。2019年1月，农业农村部等9部门认定了《河北省特色农产品优势区名单（第一批）》，中药材类特优区3处。2019年12月，原农业部等9部门认定了《河北省特色农产品优势区名单（第二批）》，中药材类特优区有4处。2020年12月，原农业部等9部门认定了《河北省特色农产品优势区名单（第三批）》，中药材类特优区有4处，详细情况见表5-14。

表5-14　河北省中药材类特优区数量

序号	名称
1	河北省安国市安国中药材中国特色农产品优势区
2	河北省巨鹿金银花特色农产品优势区
3	河北省滦平中药材特色农产品优势区
4	河北省内丘县邢台酸枣中国特色农产品优势区
5	河北省涉县柴胡特色农产品优势区
6	河北省隆化中药材特色农产品优势区
7	河北省青龙北苍术特色农产品优势区
8	河北省蠡县麻山药特色农产品优势区
9	河北省围场中药材特色农产品优势区
10	河北省涉县连翘特色农产品优势区
11	河北省蔚县知母特色农产品优势区
12	河北省邢台县酸枣仁特色农产品优势区

数据来源：农业农村部

2.河北省中药材特色农产品优势区建设情况

河北省安国中药材特色农产品优势区。中药材种植面积15万亩左右，以霍庄村为中心发展中药材优良籽种秧苗基地3000亩，发展6个中药材万亩规模种植区，推广标准化（GAP）种植面积5万亩。主导特色农产品为八大祁药（祁菊花、祁山药、祁紫菀、祁沙参、祁芥穗、祁白芷、祁花粉、祁薏米），有2件地理标志商标（安国祁山药、安国祁菊花），3种农产品地理标志（祈紫苑、祁山药、祁菊花）、安国国家中医药健康旅游示范区。

河北省巨鹿金银花特色农产品优势区。巨鹿县位于河北省南部，地处黑龙港流域。主导特色农产品为巨鹿金银花，相继被评为中国金银花道地药材之乡、中国金银花之乡、河北省十大道地中药材产业县，有国家级地理标志证明商标。巨鹿金银花还获评中国百强农产品区域公用品牌，并入选首届中国农民丰收节100个品牌农产品。

河北省滦平中药材特色农产品优势区。河北省滦平县位于燕山腹地。主导特色农产品为黄芩、柴胡、穿山龙、远志，其中，黄芩驰名中外，获得了“河北省十大名优区域公用品牌（滦平中药材）”，获得了“河北省十大道地中药材产业大县”荣誉称号。

河北省邢台市信都区、内丘县邢台酸枣中国特色农产品优势区。酸枣主产地为太行山区，大量酸枣集中在邢台地区的沙河、邢台、内丘、临城等县，这里的酸枣产量占全省总产量的40%左右，达290多万公斤。主导特色农产品为酸枣仁，邢台在全国率先开展了酸枣野生资源人工抚育、优异种质评价筛选和野生品种驯化种植，已审定和认定优良品种20余个，制定省级标准3项。先后举办了4届“中国·邢台太行酸枣文化节”，在中国（上海）国际食品博览会上成功发布了邢台道地中药材“邢台酸枣仁”区域公用品牌，“邢台酸枣”成功获得国家地理标志证明商标。

河北省涉县柴胡特色农产品优势区。涉县柴胡家种始于20世纪80年代，种植基地主要分布在涉县境内涉及17个乡镇308个村，现种植面积近10万亩。主导特色农产品为涉县柴胡，是国内唯一拥有农产品地理标志、国家质检总局地理标志认证的双地标产品，是全国中药材行业最具影响力的道地品牌；“涉县柴胡”为省级优势主导产业建设示范县，获得“全国双创现代农业园区”。

河北省隆化中药材特色农产品优势区。隆化县位于河北省东北部，近年来，该县高度重视中药材产业的发展和良种繁育工作。截至目前，该县中药材种植面积达11.15万亩，年产优良种子22万公斤，优质种苗3亿株。全县拥有各类药材资源400多种，特别是北苍术、北柴胡、黄芩、苦参是最具地方特色的道地药材，也是该县中药材产业的主导产品。

河北省青龙北苍术特色农产品优势区。河北省青龙满族自治县各类药材种植基地已达2600多公顷，其中北苍术种植面积330多公顷。主导特色农产品为青龙北苍术，近年来青龙县荣获“全国中药材绿色防控示范区”、“河北省十大道地药材产业县”、“第三届京津冀中药材产业发展大会大健康产品优秀奖”、“第三届京津冀中药材产业发展大会优秀组织奖”等众多奖项。

河北省蠡县麻山药特色农产品优势区。蠡县有1.6万公顷砂壤土适种麻山药，独特的土质结构、适宜的光热条件、传统的生产工艺，形成了蠡县产麻山药独有的优良品质。主导特色农产品为蠡县麻山药，蠡县麻山药的种植历史近3000年，获得区域公用品牌。

河北省围场中药材特色农产品优势区。保护范围以半截塔、下伙房、道坝子、棋盘山为中药材核心种植区，辐射到20多个乡镇，主要有黄芪、桔梗、连翘、板蓝根、射干、沙棘等20多个品种。主导特色农产品为黄芪、柴胡、防风，称为坝上药用“三宝”。

河北省涉县连翘特色农产品优势区。涉县属深山区，属北温带亚湿润大陆性季风气候区。独特的地理位置、适宜的气候，使这里蕴藏着丰富的药材资源。被誉为“太行山冀南药谷”和“中药现代化科技产业基地”。主导特色农产品为涉县连翘，是涉县特产，是国家地理标志产品。涉县地处深山，境内河谷纵横，植被浓郁，独特的地理位置、清新的气候和优美的自然环境蕴藏了连翘等丰富的道地中药材资源，被誉为“太行山冀南药谷”和“中药现代化科技产业基地”。

河北省蔚县知母特色农产品优势区。蔚县位于河北省西北部。主导特色农产品为蔚县知母，蔚县天然中药材资源丰富，被誉为“千年药乡、华北药库”；中药材是蔚县农业经济发展的特色产业之一；是河北省十大道地中药材产业县，知母种植面积达到1.5万亩，被科技部列为规范化栽培（知母）示范县。

（二）河北省中药材地理标志

1.总体的地理标志产品现状

按照《中华人民共和国农产品质量安全法》和农业部颁布的《农产品地理标志管理办法》，据统计2017年获批1种，2018年获批7种，2019年获批3种，2020年获批5种，2021年获批7种，均通过农业部登记颁证（表5-15）。目前河北省农产品地理标志获证产品共计23个，中药材类只有3个，占总数的13%。

表5-15　总体的地理标志产品详细信息

	产品：阳原鹦哥绿豆 类别：粮食 证书标号：AG102379 证书持有者：阳原县农业管理中心 批准时间：2017年（第5批）
	产品：祁菊花 类别：中药材 证书标号：AG102452 证书持有者：安国市中药材标准化生产协会 批准时间：2018年（第1批）
	产品：祁山药 类别：中药材 证书标号：AG102453 证书持有者：安国市中药材标准化生产协会 批准时间：2018年（第1批）
	产品：成安草莓 类别：果品 证书标号：AG102525 证书持有者：成安县农业技术推广中心 批准时间：2018年（第2批）
	产品：唐山河鲀 类别：水产动物 证书标号：AG102596 证书持有者：唐山市水产技术推广站 批准时间：2018年（第3批）

续表

	产品：草庙子国光苹果 类别：果品 证书标号：AG102640 证书持有者：存瑞镇农业综合服务中心 批准时间：2018年（第4批）
	产品：西下营板栗 类别：果品 证书标号：AG102641 证书持有者：遵化市农业技术推广中心 批准时间：2018年（第4批）
	产品：鸡泽辣椒 类别：蔬菜 证书标号：AG102642 证书持有者：鸡泽县农业技术推广中心 批准时间：2018年（第4批）
	产品：张北筱麦 类别：粮食 证书标号：AG102783 证书持有者：张北县家庭农场协会 批准时间：2019年（第1批）
	产品：赵县黄冠梨 类别：果品 证书标号：AG102784 证书持有者：赵县绿色梨果产业协会 批准时间：2019年（第1批）
	产品：阜城杏梅 类别：果品 证书标号：AG102785 证书持有者：阜城县农业环境与农产品质量监管管理站 批准时间：2019年（第1批）

续表

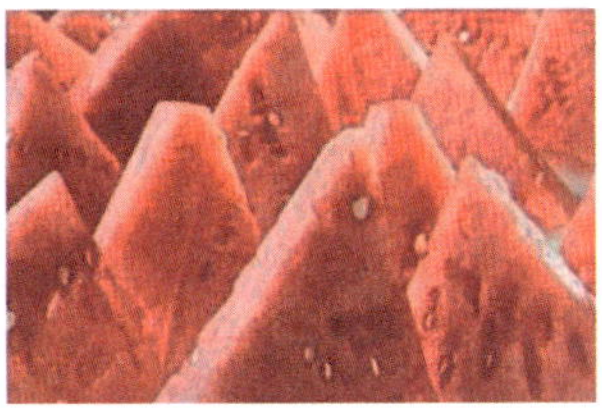	产品：马营西瓜 类别：果品 证书标号：AG102786 证书持有者：赤城县无公害农产品管理站 批准时间：2020年（第1批）
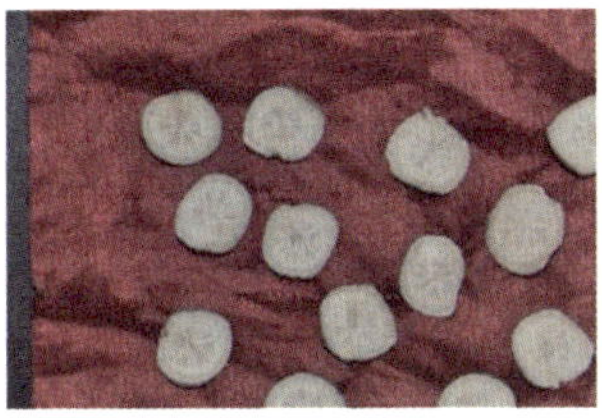	产品：赤城赤芍 类别：中药材 证书标号：AG102787 证书持有者：赤城县农业技术推广站 批准时间：2020年（第1批）
	产品：泊头桑椹 类别：果品 证书标号：AG103092 证书持有者：泊头市营子镇农业综合服务中心 批准时间：2020年（第2批）
	产品：平乡桃 类别：果品 证书标号：AG103093 证书持有者：平乡县果树协会 批准时间：2020年（第2批）
	产品：深州黄韭 类别：蔬菜 证书标号：AG103094 证书持有者：深州市黄韭产业协会 批准时间：2020年（第2批）
	产品：涿鹿紫皮大蒜 类别：蔬菜 证书标号：AG103270 证书持有者：涿鹿县种子技术推广服务站 批准时间：2021年（第1批）

续表

	产品：昌黎扇贝 类别：水产动物 证书标号：AG103271 证书持有者：昌黎县水产养殖协会 批准时间：2021年（第1批）
	产品：威县梨 类别：果品 证书标号：AG103272 证书持有者：威县农业技术推广中心 批准时间：2021年（第1批）
	产品：阜平大枣 类别：果品 证书标号：AG103273 证书持有者：阜平县农产品服务协会 批准时间：2021年（第1批）
	产品：威县葡萄 类别：果品 证书标号：AG103274 证书持有者：威县农业技术推广中心 批准时间：2021年（第1批）
	产品：清河山楂 类别：果品 证书标号：AG103456 证书持有者：清河县山楂生产技术服务协会 批准时间：2021年（第2批）
	产品：滦州苹果 类别：果品 证书标号：AG103457 证书持有者：滦州市农业技术推广中心 批准时间：2021年（第2批）

数据来源：中国农业农村部、全国地标查询系统

2. 河北省中药材地理标志产品的保护现状

截至2021年底，河北省只有3个中药材类地理标志保护产品，分别为祁菊花、祁山药、赤城赤芍，占全省中药材类地理标志保护产品总数的1.19%，占全国中药材类地理标志产品总数的0.59%。远远滞后于河北省乃至全国的地理标志保护工作，与河北省作为一个医药大省加快中医药产业发展战略严重不符。此外，河北省中药材地理标志产品地域发展不均衡，3个中药材类地理标志保护产品中，保定市有2个，张家口市有1个，河北省其他城市没有一件中药材地理标志产品。由汇总情况可见，河北省中药材地理标志产品数量较少且地域发展并不均衡[33]。

（三）河北省区域公用品牌

1. 区域公用品牌类别分布

由附录13《河北省农产品区域公用品牌》进一步分析，入围的区域公用品牌中，主要类别有：食用菌、林特、中药材、粮食、水产、蔬菜、果品、肉类、植物类、动物产品。河北省获得区域公用品牌的特色农产品有：果品15个、蔬菜6个、粮食5个、水产3个、食用菌3个、中药材9个、肉类6个、林特、动物产品和植物类各1个，其中，中药材类和果品类品牌数量较多，中药材类占18%，排名第二。（图5-86）

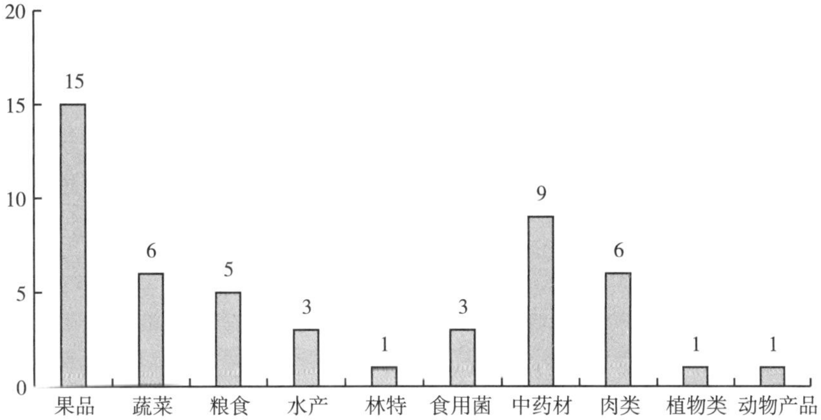

图5-86　总体的区域公用品牌类别分布

数据来源：国家市场监督管理总局

2. 河北省中药材区域公用品牌批准情况

通过国家市场监督管理总局平台查询，找到河北省有9个中药材类产品获得区域公用品牌的称号。河北省有安国中药材市场，主要品种是八大祁药，其中安国祁菊花、祁山药、祁紫菀获得了区域公用品牌（表5-16）。此外，河北省有十大道地药材为打造区域公用品牌提供了强有力的支持。

表5-16　河北省中药材区域公用品牌批准情况

序号	地区	申报品牌
1	邢台市	巨鹿金银花、枸杞
2	保定市	蠡县麻山药
3	邢台市	邢台酸枣仁
4	邯郸市	涉县柴胡、连翘
5	衡水市	安平白山药
6	承德市	围场沙棘
7	保定市	安国祁菊花、祁山药、祁紫菀
8	邢台市	清河山楂
9	秦皇岛市	青龙北苍术

数据来源：国家市场监督管理总局

（四）河北省道地药材

1.道地药材的定义

道地药材即是指那些产地较为固定、生产历史悠久、生产和加工技术精细、品质优良、疗效显著、质量稳定的中药材。依据特定的自然生态环境和传统的炮制工艺技术，道地药材与同品种其他产地药材相比更加优质高效。道地药材体现了特定地域的地理特征，更体现了当地传统的炮制加工工艺对药材质量的影响，凝聚了特定地域悠久历史带来的经济价值和文化价值。

2.河北省道地药材的概况

河北省兼有山地、丘陵、盆地、平原、高原、湖泊和海滨，地貌类型丰富，生态环境和气候多样，适宜种类繁多的药用植物生长，药材种植历史悠久，炮制加工技术纯熟，是诸多药材的传统道地产区。据第三次全国中药资源普查结果显示，河北省现有药用植物资源 1442种，常年生产收购的地产中药材 230多种，大宗道地品种 27个和特色、濒危和稀缺品种 28个。在悠久的药材生产经营历史中，河北各地形成了一批质量优良稳定的道地药材，如安国“八大祁药”（祁菊花、祁山药、祁紫菀、祁沙参、祁薏米、祁芥穗、祁白芷和祁花粉），巨鹿金银花、枸杞，承德“热河黄芩”、承德杏仁，邢台王不留行、邢枣仁，涉县柴胡，太行连翘，灵寿丹参，西陵知母，青龙北苍术、五味子，坝上金莲花、黄芪、桔梗，蔚县款冬花等，另外，完远志、口防风、白洋淀芦根、穿山龙、秦艽、兴隆红果等也是河北省的特色优良药材，其中八大祁药、黄芩、邢枣仁等 20个大宗道地药材品种和金莲花、北苍术、款冬花、王不留行、黄芪等 10个“一地供全国”品种，产销量占全国 60% 以上。中医药产业已经成为全省重点发展的 12大产业之一，形成了以道地药材为基础纽带的特色经济区域[34]。

三、冀药品牌建设的SWOT分析

（一）冀药品牌优势分析（S）

1.品牌带动作用明显

依据道地药材类国家地理标志、特色主导产业发展的基础与前景等，争取创建河北省安国市安国中药材中国特色农产品优势区、河北省巨鹿县巨鹿金银花中国特色农产品优势区、河北省邢台市信都区、内丘县邢台酸枣中国特色农产品优势区等3处中药材类国家级特色农产品优势区，河北省在中药材国家级特色农产品优势区中排名第一。此外，中药材省级特色农产品优势区有12个，详情见附录12。河北省创建中药材类特优区，将优化中药材布局，保护中药材的道地性，提升中药材产业经济活力、创新力和竞争力，冀药品牌带动作用明显，对实施中医药发展战略与健康中国战略具有重要意义。

2.品牌文化底蕴深厚

河北省是中医药文化大省，四大药市中的安国市场位于河北省，古时称为“祁州”，因为药业的兴盛而闻名于世，素有“北药都”之称号。扁鹊庙、药王庙、刘守真祠等中医药文物古迹的保护和利用，打造我省中医药文化品牌。同时，冀港澳台中华传统医药文化发展大会，推进中医药文化建设示范医院创建活动，倡导“大医精诚”核心价值理念。近年来搭建了中医药文化传播平台，省级建设中医药博物馆和中医药文化宣传教育基地；各市和有条件的县依托现有公园设施建设中医药文化主题公园。悠久的发展历史和人文历史赋予了河北省冀药独特的历史文化底蕴，使冀药品牌拥有了独特的品牌文化。

3.品牌价值提升

随着中药材品牌的大量出现，产品同质化现象和品牌认知混乱问题的出现，使得中药材品牌之间的竞争日益加剧。中药材生产企业要在日益恶劣的品牌竞争中取得竞争优势，摆脱不良市场竞争带来的信任危机和成本压力，必须选择一条区别于其他企业的中药材品牌发展路径。以岭药业在这方面就采取了一条不同于其他中药材生产企业的品牌发展路径，通过国家GMP认证的中药生产线、欧盟认证的化学制剂生产车间，使自身的中药材品牌从根本上区别于其他普通中药材品牌。以岭商标成为了中国驰名商标，不断强化了自身品牌的认知度，使得中药材的品牌价值不断提高，销售市场也得到不断的拓展[35]。

（二）冀药品牌劣势分析（W）

1.品牌管理意识缺乏

河北省冀药在品牌建设中缺乏品牌维护和管理意识，阻碍着品牌化进程。河北省的中药材地理标志数量占总数比例1.19%，其中河南省、吉林省和浙江省中药材农产品地理标志数量最多，中药材地理标志数量占总数比例为15.11%、11.90%、11.11%，明显有很大的差距，河北省排名靠后，如图5-87所示。此外，河北省总体的地理标志产品中清河山楂和滦州苹果缺少图片信息，在一定程度上损害了品牌的形象，也削弱了政府或行业协会等中介组织在品牌建设中的导向作用。同时，品牌的管理和维护缺乏主要的管理维护机构。没有统一的品牌管理部门、管理标准，冀药品牌建设局面趋于混乱状态。由于品牌维护意识和品牌管理意识的欠缺，导致缺乏有效的品牌宣传和推广，造成冀药品牌建设进度缓慢[36]。

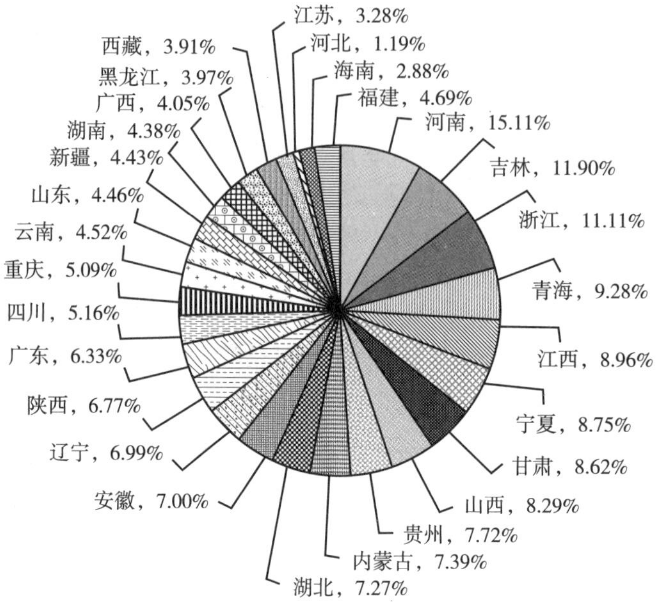

图5-87　各省份中药材地理标志数量占总数比例统计图

数据来源：2020年《第四次全国地理标志调研报告》

2. 区域公用品牌知名度低

通过上文可知，截至2019年，一共有18个中药材类区域公用品牌，河北省中药材区域公用品牌获批数量只有1个，占总数的5.56%，其中数量最多的省份是安徽省、贵州省、甘肃省，都有2个中药材类区域公用品牌，比例为11.11%。目前河北省虽有多个中药材产品通过区域公用品牌的认证，但是由于区域公用品牌知名度不高，众多中药材产品品牌不响，品牌溢价无法形成，品牌效应没有得到充分体现。在市场推广方面，中药材产品也存在包装落后、外观粗糙、产品标识不清、使用说明含糊、市场形象不佳、知识产权和市场竞争意识淡薄等问题。

3. 品牌建设与专业人才匮乏

农民的文化素质水平限制了区域特色中药材品牌竞争力和收益率的提升，从而对提升品牌价值造成极大的阻碍。河北省中药材种植户多为当地农民，没有接受过专业的种植技术培训，对品牌的建设力度不够，因为当地没有农村合作社或者村委会组织对农民进行专业培训，影响了中药材品牌的口碑，不利于品牌传播。对于经营困难的小农户，要提供一定的资金支持和经营指导，提高冀药品牌的建设，充分调动农户参与中药材建设的积极性，营造良好的品牌建设氛围[37]。

（三）冀药品牌机会分析（O）

1. 品牌政策支持力度加大

在2017年的中央一号文件就特意强调了推进“三品一标”的认证和加强农产品品牌

保护的重要性。在2018年的中央一号文件也明确提出通过农产品品牌形象与原产地的结合，传递农产品质量，发挥农产品的“信号与识别效应”。农业农村部更是将2018年名为“农业质量年”，筛选了一批具有高知名度、高质量、高影响力的农产品进行大力推广，带动品牌建设的进度，树立全国农业的品牌意识，使农产品区域品牌化建设能够顺应农业供给侧结构性改革的步伐。在2019年的中央一号文件则在前有的农产品品牌化的基础上提出“一村一品”、“一县一业”的多样化特色农业的发展，支持其建立一批“土字号”、“乡字号”特色农产品品牌。2020年2月5日，中央一号文件再次提到要继续调整优化农业结构，加强有机农产品、地理标志农产品认证和管理，打造地方知名农产品品牌。

2. 消费者增强中药材品牌认同感

全国中药产品需求成倍增长，消费市场需求加大，加快了中药材产业发展步伐。而近两年受新冠疫情的影响，中药材行业市场需求旺盛，疫情类的中药材品种用量不减反增，出口量也大幅度增加，中药材都展示了无可替代的强大的战“疫”实力，人们因此认识了更多中药材品牌，对中药材品牌更加认可。这为中药材品牌起到宣传作用，带动了优质中药材品种的发展，也折射出消费者对优质中药材品牌的高度认可。

3. 农业机械化加强品牌基础建设

河北省中药材产业技术体系，针对不同品种、不同地理条件，研发专业的智能机械，特别是针对山地中小型播种、收割等机械的研发和应用，为中药材品牌建设的后续工作打好基础。在中药材种植企业中，有现代农业培训中心、现代化农业园区、农资运营中心和电子商务服务中心、农业废弃物资源化利用中心、农产品检测中心、物流中心、新集农副产品批发市场等。涉及农业培训、研发、示范、生产、加工、物流、服务等所有环节，全面完善基础设施建设，提升中药材品牌竞争力。

（四）冀药品牌威胁分析（T）

1. 品牌形象建设力度不足

无法将品牌内涵与文化融入到产品中，由于中药材的特性，大多数中药材企业不重视品牌形象，对于建设品牌形象的资源投入较少，品牌没有曝光率，无法把良好的形象传递给消费者，无法与消费者产生联系，企业很少做公益等活动来增加品牌形象。因此，品牌形象需要加大建设力度。

2. 品牌营销不到位

首先是中药材多采用传统批发零售方式直接流通，销售过程中宣传不足，更缺乏新媒体和新技术营销。以蠡县麻山药为例，其功效是健脾益胃，可以补肾益精。糖尿病患者可以少量吃麻山药，达到稳定血糖，防止过早出现饥饿感，都有很大的好处。对于长时间便秘的患者，特别是老年患者，通过吃麻山药，可以辅助治疗便秘，可以改善胃肠道的蠕动，对于身体健康有很大的益处。但目前蠡县麻山药品牌没有根据自身特性进行细致分析，也缺少与竞争对手的比较，导致销量受到影响。再次是对品牌忠诚度和美誉度维护不够，缺乏形式多样的公关活动，难以在消费者中形成持久印象。

3. 药材质量问题

购买劣质中药材的多为一些药厂及中小医院、诊所，他们专门购买质劣价低的中药材，认为“只要不是伪品，质量再次，也不算假药”，从而造成市场混乱。真正品质优良、质量上乘的道地药材却因为不正常的市场竞争，导致价格低廉、销路不畅，没有形成优质优价，最终迫使良性循环难以为继。只有严格中药材质量标准，严厉打击中药材市场以假乱真、以次充好、炮制不规范等现象，确保中药材质量、品质过硬，才能真正做大做强中药材产业，提升道地中药材品牌知名度，打造中药材区域品牌。

（五）冀药品牌SWOT矩阵分析

通过冀药品牌的内部环境和外部环境分析，我们可以看到冀药品牌在近一两年来发展势头较好，品牌政策也十分支持，且力度也越来越大，加之冀药具有深厚的文化底蕴的优势，随着消费者对高质量的中药材和知名品牌药品的需求增加，为满足市场需求，就要提高中药材品牌的认知度，提高中药材产量和深加工药品的质量。

目前冀药品牌在河北省区域公用品牌知名度较低，在更加激烈的中药材竞争环境中就更没有太多的亮点，在品牌管理方面缺乏保护意识，品牌形象上建设力度也不够。虽然政府近年来对品牌建设的支持力度不小，但是依然缺乏品牌营销能力，冀药品牌建设是一项专业化系统化工程，政府部门应该与时俱进，加强引导并出台符合实际发展需要的配套政策。政府在区域品牌建设方面应该与其他利益相关者加强合作交流，最终目的是让冀药品牌的各环节利益相关人都“有利可图”，重点要发展壮大冀药龙头企业，有了企业的支撑，整个中药材市场才能更好地运转和发展[38]。冀药品牌建设SWOT矩阵分析总结（表5-17）如下表：

表5-17　冀药品牌建设SWOT矩阵分析

内部环境 / 外部环境	优势（Strengths）	劣势（Weaknesses）
	1.品牌带动作用明显 2.品牌文化底蕴深厚 3.品牌价值提升	1.品牌管理意识缺乏 2.区域公用品牌知名度低 3.品牌建设与专业人才匮乏
机会（Opportunities） 1.品牌政策支持力度加大 2.消费者增强中药材品牌认同感 3.农业机械化加强品牌基础建设	SO策略 1.丰富品牌文化内涵 2.创建产业优势区 3.加大中药材种植规模	WO策略 1.加强中药材品牌建设 2.保障品牌建设政策连续性 3.加大科技投入
威胁（Threats） 1.品牌形象建设力度不足 2.品牌营销不到位 3.药材质量问题	ST策略 1.创新品牌营销策略 2.提高产品价值 3.完善监督、保护机制	WT策略 1.健全人才培养机制 2.加大品牌宣传力度 3.优化药材加工质量

数据来源：根据上文整理所得

四、冀药品牌发展的对策建议

（一）培育冀药品牌，重点打造产业优势区

河北知名道地药材品种在全国已经具备一定的知名度，需要进一步集中力量打造特

色药材品种全国优势区，推进产业集聚。大力推进中药材品牌建设，强化国家地理标志产品认证、地理标志商标认证、有机认证、无公害认证、“三品一标”认证等。打造涉县柴胡、安国“八大祁药”，巨鹿金银花、承德“热河黄芩”，邢台酸枣仁，太行连翘，灵寿丹参，西陵知母，青龙北苍术、坝上金莲花、口防风等我省优势中药材品种的品牌建设和市场知名度，通过品牌建设促进产业上档升级。

（二）提高产品价值，重点加强中药材品牌建设

大力推广中药材标准化生产与加工新技术，不断提高生产、加工水平，打造冀药品牌。通过制定道地中药材相关标准，加强基地种植标准化、规范化，不断提升中药材产品附加值。

注重中药材品牌创建及宣传推介，建立中药材影像资料库，开展“三品一标”相关工作。加强与农业科学院中药研究所或者各大高校紧密合作，无缝对接，选育推广适应河北省种植、经济效益和发展前景良好的中药材品种，从而提升中药材的品质，推动中药材品牌发展。

（三）健全冀药监管，重点建成药品监督系统

首先，要建立发展中药材质量监管体系，实行以风险管理为核心的精准监管，如建立中药材风险排查机制、风险管控机制和风险应急机制，强化中药材生产经营管理事前预防、事中事后动态监管等，实现中药材种植、加工以及销售过程全面监管。其次，河北省更要加强对中药材标准化种植、加工的监管力度，建设第三方检测平台，促进中药材监管设施装备加快建设和监督系统的研发技术创新。最后，河北省必须加快基本药材监管规范化建设的步伐，加强基本药材安全监管队伍建设，提高中药材专业性技术人才比例，实现中药材种植、加工、销售过程不良反应监测全覆盖，建成完整的中药材监督系统[39]。

（四）改造品牌形象，重点促进品牌形象设计

政府应有计划性、有目的、系统性设计中药材品牌形象；建设品牌形象前，可通过邀请相关学科的专家学者对目前冀药品牌形象发展进行诊断并提出建设品牌形象的意见。在政府给予帮助的条件下，河北省应成立品牌形象建设的相关小组，且应聘请专业的设计公司或者设计团队对冀药进行整体的品牌形象设计。根据产品的不同档次进行品牌形象设计。对于中低端品牌，应以中短期规划为主，长期规划为辅，渐进塑造品牌形象。

目前，河北省中药材的大部分中低端品牌发展仍处于探索发展中，中短期的品牌形象规划可及时根据品牌自身发展、社会需求、媒介形式的变化不断进行调整，以较短的时间为收效周期，使得企业在短期内从品牌建设中收益。对于高端品牌，自身已具备一定实力，在进行品牌形象设计时，可以突出自身的品牌个性，再融入当地的中药材文化、地理特征等，重点促进品牌形象设计[40]。

（五）拓宽销售渠道，重点加大品牌宣传力度

拓宽销售渠道，可以利用网络平台推广、微信公众号等新媒体渠道为冀药提供个性化的服务，将品牌融入到人们的生活中，可以让消费者看到品牌的宣传。品牌宣传归根结底是销售渠道的不断便捷，创新销售渠道有助于提高冀药品牌的市场影响力。河北省中药材品牌发展广告投入相对少，特别是在新媒体广告投入方面少。一是中药材的相关运营企业全面宣传，充分利用报纸、电视等传统媒体，也要利用网络等现代媒体，利用促销降价等活动进行宣传。二是通过举办一些关注身体健康的讲座来扩大品牌知名度和影响力。如举办公益健康大讲堂的活动，对中药材品牌的历史文化、种植环境、产品功效等进行推广宣传，从而提高中药材的知名度和认知度[41]。

（六）树立品牌意识，重点提升冀药品牌竞争力

河北省提升冀药品牌竞争力，政府首先应当做的就是引导中药材生产企业树立品牌意识。农户是中药材品牌建设的第一道关卡，农户文化素养、经营素养、科技素养的提升，对于冀药品牌竞争力的提升至关重要。而企业作为品牌建设的主体，政府作为品牌建设的参与者，要进一步完善扶持冀药品牌企业发展的政策措施，积极引导中药材生产企业大力培育冀药品牌，提高树立品牌的主动性和积极性，加强中药材品牌基地建设，强化生产企业的经营管理和生产监控，促使其认识到在培育品牌、维护品牌、传播品牌的过程中，品牌建设是一项需要长期坚持的工作，不仅需要中药材生产企业的配合，更需要相关部门的支持，建立一套科学的评价体系，需要将品牌建设工作作为一项经常性的工作来抓，加强品牌建设的意识，提高河北省中药材的知名度，进而提升河北省冀药品牌竞争力[42]。

第五节　河北省科技支撑情况

河北省委省政府高度重视中药材产业发展，作出振兴中医药事业的决定，建设中医药强省的奋斗目标，将中医药列入全省十二个重点扶持和加快发展的重要领域。产业发展、科技先行，河北省在中药材科技支撑方面做出了大量工作，通过建立河北中药原料质量监测技术服务中心，实现以点覆面，在专家指导、平台服务、区域规划种植、产业质量提升、生态保护利用及中医药人才培养等方面全面支持河北省中药材技术创新发展。

一、河北中药原料质量监测技术服务中心建设概况

（一）建设背景

中药原料质量监测体系是2014年中华人民共和国民政部批复成立的，由国家中医药管理局主管，从事非营利性社会服务活动的社会组织。该体系包括1个国家中心，28个省级中心和65个监测站。其主要任务是选择大宗常用中药材主产区、主要集散地或专业市场建立现代中药资源动态监测信息和技术服务站，对中药原料进行动态监测，协助中药材供应方与需求方对接，服务中药材产业发展。河北省中药原料质量检测技术服务中心（简称“河北省级中心”）依托河北省中医药科学院中药资源中心建设，是国家基本药物中药原料资源动态监测信息和技术服务体系的重要组成部分，是链接国家中心平台与河北省下设监测站的枢纽，与国家中心平台和河北省中医药行政管理部门共同统筹本区域内中药资源动态监测信息和技术服务工作，服务本区域中药材产业的发展。河北省级中心于2014年与国家中心平台签订“河北省中药原料质量监测技术服务中心建设方案”，主

要内容包括场地建设、仪器设备建设、中药材信息数据报送、适宜种植技术编制、技术服务培训、种子种苗标准指定、品种选育、商品规格等级标准制定、第三方检测等任务。2015年底基本建成并进入试运行，2016年下半年正式运行，各项工作有序开展，目前河北省级中心下设安国监测站和巨鹿监测站。

（二）目标定位

（1）河北省级中心是连接国家中心平台与监测站的枢纽，负责对辖区内所建的监测站实行技术指导和管理，积极推动和参与监测站的建设。

（2）明确派驻监测站的技术专家，签订任务责任书，认真做好监测站技术服务工作，把技术服务的着眼点放在基层，不断夯实基层工作基础。

（3）河北省级中心是中药原料资源动态监测和信息服务体系专家委员会成员的公共工作平台，按照《中药原料质量监测体系建设项目工作任务方案》开展工作。

（4）河北省级中心配备固定的人员，主任和秘书由国家中医管理局中药资源普查试点工作办公室聘任，其他人员由河北省级中心聘请、并向国家中心平台备案。

二、组织管理情况

（一）组织机构建设

1.人员配备

河北省级中心配备了固定工作人员，包括中心主任、秘书、信息员、技术员共8名工作人员，具有开展工作的人员队伍，全面负责河北省级中心的日常管理工作。各岗位分工明确，各尽其责，中心主任负责主持中心全面工作；秘书协助中心主任管理中心事务及上下级的人员对接工作；信息员负责信息收集，数据下发、审核、上报等工作；技术员负责技术服务、监测站人员技能培训等工作。

2.运行机制

为了有效的管理监测体系，河北省级中心建立了一套完善的内部管理制度文件，包括机构设置、省级中心–专家委员会–监测站及各级职责、实验室管理、档案管理、项目经费管理及审计、年度考核、信息管理、技术资料保密等11项制度，具体见表5–18所示。管理制度的实施保障了省级中心与监测站的正常运转。

（二）组织实施

1.过程管理

（1）河北省级中心作为国家中心平台与监测站的连接枢纽，与各监测站承建单位签订项目合同，明确工作职责，确保监测站正常运行。

（2）成立河北中药资源动态监测系统讨论组，与各监测站信息人员进行交流讨论，根据现代中药资源动态监测信息和国家中心平台要求，每周按时向安国监测站和巨鹿监测站下发信息监测任务，全面、及时、准确地掌握河北中药资源动态变化情况。

（3）由河北省级中心正式下发文件聘任各监测站站长，并颁发聘书，方便监测站开展工作。

（4）河北省级中心按照“监测站验收标准”对监测站的软、硬件建设情况定期开展督促检查工作，保证监测站的建设质量。

表5-18　河北省级中心管理制度一览表

序号	制度名称
1	机构设置及各级人员职责
2	技术资料归档及档案管理制度
3	计算机网络及信息管理制度
4	技术资料保密制度
5	实验室环境保护及安全管理制度
6	实验材料、化学试剂、易耗品管理制度
7	仪器设备管理和使用制度
8	岗位人员的培训及考核制度
9	科研项目管理制度
10	各级经费管理及审计制度
11	实验记录及报告书写制度

2. 技术指导

成立河北基本药物中药原料资源动态监测和信息服务体系技术专家委员会，聘请我省中药资源、植物、环保、药品检验、种植、生产加工等方面的专家为委员会成员，负责为河北中药原料资源动态监测和信息服务体系提供有力的技术支撑，全面进行指导、培训、督导和评估。组织定期到基层开展培训指导。对监测站和繁育基地进行技术支持和指导、开展基地建设和种子种苗繁育科研工作。

组织技术人员参加国家动态监测上报系统的网络视频培训并对监测站技术人员进行培训，开展面向广大中药材种植人员的技术培训，为药农、药商及中药企业提供咨询服务。

三、主要工作任务及完成情况

（一）主要工作任务

（1）根据国家中心平台的总体规划、专项规划及科研项目的分工，负责统筹本省内有关中药资源方面的科研、信息和技术服务工作，接受国家中心平台的工作指导。

（2）负责联系和召集本省国家基本药物中药原料资源动态监测和信息服务体系专家委员会成员，传达国家中心平台的有关工作部署和要求，及时反映本省专家的意见和工作建议，做好服务。

（3）负责监测站技术人员的派驻和技术人员的日常管理，认真完成好监测站的科技信息报送和技术服务任务。

（4）负责本省监测站配置的技术服务仪器设备的管理和维护，并利用河北省级中心的仪器设备承担监测站所在地做不了的质量检验检测任务。

（5）向国家中心平台报送本省和监测站的有关中药科技信息和技术服务的报告和报表。

（6）承担河北省级中心和监测站技术人员的培训，实行省级专家带地方监测站技术人员的帮带方式，鼓励河北省级中心的年轻专家持续、定时、定点到监测站和监测点开展技术服务。

（7）参照国家中心平台有关人员培训的总体要求，以本省为单位，负责编写适合本地区的实用技术教材及教程，开展面向广大药农的技术培训。

（二）任务完成情况

1.基础设施建设情况

河北省级中心建在河北省中医药科学院，是集中医药科研、临床和教学于一体的省级中医药科研独立法人单位。隶属于河北中医学院。中心位于河北省中医药科学院主科研楼五楼，总建筑面积1000平方米，包括办公室、视频会议培训室、质量检测室（包括液相色谱室、气相色谱室、原子吸收室、PCR室等）。依据中心平台提供的矢量图，完成了墙体装饰，符合国家中心平台的要求。视频会议培训室配备开展信息监测所需的视频会议系统及相关辅助设备，具备开展视频会议、监控和培训的功能。质量检测室配备有开展中药检测工作的仪器设备及人员，可供使用的仪器设备总值达到1000余万元，并配合科研及研究生带教，具体见表5-19所示。

表5-19　中心仪器及办公设备一览表

序号	仪器名称	型号	数量（台）	服务功能
1	高效液相色谱仪	1260LC	1	中药质量分析
2	气相色谱仪	GC7890	1	中药质量分析
3	原子吸收	PE-AA400	1	中药质量分析
4	电子天平	BT125D	1	称量
5	水分测定仪	MA35	1	中药质量分析
6	超声清洗仪	SB-800D	1	中药质量分析
7	柱温箱	UCT-220	1	中药质量分析
8	薄层色谱扫描仪	KH-3100	1	中药质量分析
9	多功能微波消解仪	MDS-15	1	中药质量分析
10	PCR仪	5331	1	核酸扩增
11	凝胶成像系统	Universal HooD 11	1	电泳结果显示
12	倒置显微镜	DMIL-RF	1	显微观察
13	紫外分光光度计	Gold S54	1	含量分析
14	电泳仪	1229	1	核酸、蛋白电泳
15	旋转蒸发仪	RE-5250	2	药材提取液浓缩

续表

序号	仪器名称	型号	数量（台）	服务功能
16	pH 计	PHS-3C	1	酸碱度测定
17	旋片式真空泵	2XZ（S）-2	1	药液浓缩、抽滤
18	灰分仪	AT-MHL-213W	1	测定灰分
19	水浴锅	HHW21 CU-420	3	加热提取
20	洁净工作台	VD-650-U	3	细胞无菌操作
21	CO2培养箱	PH-140A	1	细胞、细菌培养
22	人工气候箱	MGC-350HP	1	植物培养
23	霉菌培养箱	MT-150-I	1	培养霉菌
24	光照培养箱	MGC-250	1	植物培养
25	压力蒸汽灭菌锅	DSX-280A	1	灭菌
26	冷冻干燥机	TF-FD-1	1	冻干样品
27	电脑	P42JC	3	数据处理
28	电脑	X230	5	数据处理
29	单反相机	D7001	1	图像拍摄
30	冰箱	BCD-175SL	4	样品保存
31	打印机	Canon2530i	1	打印复印
32	会议视频系统	统一配备	1	远程视频会议

2.信息监测和报送情况

河北省级中心组织建立了河北省中药材供应保障网，依托该网络，建立了由1个中心、2个监测站、3个繁育基地、35个定制药园、300中药材种植示范园：1-2-3-35-300的服务与推广联动模式进行中药材品种、产量、价格、质量产量等的数据定期填报与监测预警，及时发布最新科研成果、种子种苗繁育技术规程和质量标准；并对公司基地和药农进行培训。初步建立起网络省内主要中药材种植产销区域的中药原料动态监测体系与预警机制。省级中心的网络建设，将带动河北省中药原料监测体系建设，监测信息的及时上传与分析总结，对省内各级政府中药材产业化发展决策，乃至国家掌握中药材价格市场变化、中药材产业行情以及产业发展方向都具有积极意义。中心还与河北省农业农村厅中药材质量追溯系统对接，在国内首次尝试开展医院端中药材全产业链质量追溯体系建设试点，包括三家医院及15个品种。

根据国家中心平台要求，河北省级中心每周向“中药资源动态监测系统”报送“荆芥、菊花、白芷、紫菀、苦地丁、知母、射干、北沙参、天花粉、山药、金银花、枸杞”等12种大宗中药材价格信息。每月上报1次流通量信息及安国药材市场100个品种的价格调查信息。从2015年10月至2021年12月，河北省级中心按时完成了中药材价格信息319周的上报工作，包含12526条价格信息，上报药材流通量信息74个月，共2052条流通量信息，具体100种中药材价格信息情况见附录14。安国药材市场100个品种的价格调查表

70余份。通过调研及数据整理，掌握了河北省中药资源产业概况，其数据内容收载于经济科学出版社出版的《中国中药资源发展报告》（2016年），为河北省中药资源发展的规划提供了参考。

3. 中药材种植加工适宜技术培训教材的编写及技术培训情况

主编或参编了多部中药材种植、资源、质量、产业相关的专著，如《中药材栽培实用技术500问》《中药材无公害生产技术》《中药材田间生产技术规程》《河北省30种大宗道地药材栽培技术》《中药材栽培实用技术问答》等。这些书籍的撰写和出版，为中药材种植、加工技术培训提供了丰富的教材。

依据建设方案，河北省级中心在院内开展分子鉴定、质量分析等检测技能培训讲座；联合所辖的安国监测站和巨鹿监测站，邀请省农科院多位教授、巨鹿县高级农技师、安国市农技高级农艺师等专家为药农以田间培训的形式进行金银花、枸杞、菊花、黄芩等中药材种植技术、病虫害防治、田间管理、产地加工等技术培训和推广。邀请河北中医学院教授对药材销售从业人员进行中药材鉴别等方面的会议培训，以及对种植大户介绍机械化种植情况，会议后均建立网络群，方便技术员提问专家即时解答，提高培训效果。截至2021年底，培训药农和合作社人员4000余人次，会议培训3200余人次，推广适宜技术2000余人次。通过监测站及培训活动发放种植技术手册上万册，收回意见表2800份，间接为当地中药材市场实现增收200余万元。这些技术培训对培养中药学专业技术人员，推动农民增产增收、实现脱贫致富起到了积极作用。

4. 中药材标准研制

河北省级中心围绕中药质量标准提升、种子种苗质量、种植加工技术规范、商品规格等级、贮藏运输等标准开展研制工作；组织编写并发布28个中药材商品规格等级标准（中华中医药学会），酸枣仁、紫菀、柴胡、天花粉、瓜蒌、款冬花、板蓝根、苦杏仁、大青叶、王不留行、地骨皮、龙骨、莱菔子、蒲公英、火麻仁、谷芽、紫苏梗、紫苏子、紫苏叶、葶苈子、女贞子、墨旱莲、狗脊、防己、神曲、白果、赤小豆、玫瑰花。

中心与河北省农林科学院经济作物研究所、承德医学院、邢台学院等高校及科研院所合作，起草制定地方标准规程28项：无公害射干田间生产技术规程、中药材种苗质量标准西陵知母、地理标志产品涉县柴胡、地理标志产品涉县连翘、酸枣种子、地理标志产品涉县柴胡栽培技术规程、野生酸枣抚育技术规程、药用酸枣栽培技术规程、中药材种子种苗质量标准、北苍术、热河黄芩种子种苗质量标准、蒙古黄芪种子种苗质量标准、苦参种子种苗质量标准、北防风种子种苗质量标准、北苍术种子种苗质量标准、热河黄芩良种选育技术规程、蒙古黄芪良种选育技术规程、苦参良种选育技术规程、北防风良种选育技术规程、北苍术良种选育技术规程、山药芦头种苗质量标准、山药零余子种苗质量标准、中药材种苗质量标准祁菊、中药材种子质量标准祁薏苡、中药材种子质量标准祁沙参、祁沙参种子生产技术规程、祁薏苡种子生产技术规程、祁荆芥种子生产技术规程、祁白芷种子生产技术规程。

中心与河北省农林科学院经济作物研究所合作，起草制定河北省地方标准14项：无公害款冬花、地黄、王不留行、射干、金银花、瞿麦6种中药材生产技术规程，祁白芷、祁荆芥、祁沙参、祁薏仁4种种子生产技术规程，王不留行、祁薏仁2种种子的质量标准，山药零余子和芦头2种种苗质量标准。这些标准的颁布为实现中药材生产加工全程质量可追溯提供优质产品标准体系。

5. 科研项目

2017年科技部重点研发专项分课题“太行山高品质道地药材黄芩规模化种植及精准扶贫示范研究”一项；

2017年科技部重点研发专项承担分课题任务“天花粉、沙参、山药生态循环种植模式的研究与应用”一项；

2019年“河北省药用植物资源平台建设及关键技术研究”省重点研发专项一项。

6. 服务社会情况

针对贫困县及普查数据，开展精准扶贫及区划研究，形成药材生产区划分析报告及品种区划图，提交建议书，促进产业发展。河北省贫困地区多集中在燕山、太行山区域，这些地区具有丰富的药用植物资源优势、环境条件优势、岗坡山地优势，具备生产高品质药材和打造中药材特色产业的先决条件。但是由于各县域自然环境不一，资源特点有异，所以找准地方特色，分县施治，精准扶贫、唤醒地方，才能激活动力、焕发生机。中心由专家带领，深入贫困村，结合中药资源普查成果，在县域中药资源区域规划数据基础上，针对全省62个贫困县，提出了中药资源保护与发展建议书；与当地政府、农技站密切联系，结合县域特点，进行区域种植规划。如太行山北部柴胡、中部区域酸枣、燕山扶贫区域北苍术等分别适宜发展品种，在县域推行一村一品，规模种植，使涉县柴胡、内丘酸枣、滦平黄芩、灵寿丹参、安国祁山药等一批县域特色产业逐步兴起。

结合县域特点，河北省级中心总结中药材产业扶贫多种工作模式：引导企业去贫困县建设示范基地或定制药园；联合县农业部门，鼓励基地公司与科研单位、农业合作组织和种植户开展合作经营，建立“政府职能部门+科研院校+专合组织+农户+龙头企业”为主的扶贫模式；发挥驻村干部作用，与村委会合作，引进中药材技术、品种、成立合作社；多种形式技术培训，帮助农民掌握生产技能，增强创收能力。多种模式结合，使扶贫工作能够落到实处，扎实开展农技员再培训。由贫困县技术骨干对当地药农技术指导和再培训，使药农转变以农代药的生产种植模式，让药农知道怎么种植。农技员再培训当地药农，是对专家指导技术的再消化，培训范围再扩大，使受惠药农明显增加。三年来有药农925人次得到当地技术员的再培训指导。

中心组织省内三个国家中药材种子种苗繁育基地安国、滦平、内丘基地公司，结合填入追溯系统的公司企业，分别为当地贫困县和建档立卡贫困药农赠送优质种子种苗和生物有机肥，为贫困药农提振信心、增产增收奠定基础。针对新种植中药材药农最担心的卖不出去问题，中心积极与监测站、各示范基地、定制药园沟通，推广定制药园微信群、中药材培训微信群和监测与技术服务网站平台，免费为贫困药农推荐药材收购企业，为贫困县公司搭建桥梁，使药农敢种植、有底气。

典型案例：国家中药材种子种苗繁育基地建设情况

（一）安国种子种苗繁育基地建设

安国是我国最大的中药材集散地，以“药都”著称，具有千年的药业传统，有丰厚文化底蕴和较高的知名度，素有“天下第一药市”之称，具有“草到安国方成药，药经祁州始生香”的美誉。依托安国市伊康药业有限公司建设安国“八大祁药”菊花、山药、紫菀、沙参、薏米、芥穗、白芷、花粉等种子种苗生产基地2000亩以上，核心基地面积300亩以上，年生产种子2万公斤以上；建设种苗繁育车间，开展中药材脱毒种苗、新品种优良种苗的快速繁育，年生产种苗300万株以上。建成种子保存库一栋，面积200m²以上，用于保存基地生产种子。建设其他配套设施，如晾场不少于1000m²、仓库200 m²、挂藏室100m²、育苗温室500m²和常规检测室40m²等。建立产学研用合作运行机制，年推广应用优良药材种子种苗1万亩以上，为社会提供专业化服务；制定基地管理制度，建立生产档案，建立质控体系。

（二）滦平种子种苗繁育基地建设

滦平县隶属于承德市，是河北北部道地、大宗中药材主产区之一，境内有药用植物160余种，人工栽培药材约10种，大宗药材20多种，其中“热河黄芩”、“热河柴胡”、“北苍术”、“关黄柏”等很多药材都是全国久负盛名的道地品种。依托承德久财农牧开发有限责任公司建成规模化的中药材种子种苗繁育基地2000亩以上，核心基地面积200亩以上，繁殖道地药材黄芩、北苍术、黄芪、苦参、防风等种子种苗，年生产药材种子1.8万公斤以上，年生产优质药材种苗240万株以上。建设中药材种子生产加工车间300m²以上，购置中药材种子精选、加工、包装生产线，年生产加工能力4万公斤以上。基础配套设施建设，晾晒场不少于1000m²、储藏室100m²、库房200m²以上、烘干室40m²、常规检测室40m²；种子保存库一栋（冷库）200m²以上。基地管理制度合理，生产档案健全，质控体系完善。研究制定黄芩、北苍术、黄芪、苦参、防风等几大道地中药材的种子质量标准、种苗质量标准、种子种苗生产技术规程、种子种苗检验规程，形成技术规范和标准。企业建立产学研用合作运行机制，制定种子种苗推广应用计划，年推广应用纯正、优良种子种苗1.5万亩以上，为社会提供专业化服务。

（三）内丘种子种苗繁育基地建设

内丘县中药材资源丰富，有王不留行、柴胡、荆芥、金银花、知母、黄芩、连翘、枸杞、射干、邢枣仁等50多种，全县种植中药材8.5万亩。《本草纲目》记载的“邢枣仁”即产自内丘县，是道地药材“邢枣仁”的原产地，享有“世界枣仁看中国，中国枣仁看内丘”的美誉。依托内丘县海盟农业发展有限公司建成规模化的中药材种子种苗繁育基地2000亩以上，核心基地面积200亩以上，繁殖柴胡、知母、射干、远志、连翘、黄精、酸枣仁等种子种苗，年生产药材种子4万公斤以上，年生产优质药材种苗300万株以上。建设中药材种子生产加工车间160m²以上，购置中药材种子精选、加工、包装生产线，年生产加工能力5万公斤以上；基础配套设施建设，晾晒场不少于1000m²、储藏室200m²、库房300m²以上，种子保存库一栋（冷库）100m²以上。实验室面积150m²，基地管理制度合理，生产档案健全，质控体系完善。建立“产学研用”合作运行机制，年推广应用纯正、优良种子种苗1万亩以上，为社会提供专业化服务；与国家中药材种子种苗联盟紧密结合，发布生产、价格信息、质量标准等，推广优良的中药材种子种苗。

中心以项目资助药农参加全国共建共享基地会议，使贫困山区药农能走出去、连上线。2019年7月30日，省农业农村厅、省中医药管理局委托中药材产业技术体系在隆化召开太行山、燕山区域中药材产业技术扶贫暨研讨会，并进行现场观摩。2019年8月31日在安国第四届京津冀中药材产业发展大会上，设立“扶贫对接洽谈会”，京津冀专家与河北阜平、巨鹿、滦平贫困县负责人对接。2021年组织河北省定制药园参加10月16~17日在南宁举办的第九届中药材基地共建共享交流大会基地药材展示。2022年2家定制药园参加京津冀中药材产业发展大会产品展示。4年来项目组组织7县的11个企业的代表参加了全国或地方会议，使他们开阔了视野，了解了行情，建立了对接。中药材扶贫行动计划的实施，受惠药农亩产增收300~1500元不等，对我省原贫困县科技支撑、农民增产脱贫、巩固扶贫成果起到积极作用。

第六节　中药材产业促农增收情况

一、从精准扶贫到乡村振兴的中药材产业

作为“十四五”开局之年，为深入贯彻落实全国、全省巩固拓展脱贫攻坚成果同乡村振兴有效衔接工作会议精神，把巩固拓展脱贫攻坚成果当成头等大事来抓，切实做好巩固拓展脱贫攻坚成果同乡村振兴有效衔接各项工作，推动脱贫攻坚领导体制、工作体系、政策举措、考核机制等逐步与乡村振兴有效衔接、平稳过渡，从集中资源支持脱贫攻坚转向巩固拓展脱贫攻坚成果和全面推进乡村振兴。

中药资源是中医药事业和中药产业赖以生存和发展的物质基础。以中药材种植为基础，可有效带动河北省中药材加工、中药流通、中医药康养旅游、中医药服务贸易等产业的发展，形成贯通一二三产业的“全产业链”，同时巩固河北省中药材产业扶贫成果同乡村振兴有效衔接[43]。

党的十九大以来，党中央围绕打赢脱贫攻坚战、实施乡村振兴战略做出一系列重大部署，出台了许多相关政策。中共中央、国务院《关于打赢脱贫攻坚战的决定》将“发展特色产业脱贫”列为首要脱贫措施，并在《贫困地区发展特色产业促进精准脱贫指导意见》中指出，发展特色产业是提高贫困地区自我发展能力的根本举措。产业扶贫涉及对象最广、涵盖面最大，易地搬迁脱贫、生态保护脱贫、发展教育脱贫都需要通过发展产业实现长期稳定就业增收。《特色产业增收工作实施方案》中明确了14个集中连片特困地区的特色布局，各特困区均将药材产业列为本地区的重点产业，突出反映了中药材产业在扶贫工作中的重要地位。中药材是中医药事业传承和发展的物质基础，是关系国计民生的战略性资源。一方面，中药及大健康产业呈现快速发展态势，中药材原料需求不断增长；另一方面，中医药的临床价值越来越被认可。随着“健康中国”被纳入国家发展战略，大健康产业成为中国经济新的增长点。与此同时，中医药也在大健康产业的发展中重获新机，各级政府都在加大中医药产业的投入和扶持力度。中药材广泛种植于我国贫困地区。这些地区通过将本地生态资源与产业化扶贫政策相结合，可以取得理想的扶贫效果。经过实践，中药材种植已成为许多农村贫困人口的重要收入来源。

河北省地处东经113°04′~119°53′、北纬36°01′~42°37′，自然气候多样化，药材资源丰富，是传统的中药材生产大省。作为中药材产业大省和强省，河北省有着良好的中药材生态和健康产业资源，而且在京津冀协同发展战略框架下拥有得天独厚的地缘优势和发

展空间。近年来，河北省农业农村相关部门立足于资源禀赋与产业优势，将产业扶贫与种植业结构调整紧密结合起来，突出中药材产业的道地品种，扩规模、提质量、创品牌、促增收，推动中药材产业成为结构调整、产业扶贫、农民致富的优势产业之一[44]。

（一）国家对中药材产业促农增收支持力度逐步增大

1.政策保障方面

为深入贯彻党中央、国务院关于脱贫攻坚的决策部署，充分发挥中药材产业优势、凝聚多方力量推进精准扶贫和精准脱贫，国家中医药管理局和国务院扶贫办等五部门联合印发《中药材产业扶贫行动计划（2017–2020年）》，计划通过打造一批药材基地、培育一批经营主体、发展一批健康产业、搭建一批服务平台，将中药材产业与建档立卡贫困人口的精准脱贫衔接起来。2018年8月，中共中央、国务院《关于打赢脱贫攻坚战三年行动的指导意见》再次明确了中药材产业扶贫在国家扶贫开发战略中的重要地位。2018年，国家中医药管理局规划财务司开展关于中药材产业扶贫情况基线调查，目的是摸清14个集中连片贫困地区及832个贫困县贫困情况及中药材产业发展现状，了解贫困地区中药材产业扶贫需求。2019年，中央1号文件中共中央、国务院《关于坚持农业农村优先发展做好“三农”工作的若干意见》明确提出发展中药材在内的特色产业，拓宽农民增收渠道。2019年6月，国家中医药管理局发布《关于印发“三区三州”中医药扶贫工作实施方案的通知》，结合“三区三州”自然条件及适宜种植品种，鼓励中药企业积极参与，建设遴选一批中药材产业扶贫示范基地，试点推进中药材种植溯源平台建设，开展中药材种植技术骨干培训。2019年9月，中共中央、国务院《关于促进中医药传承创新发展的意见》强调要“深入实施中药材产业扶贫行动”，2020年，农业农村部办公厅印发《2020年种植业工作要点》，指出因地制宜发展中药材特色产业，引导中药材生产向道地优势产区集中，进一步从国家层面强化了中药材产业促农增收的政策保障。

2.项目支持方面

“中医药现代化研究”专项是“十三五”期间中医药唯一的国家重点研发计划重点专项。据统计，“十三五”期间“中医药现代化研究”重点专项共立项126项，中央财政总投入经费达14.51亿元。在中药资源保障方面，专项积极围绕中药材生态种植、高品质道地中药材栽培示范、绿色经济发展和农民脱贫致富等方向部署项目。为加快实施中药材产业扶贫行动，国家中医药管理局扶贫积极推进“中药材质量保障项目”，旨在提升对贫困地区中药材生产技术指导能力，推进农技服务精准到户。此外，有关部门还通过调动其他途径资金、银行信贷等方式支持中药材产业扶贫。

3.技术支撑方面

2019年4月，农业农村部办公厅发布《关于加强农业科技工作助力产业扶贫工作的指导意见》，动员全国农业科技单位推动贫困地区形成农业特色产业发展优势。2020年5月7日，农业农村部再次印发《关于进一步推动科技助力产业扶贫的通知》，要求全国农业科教单位聚焦贫困地特色产业需求，加大科技支持力度，探索在未脱贫和部分定点扶贫县落实产业技术顾问制度，切实提高科技助力产业扶贫的实效。经国家中医药管理局、国务院扶贫办同意，依托中国中医科学院成立国家中药材产业扶贫技术指导中心；国家中医药管理局组织成立中药材产业扶贫技术指导专家组，为基层发展中药材产业相关技术问题提供技术支撑。国家中药材产业技术体系也将中药材产业扶贫工作作为各岗位科学家及试验站的重要工作任务，进一步为中药材产业扶贫工作提供技术支撑。

（二）河北省中药材产业促农增收现状

按照2017年国务院扶贫办、工信部、农业部和国家中医药管理局等部门联合发布的《中药材产业扶贫行动计划（2017–2020年）》、2018年河北省农业农村厅印发的《关于在全省深度贫困地区加强农业技术帮扶的指导意见》指示，要求加大科技服务力度，实行科技支撑到县、产业帮扶进村、技术指导入户。河北省43个贫困县依据道地药材区域性特点，大力发展和推广中药材种植业，不断扩大种植规模，突出药材区域特色，摸索并建立了以企业、合作社、行业协会等为市场主体的产业化、差异化产业精准扶贫模式，形成了太行山产业带、燕山产业带、坝上高原区、冀中平原区和冀南产区的“两带三区”产业发展格局。以河北省十大道地中药材产业县（涉县、巨鹿、邢台、内丘、安国、隆化、围场、滦平、青龙、蔚县）为核心示范区，64个道地中药材作为主推品种，通过规范中药材基地建设、强化科技投入力度、完善产业链条构成、加强质量监督等一系列措施，提高了中药材产业扶贫能力，增加了当地农民的收入来源，带动其脱贫致富。中药材产业在河北省产业扶贫与脱贫攻坚战中发挥着重要的作用。

中药材因有其道地性，区域性明显，不同区域适宜不同品种的道地药材生长，河北省不同区域适宜发展的中药材品种如下：

太行山扶贫区域。太行山北部区域：涞源、阜平、唐县、顺平、涞水、望都、易县、曲阳。该区域适宜发展的品种有：柴胡、黄芩、知母、酸枣、北苍术、防风。太行山中部区域：行唐、灵寿、平山、内丘、临城、赞皇。该区域适宜发展的中药材品种有：酸枣、连翘、皂角、丹参、知母、蒲公英等。

张家口扶贫区域。贫困县有：宣化、张北、尚义、蔚县、阳原、怀安、万全、崇礼。适宜发展的药材品种有：防风、知母、黄芩、射干、苦参、金莲花等。

坝上扶贫区域。扶贫县有：丰宁、围场、沽源、康保。适宜发展的药材品种有：黄芪、黄芩、苦参、防风、知母、桔梗、金莲花等。

燕山扶贫区域。扶贫县有：承德县、平泉、隆化、赤城、滦平、兴隆、青龙。适宜发展的药材品种有：北苍术、柴胡、黄芩、桔梗、射干、五味子、枸杞、山楂、山桃、山杏、黄柏、穿山龙等。

黑龙港流域扶贫区。扶贫县有：南和、魏县、巨鹿、新河、广宗、平乡、威县、馆陶等。适宜发展的药材品种有：金银花、枸杞、菊花、决明子、天花粉等。

1.政策保障方面

国家高度重视中药材产业发展，河北省立足资源禀赋和产业优势，紧密结合产业扶贫和种植业结构调整，按照“扩规模、提质量、创品牌、促增收”的思路，中药材产业已成为河北省结构调整的优势产业、产业扶贫的优先产业和农民致富的重点产业。规模扩大，形成“两带三区”产业格局。

为促进中药材产业高质量发展，2022年4月20日，河北省农业农村厅印发《河北省道地中药材产业集群2022年推进方案》。方案提出，今年，全省中药材种植规模新增11万亩、发展到205万亩，新增2个5000亩以上的示范园区、总数达到10个，新增1个道地中药材精品、总数达到4个，良种覆盖率和标准化生产率达到65%。

2.项目支持方面

河北在全国率先成立省级中药材产业技术体系创新团队，每年安排500万元资金支持科研攻关，突破一批关键技术，省级中药材地方标准数量居全国首位，基本形成了涵盖全省大宗中药材野生抚育、仿野生栽培、绿色防控、配方施肥和林药间作等全链条的标准体系。

3.技术支撑方面

河北省将推进道地中药材产业集群建设。建设良种繁育基地。加强种质资源保护，完善提升安国药博园功能，建设种质资源圃，2022年争取保存药用植物300种、种质资源3000份以上。以安国、涉县、隆化、巨鹿等地为重点，建设柴胡、连翘、金银花、北苍术、酸枣、“八大祁药”等大宗道地药材种子种苗繁育基地。依托中药材创新团队，分别选育高含量、晚花期的连翘品种和高含量、高出仁率的酸枣品种2~3个。

扩大中药材种植规模。进一步扩大太行山连翘、酸枣仁、燕山北苍术产业带和坝上中药材产业片区规模，巩固提升安国中药材和巨鹿金银花生产，加快中药材标准化、规模化种植。发展“定制药园”和“精准药材”。大力发展规模500亩以上的“定制药园”，实施标准化种植、全过程溯源。以安国、隆化、内丘、涉县、康保等中药材大县为中心，建设5个中药材产地仓，集中收储“定制药园”产品，对接中药制药企业。每个中药材大县“定制药园”规模达到10万亩，总规模达到50万亩，其中“精准药材”发展到1万亩以上。

提升产后加工能力。以内丘和赞皇酸枣、涉县连翘为重点，建设现代化初加工基地，全方位提升加工能力。在赞皇县引进酸枣脱肉机、破壳机、色选机等初加工设施设备，以及机械脱水装置、烘干机等酸枣肉综合利用配套设施，在内丘县新建500吨酸枣仁加工车间1座；在武安市新建连翘烘干生产线1条、连翘饮品研发推广等设施设备1套。

提升仓储物流能力。在安国、隆化、涉县等中药材集中产区和交易区，支持建设集初加工、仓储、包装、物流于一体的综合性仓储物流基地。

进一步完善河北省中药材全产业链大数据监管与服务平台。支持引导种植基地以及中药饮片、中成药生产流通企业入驻平台，逐步实现重点品种全程可追溯、产业数据汇总分析、产销形势预测、产销对接服务等一系列监管服务功能，促进“线上交易、线下流通”。

二、中药材产业促农增收的模式

农业农村部、国家中医药管理局与国家药品监督管理局联合印发《全国道地药材生产基地建设规划（2018–2025年）》，推进道地药材基地建设，助力乡村振兴战略实施；国家中医药管理局坚持“资源保护和合理开发相结合”、“宏观布局引导和具体技术指导相结合”、“道地品种引领和品质质量提升相结合”等原则，针对中药材产业发展短板和扶贫工作实际需求等情况，不断推进中药材产业发展工作。

一般中药材产业促农增收过程中的模式主要有如下几种：

第一，“公司+农户”。在这种模式中，龙头企业一般采取返租倒包的形式租用村民的土地，租金由企业支付给村集体，村民与企业之间是典型的雇佣与被雇佣的关系。通过政策倾斜为龙头企业提供政策支持，鼓励当地农户与龙头企业签订合同形成合作形式，龙头企业会根据当年的市场价格保价回收农户手中的中药材，这不仅降低了农户种植中药材的风险，促使农户和企业积极参与到中药材产业扶贫中去，实现农户与企业的合作共赢，同时也实现中药材产业促农增收的工作目的。

第二，“公司+农民经济合作组织+农户”。在这种发展模式中，一般首先由当地村集体与企业合作，联合成立合作社，农民以土地入股，每股土地的租金不等，随市场和所在地区变化而变化，由村集体与农户签订土地承包合同，在有的乡镇，土地契约关系的存在成为分散的小农户是否有资格参加生产的门槛，以自家土地入股的农户享有优先资格参与生产与年底分红，并享受每年的土地租金。在这种模式中，土地租金由合作社支付给村民，合作社主要通过企业支付的管理费用盈利，企业与合作社是典型的合作共赢关系。合作社与企业签订生产订单以后，再将生产任务分配给生产组长，由组长组织村民生产。邢台市南和区通过“公司+合作社+农民”经营模式，依托公司“订单”，引导农民发展玄参、白术、柴胡等中药材种植，有效促进农业增效，助力农民增收。

第三，“公司+大户+农户”。在这种模式中，大户租赁村集体的土地，按照生产的要求申请建设成立基地，再雇佣农户从事生产。土地租赁费用完全由大户支付，承包户中有不少是村干部，这可能是因为村干部在土地集约方面具有行政上的优势。目前，现有的理论和实践均已证实，比较好的方式是通过龙头企业、种植能人的带动，带领分散的小农户抵御市场不确定性的风险并获取相应的报酬。

第四，“公司+专家技术支撑+农户”。科学技术是第一生产力。贫困地区之所以贫困，很大程度上源于知识水平有限，对资源的利用非常不充分。应高度重视农业技术推广，通过加大组织技术培训、举办科技讲座、引进先进生产工具等措施，提高农户生产技术水平，为种植户发放技术手册，组织科技推广人员走入田间，手把手教学。龙头企业与专业化合作社也十分注重科技投入，将科技作为第一生产力。龙头企业在发展过程中，积极加强与科研院校的合作，通过测土施肥、施用有机肥，提高土地利用效率与生产的附加值，注重中药材种植的长期效益与可持续发展。以岭药业通过自建和共建的模式在河北涉县、河南嵩县、江苏扬州等道地药材产区建立了20余个符合国家标准的中药材种养殖基地。基地进行以岭药业产品所需的连翘、丹参、土元、蝉蜕、水蛭等大宗道地药材和健康产品原材料的规范化、规模化、标准化生产，保证药材质量稳定可控，并形成以政府为主导、科研院校为支撑、龙头企业为主体的科技服务推广体系，促进当地道地中药材特色产业的发展。

第五，“公司+基地+农户”。公司或集团企业为主导，以农产品加工、运销为龙头，重点围绕经一种或几种产品的生产、销售、与生产基地和农户实行有机的联合，进行一体化的经营，形成“风险共担，利益共享”的经济共同体。基本运作方式：龙头企业和分散的农户签订合同，公司为农户提供生产原料，技术服务和成品回购。涉县不断加大柴胡种植产业的发展和品牌建设，在全县建立了“公司+基地+农户”的中药材种植模式。截至目前，涉县柴胡种植面积10万亩，柴胡年产3000吨，年产值3.6亿元，加上柴胡初加工和精、深加工的收入，整个柴胡产业的产值超过全县种植业产值的40%以上，柴胡产业已经成为当地群众增收致富的重要渠道。

第六，“中医药+旅游+养生”。通过政府引导、产学研企协同协作、社会参与的方式，以发展道地大宗、具有观赏性的中药材为主，建设集产、加、销、游、玩于一体的百万亩中药材花海旅游扶贫示范区，利用中药材花期不同、交替开花、分月变色的特点，进行分类种植，打造集特色中药材观光、体验、疗养于一体的乡村休闲旅游线路，打造现代中药材产业体系，带动当地农户通过发展中药材旅游实现增收。河北省三产融合初见成效，打造了安国药博园、滦平中药材花海小镇、井陉万亩连翘花海、峰峰药王谷、邢台报香谷等多条中药材主题花海旅游线路，成为现代农业的新景观和市民旅游休闲度假养生的新热点。

启示：产业扶贫模式要根据当地独特条件，制定适宜的发展战略。对于自然条件恶劣，但有一定产业发展基础的地区，可以采用"瞄准型"产业扶贫模式，即瞄准当地特色生产，壮大生产规模，以特色生产带动扶贫；对于自然条件恶劣，且缺乏产业发展基础的地区，要在依托当地自然条件基础上实现规模化效应，以大促小。对于自然条件优越的地区，则要注重提升产业结构，充分发挥市场经济的带动作用，实现经济效益与社会效益的协同发展。

三、中药材产业扶贫案例及其效果

（一）燕山中药材经济核心示范区——滦平

滦平县位于河北省东北部、承德市的西部，地处北纬40°39′21″，东经116°40′15″。滦平处于京承走廊之间，滦平县属于"八山一水一分田"的山区，位于燕山山脉中段，是内蒙古高原与燕山山地的过渡带，全县平均海拔700米。以山地景观为主，高差巨大。全县山地面积占总面积的87.6%。滦平土地肥沃，生态环境优良，气候条件适宜，野生中草药资源极为丰富，野生药用植物受国家保护的植物6种，包括胡桃楸、刺五加、野大豆、蒙古黄芪等。省级保护植物21种，如中麻黄、红景天等。黄芩、柴胡、牡丹、金银花、桔梗、防风、牛膝、板蓝根、旱半夏、荆芥10个品种在滦平已有长久种植历史，尤以"热河黄芩"最负盛名，这就是人们常说的"道地药材"。

近年来，河北滦平县将脱贫攻坚与现代农业发展、美丽乡村建设、山地综合开发、乡村旅游"五位一体"统筹推进，布局结构调整打造产业扶贫基地，推广扶贫模式，提升产业扶贫覆盖面。滦平县计划重点发展中药材、林果、设施农业三大主导产业及特色扶贫产业。结合北部矿区环境综合治理，打造伊逊河两岸红旗、小营双万亩果药间作产业扶贫基地；结合京津冀第二届药发大会，打造张百湾、金沟屯药发大会双万亩中药花海产业扶贫基地；结合全县文化旅游节，打造长山峪黄木局子滑雪场万亩"农旅结合"中药花海产业扶贫基地；结合中美友谊示范农场建设，打造虎什哈现代农场万亩果药间作产业扶贫基地；结合易地扶贫搬迁后续产业发展，打造安纯沟门易地扶贫搬迁万亩草莓、食用菌、设施农业产业扶贫基地。

推广扶贫模式，提升产业扶贫覆盖面。滦平县以"五大产业扶贫区"建设为抓手，通过"扶贫+园区"、"扶贫+中药"、"扶贫+旅游"等多种途径，全面推广"兴春和精准带贫"、"京缘基地+企业+合作社+农户"、"下营子中药材沟域经济综合开发"等产业扶贫模式，帮助贫困群众找到最适宜的脱贫路子。并以土地流转、务工就业、股份合作、资产收益等为主要联结方式，让贫困群众参与扶贫产业项目发展全过程。产业扶贫覆盖率达到100%[45]。

（二）太行山扁鹊中药材经济核心建设示范区——内丘

河北省内丘县位于河北省南部，太行山东麓。近年来，内丘立足县域资源特色，将中医药产业作为强县、富民、脱贫的支柱产业，全力打造中医药产业发展新高地。

内丘曾是“华夏医祖”扁鹊行医采药之地，中药材种植历史悠久，资源丰富，已初步形成以五郭乡山凹村为中心的2万多亩王不留产业基地、以大孟镇刘家庄村为中心的近6000亩金银花种植基地、以侯家庄乡天井村为中心的猪苓生产基地等多个规模中药材基地，是冀中南重要的中药材种植产业基地。中药材种植不仅历史悠久，其分布之广、数量之多也堪称全省之首。

为实现《中医药发展战略规划纲要（2016–2030年）》，该县首先实施太行山扁鹊中药材核心示范区工程，通过集中优势力量、整合绿色资源，建设道地中药材种植的四大板块（试验示范板块、标准化种植板块、产地加工板块、旅游观光养生板块），构建四大体系（科技研发体系、标准化生产体系、质量可追溯体系、市场营销体系）。

其次，在扁鹊文化产业园规划建设集晾晒、烘干、切片、仓储于一体的现代化初加工中心。对全县枣仁公司进行技改升级，技改升级后产能达到2000吨以上，加速推进邢枣仁加工园区的形成。对现有扁鹊制药公司改造升级，提高其中药材吞吐量。在山区建立中药材加工厂，在县工业园区引进亿元产值的知名药企到内丘县建立制药分厂，进行药品前期加工，逐步延长产业链条，提高产品附加值。结合地产药材品种，引进保健品企业开发生产药茶、保健饮料、保健用品等产品。到2020年，中药材产业产值突破25亿元，人均增收1500元以上，带动冀中南地区中药材种植面积达到100万亩以上，中药材产业产值突破100亿元，力争使内丘中药走进中药材博览会，走向全国。

同时，用专业合作社来带动一片区域，一个品种的发展。近年来，内丘县中药材种植面积迅速扩大，产业水平进一步提升，尤其是“合作社+基地+农户”的发展模式得到全面推广，部分专业合作社已成为区域中药材产业发展的领头羊和主力军。

2018年全县中药材种植面积达10万余亩，形成了以五郭乡山凹村为中心的王不留行产业基地，以大孟村镇刘家庄村为中心的金银花产业基地，以柳林镇和南赛乡为中心的黄芩、连翘种植区，以侯家庄乡天井村为中心的猪苓、天麻种植区等10个中药材种植基地，覆盖全县一半以上乡镇，年产中药材14万吨，产值达20亿元。

（三）“千年药都”——河北省安国市

安国隶属河北省，由保定市代管的县级市，中心位置为北纬38°42′48″，东经115°33′30″，位于河北省中部、保定市南部，安国市西依太行山，市境属太行山东麓山前平原向冲积平原过渡地带，地势自西北向东南缓倾，海拔高度在24.6~36.4m之间。安国市属温带季风气候，冬季寒冷，夏季炎热，气温的年温差较大，降水季节分配不均匀，表现出明显的大陆性气候特征。

为切实打赢全市脱贫攻坚战役，河北省安国市结合实际，通过对种植中药材贫困户进行物化补贴的方式助力脱贫攻坚，取得扎实成效。通过摸排调查，全市有中药材种植意愿的建档立卡贫困户105户，按照每户物化补贴1亩中药材种子、秧苗的标准，2018年第一季度物化补贴中药材种子、秧苗共103户，共计103亩，涉及品种包括黄芩、天花粉、北沙参等15个品种，并按协议要求在生长季节对中药材贫困户提供技术支持，进行田间技术指导2次以上，通过回访，绝大多数贫困户中药材长势良好，群众满意度较高。

仅此项节省生产性开支45867元，预计整体增加收入257500元。

为确保产业扶贫廉洁高效，安国市成立了农业产业扶贫工作专项领导小组，组织多个回访调查组对全市贫困户进行了回访调查，对梳理出的问题分类指导落实。努力做到三个到位：一是思想认识到位，精准摸排，精准施策；二是督导到位，加强对各乡镇（街道）产业扶贫工作的业务培训和督导检查，各乡镇（街道）对帮扶责任人的产业扶贫项目的落实情况也要定期进行检查，做到群策群力；三是技术帮扶提前到位。在贫困户种植前，要把种植知识提前普及到每一个贫困户，确保贫困户增加收益[46]。

（四）“中国金银花之乡”——巨鹿

巨鹿县地处北纬37°07′18″~37°25′32″，东经114°50′14″~115°12′50″，位于河北省中南部，邢台市东部，位于古黄河、漳河冲积平原上。巨鹿县林木覆盖率达到30%。耕地土质多为沙壤，适宜于多种作物种植。巨鹿县地处中纬度欧亚大陆东缘，属于暖温带大陆性季风气候。2020年2月26日，河北省巨鹿县巨鹿金银花中国特色农产品优势区被认定为第三批中国特色农产品优势区。

巨鹿县金银花种植面积达13万亩，年产优质干花1万余吨，约占全国总产量的60%，金银花被当地人称为“致富花”。近年来，该县大力推进金银花产业发展，助力群众增收致富。

巨鹿县金玉庄村凭借金银花种植优势成为巨鹿县重点创建的美丽乡村精品村，也是2016年省市美丽乡村精品示范村。近年来，该村以“金银花园艺小镇”为发展定位，依托现有金银花产业资源和文化底蕴，因地制宜，就地取材，多角度、多层次，多元化推进小镇创建工作。

村民利用金银花的观赏价值，把金银花老树移栽到花盆里，经过园艺师修剪、造型，做成了形态各异的盆景；把淘汰下来的金银花老树烘干、打磨、上漆，化腐朽为神奇，做成神态各异的台灯、笔架等工艺品，提高了金银花的附加值，拉伸了产业链条。创业的新途径，吸引了本村及周边村的30户贫困户加入。

金玉庄村在建设过程中，把产业作为农民持续增收、稳定脱贫的第一引擎，以市场主体带动产业发展，专业合作社带动农户脱贫，成功探索出多种产业扶贫新模式。

金玉庄村建设了“金银花园艺小镇”电商平台，将农村电商与精准扶贫结合。贫困户接受相关的电商培训课程后，在电商运营中心工作人员的协助下开店卖货，平台为其提供“货源+代发”的全流程服务。电商运营中心工作人员深入贫困家庭进行调研，与有条件的贫困家庭共同推出特色农副产品，通过平台帮助其销售产品，增加收入[47]。

河北农业农村部门今年依据本省优势，将产业扶贫和种植业结构调整紧密结合起来，突出中药材道地品种，扩规模、提质量、创品牌、促增收，促进中药材产业成为结构调整、促农增收、农民致富的优势产业之一[48]。

现河北省已引导43个贫困县因地制宜制定发展规划，发展道地品种，推广规范化栽培和仿野生栽培。旱坡地、梯田和盐碱沙薄地种植粮食亩收入不足500元，改种中药材后，亩纯收入提高到1400元以上，收益增加2倍，带动农民增收的作用较为明显。康保县引进大型企业，种植水飞蓟、知母、防风、柴胡、甘草等品种，2021年就增加17万亩，人均年增收1.5万元，带贫成效明显；滦平“热河黄芩”、邢台酸枣仁等特色中药材，成为当地县域经济的特色产业和农民收入的主要来源。

河北省大力发展中药材产业不仅为促进农民增收、实施脱贫攻坚做出应有贡献，也为战胜新冠疫情提供了原料保障。在相关部门的决策部署下，进一步加强道地药材基地建设，推进种植规模化、产业集约化、生产标准化、加工产业化、销售品牌化，全面推动中药材产业提档升级，为中药材产业发展以及人类健康做出更多的努力。

第六章

河北省中药材产业竞争力分析

第一节　河北省中药材产业竞争力

一、产业发展优势

（一）自然资源优越，气候适宜

河北地处华北平原，东临渤海、内环京津，西为太行山，北为燕山，燕山以北为张北高原，是中国唯一兼有高原、山地、丘陵、平原、湖泊和海滨的省份。地跨海河、滦河两大水系。属于温带季风气候，大部分地区四季分明。年日照时数2303.1小时，年无霜期81~204天。年均降水量484.5毫米，降水量分布特点为东南多西北少①。有利于有机物的积累，符合中药材苛刻的生长环境需求。

中药材的生长对自然资源的依赖性较强，经第三方检测机构检测河北省安国境内中药材产业发展区域中代表性强的土壤环境，质量评价符合《土壤环境质量标准》（GB15618）二级标准，如砷小于16、水源质量达到《地表水环境质量标准》（GB3838-2002）Ⅲ类以上标准，六价铬小于0.02。安国市的土壤、光热、降雨为中药材的生长提供了较为优越的环境，这是河北省安国市独特的地理优势，也是河北省中药材能够扬名中外的重要原因之一。

（二）种植面积广阔，地方品种独特

2021年河北省中药材种植面积达到129.5千公顷，中草药产量80.0万吨（表6-1）。种植面积在10万亩以上的县有巨鹿县、隆化县、滦平县、安国市、青龙县、围场县、邢台县、丰宁县和内丘县。适宜种植的品种有300余个，常规种植品种有40多个，万亩以上的品种有黄芩、柴胡、山药、金银花、酸枣、枸杞、山楂、黄芪、连翘、桔梗、苦参、知母、防风等品种。

截至目前，涉县柴胡、巨鹿金银花、邢台酸枣仁、承德热河黄芩、安国八大祁药、青龙北苍术等已经成为河北省特色药材优势产区。酸枣仁、天花粉、祁紫菀、山杏等占全国总产量的60%以上，太行山连翘、北柴胡、金银花等占全国总产量的三分之一。祁菊花、“小白嘴”山药、川芎已取得了有机产品认证或有机产品转换认证证书，“祁紫菀”获得了《地理标志保护》认证。以上产品皆为河北省安国市的道地药材，其药用价值要高于其他产地的同种商品，具有很高的品牌价值。以上道地药材较高的产量以及高额的产值也体现出了河北省中药产业竞争力的核心所在[49]。

---

① https：//baike.baidu.com/item/%E6%B2%B3%E5%8C%97/65777

表6-1 河北省中药材种植面积（千公顷）

年份	2016年	2017年	2018年	2019年	2020年	2021年
播种面积	69	74.9	85.5	98.9	115.8	129.5

数据来源：河北省统计局 中国农村统计年鉴

（三）劳动力充足，知识资源丰富

中药材作为河北省第一产业中的劳动密集型产业，不仅在生产过程，而且在加工过程都需要大量的劳动力，丰富的劳动力可以极大地促进河北省中药材竞争力提升。截至2021年底，河北省总人口为7448万人，其中劳动力人口数为4421万人，占总人口的59.4%，劳动力充足，保证了中药材产业化发展的劳动力要素。

河北省拥有一大批识药、懂药、了解药材行情的专业人才和经纪人的营销队伍，多次承担省、部级中药材标准化种植科研项目，与大专院校、科研院所经常性联合协作，培养造就了一批中药材产量、质量、病害防治等方面的专业技术人员。绝大多数种植户掌握了常见中药材品种的种植技术，有着识药、知药、懂药的实践经验[50]。

（四）政府支持力度大，基础设施稳固

近年来，安国市积极融入京津冀协同发展、京津保生命健康廊道，把营造一流营商环境作为重要的历史使命，紧紧围绕项目用地、资金帮扶、科技创新、人才引进等方面，相继出台了《企业科技创新奖励办法》《中医药产业项目招商引资奖励办法（试行）》《人才强市建设若干措施（试行）》《鼓励支持发展药膳餐饮企业的奖补办法（试行）》等系列优惠政策，建立了“保姆式”一条龙服务保障制度，大力营造作风最正、纪律最严、程序最简、服务最优、效率最高的营商环境，为客商提供了高效、优质的“绿卡”服务。

安国市已经建成了从种子种苗供应、中药材生产、加工到流通环节整个产业链的完备的社会服务体系。拥有有资质的中药材种子企业36家，1家国家级农民合作社示范社和8家省级示范农民专业合作社等技术服务组织，九州大型物流园仓库2000余座，总库容40万立方米，配货站近60家，日吞吐量1500余吨，建成购销点3000多处，物流范围涵盖全国，服务流通企业600多家。成立了安国市精准播种机械收获服务团队和生物防控专业服务队，实现中药材所用机械种、收、卖、服务全国。其中，以天士力仓储物流商贸区为龙头，着力打造统一标准、统一检验、统一交易、统一仓储、统一票据的“五统一”的现代化交易市场。运营后的安国数字中药都，全部中药材产品将实行二维码扫描查询，实现“来源可知、去向可追、质量可控、责任可究”的全程可追溯管理。

二、产业发展劣势

（一）药农文化程度低且老龄化

现阶段，中药材种植户的70%户主年龄分布在40–60岁，也是中药材生产的主要劳动力，年龄相对较大。青壮年不愿从事农业劳动，所以中药材种植老龄化现象越来越严重，整体素质难以提高。由于历史原因，我国农民文化程度普遍不高，加之河北过去落后的经济状况，药农接受教育的程度更低。从事中药材生产的劳动人民初中以下文化程

度占绝大多数，甚至更多的为小学或者文盲，高中文化程度很少，大专及以上文化程度极少，普遍存在思想落后的现状，接受新事物、新思想、新品种、新技术的能力不强。

（二）水资源匮乏制约产业发展

河北省地处华北平原，年降水量仅占到全国的0.72%，西部及北部山区受地形地貌的影响，水资源稀缺；中南部邢台、衡水、邯郸等地位于黑龙港流域，囊括了河北省内的50县，占到全省总面积的26.4%，黑龙港流域受气候、季风的影响常年缺水，加之华北平原近些年来超标开采地下水，形成了漏斗效应，水资源稀缺日渐成为河北省农业发展的制约因素。

（三）中药材质量参差不齐

药材品质是决定价格的重要因素之一，其中既包括了有效成分含量的高低，同时药材的外观外貌也对价格产生一定的影响。例如邢台巨鹿产地种植的金银花，除药材本身有效成分含量外，农户的采摘时间、采摘手法、储存方式等均会影响金银花的最终价格。多次实地调研发现，中药材种植户在种植及生产过程中，受重茬连作、病毒真菌感染、虫害等影响较大，缺乏统一的防治病虫害、施用化肥的标准技术规程，农户大多根据自身经验来进行种植生产，从而导致市场中中药材品质参差不齐，影响药材的功效。

另外，中药材种植户为了追求既得利益重茬种植且在种植过程中大量使用化肥，实行掠夺式生产，造成土壤板结、营养失衡、重金属含量和农药残留超标，中药材有效成分含量减少，且河北省在中药材种植的土壤研究方面也较薄弱，专业研究土地问题人员少，影响了中药材种植的产量和品质[51]。

（四）自然灾害影响较大，抵抗能力不强

河北省部分地区的中药材生产依然无法改变“靠天吃饭”的被动局面。每年都有倒春寒、春旱、冰雹、风灾、病虫害等方面的自然灾害。特别是北方近几年多雨，出现涝灾，影响药材产量，有些人想购买保险，但是没有中药材相关的农业保险，在大型自然灾害发生后只能依托政府对重大自然灾害的补贴，大部分只能由药材种植户自行承担，暂时没有有效的解决方法。另外，中药材栽培和种植的单产很低、品质波动较大，并且广泛存在农药残留超标以及严重病虫害等问题，导致中药材中有效成分数量快速变化，产生了有害的汞、砷等多种重金属严重超标等诸多问题[52]。

（五）种植机械缺乏，人工成本高

中药材种类多，单品种种植面积相对较小，中药材专用机械少。随着农村青壮劳动力外出打工，劳动力价格不断上涨，中药材生产成本居高不下，生产效率低下。例如，金银花每年共开四茬花，每茬花期较短，采摘时间紧迫。由于缺乏采摘机械，完全靠人工采摘，金银花种植户在采摘环节中出现雇工难、用工贵的问题，这对金银花种植户的收益产生不良的影响。

（六）整体规划不足，盲目种植

河北省中药材栽培时间长，种植规模分散，地区发展不平衡。通过调查得知，河北省中药材农户个体种植面积偏小，且分散，大部分是以家庭为单位的个人自营，并且中

药材种植跟风问题严重，目前，以河北省安国市中药材种植为例，表现出以价高中药材为主种植的趋势，出现了明显的盲目发展问题，这对于产业集中化发展都带来了不利的影响。

（七）产业发展后劲不足

中药材产业的发展需要各方面条件的共同支持，然而劳动力成本连年增加、生产资料成本以及运销成本也是不断上涨，造成中药材生产的比较效益不断下降，药农要承担着药材生产自然的风险，严重挫伤了药农的生产积极性，限制了中药材产业的资金、劳动力投入。同时，农民自有资金有限，又无法获得充足的贷款资金支持，根本无力改良品种、改进技术，这些严重制约了中药材产业规模的扩大以及产业化水平的提高，导致中药材产业发展后劲不足。

（八）中药材综合利用水平低，资源浪费严重

目前中药材非药用部位基本处于浪费状态，中药材综合利用水平低，甚至造成严重的环境污染；在产业快速发展的同时，需要以全产业链思维，考虑产业健康均衡发展，加强对非药用部位的利用，如废弃物秸秆畜牧饲料应用、中兽药应用、植物源农药应用、有机肥应用，以及开展功能性食品、药食同源类产品、大健康产品开发应用等。强化资源综合利用，避免环境污染，促进产业提质增效。

三、产业发展机遇

（一）中医药市场前景广阔

随着2017年《中华人民共和国中医药法》的颁布实施，中药材企业迎来了重要的“机遇期”。河北省作为中药材种植大省，丰富的中药材传统自然资源和相对低廉的价格使其中药材更具市场竞争力；外界环境的改善也使河北省医药企业与国内、国际医药企业合作更加密切，可以引进更为先进的技术改善中药材种植及销售问题，从根本上提升河北省中药材发展的综合实力。

（二）消费者对自身健康的日益关注

伴随经济社会的发展进步和生活水平的提高，人们越来越关注健康问题。20世纪90年代以来，世界居民在健康中的消费水平逐年提高，对营养保健品的需求日益旺盛。中国保健品产业经过多年的发展在世界保健品产业中已有立足之地。近年来，随着居民收入的稳步增长和老龄化社会的到来，中国的保健品消费越来越普及。据调查，目前占整个营养保健品行业一半以上的是膳食补充剂，膳食补充剂多为维生素、矿物质、中草药等食物成分，中药材的滋补保健和营养食品功能正符合市场的发展前景，广阔的市场需求和良好的政策支持无疑为河北省中药材产业发展注入了新的动力。

（三）社会需求增加

全球新冠肺炎大流行对各个国家提出前所未有的挑战，中医药在抗击疫情中发挥了无可替代的作用，清肺排毒汤治疗率达到74.9%，总有效率达90.0%以上，突出的抗击疫

情作用进一步提升了全球对中医药的认可度；随着我国人民生活水平的提高以及老龄化时代的到来，大健康产业将迎来红利，中医药行业将迎来前所未有的发展机遇。

（四）政策支持增加

近年来国家及省市县多级政府颁布了数项政策支持我国中医药产业的发展，党的十八大后“大健康产业”的蓬勃发展，进一步促进了国家对于复兴中药材产业的决心。例如2019年中共中央、国务院发布《关于促进中医药传承创新发展的意见》，2018年河北省政府发布《河北省促进中医药“一带一路”发展的实施意见（2018–2022年）》等，为中医药事业的发展提供了政策指导。

（五）“非粮化”推动中药材品质

近几年来，中药材一直是全国各地区“非粮化”的热门品种，这过程中出现了一些问题，比如，非道地药材产区种非道地药材，产地不地道，药材不道地。其次，很多药材主要药效成分是次生物质，而不是营养物质，而次生物质需要中药材在遭遇一定不良环境刺激才能产生，被大水大肥和农药“惯大”、“宠坏”的药材，虚长产量，质量堪忧。

国务院办公厅发布了《国务院办公厅关于防止耕地“非粮化”稳定粮食生产的意见》（国办发［2020］44号），该意见出台后，粮改药的情况会明显减少，各地中药材种植业增长过快的情况会得到缓解。非道地药材产区，该种粮还接着种粮。道地产区，适当控制规模，提升品质。药材过剩、道地药材不道地等问题会大有缓解。作为形成燕山、太行山产业带和冀中、冀南平原、坝上高原产区“两带三区”产业发展格局的河北省道地中药材产区，不断推动着河北省中药材产业的发展。

四、产业发展威胁

农业产业化是一项复杂、长远、费力的重大农业工程，特别是对于中药材这种生长周期长、劳动强度大、生产设施投入大、自然风险和市场风险也大，产业化发展更加不容易。有关中药材种植的国家优惠补贴政策较少且时间较短，也没有政策性保险，所以中药材产业还是一个相对弱势的农业产业，需要与相关产业结合发展，提升知名度。

（一）农业生态环境问题突出

中药材产业要想持续健康发展，良好的生态环境是首要的前提，但是，近年来，河北省中药材产业发展越来越快，加上种植技术不科学，造成生态环境越来越差。一方面为，种植过程中生物药成本高，但产量不一定高，因此农户都不愿使用生物药和生物肥，过度施药施肥造成产量下降。另一方面为，绝大部分农民环保意识弱，抵挡不了金钱的诱惑，按照自己的意愿滥用化肥农药，只为增加中药材的产量，从而影响土壤肥力，造成土壤成分流失，会直接影响到中药材的质量。再者，由于土壤板结，已经不适合再种植中药材，然而却为病虫害提供了天然的生存环境，病虫害传播很难控制，只能采用大量施加农药，农药无法分解，残留在地下，中药材更加难以生长，于是形成恶性循环。

（二）国内同行竞争激烈

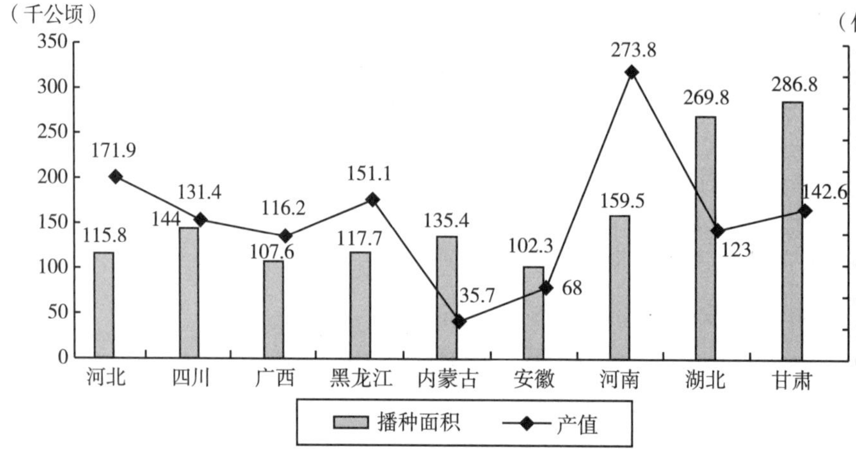

图6-1 各省2020年中药材播种面积及产值

数据来源：河北省统计局 中国农村统计年鉴

由图6-1可得，河北省中药材播种面积相较于四川、广西、黑龙江、湖南、甘肃省等我国中药材生产大省来说，播种面积较低。其中河南省中药材在2020年达到年产值273.8亿元，安徽拥有我国最大的中药材交易市场，广西万亩以上中药材品种超过30个，甘肃中药材种植面积286.8千公顷，各省中药材产业发展后劲十足，其凭借产量优势抢占市场份额，是制约河北省中药材产业发展的外部威胁。

（三）国外市场竞争加剧

随着经济全球化的深入，各国医药产业的竞争也日益激烈。许多大型国际制药企业纷纷进入天然药物市场，竞相使用现代技术研究传统中药，抢占国际天然药物市场。西方国家的大型制药企业资金雄厚，人力资源充足，拥有强大的研发和生产能力，这些具有强大竞争力的跨国制药企业给我国中药开拓国际市场带来了诸多挑战。有些国家从我国进口中药材及提取物，仿制中药并改良剂型或工艺，甚至再出口到中国，对我国中药业的国际竞争力造成了不良影响。尤其是日本的汉方药和韩国的韩药，因与中药的历史渊源相似度很高，很多同类药品完全可以替代中药。但我国因为知识产权保护不力，一些古方古药的专利和商标在国际上被抢注，汉方药和韩药抢占了我国中药出口的国际市场份额。

综合以上对系统内部优势和劣势，外部机遇和威胁综合分析，得到河北省中药材发展的制约因素主要有：机械化程度低且分散；药农文化程度低且老龄化；自然灾害多且抵御能力差；管理粗放、品种混杂、品质下降等，最终导致河北省中药材在市场中竞争力较低，效益较低（图6-2）。

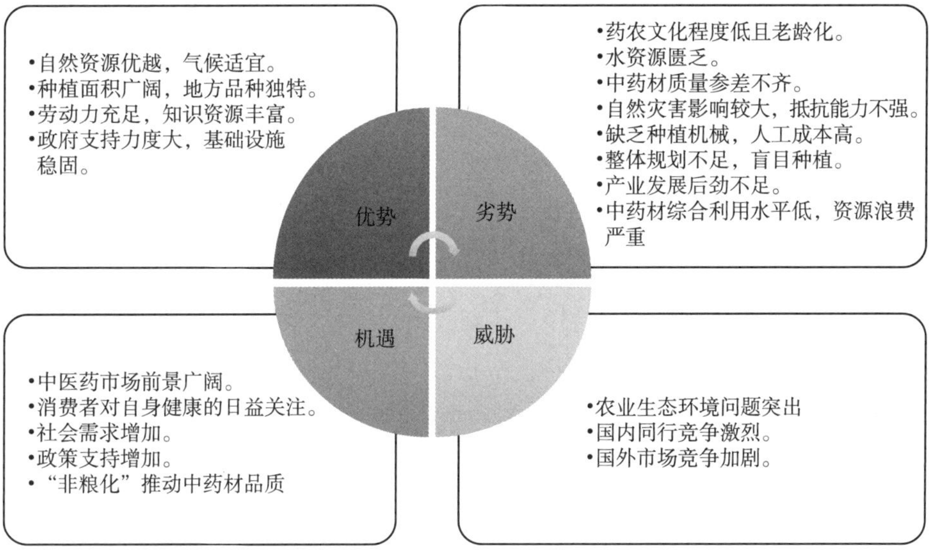

图6-2　河北省中药材产业竞争力分析图

第二节　河北省中药材产业比较优势分析

一、比较优势指数法

（一）规模比较优势指数（SAI）

规模优势指数（SAI）是分析某省的某种农作物的播种面积占该省所有农作物总播种面积的比例与全国比例水平的对比关系，考察该种农作物在该省农业生产上的相对重要性及规模优势，反映该省某一农作物生产的规模和专业化程度。计算公式为：$SAI_{xy}=\dfrac{SI_{xy}/SI_{x}}{SI_{y}/SI}$。

式中 SAI_{xy} 表示河北省中药材的规模优势指数，SI_{xy} 表示河北省中药材的播种总面积，SI_{x} 表示河北省所有农作物播种总面积，SI_{y} 表示全国中药材的播种总面积，SI 表示全国所有农作物播种面积。若 $SAI_{xy}>1$，则表明河北省中药材与全国平均水平相比具有规模优势；若 $SAI_{xy}<1$，则表明与全国平均水平相比，河北省中药材生产处于规模劣势。SAI_{xy} 值越大，河北省中药材规模优势越明显；反之，则劣势越明显。

（二）效率比较优势指数（EAI）

效率比较优势指数（EAI）是分析某省某种农作物的单位面积产值与该省所有农作物平均单位面积产值的相对水平以及全省该比率平均水平的对比关系，考察该省某种农作物生产效率的相对优势。计算公式为：$EAI_{xy}=\dfrac{EI_{xy}/EI_{x}}{EI_{y}/EI}$。

式中 EAI_{xy} 表示河北省中药材的生产效率优势指数，EI_{xy} 表示河北省中药材单位面积产值，EI_X 为河北省所有农作物平均单位面积产值，EI_y 表示全国中药材的平均单位面积产值，EI 表示全国所有农作物平均单位面积产值。若 $EAI_{xy}<1$，则表明河北省中药材生产与全国平均水平相比生产效率处于劣势；如果 $EAI_{xy}>1$，则表明与全国平均水平比河北省中药材生产效率具有优势。EAI_{xy} 值越大，河北省中药材生产效率优势越明显；反之，则劣势越明显。

（三）综合比较优势指数（AAI）

综合比较优势指数（AAI）是效率优势指数与规模优势指数的综合结果，综合衡量某省某种农作物的相对比较优势，能够较全面地反映某省某种农作物生产的优势度。计算公式为：$AAI_{xy}=\sqrt{SAI_{xy}\cdot EAI_{xy}}$。

式中 AAI_{xy} 表示河北省中药材生产的综合比较优势指数，若 $AAI_{xy}<1$，则表明河北省中药材生产与全国平均水平相比处于综合比较劣势；$AAI_{xy}>1$，则表明与全国平均水平相比河北省中药材生产具有综合比较优势。AAI_{xy} 值越大，农作物生产优势越明显；反之，劣势更明显[53-54]。

二、河北省中药材产业的比较优势分析结果

采用河北省及全国2016~2020年播种面积及产值等数据计算得出下表：

表6-2　河北省中药材产业的比较优势指数

年份	2010	2011	2012	2013	2014	2015	2016	2017	2018	2019	2020
SAI	0.42	0.45	0.42	0.48	0.46	0.58	0.68	0.69	0.72	0.75	0.83
EAI	1.42	1.26	1.36	1.20	1.35	1.28	1.40	1.57	1.22	1.34	1.46
AAI	0.77	0.75	0.75	0.76	0.78	0.86	0.97	1.04	0.94	1.00	1.10

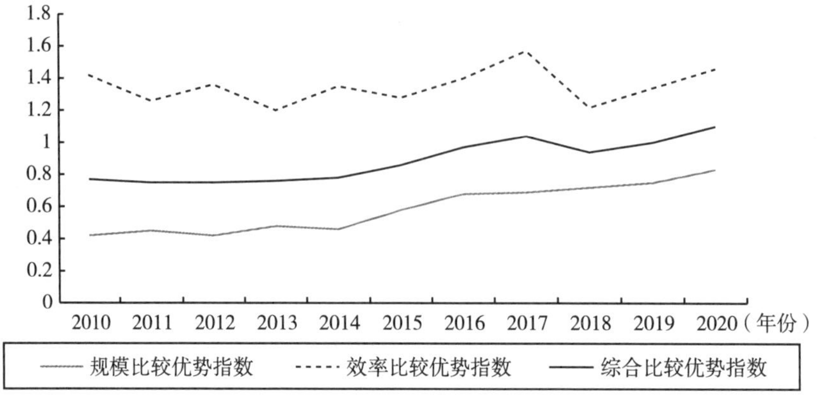

图6-3　河北省中药材比较优势指数

数据来源：各省统计局 中国农村统计年鉴

由上表6–2、图6–3可以得出结论：

（1）河北省中药材产业规模比较优势走势较为平缓

虽从整体来看呈现上升态势，但指数均小于1，说明河北省中药材产业化程度虽然不断提升，但仍然低于全国平均水平；从整体走势来看，预测未来几年仍将保持上升态势，规模比较优势将会有所改善。

（2）效率比较优势指数变动幅度较大

具体变动可以分为三个阶段：第一阶段（2010~2015年），不难看出这几年河北省中药材产业效率比较优势指数有升有降，但好在都保持在1.2~1.4之间；第二阶段（2016~2017年）呈现上升态势，尤其2017年涨幅较高，在2010~2020年阶段来看，是河北省中药材生产效率较高的一年，在生产效率上具有竞争优势；第三阶段（2019~2020年）处于平稳上涨的状态。

（3）河北省中药材生产综合竞争力不断提高

河北省中药材生产综合竞争力已经超过全国平均水平。2010~2020年河北省中药材生产的综合比较优势指数呈不断增长，指数值皆大于1，表明河北省中药材生产的综合比较优势在不断增强，并超过全国平均水平。

三、全国主产区与河北省中药材产业的比较优势分析结果

选取2020年全国中药材播种面积超100千公顷的地区与河北省中药材产业竞争力进行比较，按照播种面积从高到低地区排序进行，结果如下表6–3：

表6–3 2020年河北省与各地区中药材比较优势分析

序号	地区	SAI	EAI	AAI
1	甘肃	4.21	0.50	1.45
2	湖北	1.96	0.38	0.86
3	陕西	3.14	0.27	0.92
4	云南	1.84	1.90	1.87
5	贵州	1.78	1.18	1.45
6	河南	0.63	1.47	0.96
7	四川	0.84	0.70	0.77
8	内蒙古	0.88	0.50	0.66
9	重庆	2.03	0.79	1.26
10	黑龙江	0.46	1.73	0.89
11	河北	0.83	1.46	1.10
12	广西	1.01	0.74	0.86
13	江西	1.06	0.33	0.60
14	安徽	0.67	0.85	0.72

数据来源：河北省统计局 中国农村统计年鉴

分别应用EAI、SAI和AAI衡量产业竞争力可知，在2020年河北省中药材产业的综合比较优势与我国主产区相比，仅低于云南省和甘肃省，高于安徽省、山西省、内蒙古及黑龙江省；虽然河北省中药材产业综合比较优势指数与表现最好的云南省仍有较大差距，但与其他主产区比较而言，河北省中药材的产业竞争力在不断提升。

表6-3可知，河南省、四川省、内蒙古、河北、安徽省中药材种植与全国相比不具备规模比较优势，其规模优势指数小于1。虽然河南省、黑龙江省和河北省都不具备水稻规模比较优势，规模优势指数均小于1，但河北省中药材规模比较优势略高于河南省和黑龙江省。此外，广西壮族自治区及江西省的中药材播种面积虽然较低，但规模比较优势较高，可得，各省播种面积大，但不一定规模优势指数高。

云南省、黑龙江省、河南省、河北省和贵州省五省虽播种面积皆靠后，但效率优势指数皆高于1，在全国具有一定效率比较优势。甘肃省、湖北及山西省播种面积为全国前三位，但效率优势指数较低，不具备中药材效率比较优势。

云南省、贵州省、甘肃省、重庆和河北省五省，中药材综合优势指数均大于1，在全国具有综合比较优势，且这种综合比较优势是由于五省中药材在全国范围内具有一定的规模比较优势和效率比较优势。但是，甘肃省的综合比较优势主要是靠种植规模决定的，其种植规模是全国省份中最高的，但其单产水平却没有达到全国平均水平，因此甘肃省需要通过提升单产水平来增加其综合优势。

四、全国其他省份中药材产业的比较优势分析结果

2020年全国中药材种植面积超100千公顷的省份为河北省、内蒙古自治区、黑龙江省、安徽省、江西省、河南省、湖北省、广西壮族自治区、重庆市、四川省、贵州省、云南省、陕西省和甘肃省。其他省份的中药材种植面积皆低于100千公顷，现将全国种植中药材的其它省份进行比较优势分析，按照播种面积从高到低地区排序进行，得出以下结果。

表6-4　全国中药材种植省份比较优势分析

序号	省份	SAI	EAI	AAI	序号	省份	SAI	EAI	AAI
1	湖南	0.65	1.98	1.14	10	吉林	0.26	4.45	1.08
2	山西	1.26	1.12	1.19	11	福建	0.90	0.93	0.91
3	新疆	0.65	1.24	0.90	12	江苏	0.14	1.18	0.40
4	宁夏	2.91	0.80	1.53	13	海南	1.41	0.36	0.71
5	山东	0.29	1.51	0.66	14	北京	1.12	0.04	0.20
6	广东	0.69	1.00	0.83	15	西藏	0.19	26.0	2.23
7	浙江	1.44	0.62	0.94	16	天津	0.06	2.00	0.33
8	青海	4.35	1.40	2.46	17	上海	0.05	1.01	0.21
9	辽宁	0.41	0.14	0.24					

数据来源：河北省统计局 中国农村统计年鉴

除河北省、云南省、甘肃省（表6-4）综合比较优势超过全国水平外，重庆、贵州、

湖南、山西、吉林、西藏、青海、宁夏各省也都超过全国水平，从效率、规模及综合视角来看，都具备比较优势，即具有较高的产业竞争力。

第三节　河北省中药材产业存在的主要问题

一、种植管理粗放，造成病害发生

调研中发现，农户盲目种植中药材，缺乏一套合理施肥、打药、浇水的技术规范。种植技术不集约，一方面存在一定浪费，另一方面过度施肥造成土壤板结，各种病害发生。生物药成本高，但产量不一定高，因此农户都不愿使用生物药和生物肥。过度施药施肥造成产量下降，例如据农户反映，金银花种植以前最多时干花能产300斤/亩，现在不到100斤/亩。

二、缺乏种植机械，人工成本高

中药材种类多，单品种种植面积相对较小，中药材专用机械少。随着农村青壮劳动力外出打工，劳动力价格不断上涨，中药材生产成本居高不下，生产效率低下。例如，金银花每年共开四茬花，每茬花期较短，采摘时间紧迫。由于缺乏采摘机械，完全靠人工采摘，金银花种植户在采摘环节中出现雇工难、用工贵的问题，这对金银花种植户的收益产生不良的影响。

三、种植以散户为主，抵御风险能力较弱

我省中药材种植主体仍以小农户为主。种植销售主要采用市场现货交易模式，采用订单种植模式较少。农户是价格的接受者，对价格无话语权，农户不仅受到自然风险、市场风险的影响，还受到采摘环节劳动力成本、收购价格的挤压。例如，2020年我省部分特色中药材如北苍术、金银花、黄芩、防风等价格波幅在30%左右，大幅的价格波动给农户、相关经营企业带来了不良影响。

四、产业链条短，产品附加值低

我省多数中药材基地、道地药材产区，均是第一产业独大，产品销售基本都是原料药材，产地精加工、深加工、健康产品生产、中医药健康旅游、产地仓储、产区市场和销售平台等综合发展不够，缺少龙头企业带动，缺乏一二三产融合。例如，金银花的初加工主要是烘干，深加工产业滞后，产业带动能力较弱。本地金银花自产自用比例小，绝大部分金银花经过烘干后以原材料的形式运往山东金银花集散地，进行再次销售，本地高附加值的产品少。近年来，虽然培育了一批当地金银花加工龙头企业，并吸引了王老吉等大型企业创建加工基地，但年加工金银花仅为1000~2000吨，剩余大部分金银花在电控烘干后以原材料形式出售给其他地区厂商，利润低，亟须开展与大型制药、饮食、保健企业等的合作和对接工作。

五、品牌知名度不高，销售渠道不畅通

虽然我省特色优势中药材品种不少，但品牌知名度不高。例如，国内市场中，金银花地域品牌众多，除巨鹿县金银花外，还有河南封丘、山东平邑等地种植金银花。虽然巨鹿金银花产量最高，质量最优，但调研中发现，巨鹿金银花种植户没有直接对接药厂，而是销售给山东等地收购商，而这些收购商往往贴上山东金银花的商标，卖给药厂，严重剥夺了巨鹿金银花种植户的利益。

第七章

河北中药材产业发展预测分析

第一节　河北中药材产业发展价格指数预测分析

一、2021年全国及河北省中药材价格指数分析

本节中药材价格总指数、产地指数、市场指数等，均来源于康美中药材指数数据库（康美·中国中药材价格网https：//cnkmprice.kmzyw.com.cn/）。经查询得知，康美中药材价格指数为定基指数，基期为2012年8~9月份，基值1000点，其中价格总指数按照各品类指数加权平均计算，产地指数、市场指数采用该系列监测品种加权平均值计算，单品种价格指数按照（现期价格/基期价格）*1000计算。

1.市场价格总指数分析

（1）全国中药材价格总指数分析

由于2009~2011年我国中药材市场经历了长时间的牛市，消耗了价格持续上涨的动能，因此2012~2015年间，我国中药材市场笼罩在萎靡之中，市场整体走势平缓、上升驱动力弱；2016年开始行情有所好转，在2017年7月达到了价格小高峰，但在市场整体未见好转的形势下，价格总指数出现回落；2019年底受“新冠肺炎”疫情的影响，价格持续上涨、高歌猛进，直到进入2022年上升态势才趋于稳定（图7–1）。

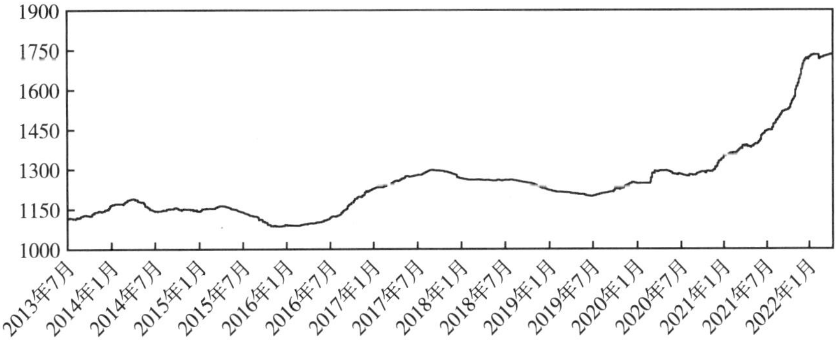

图7–1　2013~2022年全国中药材价格日指数

数据来源：康美·中国中药材价格网https：//cnkmprice.kmzyw.com.cn/

从价格日指数具体数额来看，2013年4月至2022年4月九年间，该指数呈现三段明显的周期波动变化，第一段为2013年4月~2014年7月“低位运行”波段，在此期间价格指数从1100.1点上涨至1189.74点，增幅8.15%，随后小幅下降稳定在1150点左右，平均指数1142.18点；第二段为2014年8月~2017年12月“中位运行”波段，最低点与最高点分

别处于2015年11月的1085.54点以及2017年8月的1297.42点，平均指数1174.86点；第三段为2018年1月~2022年“高位运行”波段，仅平均值就高于以上两个波段的最高值，达到了1332.08点，最高点更是达到了史无前例的1731.71点。

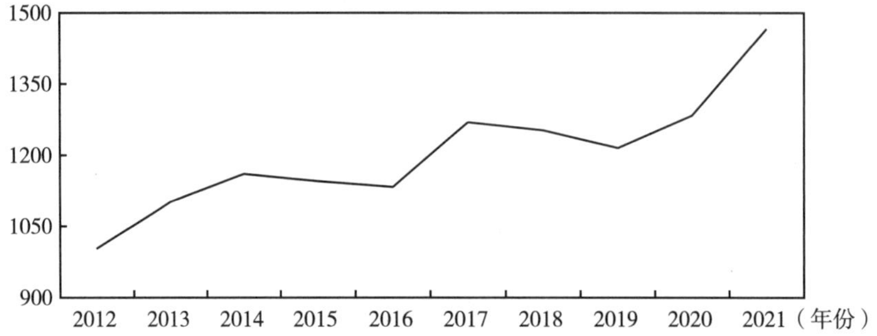

图7-2　2013~2021年全国中药材年指数

数据来源：康美·中国中药材价格网https：//cnkmprice.kmzyw.com.cn/

2013~2021年中药材年价格指数增减趋势同日指数变化基本相同，可以2014年7月、2018年1月为分割点划分为三段周期波动区间。图中共有三段时期呈现出显著增幅，分别为“2012~2014”、“2016~2017”、“2019至今”，其中2016~2017年间与2019年之后的时间段内增幅较高（图7-2）。

年价格指数走势图整体开盘于2012年的1002.76点，在随后三年的时间里保持持续增长，2014年底达到第一个小高峰；随后由于药材行业不景气，指数开始回落，2016年底达到低谷1133.26点；之后由于“新冠肺炎”的影响对整个中药材市场有明显的促进作用，因此在2019年后价格指数整体趋势高歌猛进，收盘于历史最高值1466.12点，并且在2021年底并没有下降趋势。

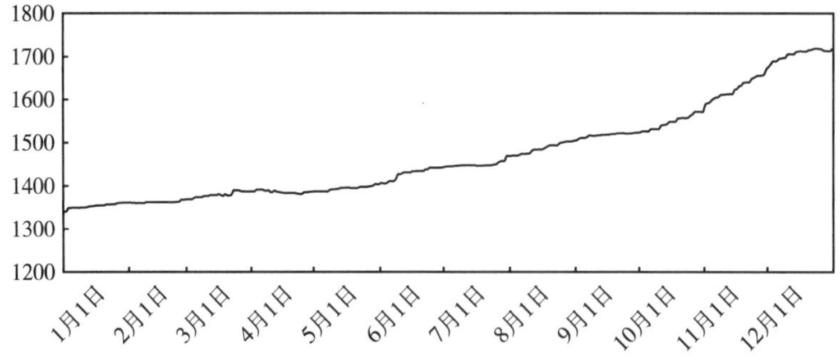

图7-3　2021年全国中药材日指数走势

数据来源：康美·中国中药材价格网https：//cnkmprice.kmzyw.com.cn/

图7-3为2021年全国中药材日价格指数走势，整体呈现平稳上升态势，直到年底增速放缓。结合2013~2021年度指数来看，近九年价格变化分为三段，呈现“增长-平稳-回落”的波动特征，2021年底直到2022年第一季度，价格基本稳定在1700.0点的水平，结合往年波动特征来看，如果疫情不再出现特殊情况的话，中药材价格日指数可能仍将保持增长趋势，但增速放缓。

（2）国内各产地指数分析

由于2021年疫情的影响，整个市场对中药材的需求稳定，因此在34个省、自治区、直辖市中，有25个地区中药材价格指数呈现正增长、3个地区价格指数同比有所下降，分别为福建省、青海省以及吉林省，其中吉林省降幅达到了-3.97%，为全年中降幅最大的省份；除此之外，还有6个地区增减幅度几乎没有变化，例如北京、天津等地（图7-4）。

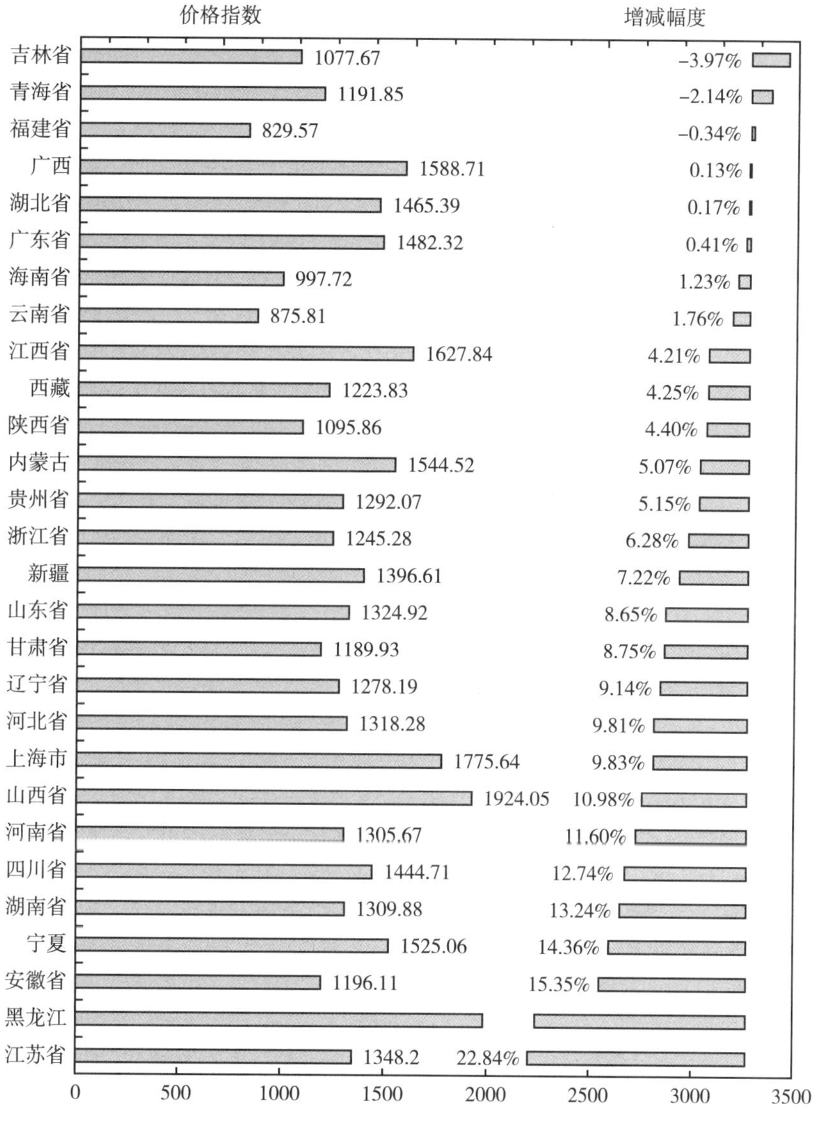

图7-4　2021年各产地指数及涨跌情况

数据来源：康美·中国中药材价格网 https：//cnkmprice.kmzyw.com.cn/orgin.html?code=CD-006

从具体数额来看，通过中药材价格指据库获得以下28个产地指数，由于各地经济发展程度以及中药材自然禀赋有所差异，因此在价格指数方面表现各有异同。通过柱状图不难发现黑龙江、上海、山西等省份的价格指数水平相比较于福建省、云南省整体要高，黑龙江省2021年底收盘于1982.44点，超过福建、云南等地年指数的2倍以上，除以上几个极端省份外，其余省份的价格指数基本在1100~1500点之间徘徊，平均指数1352.08点；从增减幅度来看，28个地区中有8个省份增幅大于10%，其中包括增幅超过20%的2个省份，分别为江苏省增长22.84%、黑龙江省增长22.11%，增幅最低的省份为广西壮族自治区的0.13%；3个呈现负增长的省份降幅分别为-0.34%、-2.14%以及-3.97%。

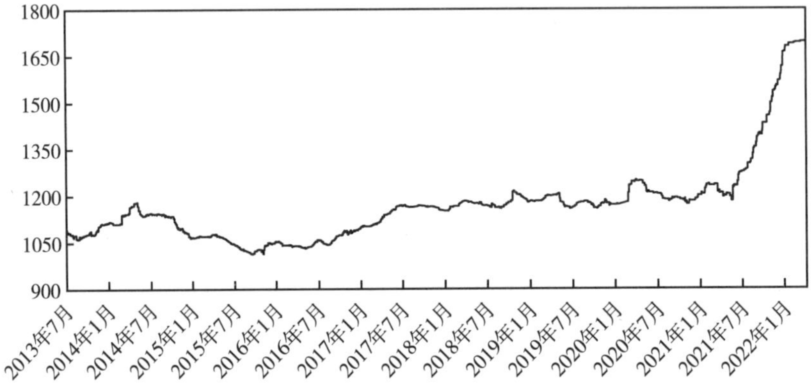

图7-5　2013~2022年河北省产地中药材价格日指数

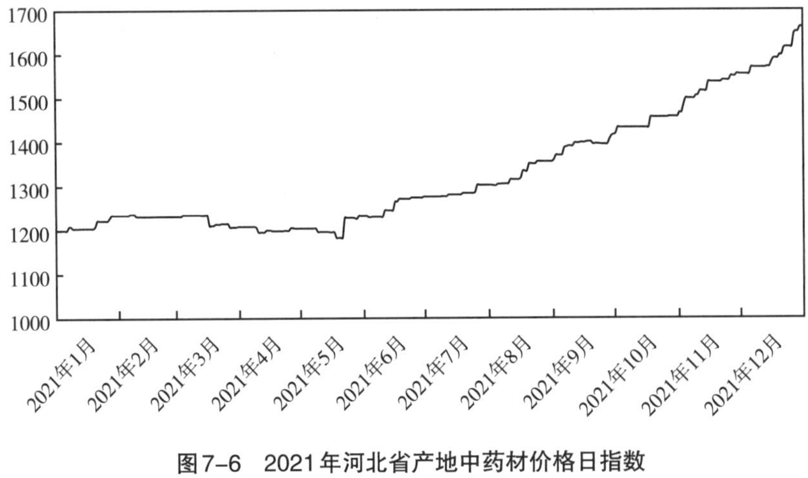

图7-6　2021年河北省产地中药材价格日指数

数据来源：康美·中国中药材价格网https：//cnkmprice.kmzyw.com.cn/orgin.html?code=CD-006

2021年河北省价格年指数为1318.28点，稍低于平均值33.8点，位于28个监测省份的中段位置，相比较于2020年同比增加9.81%（图7-6）；从2013~2022年价格日指数变化来看，2021年增幅几乎是往常年份的最高水平，除受年初新冠肺炎的影响外，与河北省内日渐重视中药材产业的发展脱不开干系（图7-5）。

（3）国内六大市场指数分析

6大药材市场分别包括安徽亳州市场、河北安国市场、广西玉林市场、成都市场、湖南廉桥市场、广东普宁市场（图7-7）。其市场指数均按照当地药材交易品种的实际价格转为定基指数之后，通过加权平均计算而得。

安国	河北
亳州	安徽
成都	四川
廉桥	湖南
普宁	广东
玉林	广西

图7–7　国内6大药材市场分布

在以下6大市场中药材价格年指数趋势图中可以发现，各大药市之间指数走势基本相同，都呈现了三段“上升–平稳–下降”的波动周期。2014年全国中药材行业整体低迷，各大药材市场都受到下行压力的影响，价格指数出现不同程度的下跌，直到2016年整体情况才有所好转，2018~2019年间普遍小幅下跌后，涨幅加大、价格指数一直处于高位运行。自2019年底开始，各大药材市场的价格指数高歌猛进，增幅始终维持在10%~15%之间；2021年底平均同比增长幅度达到了14.21%，其中亳州市场增幅最大，达到了14.90%；安国市场稍落后，为14.68%；最低的为普宁市场，但也达到了13.43%的增幅。

2013~2021这九年间，6大药材市场平均增幅达到了28.87%，玉林市场价格指数由1090.12点增长了34.93%，达到1470.93点，在6大药市中增幅最大，其他药材市场增幅分别为：亳州药市30.97%、安国药市32.36%、成都药市25.15%、廉桥药市27.34%，以及增幅最低的普宁药市22.46%（图7–8）。

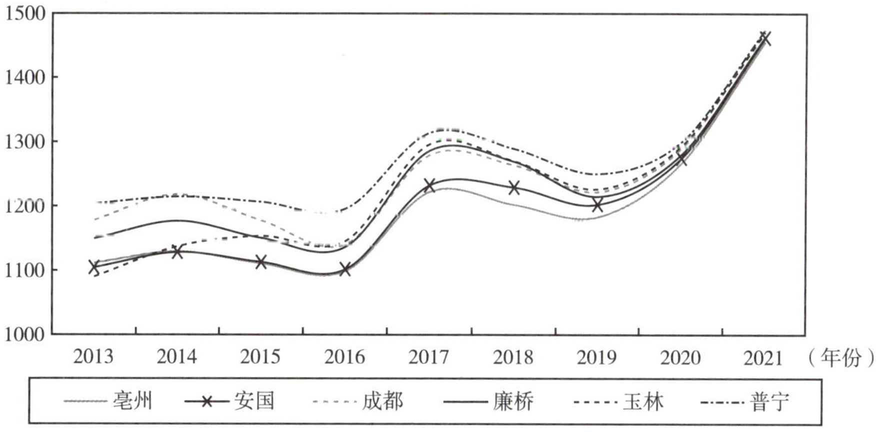

图7–8　6大药材市场中药材价格年指数

数据来源：康美·中国中药材价格网https：//cnkmprice.kmzyw.com.cn/market.html

安国药市在6大药市中表现尚好，九年合计增长率32.36%、2021年同比增长率14.68%，在各项指中处于中等靠上的位置；从整体的指标数额来看，安国药市同亳州药市基本吻合，在6大药市中处于低位，两药市交叉前行，不分伯仲。从安国日价格指数来看，2022年第一季度安国药市仍然留有上一年发展的余热，整体走势上行，但增长幅度有所下降，通过周期波动特征预测，在随后一段时间内，安国药市价格不会猛烈上涨，在市场的作用下短期内会出现小幅回落（图7-9）。

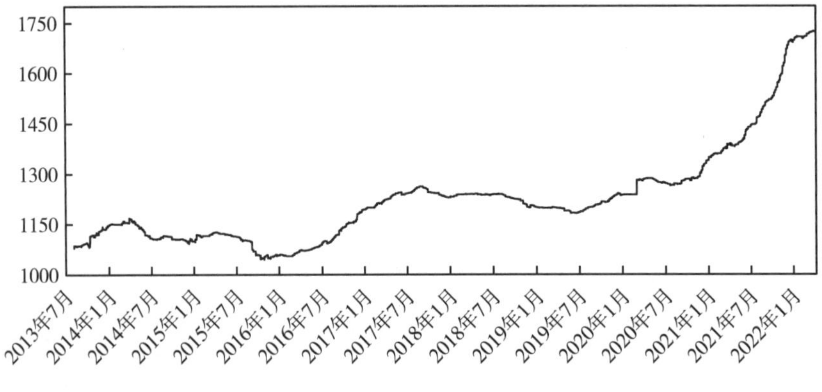

图7-9　2013~2022年安国药市中药材价格日指数

数据来源：康美·中国中药材价格网https：//cnkmprice.kmzyw.com.cn/market.html?officeid=122

（4）全国与河北指数对比分析

图中反映了全国中药材价格日指数与河北省的对比走势，两大价格指数整体走势相似。2013~2015年间指数震荡前行，进入2015年后开始出现回落，在2016年初触底反弹，在随后的4年时间里，整体走势平稳上浮，直到2019年底新冠疫情愈演愈烈，全国对中药材的需求稳定增加，因此药材价格指数出现了大幅度上升的局面。

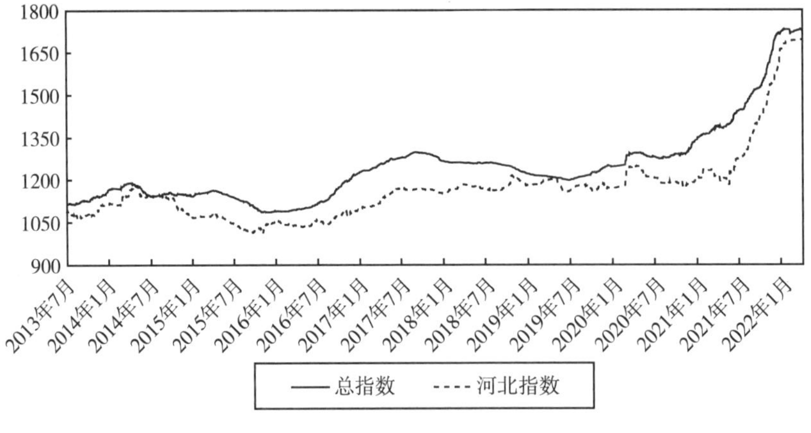

图7-10　2013~2022年全国同河北产地日指数对比

数据来源：康美·中国中药材价格网https：//cnkmprice.kmzyw.com.cn/

但从上升时点来看，河北省的价格指数相较于全国价格指数，存在明显的滞后性，全国总指数在2019年疫情爆发后，随即有所反应，呈现上升态势，而河北产地价格指数直到2021年上半年才出现猛烈上涨，2020一整年的时间内在1150点的水平上震荡浮动。由此可见，总指数在全国范围内事件影响的情况下波动更为敏感，而各产地指数存在一定的滞后周期（图7-10）。

2.国内与河北省单品种指数分析

（1）国内品种指数涨跌情况

自2019年以来，受“新冠疫情”以及“健康中国”战略的影响，全国中药材市场整体运行良好，在如此增长势头下，大部分中药材品种呈现上升态势。文后选取了686种日常监测中的药材价格指数数据，与2020年相比，2021年共有42%的药材品种指数上涨，增幅最大能达到847.0%、平均增长52.0%，增幅最高的品种有扁豆衣、地黄、墨旱莲、马齿苋、半边莲、车前子、枯矾、佩兰、瞿麦等，以上品种在2021年间指数增幅均超过了200%；有13%的药材品种指数下跌，最大降幅达到了-68.0%，平均降幅-17.0%，降幅最大的品种有白豆蔻、泽漆、八角茴香、广藿香、川牛膝、夏枯球等，上述品种降幅均超过了-40%。除此之外，还有45%的药材价格指数持平，例如白果、冰片、茯神、桂皮等（图7-11）。

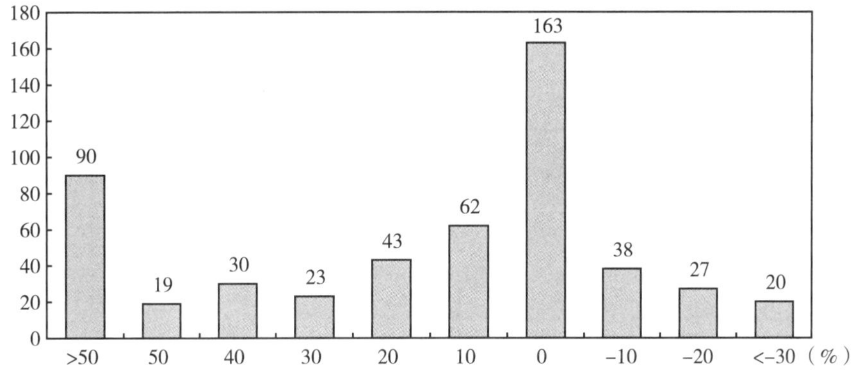

图7-11　2021年686种中药材价格指数增减幅度统计

数据来源：康美·中国中药材价格网https：//www.kmzyw.com.cn/jiage/price_ranking.html

从变化区间来看，除指数持平的品种外，大部分药材的涨跌幅度集中在“>50%”部分，占日常监测品种的比例达到了13.11%，如此比例的高增长，直接带动了总价格指数的水平，也由此说明2021年市场整体高歌猛进，以增长为上；但跌幅位于0%~-10%之间的品种较多、同时也存在一部分跌幅超过-30%的品种，在后续中药材种植、产业布局中，应重点关注上述品种（图7-12）。

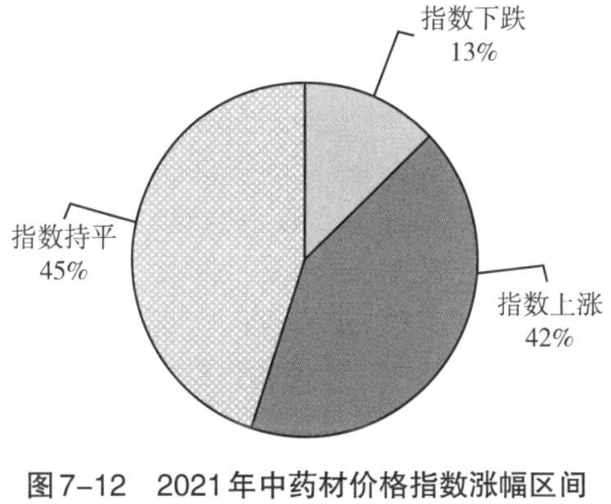

图7-12　2021年中药材价格指数涨幅区间

数据来源：康美·中国中药材价格网https：//www.kmzyw.com.cn/jiage/price_ranking.html

（2）河北省大宗道地药材指数涨跌情况

下文选取了河北省15种大宗药材的价格指数进行对比分析，分别为射干、苦参、山楂、知母、黄芪、苦杏仁、祁山药、丹参，以及具有河北省道地特色的黄芩、酸枣仁、连翘、金银花、柴胡、北苍术、防风（图7–13）。

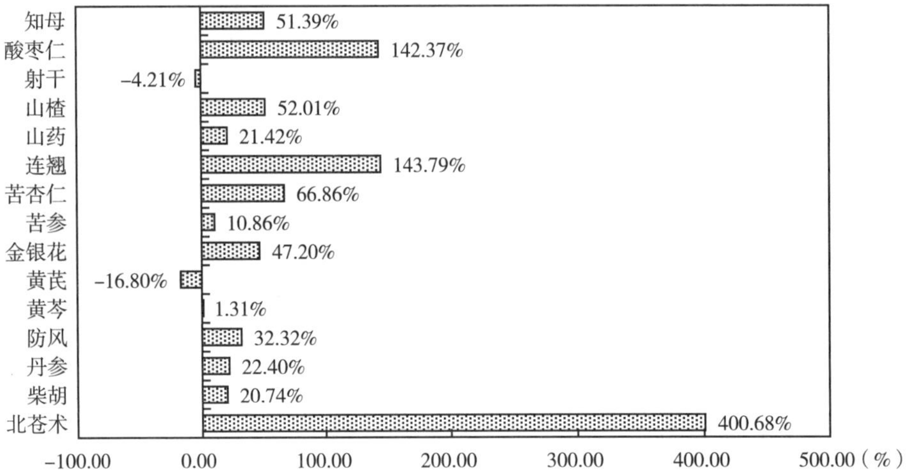

图7–13　2013~2021年15种大宗道地药材指数涨跌统计

数据来源：康美·中国中药材价格网https：//cnkmprice.kmzyw.com.cn/

通过对上述15个品种2013~2021年价格走势发现，截至2021年第四季度，相比较于2013年第一季度，九年内平均增长率66.16%，共有13个品种的价格指数呈现不同程度上涨，其中北苍术的涨幅最大、达到了400.68%，连翘和酸枣仁的增幅也相对较大，超过了100.0%，分别为143.79%以及142.37%，涨幅最低的品种为黄芩，仅为1.31%；除此之外，还有两个品种的价格指数相比较九年前有所下降，分别为射干–4.21%、黄芪–16.8%（图7–14）。

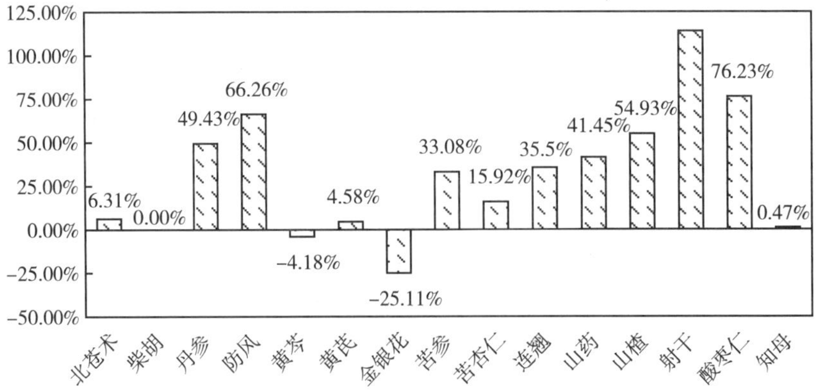

图7–14　2021年15种大宗道地药材同比指数涨跌

数据来源：康美·中国中药材价格网https：//cnkmprice.kmzyw.com.cn/

2021年数据表明，15个大宗药材品种中，黄芩以及金银花价格指数有所下降，金银花的下降幅度更是达到了 -25.11%；柴胡指数保持一年前的水平，变动幅度为0%；其他品种均呈现了不同程度的上涨，射干指数更是翻倍增长，增幅达到了113.96%；过去九年时间内增幅最大的北苍术，在2021年的表现平平，增幅仅为6.31%；从指数具体数额来看，北苍术与酸枣仁的指数额最高，超过5000点的水平，分别达到了5634.33点、5295.55点，近些年始终高涨不下。

3. 国内与河北省涨跌幅较大品种分析

（1）国内涨跌幅较大的品种及其特点

1）国内单品种涨幅较大品种及特点

2021年同2020年相比，大部分中药材价格指数呈现了不同程度的上涨，其中增幅最大的品种为扁豆衣，增幅达到了847.36%，而其他品种增幅最大也仅仅为近300%的水平，扁豆衣在一年时间内能够发生如此大幅度的增长，势必与某种特定的、具有时效的影响有关，因此日后应更加关注这一品种的涨跌变化，做好价格预警，随时为价格下跌做好准备（表7-1）。

表7-1　2021年药材指数增幅前30名

顺序	品种	增减幅度	顺序	品种	增减幅度
1	扁豆衣	847.36%	16	瓜蒌	150.00%
2	地黄	295.40%	17	蛤蚧	141.56%
3	墨旱莲	280.00%	18	关黄柏	140.00%
4	马齿苋	228.57%	19	葶苈子	140.00%
5	半边莲	226.57%	20	槐花	137.50%
6	车前子	223.52%	21	木槿皮	135.29%
7	枯矾	207.69%	22	牛膝	132.91%
8	佩兰	200.00%	23	博落回	130.76%
9	瞿麦	200.00%	24	蟋蟀	128.57%
10	瓜蒌皮	194.73%	25	泽兰	128.57%
11	小蓟	185.71%	26	白前	126.94%
12	槐米	185.33%	27	荆芥	121.42%
13	密蒙花	181.25%	28	青葙子	116.66%
14	萹蓄	154.54%	29	覆盆子	115.07%
15	狗脊	150.00%	30	荔枝核	114.28%

数据来源：康美·中国中药材价格网 https：//cnkmprice.kmzyw.com.cn/

将以上涨幅前30名的药材品种按照部位、用途特征进行关键词筛查，并按照特征关键词出现的次数进行词云可视化统计，得出以下云图7-15：

图7-15　涨幅较大的品种关键词云图

从部位分类来看，涨幅前30名的品种大多数为全草类，占到总体的33.3%，代表品种为墨旱莲、马齿苋、半边莲以及佩兰等；之后为果实子仁类，占总品类的26.7%，其中就包括2021年增幅最大的品种扁豆衣；除上述分类外，还涉及了动物类2种、根及根茎类4种、花类孢子类3种、矿物类1种、皮类2种。

从用途分类来看，涨幅前30名的品种大多为利水渗湿类，占总体的23.3%，代表品种有车前子、瞿麦、蟋蟀、覆盆子等；清热类药材占总体比例20.0%，仅次于利水渗湿类，代表品种有地黄、马齿苋、半边莲等；除此之外，增幅较大的品种还涉及到补虚类3种、化痰止咳平喘药4种、活血化瘀药1种、解表药1种、理气药1种、平肝息风药1种、祛风湿药4种、止血药2种。

2）国内单品种降幅较大品种及特点

2021年仅有13%的药材价格指数下跌，其中跌幅最大的品种为白豆蔻，达到了–67.93%，紧随其后的为泽漆以及八角茴香，跌幅分别达到了–50.0%、–47.61%，下降幅度超过30.0%的品种有16种，超10.0%的品种有60种（表7–2）。

表7–2　2021年药材指数降幅前30名

顺序	品种	增减幅度	顺序	品种	增减幅度
1	白豆蔻	–67.93%	16	夏天无	–30.00%
2	泽漆	–50.00%	17	全蝎	–27.69%
3	八角茴香	–47.61%	18	石膏	–25.92%
4	广藿香	–43.27%	19	马兜铃	–25.00%
5	川牛膝	–41.48%	20	木鳖子	–25.00%
6	夏枯球	–41.05%	21	砂仁	–23.77%
7	独活	–40.91%	22	木贼	–22.72%
8	重楼	–38.46%	23	大枫子	–20.00%
9	薄荷脑	–35.55%	24	金钱白花蛇	–20.00%

续表

顺序	品种	增减幅度	顺序	品种	增减幅度
10	柏子仁	–33.36%	25	桃花	–20.00%
11	佛手花	–33.33%	26	金银花	–19.36%
12	千里香	–33.33%	27	常山	–18.75%
13	石见穿	–33.33%	28	母丁香	–18.75%
14	王不留行	–33.33%	29	羌活	–18.55%
15	干姜	–31.80%	30	藿香	–18.18%

数据来源：康美·中国中药材价格网https：//cnkmprice.kmzyw.com.cn/

将以上降幅前30名的药材品种按照部位、用途特征进行关键词筛查，并按照特征关键词出现的次数进行词云可视化统计，得出以下云图7–16：

图7–16　降幅较大的品种关键词云图

从部位分类来看，降幅前30名的品种大多数为果实子仁类，占到总体的30.0%，代表品种为白豆蔻、八角茴香、柏子仁、王不留行等；之后为根及根茎类，占总品类的23.3%，代表品种有川牛膝、独活、重楼等药材；除上述分类外，还涉及了动物类2种、花类孢子类5种、矿物类1种、叶类2种、全草类5种。

从用途分类来看，降幅前30名的品种大多为祛风湿类，占总体的26.7%，代表品种有白豆蔻、川牛膝、独活、千里香等；清热类以及解表类药材各占总体比例16.7%，仅次于祛风湿类，代表品种有八角茴香、广藿香、重楼、薄荷脑等；除此之外，降幅较大的品种还涉及到化痰止咳平喘药1种、活血化瘀药3种、利水渗湿药2种、平肝息风药4种、温里药1种、安神药1种。

（2）河北省大宗道地药材涨跌幅较大品种分析

2021年686种中药材单品种的平均增幅为52%、平均降幅为–17%，总体平均增减幅度为19.97%；而15种河北省大宗道地药材平均增幅38.32%、降幅–14.65%，总体平均变化幅度31.26%。由于2021年中药材市场整体向好，大部分药材品种呈现了可观的增长，因此综合各方面因素来看，可以认为当增幅超过50%、降幅超过-15%，则视为增减大幅度变动品种。

结合具体增减数值，15个大宗道地品种中，增长幅度超过50%的品种为防风、山楂、射干、酸枣仁，降幅超过-15%的品种仅有金银花一种。

将以上15种药材品种按照部位、用途特征进行关键词筛查，并按照特征关键词出现的次数进行词云可视化统计，得出以下云图7-17：

图7-17　大宗道地药材增幅较大品种关键词云图

从部位分类来看，指数增幅较大的品种中根及根茎类占比达到了总体的69.2%，代表品种有北苍术、柴胡、丹参、防风、黄芪等，除此之外还涉及到果实子仁类药物4种、花类孢子类药物1种；降幅较大的品种包括了金银花和黄芩，其部位特征分别为根及根茎类以及花类孢子类。

从功能分类来看，指数增幅较大的品种中，清热药占比达到了30.7%，代表品种有苦参、连翘、射干等，除此之外还涉及到安神药1种、补虚药2种、化痰止咳平喘药1种、活血化瘀药1种、解表药2种、祛风湿药1种、消食药1种；降幅较大的两个品种均为清热类药物。

二、2021年河北省大宗道地药材指数深度分析

1.大宗道地药材指数走势聚类分析

本研究将针对所选取的15种河北省道地中药材进行分析，该15个品种分别为黄芩、酸枣仁、连翘、金银花、柴胡、射干、苦参、山楂、北苍术、防风、知母、黄芪、苦杏仁、祁山药、丹参。受市场供求、疫情等因素的影响，各品种的涨跌情况各不相同，经过对15个品类进行聚类分析发现，可以将其走势分为4大类：震荡浮动（6个品种，黄芩、柴胡、丹参、黄芪、山药、苦参、）、大幅波动（4个品种，北苍术、酸枣仁、连翘、防风）、涨转跌（2个品种，金银花、知母）、跌转增（4个品种，苦杏仁、射干、山药、苦参）。

从整体来看，走势向上的品种占大部分，也说明了近些年来，由于市场需求日渐增加，大部分中药材价格也随之有所提高，后期虽有可能小幅回落，但整体走势仍然向好，价格走势发生大幅度转变的难度大。

（1）指数震荡浮动的药材

在周期内表现小范围内浮动，指数整体水平变化不大的品种归为震荡浮动类别，代表品种有黄芩、柴胡、丹参、黄芪、山药、苦参等6个品种（图7-18）。

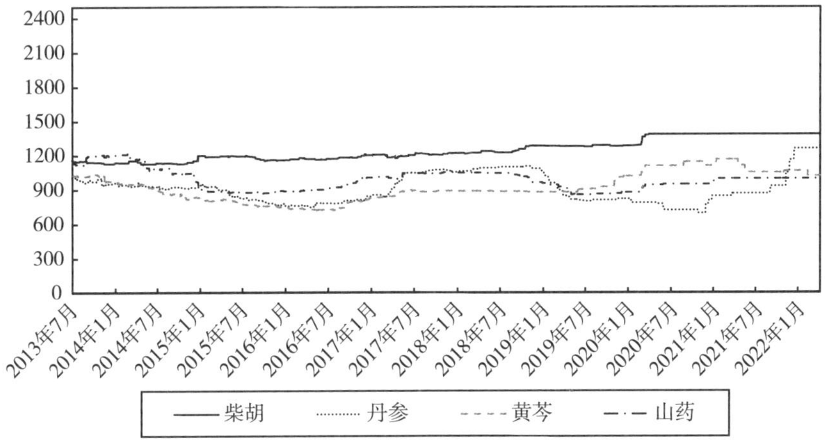

图7-18　指数呈现震荡浮动的典型药材品种

数据来源：康美·中国中药材价格网https：//cnkmprice.kmzyw.com.cn/

以上6个品种的增减幅度又可以分为两类，一类是震荡增加，例如柴胡、黄芪两类药材，从2013年第一季度开盘以来，其价格指数基本以稳定的增速增长；另一类是价格指数围绕着某一个数值上下波动，例如黄芩、丹参、山药均围绕着900.0点上下浮动，此类型波动内未出现过大幅增减的情况，并且开盘与收盘的价格指数相比较于其他聚类种类而言相差有限。

（2）指数大幅波动的药材

指数整体波动幅度大，既体现在周期内的波动又表现为开盘与收盘点指数的增减比例两方面，将符合此类的药材品种归为大幅波动类别，代表为北苍术、酸枣仁、连翘以及防风等4个品种（图7-19）。

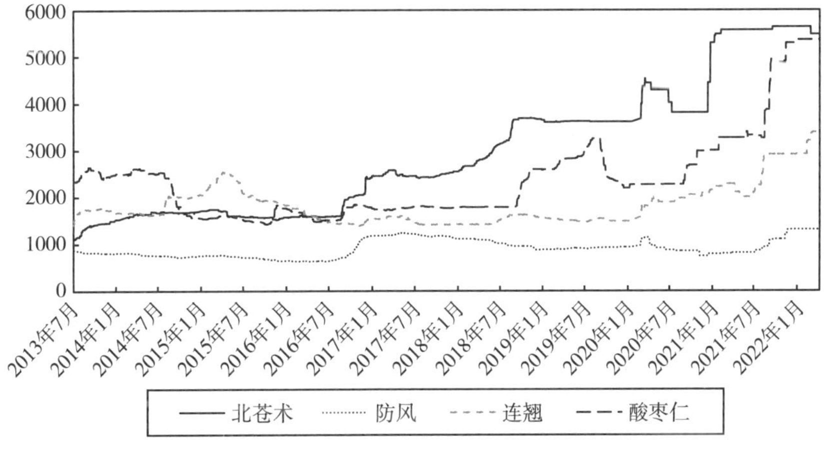

图7-19　指数呈现大幅震动的药材

数据来源：康美·中国中药材价格网https：//cnkmprice.kmzyw.com.cn/

上述4个品种在监测周期内均出现了大幅度增减的情况，尤其北苍术、酸枣仁、连翘3大品种，其价格整体走势向上，尤其在2019年后，价格指数出现了大幅度的增长，应当与新冠疫情有关；另外，防风虽然并没有出现其他品种一般的大幅增长，但就其本身指数而言，在周期内曾多次出现了大幅度的增减。

（3）指数涨转跌的品种

指数整体走势呈现先涨后跌趋势的品种，归为涨转跌类别，本类品种走势主要表现为：在较长时间内价格指数稳定增长，但从某一个时点开始指数呈现明显下降，此类代表品种为金银花以及知母（图7-20）。

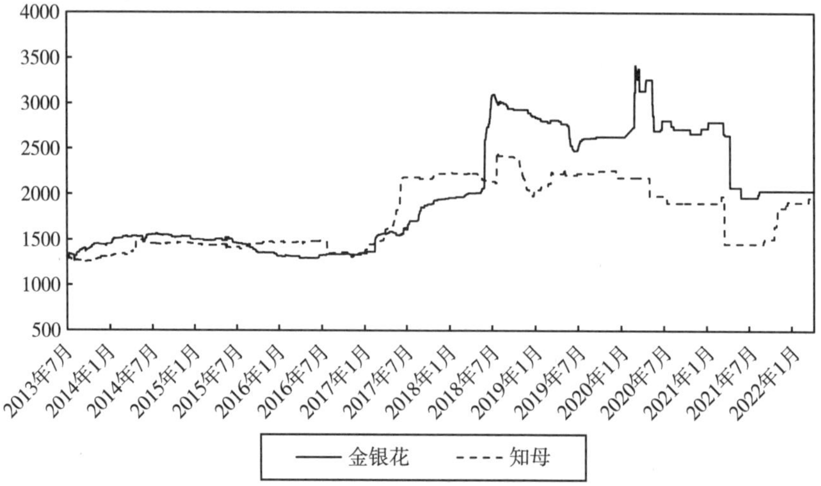

图7-20　指数呈现涨转跌的品种

数据来源：康美·中国中药材价格网https：//cnkmprice.kmzyw.com.cn/

从走势图中可以发现，自2013年第一季度到2017年第一季度4年时间内，金银花与知母的价格基本稳定在1400.0~1500.0点之间，随后开始以不同增速上涨，2018年7月金银花指数就表现出了下降的势头，几年震荡后回落到2100.0点的水平；2019年底知母开始出现下跌趋势，开始时降幅并不明显，到2021年第一季度知母出现大幅下跌，随后降低到开盘时的水平，2021后半年有所上升。

（4）指数跌转增的品种

指数整体走势呈现先跌后涨趋势的品种，归为跌转增类别，本类品种走势主要表现为：开盘后几年内价格指数始终保持下降，随后在某一个时点开始上涨，代表品种为苦杏仁、射干、山药、苦参4个品种（图7-21）。

从走势图可以发现，以上4个品类在开盘后几年内均呈现了下降的趋势，在2018年7月苦杏仁表现出上涨趋势、2021年底苦杏仁和山药也开始反弹上涨；而射干在监测周期内表现出两段上涨，分别为2016年1月以及2021年7月。整体来看，以上4个品类的总走势看好，最终收盘价格相比较于2013年第一季度开盘价格，均有不同程度的上涨。

2.大宗道地药材品种相关性

针对所选取的15种河北省大宗道地药材，将获取到的价格日指数通过SPSS软件进行相关性分析，得到相关性系数表中结果。

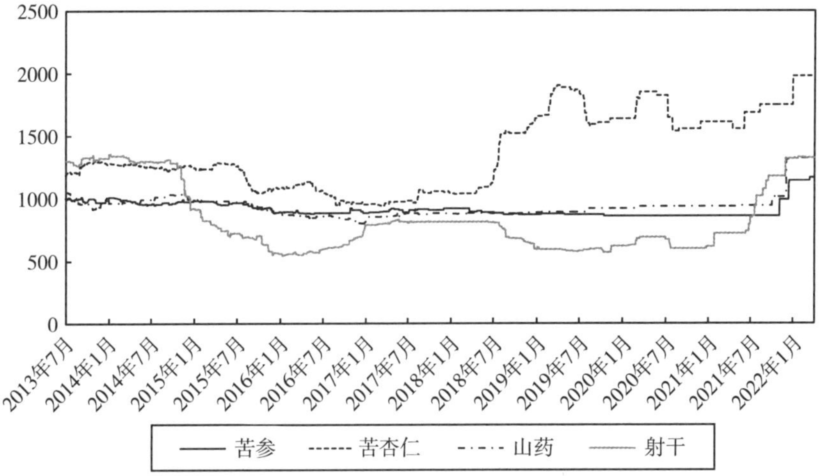

图7-21　指数呈现跌转增的品种

数据来源：康美·中国中药材价格网https：//cnkmprice.kmzyw.com.cn/

（1）正相关的品种

对15个大宗道地药材2013~2022年价格走势数据进行相关性分析，得到了225组相关关系，其中160组相关关系为正数，涉及80个品种关系对。其中“北苍术-柴胡”的相关性最高，皮尔逊相关系数达到了0.994，并且在0.01的水平上相关性显著；除此之外“山药-苦参”以及“知母-金银花”的相关性系数也相对较高，分别达到了0.795、0.785，并且都在0.01的水平上相关性显著（图7-22）。

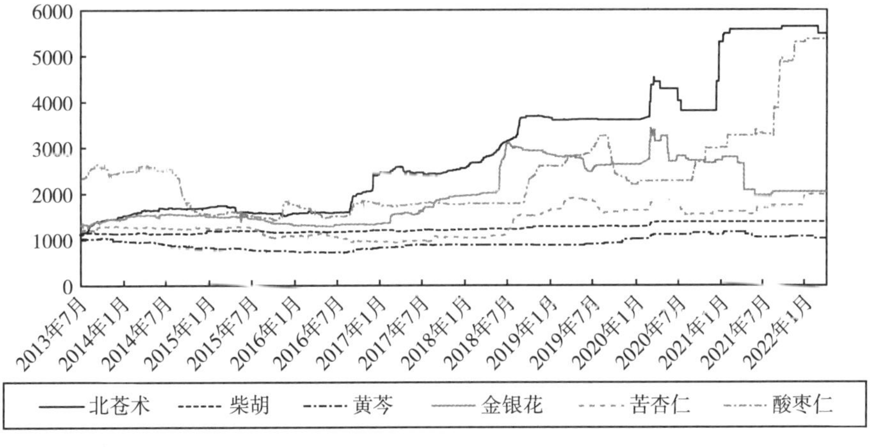

图7-22　正相关程度较高的品种

（2）负相关的品种

在以上相关系数中，除160组正相关关系外，还有50组负相关关系，涉及25个品种关系对。其中“金银花-苦参”的负相关关系最为明显，皮尔逊相关系数为-0.469，在0.01的水平上相关性显著；“知母-射干”的负相关系数紧随其后，为-0.413（图7-23）。

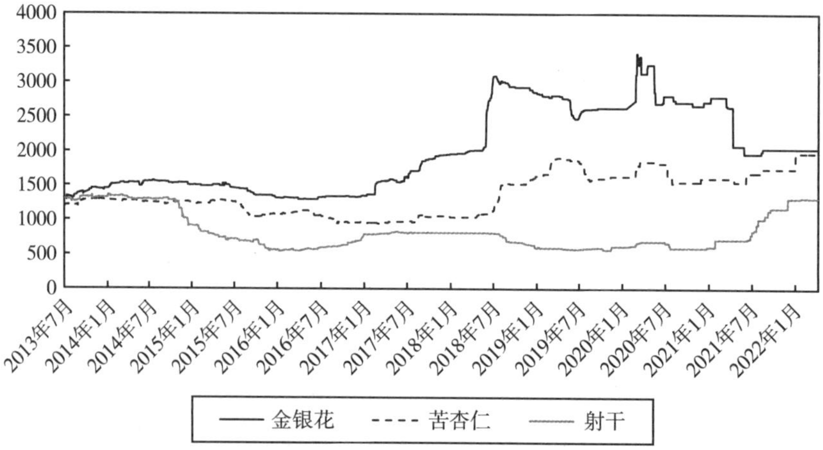

图7-23　负相关程度较高的品种

（3）相关性较弱的品种

当皮尔逊相关系数趋近于0时，则表明两个品种之间的相关性较弱，通过相关系数表发现，“金银花-丹参”的相关系数为-0.003，在所有225组关系中最接近于0，表面两个品种的相关性最弱；除此之外，“连翘-金银花”、“苦参-黄芩”、“苦杏仁-丹参”、“射干-苦杏仁”的相关关系也相对较弱，相关系数分别为-0.034、-0.026、-0.022（图7-24）。

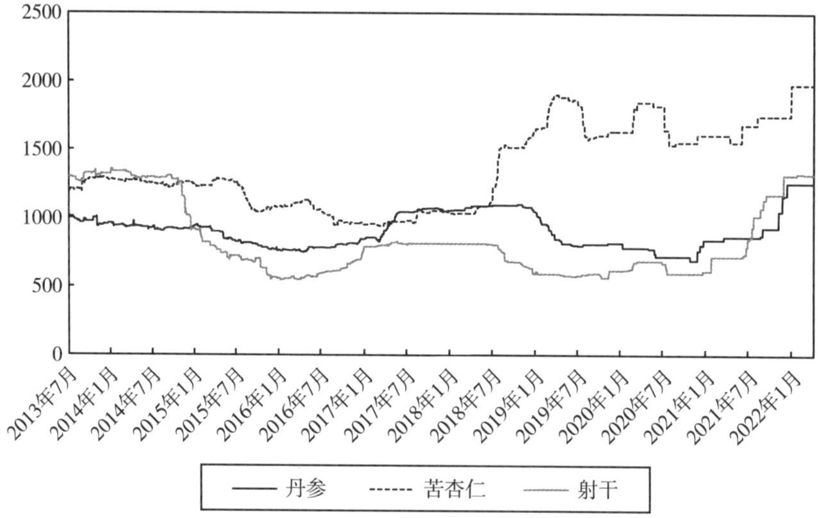

图7-24　相关程度较低的品种

3. 中药材价格与CPI关系

康美中国中药材价格指数与居民消费价格指数（CPI）均用于反应价格水平。由于居民消费价格指数发布周期为月度，因此将2013~2022年康美价格指数月度指数同CPI进行相关性分析，分析发现大部分中药材与CPI有一定的联系。

表7–3　大宗道地药材同CPI相关系数

品种	系数	品种	系数	品种	系数
北苍术	0.942**	柴胡	0.946**	丹参	–0.054
防风	0.397**	黄芩	0.578**	黄芪	–0.423**
金银花	0.758**	苦参	–0.392**	苦杏仁	0.731**
连翘	0.385**	山药	0.095	山楂	0.559**
射干	–0.375**	酸枣仁	0.605**	知母	0.603**

**. 表示在0.01水平相关性显著；*. 表示在0.05水平相关性显著

以上15个大宗道地药材品种同CPI的相关系数均通过SPSS软件进行相关分析计算得出（表7–3）。可以按照系数大小与特征分为三类，分别为明显正相关类、明显负相关类、相关度较低类。

（1）明显正相关类

当皮尔逊相关系数越趋近于1时，表明该药材价格指数同CPI之间正相关关系越明显，例如柴胡与CPI相关系数为0.946，并且在0.01的水平上显著相关，北苍术与CPI相关系数为0.942；除此之外，正相关程度较高的还有黄芩、金银花、苦杏仁、山楂、酸枣仁、知母等，系数均大于0.3。

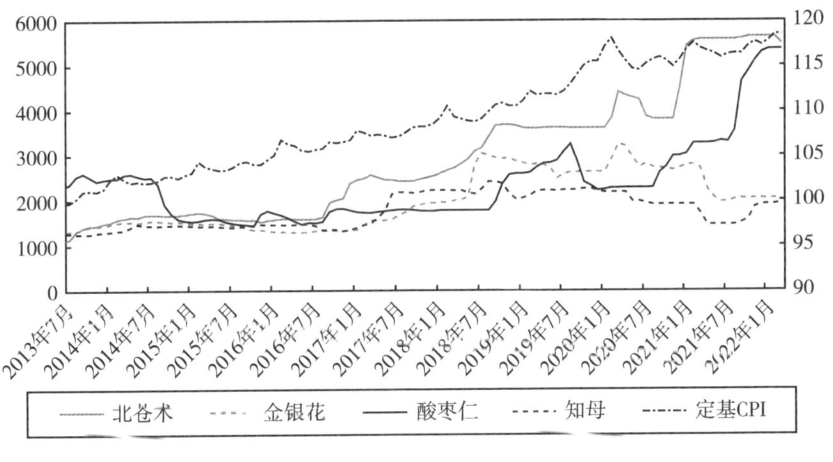

图7–25　与CPI正相关系数较高的药材价格指数

图7–25中列示了四种同CPI相关系数最高的品种，分别为北苍术、金银花、酸枣仁、知母。四个品种从整体走势来看，在9年间走势与CPI走势基本趋同，尤其北苍术与酸枣仁两个品种。2019年底，CPI定基指数出现了明显的下跌，同一时间段北苍术、金银花等品种价格指数也表现出几乎相同的增幅。

（2）明显负相关类

当皮尔逊相关系数越趋近于–1时，表明该药材价格指数同CPI之间负相关关系越明显，例如黄芪与CPI相关系数为–0.423，并且在0.01的水平上显著相关；除此之外，负相关程度较高的还有苦参、射干等。

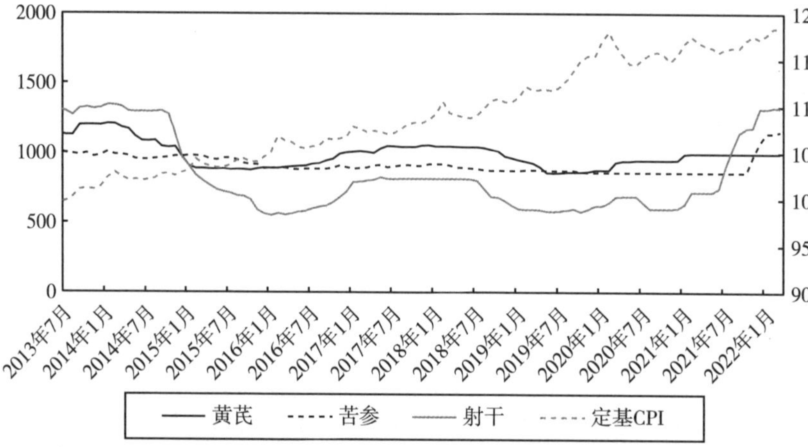

图7-26　与CPI负相关系数较高的药材价格指数

图7-26中选取了三种同CPI变化趋势负相关明显的药材，分别为黄芪、苦参和射干，从整体走势来看，CPI走势上扬，而这三类药材品种走势向下。

（3）相关度较低类

当皮尔逊相关系数越趋近于0时，表明该药材同CPI之间的相关程度越弱，例如丹参与CPI相关系数为-0.054、山药为0.095，相关系数绝对值均小于0.1（图7-27）。

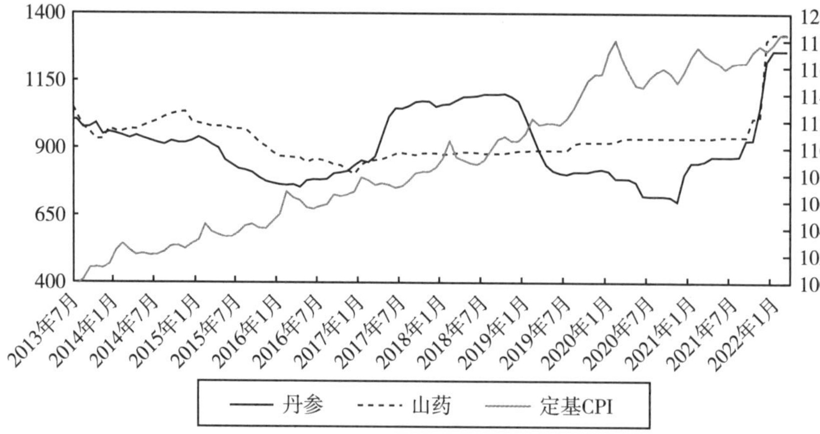

图7-27　与CPI相关系数较低的药材价格指数

三、河北省大宗道地药材指数走势预测

1.价格走势分析及预测

（1）全国中药材价格指数预测

1）数据序列建立

通过康美中国中药材价格指数库，获取2013年4月16日~2021年12月30日总价格指数数据，经过有效数据筛选，最终得到有效数据3135条，导入到SPSS中进行ARIMA价格

预测分析。由于价格指数日期类型为“年–月–日”，在SPSS中“年、月”条目同“日”条目不能连用，因此以内设变量“OBS”代替“DAY”实现日循环功能，通过以下语法代码对数据日期进行定义：

DATE YEAR 2013 *MONTH* 4 12 *OBS* 16 30.

由于数据起始日期为2013年4月16日，因此定义循环周期时将“YEAR”起始定义为2013，“MONTH”起始定为4、循环周期为12，“OBS”起始定义为16、循环周期为30，得到数据日期格式如下图7–28：

```
The following new variables are being created:

Name      Label

YEAR_     YEAR, not periodic
MONTH_    MONTH, period 12
OBS_      OBS, period 30
DATE_     Date.  Format: " MMM OO"
```

图7–28　SPSS中定义的数据日期格式

2）时间序列平稳性检验

以价格指数为变量、日期序列为时间轴标签，通过SPSS软件时间序列预测功能中的序列图，在不进行差分与季节性差分的情况下生成基础数据走势图。当数据围绕某一个值上下波动且震动幅度基本等同时，可以认为时间序列数据具有平稳性，由图中可以看出，总指数数据未通过平稳性检验，并且存在多个“峰谷”、“低谷”，因此认为总指数数据存在一定的季节性波动（图7–29）。

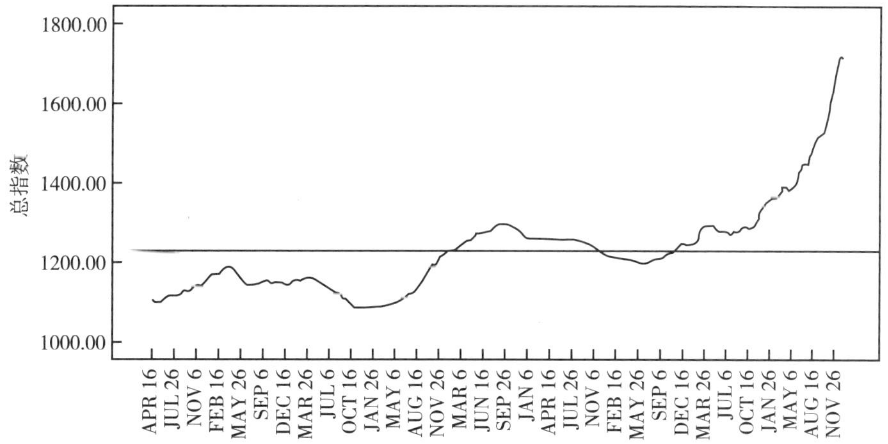

图7–29　总指数未进行差分的序列图

通过季节性分解功能将总指数进行分解，得到SAF（季节性调整因子）、STC（平滑的趋势循环成分）、ERR（残差值）以及SAS（季节性调整序列）四组数据。通过季节性调整序列SAS进行季节性差分，差分序列图结果表明，当差分阶数为2时，数据具有平稳性（图7–30）。

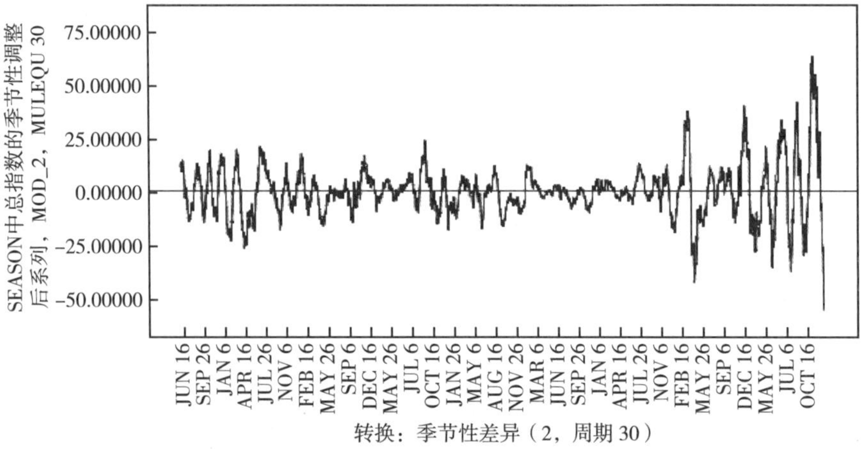

图7-30　调整序列SAS季节性差分序列图

随后以季节性差分阶数为2为基础，对总指数列进行非季节性差分，结果表明，当非季节性差分阶数同样为2时，序列平稳（图7-31）。

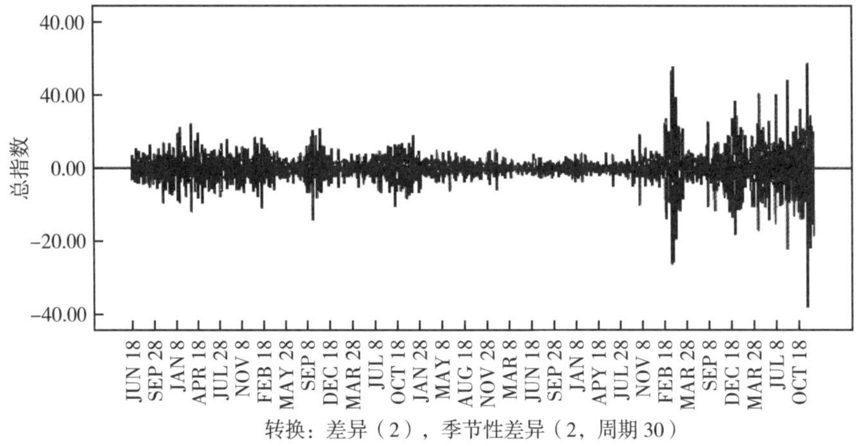

图7-31　总指数差分序列图

3）ARIMA模型系数确定

上述平稳性检验中确定了差分阶数分别为：非季节性差分2阶、季节性差分2阶，随后通过SPSS软件中时间序列预测的自相关功能，确定ARIMA模型中的自回归阶数p与移动平均项数q。首先在非季节性差分2阶下，对总指数进行自相关检验，得到自相关ACF与偏自相关PACF如下图7-32和图7-33。

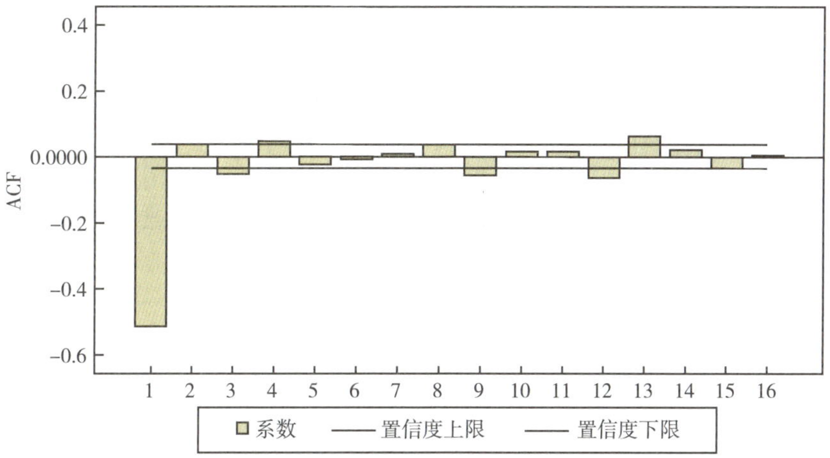

图7-32　总指数非季节性自相关ACF

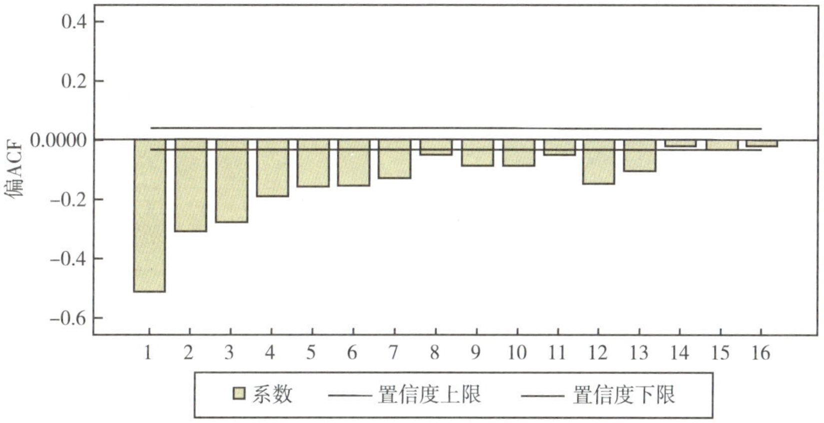

图7-33　总指数非季节性偏自相关PACF

由以上结果可以看出，当滞后编号为2时，自相关系数ACF回落到置信度上限内；滞后编号为14时偏自相关系数PACF回落到置信度下限内，因此非季节性ARIMA模型可以构建为（1，2，13）。

在季节性差分为2阶的情况下，得到自相关ACF与偏自相关PACF如下图7-34和图7-35。

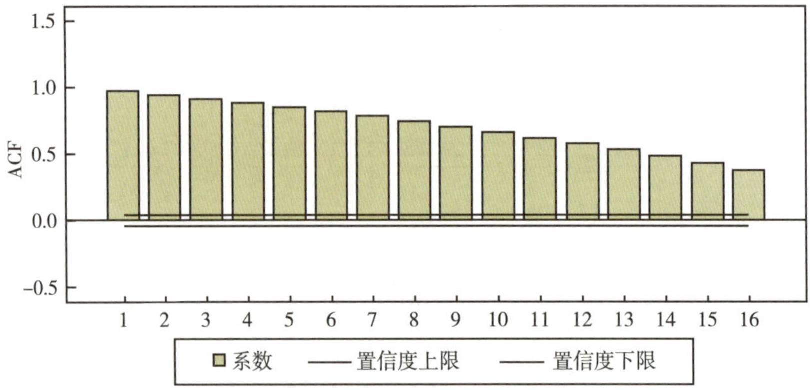

图7-34　总指数季节性差分自相关ACF

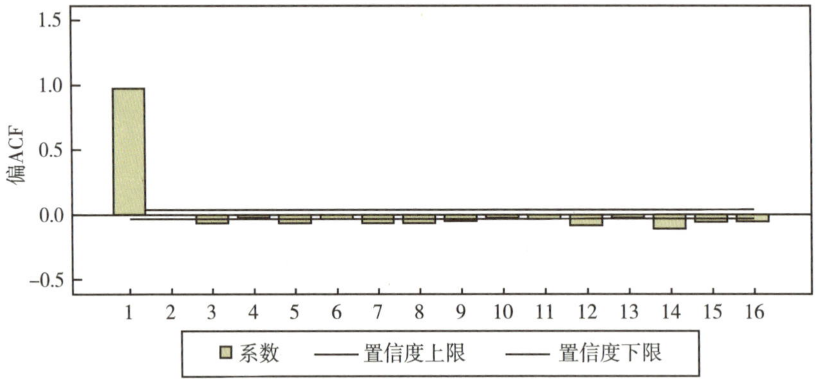

图7-35　总指数季节性差分偏自相关PACF

由以上结果可以看出，当滞后编号为2或4时偏自相关系数PACF回落到置信度下限内，因此季节性ARIMA模型可以构建为（0，2，1）或（0，2，3）。

4）模型结果比较

通过比较模型结果中的残差ACF、残差PACF以及杨伯克斯显著性（sig）、平稳R^2、贝叶斯信息准则（BIC）等指标可以对模型拟合结果有效性进行评价。以上分析过程中认为ARIMA模型可以设置为（1，2，13）（0，2，1）或（1，2，13）（0，2，3），将以上两种模型结果同SPSS中内置的专家建模器结果进行对比结果如下表7-4。

表7-4　不同模型预测结果比较

	（1，2，13）（0，2，1）	（1，2，13）（0，2，3）	专家建模器
残差ACF	趋向于0，但不等于0		
残差PACF	趋向于0，但不等于0		
Sig	0.000	0.000	0.045
平稳R^2	0.804	0.893	0.128
BIC	0.967	0.372	0.188

通过以上结果发现，三种模型的残差ACF与残差PACF结果基本相似，都趋向于0但不等于0；Sig数值表示对模型的显著性检验，当0.01<Sig<0.05，则为差异显著；Sig<0.01，则为差异极显著，0.000表示<0.0001的数，表明检验结果极其显著；平稳R^2反应模型的拟合程度，拟合程度越高表明预测模型越能反应真实情况；除此之外BIC表示模型对数据的释度，数值越小模型越简洁，因此BIC参照选小原则。最终结果表明，模型（1，2，13）（0，2，3）各项指标表现最佳。

5）预测结果分析

通过以上分析过程确定总价格指数的ARIMA预测模型设定为（1，2，13）（0，2，3），通过SPSS软件预测未来一年价格走势图如下图7-36。

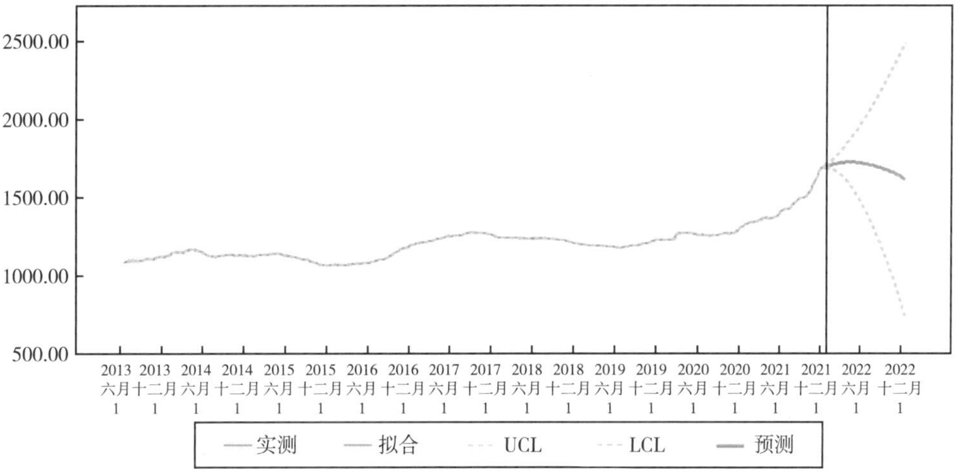

图7-36 模型预测走势图

从以上模型结果及走势图可以发现，模型整体平稳R^2=0.893，预测值与实际值拟合程度较好，预测值能够良好的反映出价格走势的实际情况。选取2022年第一季度预测值与实际值进行对比发现，虽然具体数额之间有所差异，但整体趋势相同（图7-37）。

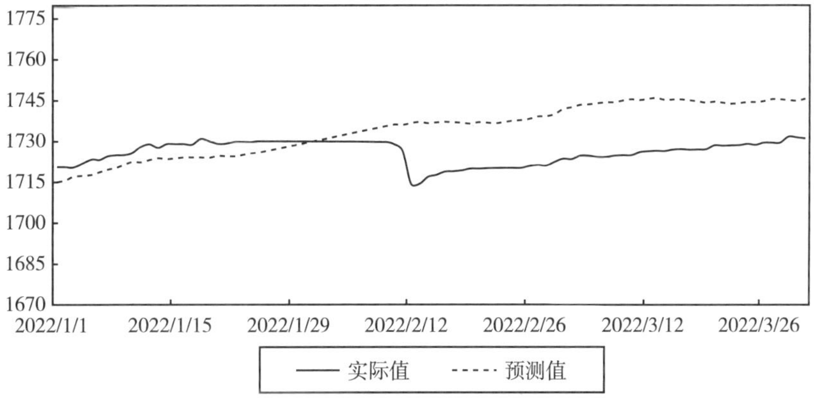

图7-37 2022年第一季度实际与预测走势

从ARIMA预测结果来看，2022年价格走势短期内仍然会呈现小幅的上涨，直到2022年4月上旬达到顶点1749.72点，也是近些年来总价格指数达到的最高点，相比较于2022年初增长2%；随后开始震荡下跌，年末收盘于1636.34点，相较于年初降幅达到了-4.6%，后续年度下降趋势明显（图7-38）。

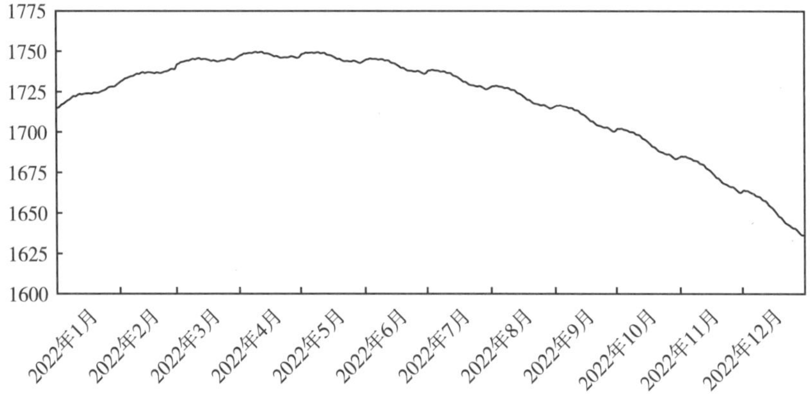

图7-38　2022年总指数预测趋势图

（2）河北产地中药材价格指数预测

以下价格指数预测采用与总指数同样的方式进行数据处理和导入，平稳性检验结果表明，当非季节性差分为2阶、季节性差分为0阶时，河北产地价格指数趋于平稳（图7-39）。

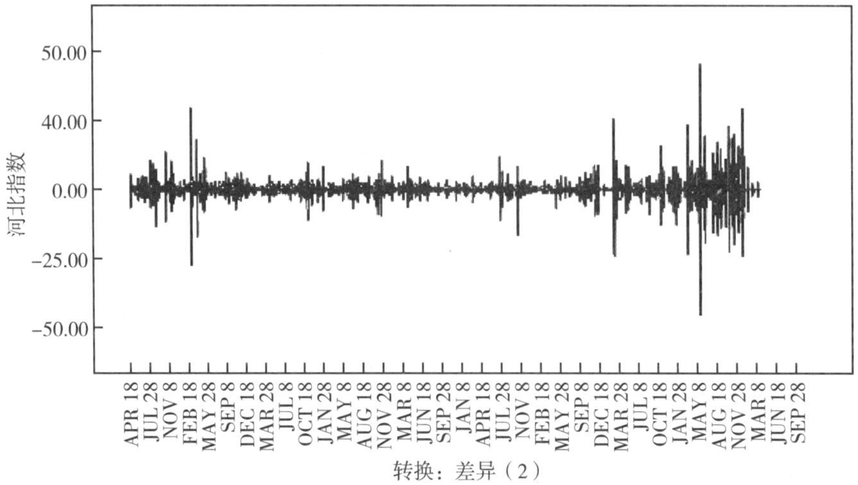

图7-39　河北价格指数2阶差分序列图

对2阶非季节性差分进行自相关检验后认为可以将ARIMA模型定义为（2，2，2），与SPSS内置的专家建模器进行比对，得到如下结果（表7-5）。

表7–5　不同模型预测结果分析

	（2，2，2）	专家建模器
残差ACF	趋向于0，但不等于0	
残差PACF	趋向于0，但不等于0	
Sig	0.044	0.042
平稳 R^2	0.470	0.029
BIC	1.741	1.725

从以上结果发现，考虑拟合效果和模型精简程度的情况下，认为模型（2，2，2）更能有效地反应未来价格走势情况，预测结果如下图7–40所示。

图7–40　河北产地指数模型预测结果

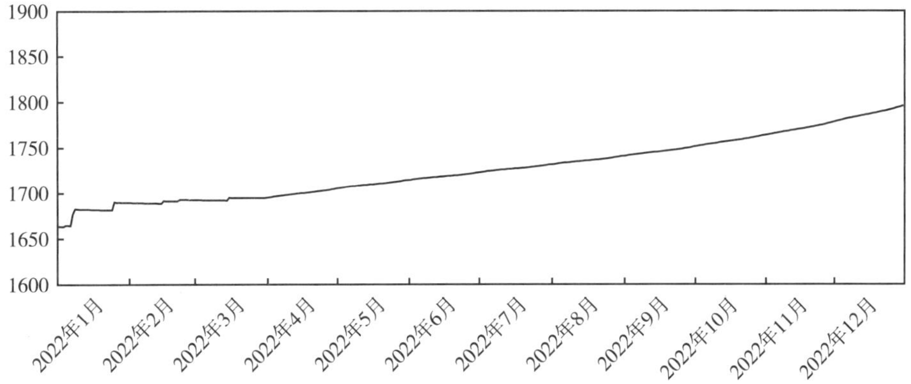

图7–41　河北产地指数2022年预测结果

从ARIMA预测结果来看，2022年河北省产地价格指数仍然会保持增长的态势，在2022年初出现两次断崖式上涨后，增幅基本稳定，年末收盘于1795.83点，相比较于年初增幅达到了7.9%，后续增长趋势明显（图7–41）。

（3）安国市场中药材价格指数预测

将安国市场中药材价格指数进行数据处理后导入SPSS软件中，随后进行平稳性检验，结果表明当非季节性差分为2阶、季节性差分为1阶时，安国市场价格指数趋于平稳（表7–42）。

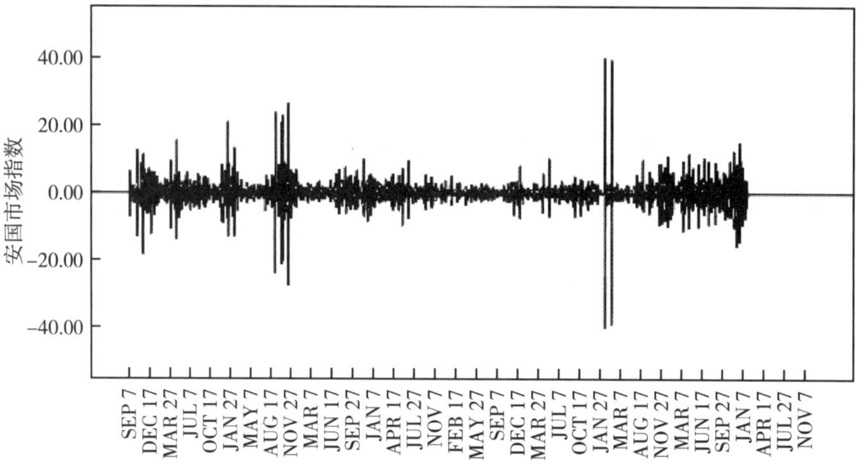

转换：差异（2），季节性差异（1，周期30）

图7–42　安国市场价格指数2阶差分序列图

对2阶非季节性差分、1阶季节性差分进行自相关检验后认为可以将ARIMA模型定义为（0，2，1）(0，1，3）或（0，2，1）(1，1，3)，与SPSS内置的专家建模器进行比对，得到如下表7–6结果。

表7–6　不同模型预测结果分析

	（0，2，1）(0，1，3)	（0，2，1）(1，1，3)	专家建模器
残差ACF	趋向于0，但不等于0		
残差PACF	趋向于0，但不等于0		
Sig	0.011	0.006	0.000
平稳 R^2	0.737	0.738	0.017
BIC	1.044	1.045	0.999

从以上结果发现，考虑拟合效果和模型精简程度的情况下，认为模型（0，2，1）(1，1，3）更能有效地反应未来价格走势情况，预测结果如下图7–43所示。

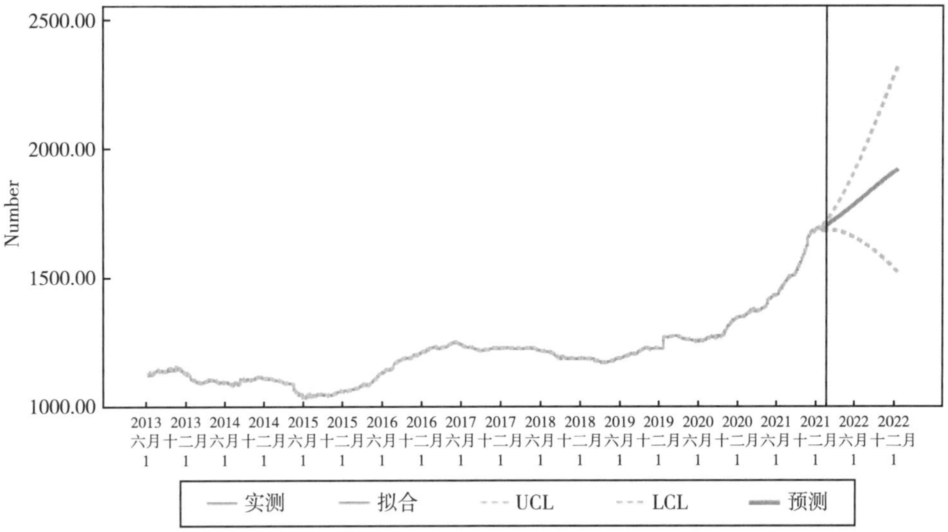

图7-43　安国市场指数模型预测结果

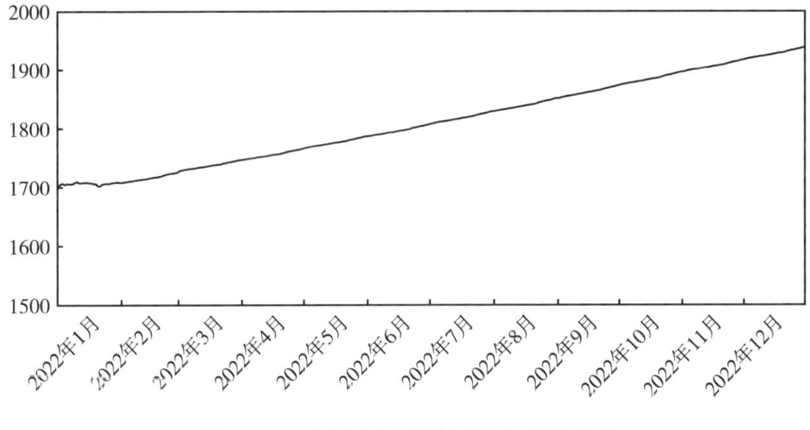

图7-44　安国市场指数2022年预测结果

从ARIMA预测结果来看，2022年安国市场价格指数将保持增长态势，年初开盘于1663.86点，收盘于1938.19点，能保持增长趋势的原因与新冠肺炎的影响脱不开干系，但近些年来安国药市“数字化药都”的发展也为安国市场中药材交易起到了助推作用（图7-44）。

（4）河北省大宗道地药材价格指数预测

1）黄芩价格指数分析及预测

由于受到2010~2011年两年经济牛市推动，家种黄芩价格由9元拉升至最高点24元。但2013年整体药材市场行情回落，随之黄芩价格也开始有所回调。2013~2016年这一时间段内市场黄芩数量总体呈现供过于求的状态，价格也有大幅回落的趋势，已处于低位，并且受整体经济的影响及新旧库存仍待消化，其上升动力较弱，但就当前价位判断其再下滑空间有限，主要是以消化货源为主。

黄芩新的用途与功效在不断被开发，其开发的新成果受到国内外的青睐，因此市场对其需求量在不断增加，销量逐渐上升。同时2017年受到旱情的影响，山西产地减产但其他产地旱情并不严重，因此市场持货商多理性、谨慎经营，保持勤销快进的态度，正常备货。2019年底受到疫情的刺激，价格持续上涨，到2020年底趋于平稳，至2021年出现下降。

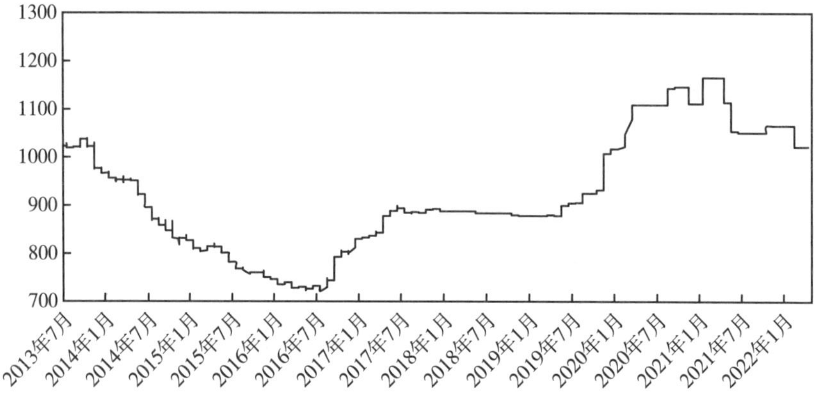

图7-45　2013~2022年中药材黄芩价格日指数

从价格日指数具体数额来看，2013年4月至2016年8月，指数一直处于下降趋势，从1051.78到721.16，跌幅达到31.43%。自2016年9月开始呈上升趋势，到2017年4月趋于平稳，从743.67涨到878.13，涨幅为18.08%。之后到2019年5月，呈现出急速增长趋势，由899.49点到最高点的1166.21点。后随着疫情的减缓，同时2021年第二针疫苗接种率的提升，对于药品的需求量降低，因此指数从最高的1166.21点骤降至1050.97点，降幅达9.90%。到目前为止，黄芩上货量、出货量稳定，因此价格也趋于稳定（图7-45）。

从2013年4月16日至2021年2月9日价格指数走势看，指数最高值出现在2021年1月13日，当时指数值为1166.21点，最低值为2016年7月22日的721.16点，两者相差445.05点，表明黄芩的价格涨幅波动较大。

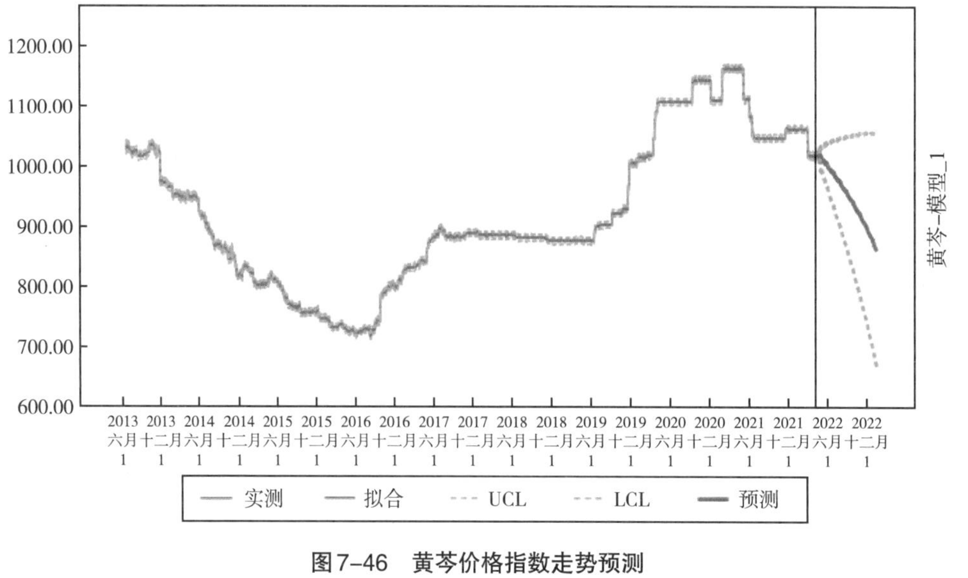

图7-46　黄芩价格指数走势预测

从ARIMA预测结果来看，2022年黄芩价格将会呈现断崖式下跌走势。因目前市场库存较丰，供大于求导致黄芩将从虚高位一路下滑，且降幅明显，短短四个月间降至1066.06点，而后2022年5月面对市场新一轮供货，价格将会不断突破行情低谷，收盘于862.68点，全年总降幅高达-19.09%，预计后续年度黄芩价格将会持续疲软运行（图7-46）。

2）酸枣仁价格指数分析及预测

酸枣仁在2013年12月前可谓是药市翘楚，价格连创新高，其中自然环境的作用不可忽视；2014年以来酸枣仁主要产地天气适宜其生长，酸枣仁迎来了大丰收，因此产新时行情有所松动，价格有所下滑属于理性回归；在市场没有大的调整下，酸枣仁价格整体走势平缓，上升驱动力弱；直到进入2018年10月才出现上涨苗头，随之受到北方自然灾害减产和库存见底的影响，直至2019年9月酸枣仁价格才出现持续上涨，高歌猛进，2022年4月上升态势趋于平稳，与此同时价格迎来了近10年来的最高值。

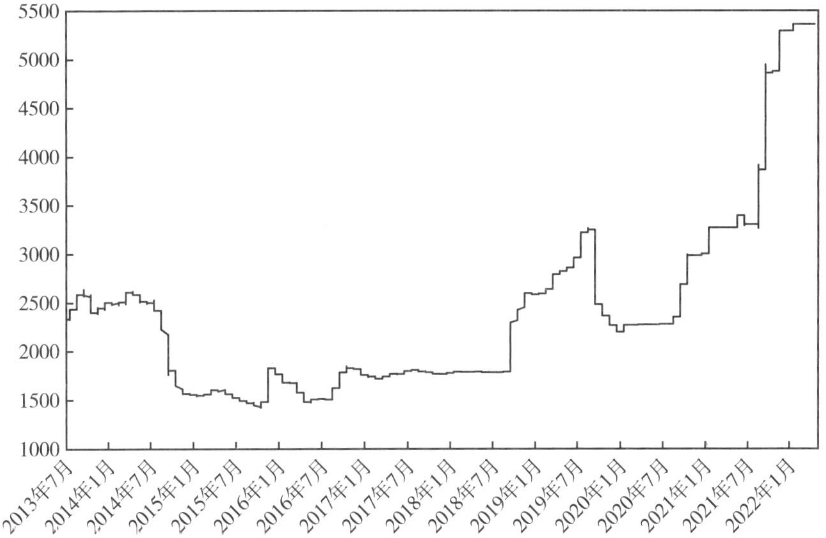

图7-47　2013~2022年中药材酸枣仁价格日指数

酸枣仁价格从具体数据来看从2013年4月至2022年4月可以大致分为两段周期波动变化，第一段为2013年4月~2019年9月“中位运行”波段，在此波段期间价格指数由2183.7点涨到3001.79点，涨幅为34.46%；第二段为2019年10月~2022年4月“高位运行”段，最高点和最低点分别出现在2020年4月为2276.23点和2022年1月为5360.28点，平均值为3818.255点，其平均值比此前最高值高出800点左右（图7-47）。

从ARIMA预测结果来看，受市场库存薄弱影响，2022年酸枣仁价格将延续2021年下半年的运行高位。2022年1月，酸枣仁价格开盘于5292.55点，全年表现较为坚挺，将实现稳中有涨的走势，最终收盘于5420.06点，创造近年来酸枣仁价格顶峰，相较于2022年初涨幅达2.37%，后续年度行情仍将保持小幅稳步上涨的趋势（图7-48）。

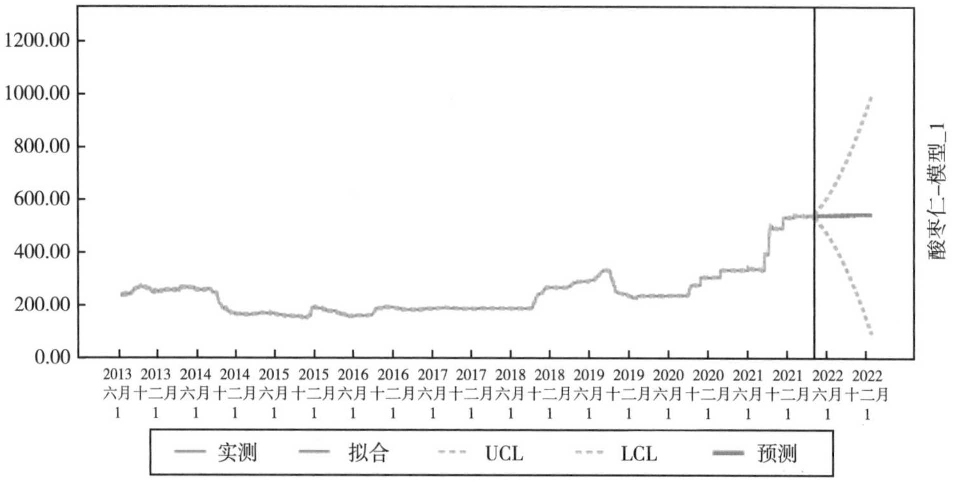

图7-48　酸枣仁价格指数走势预测

3）连翘价格指数分析及预测

从2013年4月16日~2021年8月13日价格指数走势看，指数最高值出现在2021年8月11日，当时指数值为2788.09点，最低值为2013年4月16日的1200.09点，两者相差1588点，说明连翘的价格涨幅波动很大；2021年8月13日连翘价格指数值为2788.09点，去年连翘价格指数累计上涨了29.19%，强于总指数的趋势。2021年9月，由于疫情和鲜货上行，价格上涨了23.39%，新药规、新标准下，可以看出推迟采收、成熟度足够的新货更受人青睐；与2019年8月13日相比，上涨了81.95%，比2020年8月13日上涨了41.11%；同期，总指数分别上涨22.68%，上涨16.05%。

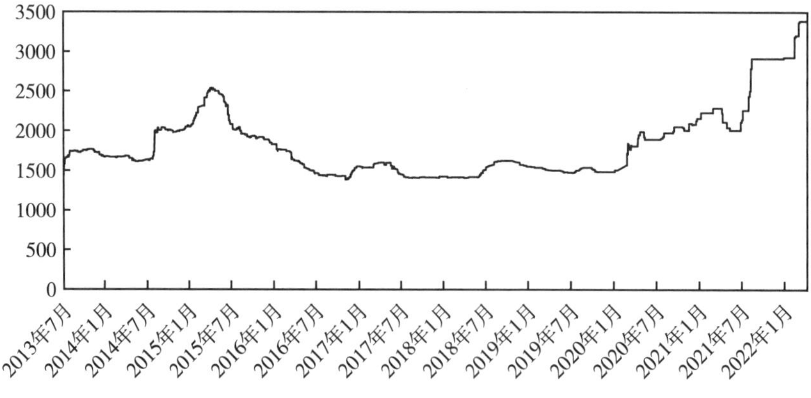

图7-49　2013~2022年中药材连翘价格日指数

连翘价格指数涨幅明显大于总指数，说明疫情下的两年，连翘得到了长足的价值体现，清热解毒刚需用药的偏好，整个从下游到上游产业链受到鼓舞并会传导持续下去。2013年4月至2022年4月九年间，该指数呈现三段明显的周期波动变化，第一段为2013年4月~2015年5月“持续增长”波段，在此期间价格指数从1319.87点上涨至2459.03点，增幅45.6%；第二段为2015年5月~2020年2月“低位运行”波段，随后大幅下降稳定在1508.3点左右，平均指数1142.18点，最低点处于2018年2月的1413.43点，平均指数1174.86点；第三段为2020年2月~2022年"高位运行"波段，持续高幅度增长，最高点更是达到了史无前例的3383.23点（图7–49）。

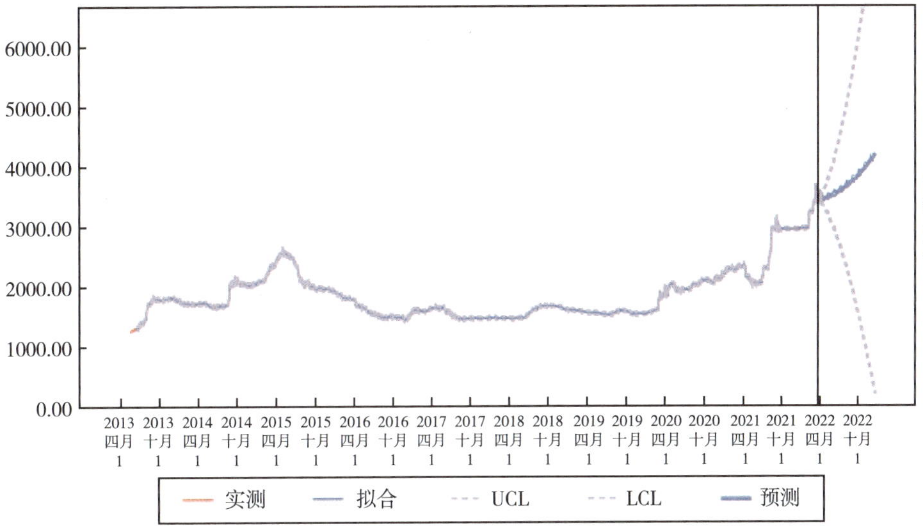

图7–50　连翘价格指数走势预测

从ARIMA预测结果来看，受连翘市场库存虚弱与需求刚性影响，进入2022年，连翘价格指数依旧保持2021年的高扬走势，并将出现新一波大幅拉升，直至2022年底将达到4184.49点，创造连翘历史价格最高值，相较于2022年初涨幅达42.95%，后续年度将维持此上涨趋势（图7–50）。

4）金银花价格指数分析及预测

金银花为忍冬科植物忍冬或同属数种植物的干燥花蕾或待开放的花，属于中药常用大宗品种之一，金银花因具有清热解毒、温病发热的功效，因疗效显著而大量应用于中医临床、中成药生产和出口。历史上金银花多次因疫情导致价格上涨，所以它成为商家熟悉且追捧的热点品种，目前金银花新货产出，行情出现回落。金银花在无特殊疫情需求下，年销量在1.3万吨左右，有着巨大的市场需求，产区主要分布在山东平邑、河北巨鹿、河南封丘，属于产区相对集中的品种，每年货源产出量的增减将对行情产生直接影响。

金银花本次行情是从2017年起步的，之前价格一直在低迷状态徘徊，当时的生产也处于萎缩状态，随着行情的回升，到2018年金银花行情暴涨至250元，在高价刺激下，激发了产区农户种植积极性，因此政府实行规模化种植，通过金银花产业扶持，发展态势迅猛。也可以说本次种植面积的扩增，对未来行情产生一定的压力。

在行情即将要调整的时候，2020年出现了新冠疫情，强劲的需求使行情再次拉升，金银花行情再次攀升至280元高位，也就再次刺激了农户种植积极性，生产面积二次扩增。

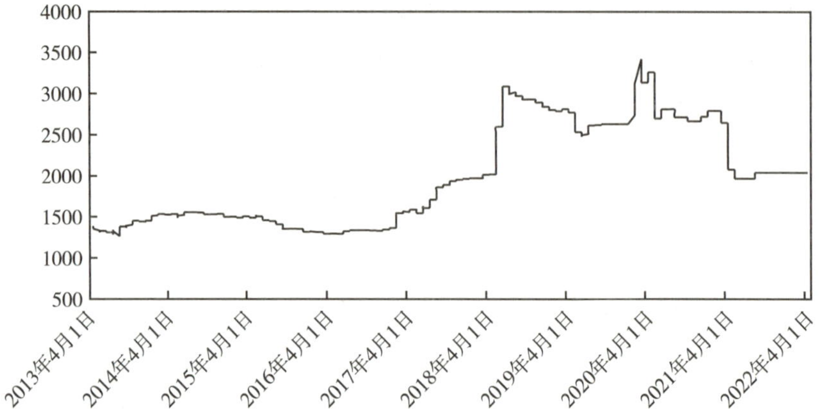

图7-51　2013~2022年金银花价格指数分析

通过金银花历史行情走势图我们可以看出，金银花近十年来价格波动较大。大致可以分为三个阶段，第一阶段2013~2017年处于较为平稳阶段，价格指数在1400点左右；此后价格指数在2600点上下震荡波动，高价出现在第二阶段2018~2020年，这波高价产生是上周期高价刺激生产而价格回调后，在又导致生产萎缩的背景下，又遇2020年新冠疫情的暴发，在刚性需求下，产生的高价；第三阶段2021~2022年4月，价格呈下降趋势，下降到2039.84点，金银花2020年新货产出量较大，导致2021年春节前各产区有一定货源量，供过于求导致价格下降（图7-51）。

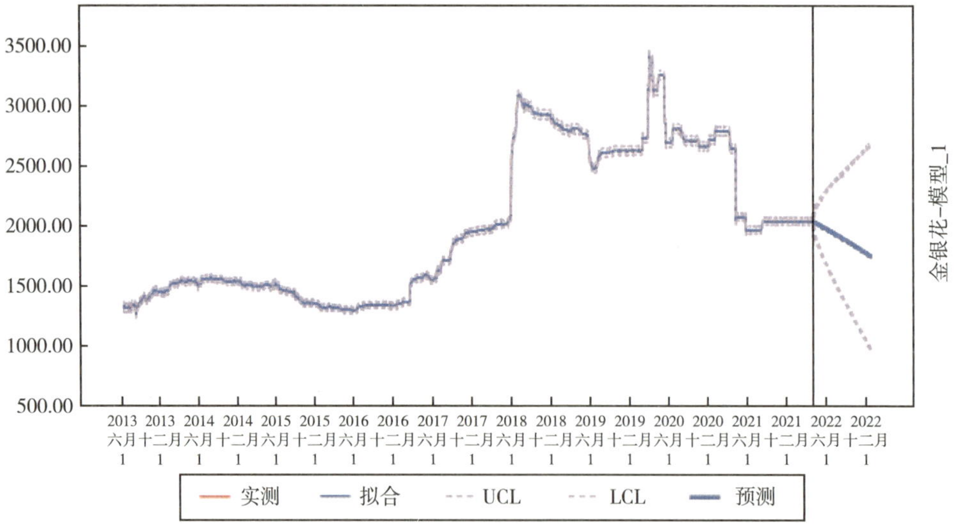

图7-52　金银花价格指数走势预测

从ARIMA预测结果来看，2022年金银花价格走势短期内仍然会呈现小幅的上涨，直到2022年4月上旬达到顶点1749.72点，也是近些年来总价格指数达到的最高点，相比较于2022年初增长2%；随后开始震荡下跌，年末收盘于1636.34点，相较于年初降幅达到了-4.6%，后续年度下降趋势明显（图7-52）。

5）柴胡价格指数分析及预测

从价格日指数具体数额来看，2013年4月至2022年4月九年间，该指数呈现两段明显的周期波动变化，第一段为2013年4月~2020年4月“平稳运行”波段，在此期间价格指数从1155.93点上涨至1306.77点，增幅11.1%，呈逐步稳定上升的趋势；第二段为2022年4月~2022年4月“高位运行”波段，2022年4月出现日指数“骤升”的情况，升至最高点1386.28点，达到了史无前例的峰值。

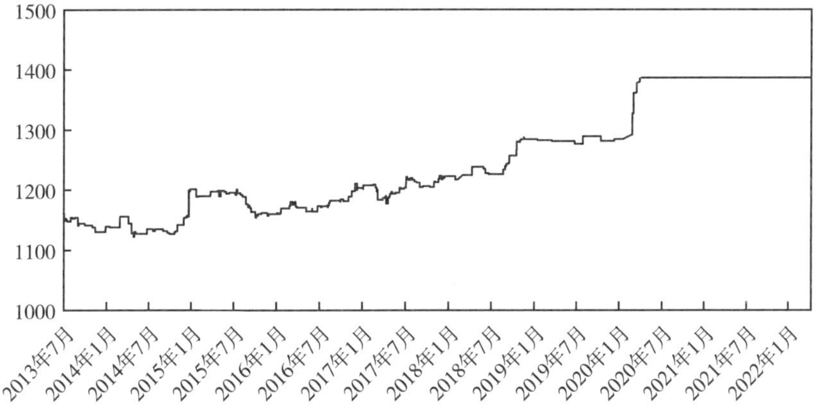

图7-53　2013~2022年中药材柴胡价格日指数

从2013年4月16日至2022年4月7日价格指数走势看，指数最高值出现在2022年4月7日，当时指数值为1386.28点，最低值为2014年4月29日的1122.42点，两者相差263.86点，说明柴胡长期处于供需平衡状态，自我调节能力强，柴胡的价格波动不大。从柴胡供需来说，有效成分含量高的野生北柴胡一直供不应求，而家种南柴胡（软）若生长时间不足，易造成质量不合格（图7-53）。

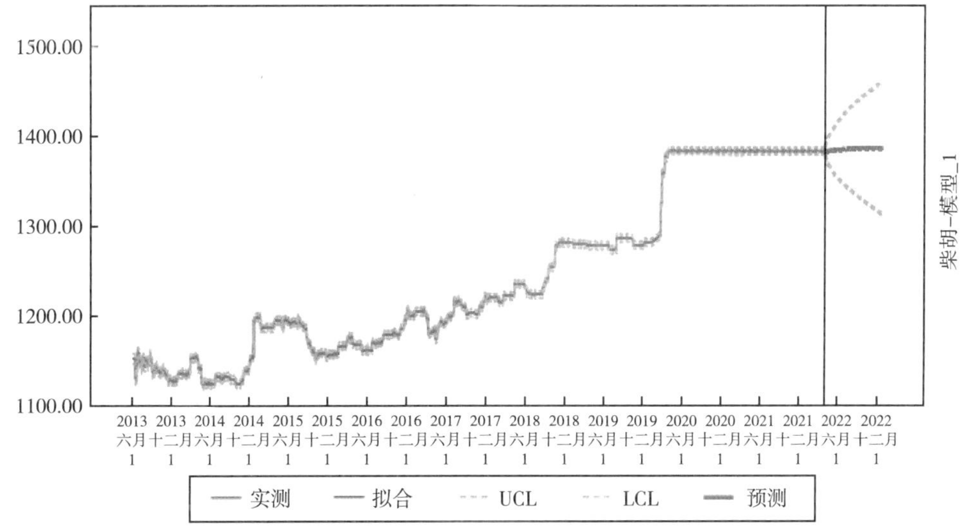

图7-54　柴胡价格指数走势预测

从ARIMA预测结果来看，目前柴胡价格已然处于历史最高位，但由于种植规模与市场需求较为平衡，2022年柴胡价格走势仍将平稳运行，并实现小幅的上涨，直到2022年12月上旬达到顶点1390.2点，相较于2022年初增长0.33%，全年总涨幅为0.21%（图7–54）。

6）射干价格指数分析及预测

受2011年我国中药材市场牛市以及多年以来射干低价、种植规模萎缩和社会整体库存比较薄弱的影响，射干价格一飞冲天大涨达到最高点，以平均价格1319.37点的高价延续至2014年11月；2014年12月起市场整体有大幅度的下滑，在2015年的12月出现了第一个小低峰，但因社会库存的短缺总体呈现出供不应求的市场表现，因此低价位段持续时间并不长；2016年8月~2017年4月射干价格开始缓慢反弹并趋于平稳，但由于种植周期原因，在高价位段时农户追高价种植的射干已成熟并流入市场，市场呈现出供过于求的总体态势，射干价位又出现了较大幅度的下滑，出现短期的低价期。

射干本就有清热解毒、消炎止痛、泻火利咽喉及治疗呼吸系统疾病的功效，加之新冠疫情的影响，我国乃至世界对中药的关注度持续升温，需求量暴增，射干价格也随之飞升至又一历史新高度。

从价格日指数具体数额可看出，射干指数总体呈现出“凹”字型趋势，大致可分为三个明显的周期波动变化；第一段为2013年4月~2015年12月从1377.3点暴跌至549.03点，跌幅达到60.1%；第二段为2016年1月~2020年12月期间平均指数为706.05点，最高点位于2017年4月为812.56点、最低点位于2019年10月为568.52点，总体处于中位运行波段；第三段为2021年1月~2022年4月，仅平均值较第二阶段上涨了317.145点，达到七年以来的最高位1325.87点，并呈现出逐渐平稳的态势（图7–55）。

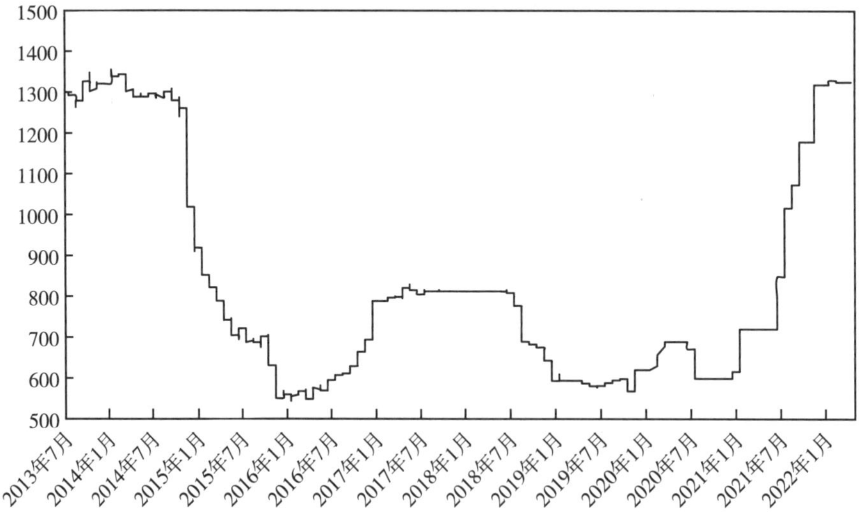

图7–55　2013~2022年中药材射干价格日指数

从ARIMA预测结果来看，由于近年射干产新不足，2022年其价格走势仍将呈现上涨态势，但涨幅较以前年度较缓，且实现匀速攀升，各月价格增长比率较为一致，自年初开盘于1321.01点至年末收盘于1453.12点，总涨幅达2.37%，行情稳步上扬（图7-56）。

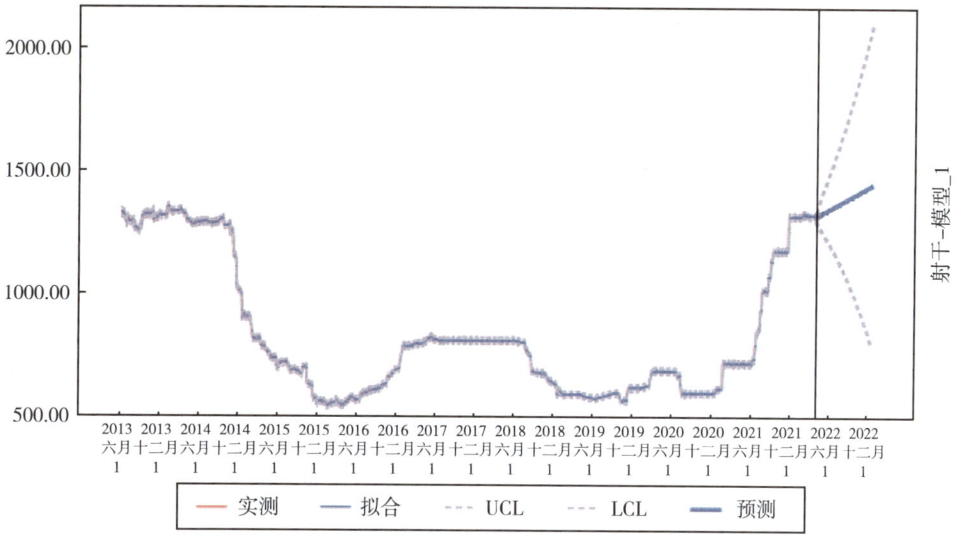

图7-56　射干价格指数走势预测

7）苦参价格指数分析及预测

苦参多年来市场行情少有较大起伏，仅在2010年在大牛市的助推下，从7-8元的行情，直涨到15元的最高历史行情。苦参每年的新产已满足其市场需求，加之产地药商表示苦参的历史库存还比较丰厚，故苦参行情不具备大幅度上升的条件。各地苦参行情走动缓慢，货源充足，短期内行情也属于小幅波动。

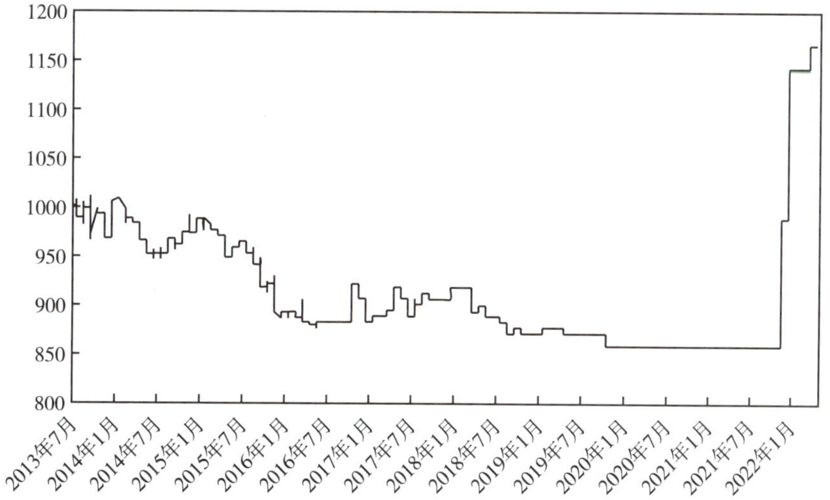

图7-57　2013~2022年中药材苦参价格日指数

从价格日指数具体数额来看，2019年10月至2021年10月以来苦参受长期低价影响，产新量减少，货源走动较快，因此新货价格急速提升。2013年4月至2022年4月九年间，该指数波动趋势大致分为三个周期波动变化，第一段为2013年4月到2016年4月，日指数呈缓慢下降的趋势，从1031.03点降到880.29点，降幅达到14.37%；第二段为2016年5月到2021年11月“中位运行”波段，前半段小幅波动大致在882.87点上下，后半段保持在989.24点。在经历中长期持续“低价运行”波段后迎来第三段，从2021年12月开始保持急速增长，2022年4月迎来了史无前例的1142.97点，达到近九年来的历史最高水平（图7–57）。

8）山楂价格指数分析及预测

山楂在2009~2011年中国中药材市场牛市的影响后价格增长动能不足，在全国中药材市场的影响下山楂价格在2013年4月~2015年11月有小幅波动，经历多次小幅度动荡后2015年12月价格最终回落至最低点；2016年第二季度开始行情开始转变，但仍然在低位波动。2017年10月~2019年10月山楂价格达到了历史第二高峰；2019年因产地天气以及病虫害等种植条件原因造成山楂产新缩减明显，价格也维持高位。2020年受产区新货来市影响，市场行情出现大幅回落，短期低迷后2021年8月受市场货源量和加工成本费用影响山楂行情稳步上升创历史新高。

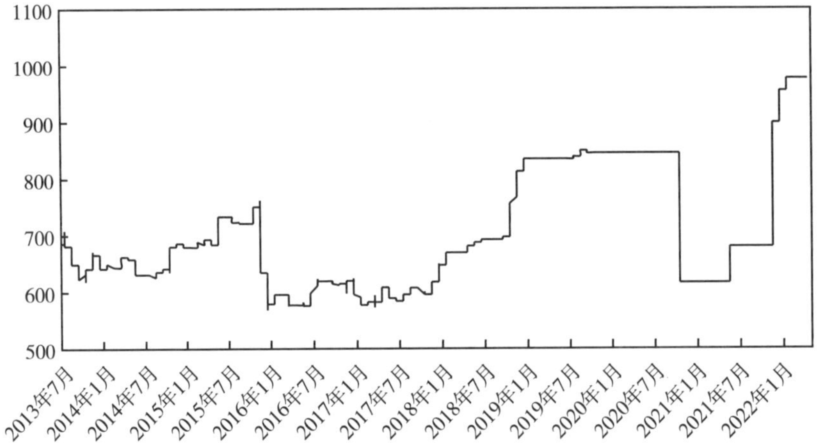

图7–58　2013~2022年中药材山楂价格日指数

从山楂日指数具体数额看，该指数呈现明显的四段的周期波动变化，第一段为2013年4月至2015年11月山楂指数基本在中位数689.5点附近徘徊，波动幅度较小。第二段为2015年12月出现大幅度降价，跌至579.33点跌幅为20.8%。并持续低位运行；第三段2017年10月~2019年10月指数大幅上涨，由595.95点涨至844.97点历史新高，后维持“高位运行”波段至2020年10月；第四段为2021年8月~2022年4月“高位运行”波段，仅平均值达到了828.055点，2022年4月更是达到历史最高水平976.3点。表明山楂价格涨幅波动较大，上涨后劲十足（图7–58）。

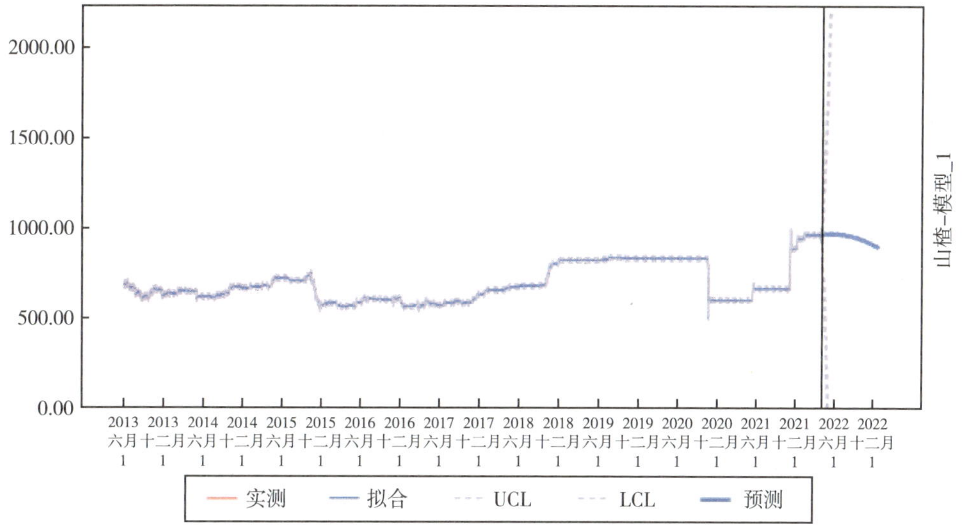

图7-59　山楂价格指数走势预测

从ARIMA预测结果来看，2022年山楂市场行情表现为先坚挺攀升后疲软下滑。2021年山楂市场货源充足使其价格一落至谷底，受加工成本等因素影响，价格持续下跌，在2022年7月达到987.15点，这也是山楂历史价格指数的最高点，相较于2022年初降幅-8.58%；随后市场情绪逐渐消耗，山楂价格开始从虚高位下滑，年末收盘于902.49点，相较于年初降幅达到了-5.63%（图7-59）。

9）北苍术价格指数分析及预测

北苍术分布于秦岭以北的河北、山西、内蒙古、辽宁、吉林、黑龙江、陕西、甘肃等地区，其以河北承德出产的较优；关苍术主要分布在东北地区的黑龙江和吉林大部、辽宁北部；茅苍术野生资源主要分布于湖北、安徽、江西和陕西等地，主要用于出口日本。目前市场所见的苍术以北苍术为主，该品种质较疏松，折断面有棕黄色，性价比较高，最受市场欢迎；关苍术因未纳入药典，药厂及市场使用量受限制；茅苍术数量偏少。

2015年苍术价格突破55元时，产区就有不少商家开始发展家种，家种苍术多数以野生驯化苗为主，将山上挖下来的野生鲜货再次种到地里或者采收种子进行种植。这几年，苍术产区在政府的大力扶持和种苗经销商的推广下，内蒙古和东北两地家种面积大幅增加，种植户积极性高涨。目前苍术不仅在地面积之大，且有继续发展之势，多数因生长周期不够年限，暂时未对市场产生冲击，但却是未来家种货源行情的威胁。

根据价格指数走势图7-60可以看出，苍术价格一直属于上升趋势，第一波，2014年4月行情涨至1646.27点。原因是2013年受春季大暴雪和7~9月洪涝灾害的影响，使其产量下降，库存量大幅减少；第二波，2016年12月出现行情涨至2388.76点，2016年药材大行情较好，加之国家对药厂“飞检”力度加大。伪品市场占有率下滑，正品货源行情上涨；第三波，2018年7月苍术行情涨至3174.79点。每次行情波动，触及到高价位后，行情会小幅回调，然后平稳运行中缓慢上扬；第四波，2021年新冠疫情的再次暴发，而苍术是配方药之一，需求量大大增加，而库存薄弱，所以价格再次上扬。

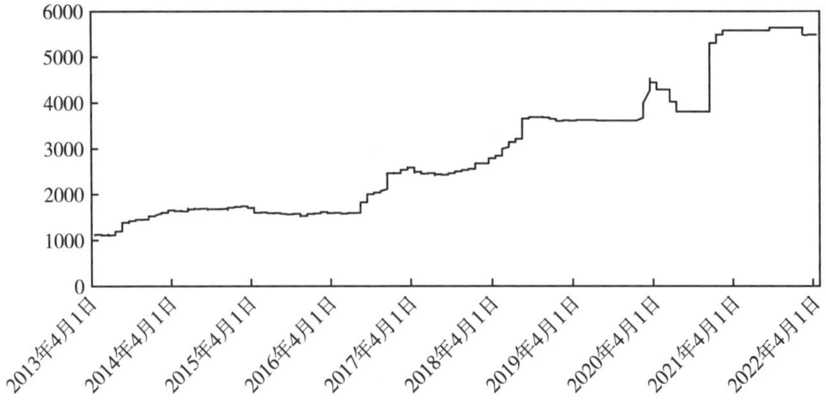

图7-60　2013~2022年苍术价格指数分析

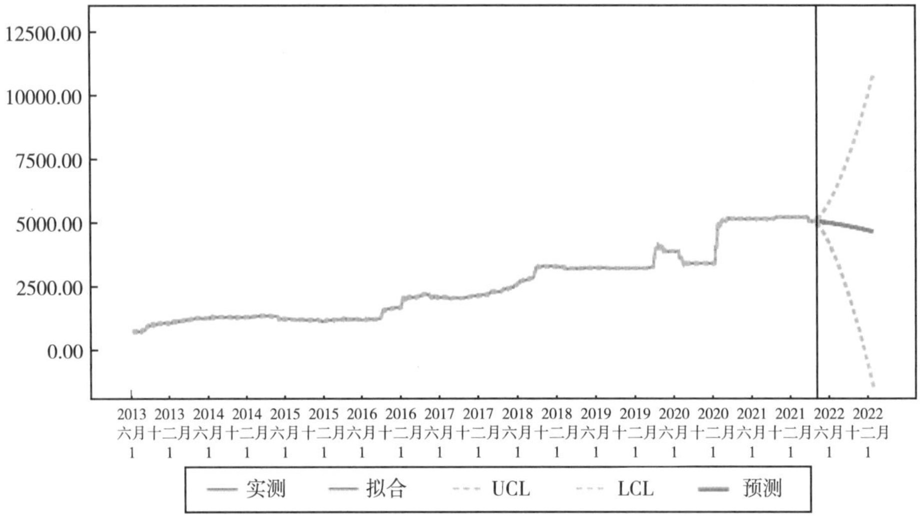

图7-61　北苍术价格指数走势预测

从ARIMA预测结果来看，进入2022年，北苍术价格将维持2021年的运行态势，短期内仍然表现坚挺，在5600.0点的高位平稳滑行，随之春季产新后北苍术价格将出现小幅下跌，直至年末收盘于4893.99点，全年总降幅达-13.19%（图7-61）。

10）防风价格指数分析及预测

防风是用量较大的大宗药材品种。具有祛风解表，胜湿止痛，止痉等功效。常用于感冒头痛，发热恶寒等症。一般年用量在6000~7000吨左右。自2011年产新过后，防风行情大幅下跌，行情一直是在低迷中运行，价格也逐步走低。

2013年前的2012、2011年，由于该品行情升高刺激河北产地种植量大增。致使2013年秋产量增加，但2013年单产较低，行情不振，产地药农效益低下：2013年的亩效益，一般防风亩产干品在200~250公斤左右，按干货每公斤12元算，亩毛效益在2400~3000元。去年单产下降，亩纯效益在1500元左右，基本和种植粮食作物相当。致使2014年种植量大减，直到2016年市场牛市到来，其行情回升至每公斤26元左右。2017年防风产新，陈货库存不多，但产新量比较大，受产新压力拖累，价格回调到每公斤17~18元。2018年种植防风仍有不错的效益，种植户继续扩种，产量持续增多，行情呈下滑趋势。2019年春季，防风新货集中上市，集市收购价格仅在每公斤10元左右，价格来到最低位。在此价位下，种植防风的农户已无实际效益，播种和种植面积大减。随后行情虽有小幅震荡，但一直没有大的涨幅，2021年行情是在减种、库存得到消化、人气聚集的情况下产生的高价。

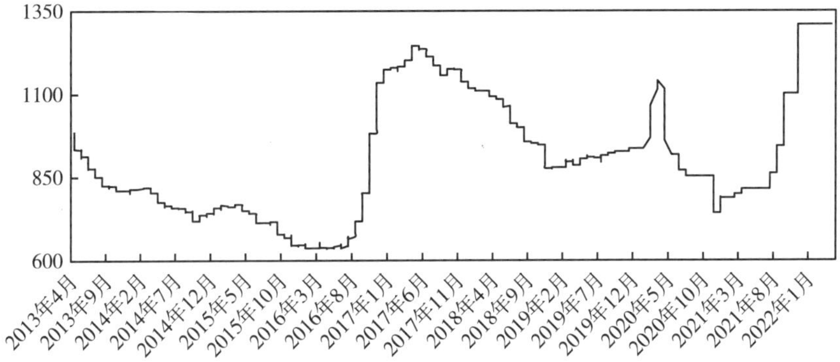

图7-62　2013~2022年中药材防风价格日指数

从价格日指数具体数额来看，2013年4月至2016年6月，指数总体一直处于下降趋势，由989.07降至634.5，跌幅为35.85%。随后因为牛市行情影响，从2016年7月份的644.08开始急剧增长，直到2017年4月至1244.67，增幅达到惊人的93.25%。但因当年产新量过剩，防风价格指数开始下降，至2019年末2020年初受到疫情影响，市场供应量不足，出现价格小幅度的波动。至2021年4月时开始新一轮的剧烈爬升，在2021年11月22日达到了历史最高点1308.75，同比增长53.32%。进入2022年后，防风上货量、出货量稳定，因此价格也趋于稳定（图7-62）。

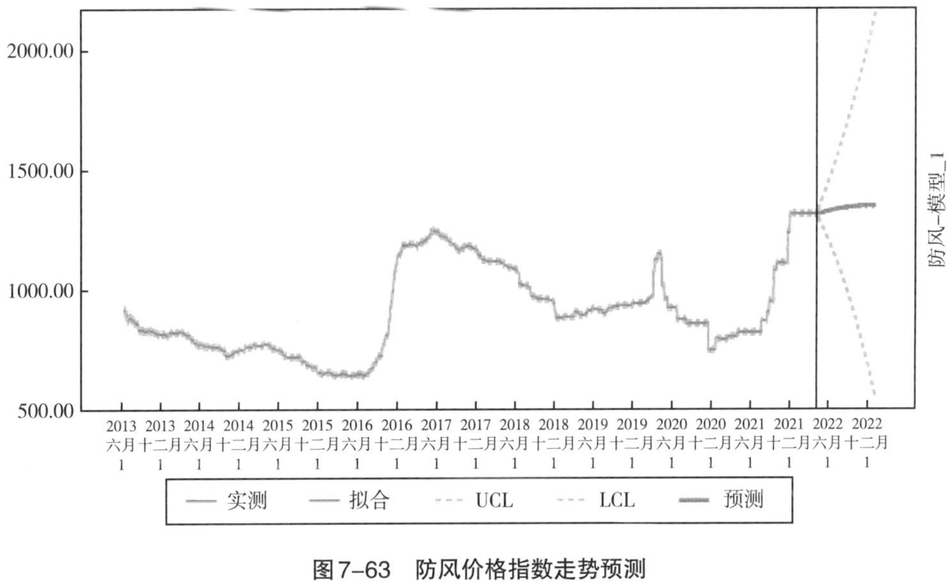

图7-63　防风价格指数走势预测

从ARIMA预测结果来看，2022年防风价格将呈现出稳中有涨的走势。2022年上旬，防风因经历前一阶段的价格迅速攀升期，市场表现将过渡至平稳运行，自年初至4月，价格指数一直维持在1300.0~1350.0点之间。随着市场货源逐渐消耗，防风产新供应疲软，其走势又将出现新一轮缓慢拉升，直到2022年末收盘于1342.8点，相较于年初总涨幅达2.69%（图7-63）。

11）知母价格指数分析及预测

当前我国知母的种植多为家种，种子培育和根茎繁育周期较长，容易出现高价时一哄而上，低价时放弃种植的现象，这也使得知母价格常出现强周期性的特点，每间隔3-4年就会出现一波涨价行情，而且涨价会持续三年左右；2013年4月至2016年10月三年中知母价格处于低迷期，期间也受到我国中药市场笼罩在萎靡之中的影响，市场总体平缓，上升势头较弱；2017年4月左右迎来了知母市场的快速回升期，仅一年时间价格就达到了前所未有的新高度，此价格也在小幅动荡中保持了三年多。到2021年3月中旬，此后有一次断崖式价格下跌，但后期有所反弹，最终价格回归在高位运行波段的最低水平。

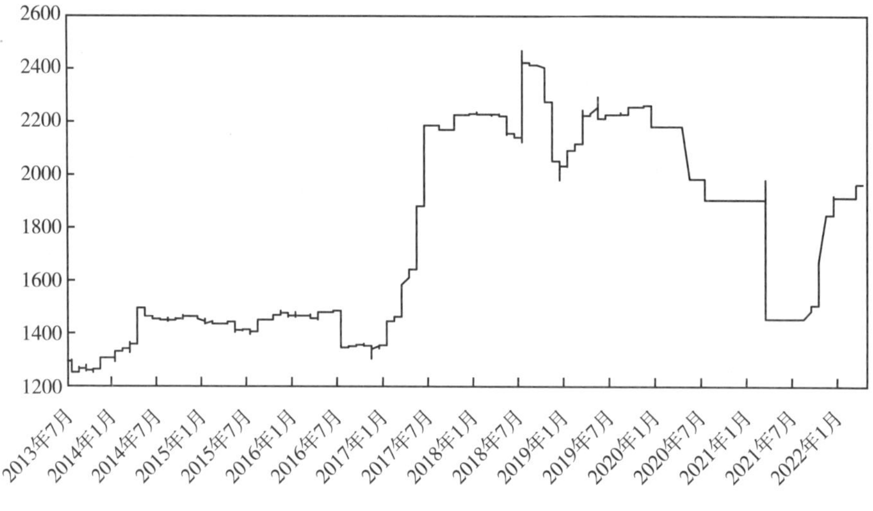

图7-64　2013~2022年中药材知母价格日指数

从知母的日指数具体数额来看，2013年4月~2022年4月间，该指数呈现三段明显的周期波动变化，第一段为2013年4月至2016年10月低位运行波段，在此期间指数由1264.46点涨至1361.4点，涨幅仅为7.7%；第二段为2016年11月~2021年3月高位运行波段，在此期间指数从1340.62点上涨至2468.97点，涨幅为84.2%，随后有所回落稳定在2000点左右，平均价格为1980.9点；第三段为2021年4月至2022年4月中位运行波段，在此期间指数开始快速回升，最终回归至1964.79点并有趋于稳定的趋势（图7-64）。

从ARIMA预测结果来看，进入2022年，知母价格走势在短期内仍然会小幅震荡滑行，直到2022年4月达到1986.28点，相较于2022年初降幅-8.69%；随后因新货上市且市场货源充足，知母价格出现下跌，与往年产新时行情低迷表现相一致，直至年末收盘于1813.6点，相较于年初降幅达5.20%（图7-65）。

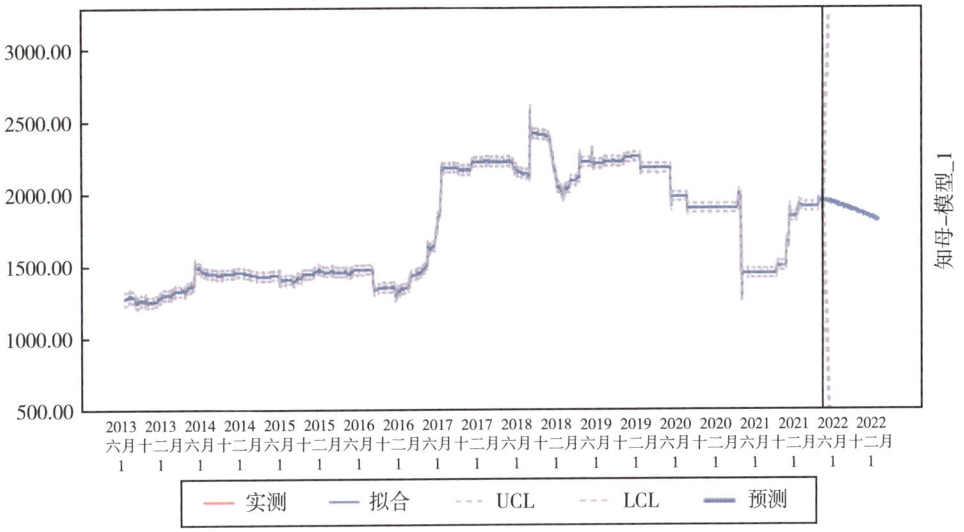

图7-65　知母价格指数走势预测

12）黄芪价格指数分析及预测

随着规模化和现代化生产辅助手段的出现，内蒙古、青海、新疆得益于地势平坦开阔，适合机械化种植生产，在政府扶贫种植的背景下，这些新产区能使用新生产手段使得黄芪的种植成本降低。2013年以后，黄芪生产开始恢复，市场行情一直震荡下跌，虽然期间有所反弹，但因黄芪产区广泛，以及次产区快速发展，扶贫种植面积在不断扩大，加上库存较丰，但行情依旧不乐观。最近一个阶段，农户卖货不积极，行情在缓慢上升中。

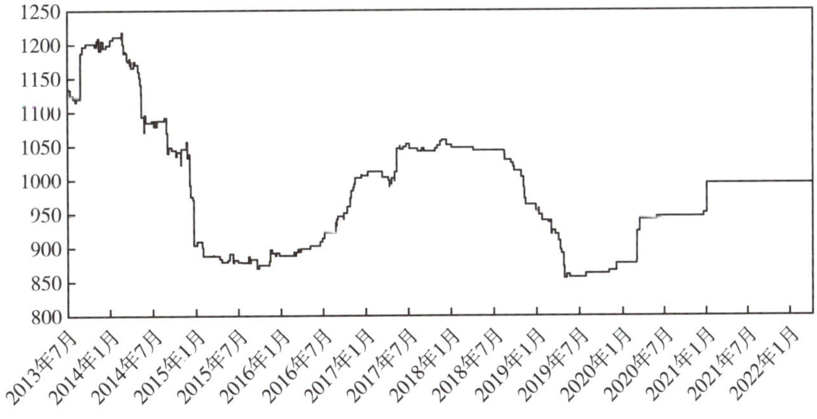

图7-66　2013~2022年中药材黄芪价格日指数

2013年4月至2022年4月九年间，该指数呈现较为复杂的波动趋势，大致可以分为四个阶段，第一阶段为2013年4月~2015年11月，日指数呈大幅度下降的趋势，从最高值1182.7点跌倒880.32点；第二阶段开始逐步缓和上升，到2018年1月到达峰值1047.4点；第三阶段随后又出现指数下降的趋势，2019年4月下降至有史以来的最低点856.54点；第四阶段呈现上升趋势，但幅度并不大，2021年5月至今仍然处于价格指数低迷的状态，仅仅有994.98点，整体趋势出现了两个峰值，下降幅度较大（图7-66）。

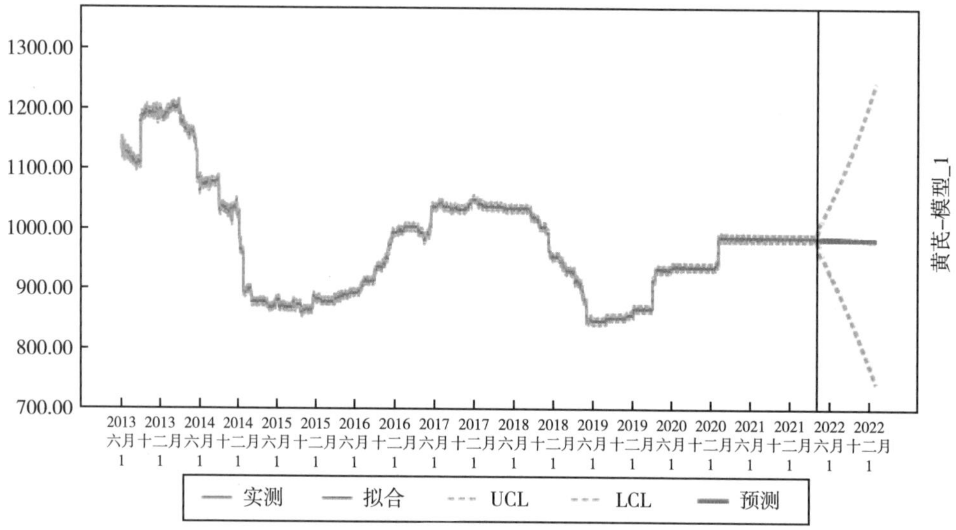

图7-67　黄芪价格指数走势预测

从ARIMA预测结果来看，因市场供需较为平衡，2022年黄芪价格仍然将呈现平稳运行态势，自开盘始至收盘止均维持在990.0~995.0点的水平，全年无波动震荡（图7-67）。

13）苦杏仁价格指数分析及预测

从2013年4月~2015年7月价格指数走势看，指数最高值出现在2013年10月31日，当时指数值为1299.33点，最低值为2013年4月20日的1106.23点，两者相差193.1点，说明苦杏仁的价格波动不大。2015年春季虽有冻灾，但影响苦杏仁范围较小，后期天气正常，没有极端自然灾害，因此整体丰产，较2014年增长30%左右，在庞大产量下，行情逐步下滑。2016年各个苦杏仁产区均受到不同程度的倒春寒影响，除了河北承德、张家口稍微减产之外，内蒙古、甘肃等主产区产量依然较大，而在当时，前一年的库存尚未完全消化，行情依旧疲软下行。2018年4月份，内蒙古、甘肃等主产区的苦杏仁遭受“寒潮”袭击，花期受到影响，产量锐减，人气高涨，持货商惜售，产地货源走畅，加之产区库存不丰，行情持续飙升。

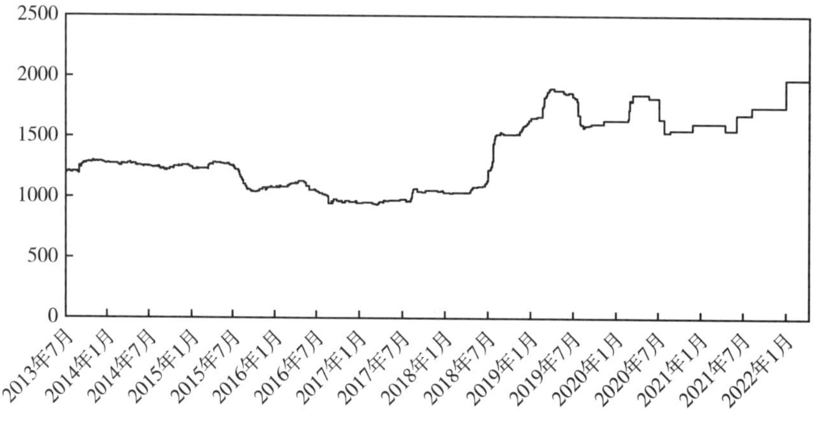

图7-68　2013~2022年中药材苦杏仁价格日指数

从价格日指数具体数额来看，2013年4月至2022年4月九年间，该指数呈现三段明显的周期波动变化，第一段为2013年4月~2017年10月“平稳运行”波段，在此期间价格指数从1119.17点上涨至1211.57点，增幅较小，随后小幅下降稳定在1008.66点左右，平均指数981.02点；第二段为2017年10月~2018年6月大幅增长波段，最低点与最高点分别处于2017年10月的1055.91点以及2019年5月的1885.27点，平均指数1174.86点；第三段为2019年5月~2022年“高位运行”波段，仅平均值就高于以上两个波段的最高值，达到了1857.88点，最高点更是达到了史无前例的1977.26点（图7-68）。

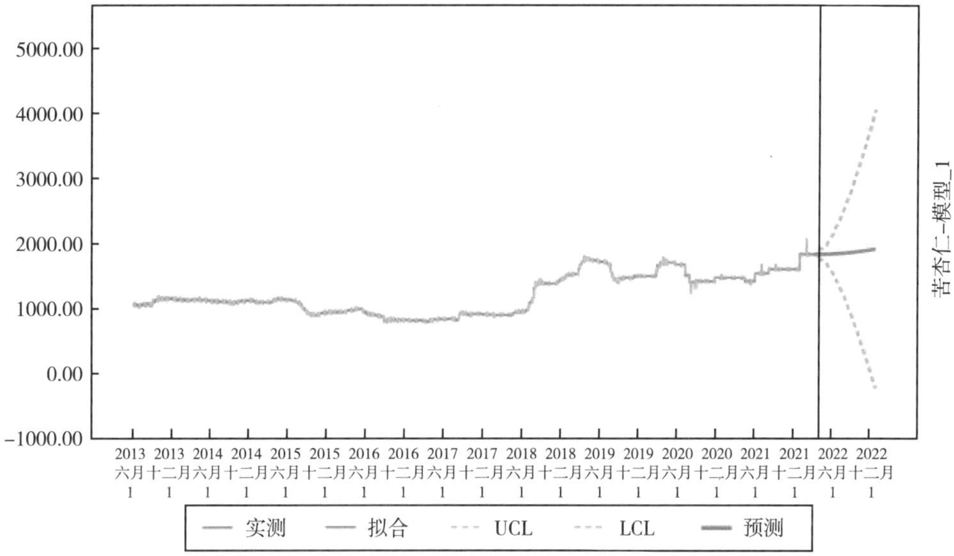

图7-69　苦杏仁价格指数走势预测

从ARIMA预测结果来看，2022年苦杏仁价格走势较为坚挺。短期内，因市场购销顺畅，苦杏仁价格呈现小幅的上涨态势，直到2022年底拉升至2207.51点，相较于2022年初增幅26.35%；随后走势依旧稳中有涨，年末收盘于2058.48点，也是近些年来总价格指数达到的最高点，全年总涨幅达17.82%（图7-69）。

14）祁山药价格指数分析及预测

因山药喜欢沙性土壤，租地大户多选择排水性相对较好的沙地地块，现租地大户多集中于河北的邢台、邯郸以及河南等黄河沿岸地区。2015年，河北山药的种植面积达到最大，因产地持续多雨，受灾严重，单产大幅下降，但全国总产量增加，导致当年山药鲜品大降价；不少中小包地户因此亏损严重，含泪退出山药种植圈。这一结果，导致2016年的山药种植面积锐减，山药商品价格从4~6元升至9~12元。2016年种植规模缩减，鲜品价格上涨，种植户收益增加。2017年春季，鲜山药秧苗价格上涨，种植成本大增，传统种植大户因自留有秧苗，适度扩大种植面积；而新户或者中小户因2015年惨痛教训犹记在心，扩种幅度并不大，因此2017年山药种植面积虽增，但并未成倍增加。

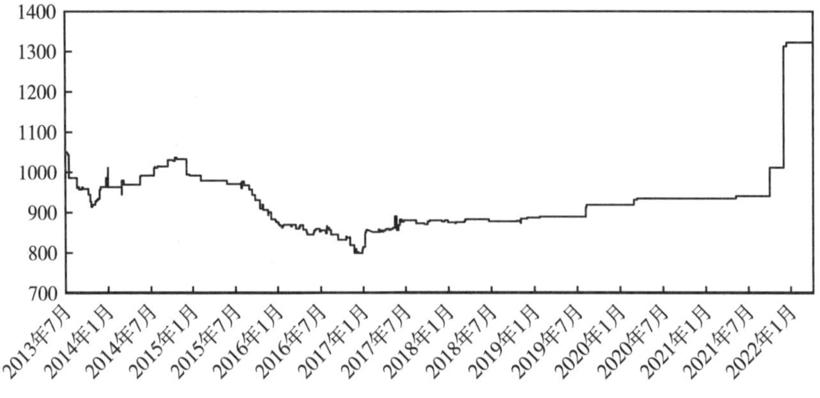

图7-70　2013~2022年中药材山药价格日指数

2013年4月至2022年4月九年间，该指数呈现三段明显的周期波动变化，第一段为2013年4月~2017年1月“中位运行”波段，数据先下降后上升，然后再次下降至最低点，出现了两个峰值，最低点与最高点分别处于2017年1月的841.97点以及2013年6月的1089.81点；第二段为2017年1月~2021年9月“低位运行”波段，此期间变化较为平缓，第三段为2018年1月~2022年“高位运行”波段，出现了骤然大幅度上升的趋势，达到了1332.08点，最高点更是达到了史无前例的1323.29点（图7-70）。

15）丹参价格指数分析及预测

2013年4月~2022年4月九年间，丹参价格指数呈现四段明显的周期波动变化，第一、三阶段呈现价格指数下降趋势，2013年4月~2016年5月指数缓慢跌到758点，2018年12月~2020年11月指数大幅度下跌，达到近九年最低点695.54点；第二、四阶段价格指数开始上升，2016年5月~2018年12月缓慢上升至1083.64点，2022年上升至前所未有的高度1261.55点，达到了最低点的二倍。2021年1月21日丹参价格指数值为844.22点，1个月内则上涨了4.89%。与前年同期2019年1月21日相比，下跌了16.29%，比上年2020年1月10日同期，总指数分别上涨11.55%，8.89%。

产新后丹参价格指数涨幅明显大于总指数，从2013年4月16日至2022年4月7日价格指数走势看，指数最高值出现在2022年4月7日，当时指数值为1261.55点，最低值为2020年10月28日的695.54点，两者相差556.01点，说明丹参的价格波动较大（图7-71）。

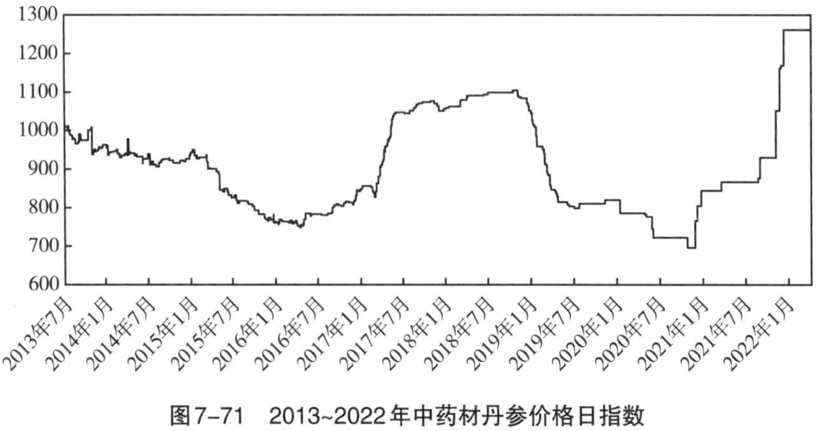

图7-71　2013~2022年中药材丹参价格日指数

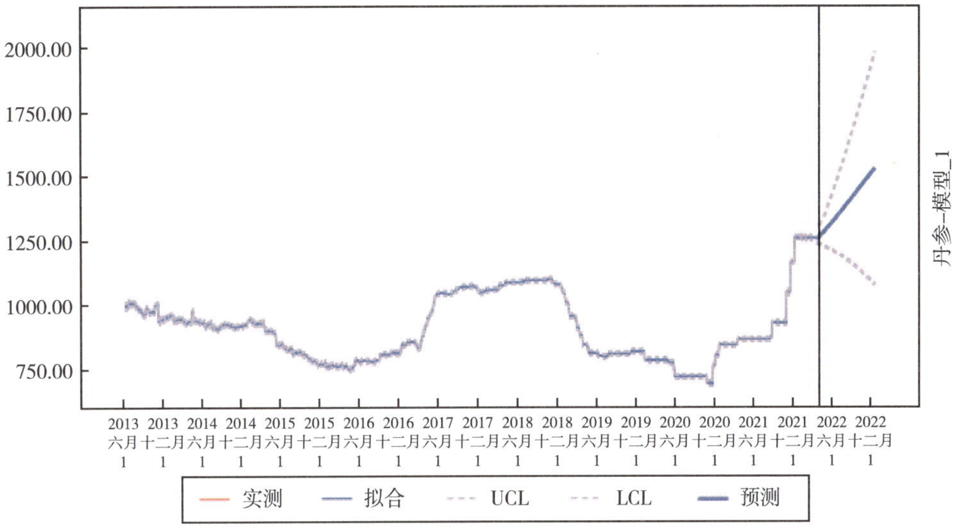

图7–72　丹参价格指数走势预测

从ARIMA预测结果来看，进入2022年，丹参价格在经历了前一阶段的迅速攀升期后，市场信息得到消化，走势短期内表现较为平稳，直到2022年4月达到1261.57点；随着春季产新后，丹参价格开始新一轮大幅拉升，并于年末收盘于1535.0点，相较于年初涨幅高达21.5%（图7–72）。

2.价格关联分析

（1）连翘价格关联分析

从相关系数表中可以看到，连翘与山药和酸枣仁在1%的置信水平下的相关性为0.675，说明连翘与山药和酸枣仁具有一定的正相关关系。从下方的折线图可以看出三者的指数变化有着较大的差异。2013~2022年，山药的价格指数变动并无波动，虽然也是呈现出上升的趋势，但是增长并不明显。连翘和酸枣仁的价格指数虽有较大波动，但从变动趋势来看，山药的价格指数变动与酸枣仁相比具有一定的滞后性，总体上呈先上升后下降再上升的趋势。酸枣仁价格指数对市场反应最为敏感，自2019年以来，受“新冠疫情”以及“健康中国”战略的影响，酸枣仁价格指数最先呈现出上涨趋势，且涨幅较大（图7–73）。

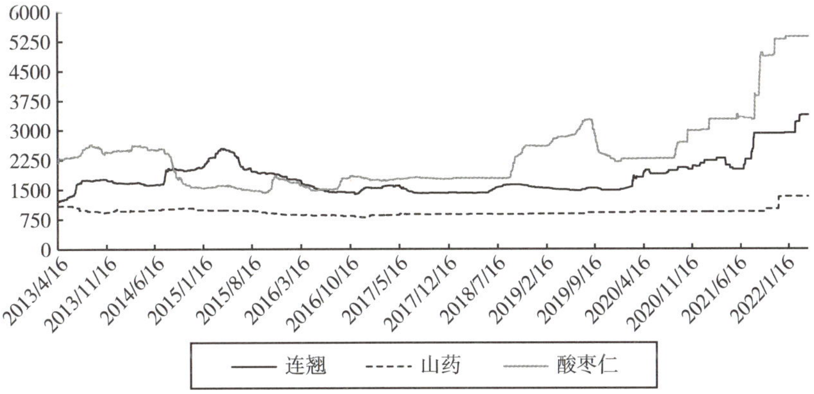

图7–73　2013~2022年连翘与山药和酸枣仁的波动趋势指数分析

（2）黄芪价格关联分析

从相关系数表中可以看到，黄芪和射干在1%的置信水平下的相关性为0.781，两者呈现出较强的正相关关系。从下方的折线图可以看出两者的价格指数有着相同的变化趋势，但射干的指数价格变动幅度远大于黄芪。2013~2016年，两者的价格指数都呈现出下降的趋势，且降幅较大；2017年间，两者的价格指数没有发生较大波动；2018~2020年期间，两者的价格指数又发生了小幅度的下降，虽然中间颇有曲折，但总体上呈下降趋势。黄芪和射干的价格指数受新冠疫情影响不大，在2021~2022年度，黄芪价格指数有微幅的上涨，并无明显波动；但射干的价格指数出现上涨的趋势，且涨幅较大（图7-74）。

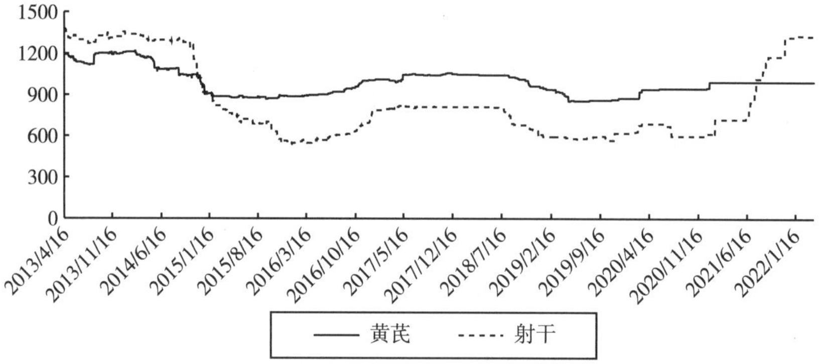

图7-74　2013~2022年黄芪与射干的波动趋势指数分析

（3）苦杏仁价格关联分析

从相关系数表中可以看到，苦杏仁和柴胡在1%的置信水平下的相关性为0.782，苦杏仁和酸枣仁在1%的置信水平下的相关性为0.728，苦杏仁于两者都呈现出较强的正相关关系。从下方的折线图可以看出苦杏仁和柴胡的价格指数有着相同的变化趋势，变动浮动都较为平稳；酸枣仁的指数价格也和苦杏仁呈现着相同的趋势，但其变动幅度远大于苦杏仁和柴胡。2013年间，酸枣仁的价格指数呈现出上涨的趋势，但涨幅较小；2014~2018年，酸枣仁和苦杏仁的价格指数开始下降后趋于平稳；2019~2022年，受新冠疫情的影响，酸枣仁和苦杏仁的价格指数开始上涨，酸枣仁的涨幅远高于苦杏仁，虽然中间颇有曲折，但总体上呈上涨趋势（图7-75）。

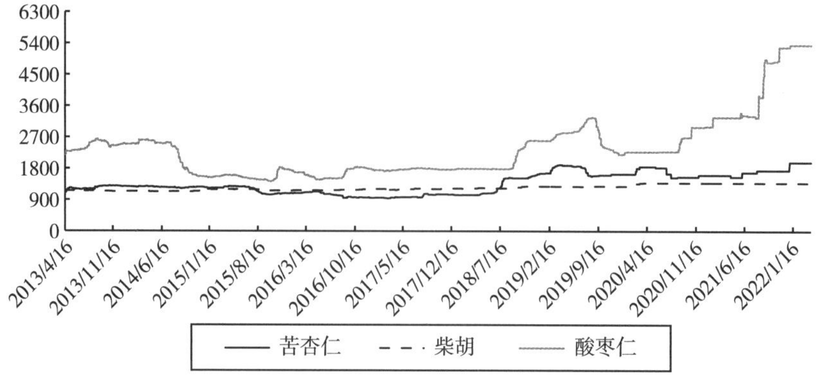

图7-75　2013~2022年苦杏仁与柴胡和酸枣仁的波动趋势指数分析

（4）山药价格关联分析

从相关系数表中可以看到，山药和射干在1%的置信水平下的相关性为0.675，说明山药和射干具有一定的正相关关系。从下方的折线图可以看出两者的价格指数有着相近的变化趋势，总体都呈先下降后上升的趋势，但山药的指数价格变动与射干相比具有一定的滞后性。2013~2016年，两者的价格指数都呈现出下降的趋势，且降幅较大。2017~2020年，山药的价格指数呈上涨趋势，但涨幅甚微；射干的价格指数波动较大，且呈下降趋势。2021~2022年，受新冠疫情的影响，山药和射干的价格指数开始上涨（图7-76）。

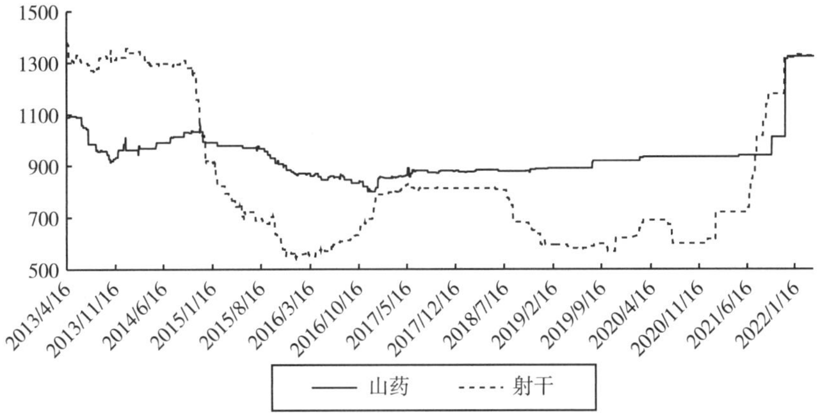

图7-76　2013~2022年山药与射干的波动趋势指数分析

（5）丹参价格关联分析

从相关系数表中可以看到，丹参和防风在1%的置信水平下的相关性为0.618，两者呈现出比较强的正相关关系。从下方的折线图可以看出两者的价格指数有着相同的变化趋势，整体波动较大，但防风的指数价格变动幅度要大于丹参。2013~2016年，两者的价格指数都呈现出下降的趋势，且降幅较大；2017~2018年间，两者的价格指数大幅回升并趋于稳定；2019~2020年期间，两者的价格指数又发生了大幅度下降，虽然中间颇有曲折，但总体上呈下降趋势；在2021~2022年度，丹参和防风的价格受新冠疫情的影响出现了很大幅度的上涨，两者的价格指数也大幅攀升，突破峰值（图7-77）。

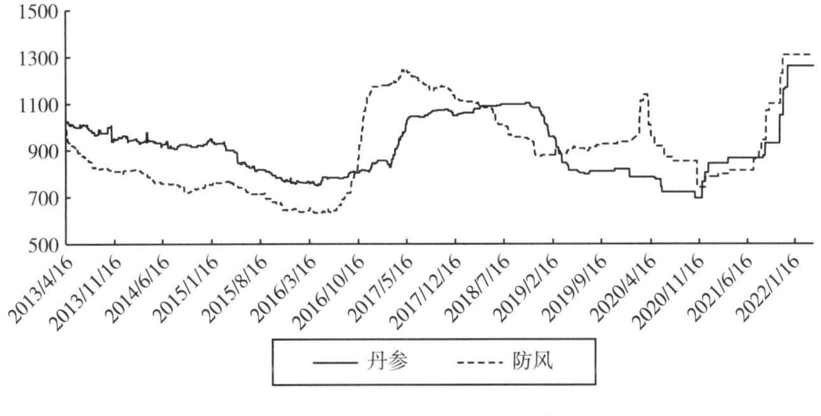

图7-77　2013~2022年丹参与防风的波动趋势指数分析

（6）柴胡价格关联分析

从相关系数表中可以看到，柴胡和黄芩在1%的置信水平下的相关性为0.714，说明两者应该具有较强的正相关关系。但从下方的折线图可以看出，两者的价格指数虽然整体上都呈现上升的变化趋势，但黄芩的指数价格变动幅度远大于柴胡。2013~2020年期间，柴胡的价格指数一直呈现出上升趋势；但从2021年至今，不再上涨且保持稳定。2013~2016年，黄芩的价格指数呈现出下降的趋势；2017~2019年期间，黄芩的价格指数出现了小幅度的回升，后趋于稳定；但是在2020年，受到疫情影响，黄芩成为抗击疫情的药物，价格指数大幅上涨；2020~2021年，价格指数涨幅变缓，甚至出现小幅下降（图7–78）。

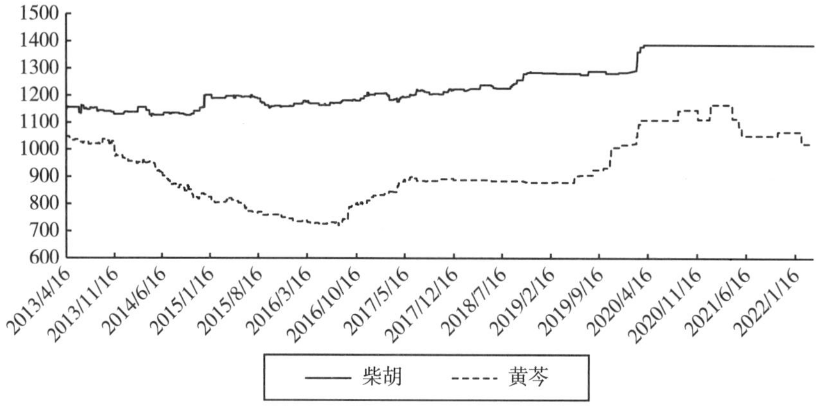

图7–78　2013~2022年柴胡与黄芩的波动趋势指数分析

（7）北苍术价格关联分析

从相关系数表中可以看到，北苍术和柴胡在1%的置信水平下的相关性为0.944，说明两者具有很强的正相关关系。但从下方的折线图可以看出两者的指数变化有着较大的差异，北苍术的变动幅度明显强于柴胡。2013~2016年，北苍术的价格指数呈现出上涨的趋势，但涨幅较缓；2017~2018年间，增长幅度较大；2019年间，价格指数趋稳，并无明显波动；在2020年上半年，北苍术价格指数出现猛增，后又很快落回；2021年至今，北苍术作为防疫的关键药材，其价格指数出现断崖式上涨，且一直居高不下。但对于柴胡来说，虽然也呈现出上升的趋势，但是增长较少，相对于北苍术的大幅变动，基本保持不变（图7–79）。

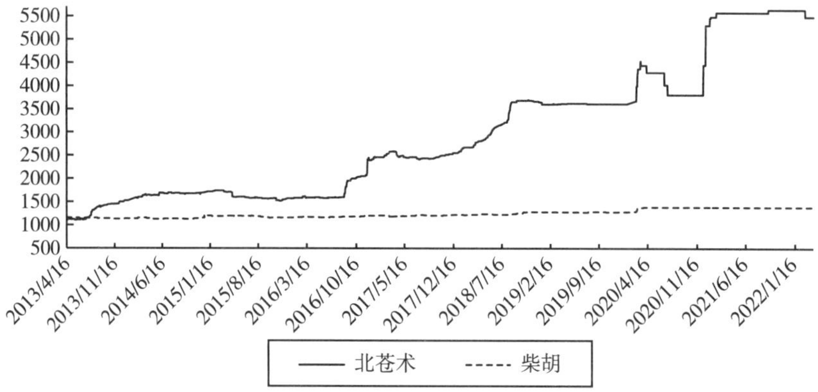

图7–79　2013~2022年北苍术与柴胡的波动趋势指数分析

（8）酸枣仁价格关联分析

从相关系数表中可以看到，酸枣仁和北苍术在1%的置信水平下的相关性为0.749，两者呈现出较强的正相关关系。从下方的折线图可以看出两者的价格指数有着相同的变化趋势，但从变动趋势来看，酸枣仁的价格指数变动与北苍术相比具有一定的滞后性。2013~2016年，两者的价格指数都呈现出一定幅度的波动；2017~2022年期间，两者的价格指数出现了大幅上升，虽然中间有一定的曲折，但总体上呈上升趋势。酸枣仁和北苍术的价格指数受新冠疫情影响，后期的涨幅远大于前期（图7-80）。

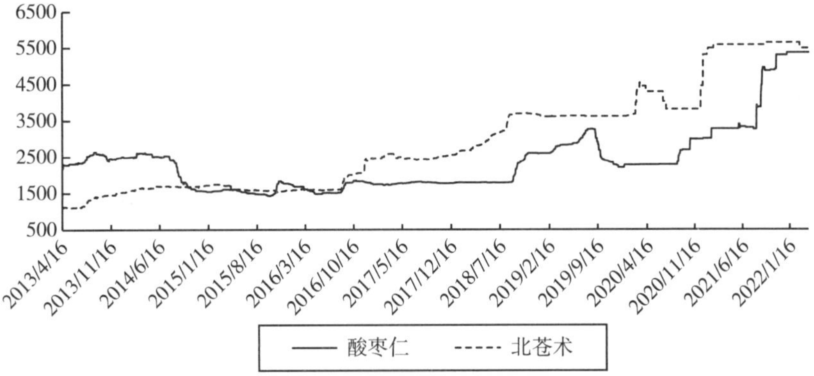

图7-80　2013~2022年酸枣仁与北苍术的波动趋势指数分析

（9）金银花价格关联分析

从相关系数表中可以看到，金银花与知母在1%的置信水平下的相关性为0.785，可以看出两者之间有着较强的相关性。从下方折线图可以看到，从2013~2022年，两种药材的整体走势都是增加的，但是中间指数的波动情况有所不同，金银花相对知母来说波动程度更大，在2018年出现了急速的上升，然后又下降，到2020年又出现较高的峰值，然后到2021年开始下降，后又变为平缓，反观知母，虽然整体较为平缓，但是从2017年出现上升就一直处于相对稳定的状态，2021年出现短暂下降，随后又回到下降前的水平（图7-81）。

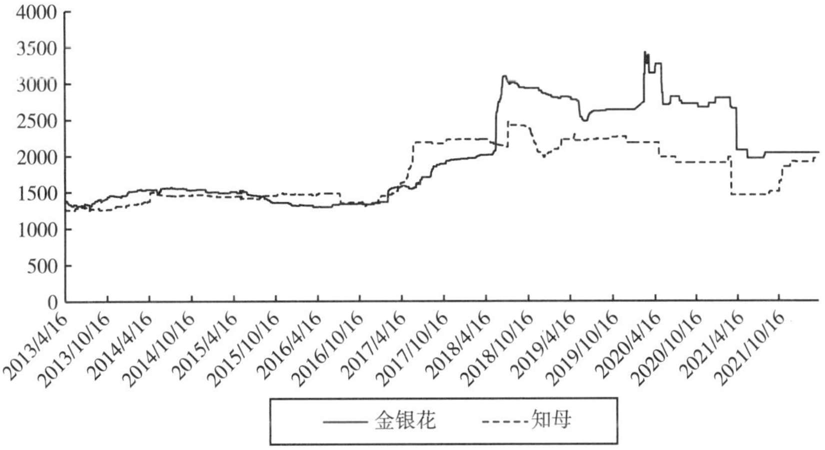

图7-81　2013~2022年金银花与知母的波动趋势指数分析

（10）黄芩价格关联分析

从相关系数表中可以看出，黄芩与柴胡和北苍术在1%的置信水平下的相关性分别为0.714和0.669，可以看出黄芩与其他两种药材之间的相关性是处于一个较高的水平。从下方折线图可以看出，虽然相关性较强，但是指数变化趋势相差较大，其中黄芩从2013~2022年表现平稳，除了中间有小幅度下降，但是最后又回升；柴胡的价格指数走势和黄芩类似，但是相对黄芩来说更为平稳，无明显波动，北苍术相对其他两个来说，变化幅度很大，从2013~2022年一路攀升，虽然中间经历较小的波动，但是很快就调整回来，出现急速的上升（图7-82）。

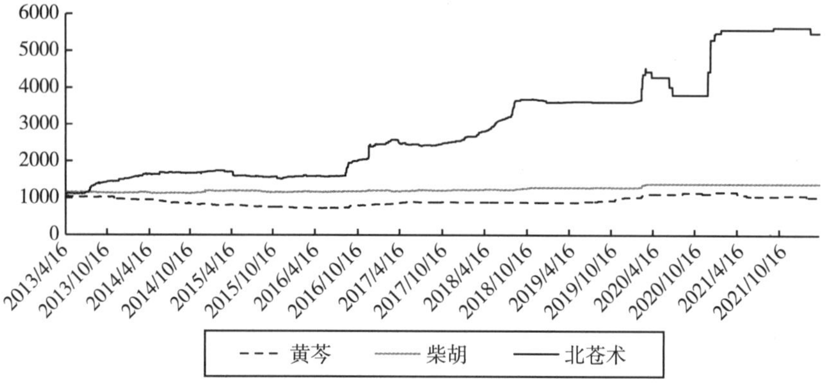

图7-82 2013~2022年黄芩与柴胡和北苍术的波动趋势指数分析

（11）射干价格关联分析

从相关系数表中可以看出，射干与丹参和知母在1%的置信水平下的相关性分别为0.533和-0.413，可以看出射干与丹参有着一定的正相关关系，与知母有着一定的负相关关系。从下方折线图可以看出，射干从2013~2022年的整体走势为2013~2014年保持稳定，2014年开始先下降，然后到2016年开始上升，随后的大多数时间保持较为稳定，波动较小，在2021年出现较大的上升。丹参和射干的整体走势较为相似，都是先平稳发展，然后开始上升，再下降，最后又开始呈现出较大规模的上升；知母在第一次出现上升的速度很快，然后就开始较快下降，2020年出现较短时间的上升，接着又开始下降，随后稳定发展，在2021年出现断崖式下跌，在后半年开始回暖（图7-83）。

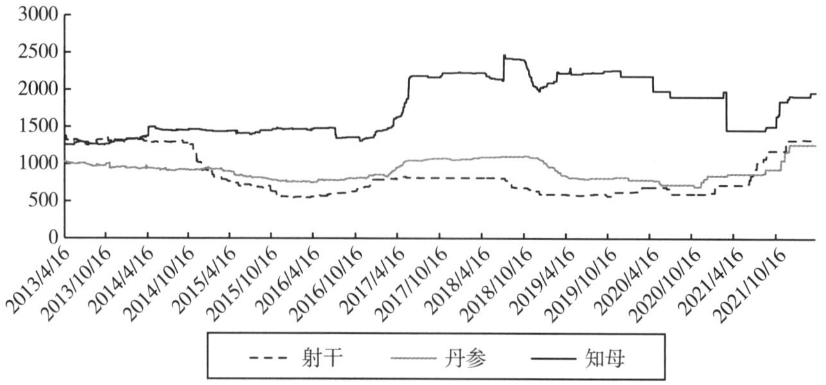

图7-83 2013~2022年射干与丹参和知母的波动趋势指数分析

（12）苦参价格关联分析

从相关系数表中可以看出，苦参与金银花和山药在1%的置信水平下的相关性分别为–0.469和0.795，可以看出苦参与金银花之间存在着一定的负相关关系，与山药存在着较强的正相关关系。从下方折线图可以看出，苦参和山药除了相关性较强之外，价格指数的变动趋势也极为相似，两者都是保持着稳定不变，到2021年后半年出现上升，并且两条折线几乎重合；相对来说，金银花的波动趋势就比较大，在2018年出现了急速的上升，然后又下降，到2020年又出现较高的峰值，然后到2021年开始下降，后又变为平缓（图7–84）。

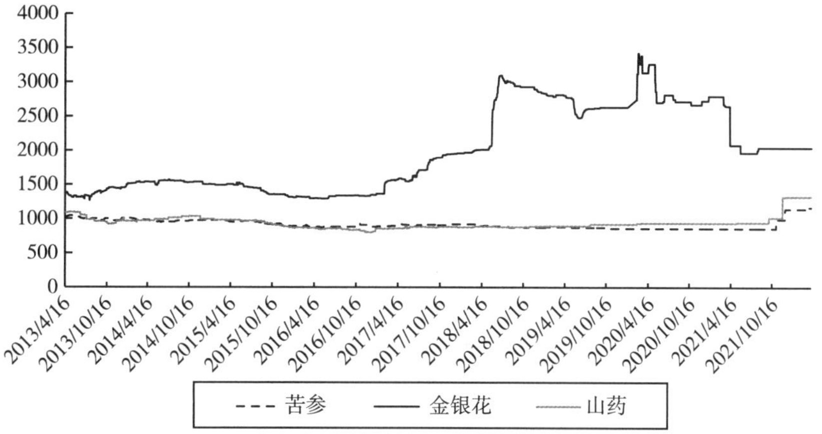

图7–84　2013~2022年苦参与金银花和山药的波动趋势指数分析

（13）山楂价格关联分析

从相关系数表中可以看出，山楂与黄芪和苦杏仁在1%的置信水平下的相关性分别为–0.370和0.760，可以看出，山楂与黄芩存在着一定的负相关关系，和苦杏仁存在着较强的正相关关系。从下方折线图可以看出，山楂和黄芪的波动程度较小，山楂的走势情况为2021年之前一直保持着稳定的状态，波动很小，2021年出现较大幅度的下降，然后保持稳定一段时间开始上升；黄芪为先下降后又保持稳定，再有小规模上升，然后小幅下降后保持稳定；苦杏仁的波动程度较人，2018年之前整体表现出下降的趋势，然后开始急速上升，随后到2022年一直波折发展，最后又回到18年的最高值（图7–85）。

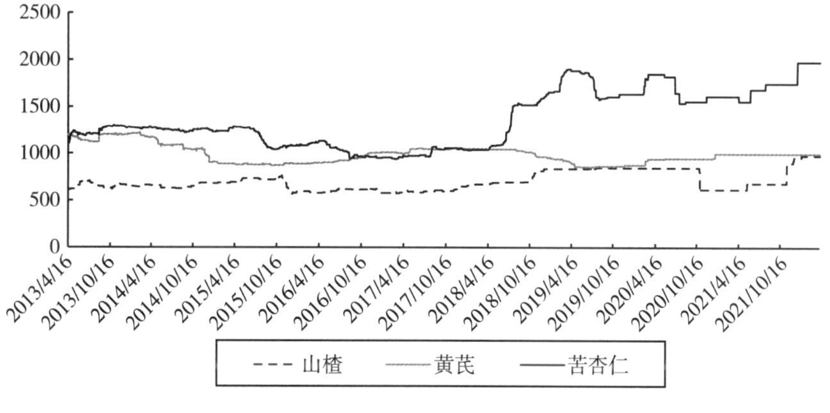

图7–85　2013~2022年山楂与黄芪和苦杏仁的波动趋势指数分析

（14）防风价格关联分析

从相关系数表可以看出，防风和知母之间的相关性在1%的置信水平下为0.497，两者之间存在着一定的正相关关系。从下方折线图可以发现，知母在第一次出现上升的速度很快，然后就开始较快下降，2020年出现较短时间的上升，接着又开始下降，随后稳定发展，在2021年出现断崖式下跌，在后半年开始回暖；防风整体走势的波动次数要少于防风，从2013~2016年保持下降的趋势，随后2016年开始缓慢上升，在2017年上升速度加快，到达峰值后，又开始缓慢下降，直到2021年才又出现上升，并且高于2017年的水平（图7–86）。

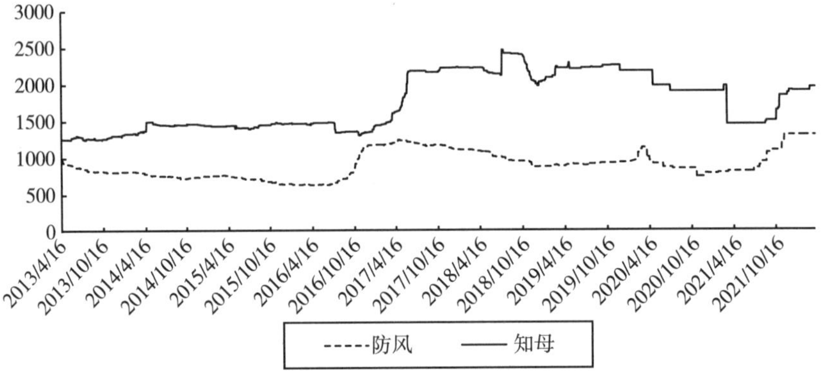

图7–86 2013~2022年防风和知母的波动趋势指数分析

（15）知母价格关联分析

从相关系数表可以看出，知母与苦参和北苍术的在1%的置信水平下的相关系数为–0.345和0.460，分别存在着一定的正相关和负相关。从折线图可以看出，三者的波动趋势完全不同。

北苍术相对其他两个来说，变化幅度很大，从2013~2022年一路攀升，虽然中间经历较小的波动，但是很快就调整回来，出现急速的上升。知母的波动相对北苍术来说较小，整体为先下降，然后上升，开始保持较为稳定的发展，最后出现较快的下降和上升；对于知母而言，相对其他两种药材，基本上保持不变，仅是在2021年后半年开始有小规模的上升（图7–87）。

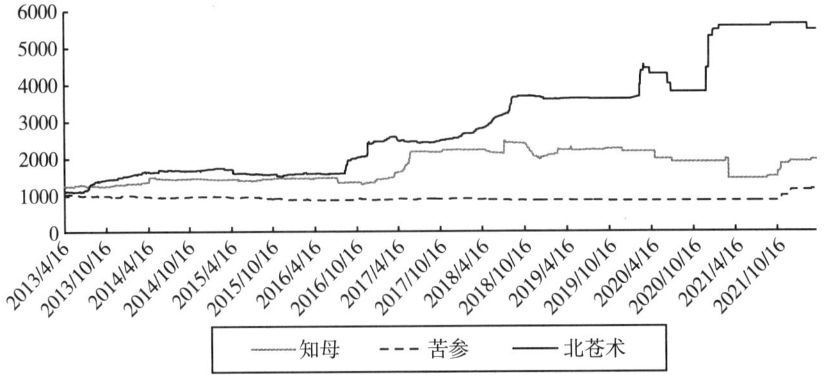

图7–87 2013~2022年知母与苦参和北苍术的波动趋势指数分析

第二节　2022年河北省中药材产业发展趋势

（一）新冠疫情影响下的产业发展趋势

中医药在此次抗击威胁全国人民生命与健康的新冠疫情中充分显示了自己的疗效与价值，获得了全民的高度关注与信任。这无疑会给作为中医药事业物质基础的中药材带来长期需求上升的积极影响，有利于中药材产业经济长期发展。但从短期来看，需要关注以下几点：

一是从短期价格走势来看，涉及抗疫药材的连翘、柴胡、苦杏仁、知母、苍术、半夏、紫苏等价格均处于上涨周期，且很多品种的价格已达到历史最高位。2022年中药材主要品种的价格走势还是以上涨为主，但有些品种由于长期处于高位运行或短期上涨幅度过大，在2022年有回调的风险，如北苍术、祁山药、防风、射干、酸枣仁等，且从中长期来看，上述品种在经历一个种植周期后的下跌风险更大。

二是要关注疫情反复对中药材行业的影响。目前，国内疫情呈多点散发态势，波及29个省份，呈现点多、面广、频发的特点。受各地疫情防控政策影响，各地中药材种植、中药材流通交易和消费均受到不同程度的影响，短期内会推动中药材特别是抗疫药材价格的上涨，但从产业发展角度看，常态化的防控措施会对中药材流通交易市场产生较大的负面影响。

（二）“非粮化”政策影响下的产业发展趋势

长期以来，我国粮食价格远低于药材、水果等非粮作物，再加上脱贫攻坚、乡村振兴等政策扶持下，很多地方大力开展“粮改药”行动，导致中药材种植面积大幅增长。在国家出台《关于坚决制止耕地“非农化”行为的通知》之后，未来中药材在现有耕地上的种植规模会受到极大影响。“非粮化”政策的实施势必将影响未来我省中药材产业发展布局及发展方向，机遇与挑战并存。

第八章

河北省中药材产业发展的对策建议

（一）针对疫情合理调整品种布局

这次疫情涉及的中药材品种很多，其中几个短缺品种是我省大宗道地药材，如连翘、北苍术、金银花、桔梗、板蓝根等，这次疫情大量消耗了原有库存，已出现明显短缺；还有一部分前期生产面积、库存量都较大，但受疫情影响会消耗大量库存的品种，如柴胡、黄芩、桔梗、瓜蒌、荆芥、半夏、薄荷等。随着疫情的反复，对上述药材的需求会持续较长时间。可以利用我省大宗道地药材产地的优势，合理增加相关品种种植布局，变“危”为“机”，进一步做大做强我省中药材产业。

（二）加强质量追溯体系建设

进一步加快推进中药材质量追溯体系建设，实现中药材的种质、种植、采收、加工、质检销售和流通等环节全程质量监控。不断完善我省中药材产品信息化追溯体系标准，加快数据采集和传输标准建设，建立健全全省统一的云端数据库，将中药材种养殖生产及饮片生产企业、销售商、消费者和政府监管机构联系在一起，构建从源头到终端的质量控制和可追溯体系，实现从生产源头到消费环节集成化的质量全程控制，满足市场对优质安全安心药材原料的迫切需求。进一步提升现有药品检验机构的中药材检验检测能力，明确检测标准，在中药材主要产区和集散地重点支持建设第三方检验检测机构，确保村有点、镇有站、县有所的三级检验机构。

（三）加强机械化推广应用，提高生产效率

随着人工费用的不断增加，缺少机械装备的中药材生产比较效益降低，严重影响产业的整体发展。因此，应大力加强中药材专用农机产品创新研发，加大对相关研究项目、研究机构的创新政策扶持。依托河北省中药材产业技术体系，针对不同品种、不同地理条件，研发专业的智能机械，特别是针对山地中小型播种、收割等机械的研发和应用。加快降低人工费用，减少成本和劳动力，提高生产效率，以科技促进发展。

（四）推进生态栽培

在适宜地区推进生态栽培种植模式。研发仿野生栽培、清洁化生产等生态种植模式，改变传统种植习惯，减少化肥农药的使用量，提高药材品质；推广药－粮（菜）轮作（套种）、林－药套（间）种等立体种养循环模式，提高土地利用率，增加种植效益。严格农业投入品管理，建立健全基地生产档案制度，定期开展中药材质量安全治理行动，建立中药材生产基地信用等级评价制度。

（五）大力引进龙头企业，走产业化经营的道路

我省中药材种植生产规模虽然逐年增加，但栽培管理粗放，采收、加工、包装、仓

储等技术落后。为保证中药材的产量、质量与销售渠道，应通过引进龙头企业，实现产业化经营。产业化经营能充分发挥信息、营销和人才优势，优化中药材品种、品质结构和产业结构，带动规模化生产和区域化布局。龙头企业可以和中药材种植户签订利益共享合同，自觉守信，从而实现龙头企业和种植农户的双赢，既能保证农民的经济收入，又实现能稳定生产。

（六）加大科研投入，提高中药材产量和质量

在形成产业链的同时，还应重视中药材的品质差异问题。中药材种植应同时注重质和量两方面：一方面，通过品种改良、选种育种、生境优化、栽培管理模式优选等方式切实提高产量和种植效率，以满足不断增加的市场需求；另一方面，积极探索提高中药材品质的途径，切实提高产品品质等级，优化品种结构，提高产品的市场竞争力。

（七）深度开发资源，延伸产业链条

近年来，我省中药材种植面积不断增大，为了扩大市场需求，稳定供需关系，应积极推进中药材深加工的研究。目前随着社会的进步和科学技术的发展，人们对中药材综合开发利用的研究已经比较深入，从原始的药用价值、发展为饮料食品、日用化工产品的开发生产，继而发展到旅游观光和生态农业工程建设上来。例如，以金银花为原料，可生产金银花茶、金银花饮料、金银花复合酸奶、金银花保健酒和金银花保健食品、牙膏、痱子粉、香水、沐浴露、精油等。我省各级政府应依托当地中药材资源，给予企业相应的政策优惠，吸引更多的深加工企业入驻，前延后伸，建设中药材种植基地，不仅使种植方法更加科学，还减少交易中间环节，提高产品附加值，扩大市场需求量。

（八）抢抓“互联网+”发展机遇，助推品牌推广

我省虽然有涉县柴胡、涉县连翘、热河黄芩、邢台酸枣仁、巨鹿金银花等众多特色中药材品牌，但通过网上调研发现，我省中药材网络可见度低。例如，作为金银花三大产地之一的巨鹿，并未受到很多人的关注。而随着互联网的普及，越来越多的人习惯通过互联网了解并购买产品，因此有必要通过互联网进行品牌的建立和推广，融合“互联网+”、众筹、众创空间、创客、O2O、微营销等最前沿的互联网思维手段打造我省中药材产业。

（九）结合当地发展定位，打造中药材特色康养小镇

我省大部分中药材适应能力较强，可在干旱、盐碱及沙滩等地带种植，具有增加土壤有机质含量，蓄水保墒、熟化土壤的作用，对于改善生态环境有着重要意义。当前我国着力改善生态环境，打造文化休闲康养胜地，我省各级政府可以此为契机，以健康旅游产业为核心，结合各中药材的效用，将健康、养生、养老、休闲、旅游等多元化功能融为一体，形成一个融医疗保健、健康养生为特色的生态环境较好的特色康养小镇。通过打造万亩中药材花海、中药材主题观光农业、中药材园艺小镇、中药材特色产品专卖店、中药材宴、中药材SPA、足疗等系列项目，让游客在优美的环境中，体验健康的“吃住行游购娱养闲”。

参考文献

[1] 曹洪欣.传承精华 守正创新 中医药增进人民健康福祉70载——中医药发展70年回顾与展望[J].名医，2020(13)：76-80+173.

[2] 秦芳.我国中医药的历史沿革与发展综述[J].中国民族民间医药，2012，21(08)：12-20.

[3] 韩亚南，徐瞰海.浅析对中医药历史发展的认识[J].药学教育，2010，26(05)：25-27.

[4] 郑胜利.产业链的全球延展与我国地区产业发展分析[J].当代经济科学,2005，(01)：87-93+112.

[5] 郑勇军，汤筱晓.集群间产业链整合：提升产业竞争力的重要途径——以中国沿海地区计算机制造业集群为例[J].工业技术经济，2006(07)：61-64.

[6] 熊新忠.中医药产业集群式技术创新研究[D].武汉理工大学，2007.

[7] 李泊溪.中药现代化产业推进战略[M].中国中医药出版社，2001.

[8] 齐谋甲.当代中国的医药事业[M].中国社会科学出版社，1988：23.

[9] 薛文礼.中药产业国际竞争力的生产要素现状及评价[J].辽宁中医药大学学报，2007，9(3)：79.

[10] 王海燕.中国西部中医药产业可持续发展研究[D].天津大学，2014.

[11] 彭杰.甘肃省区域中药材产业效率研究——基于三阶段DEA模型[D].兰州财经大学，2019.

[12] 叶方同.亳州中药材集群竞争优势研究[J].乡镇经济，2003(11)：39-41.

[13] 王培旭.禹州中药材专业市场发展问题研究[D].河南工业大学，2020.

[14] 赵智瑶.安国中药产业发展现状与对策研究[D].河北农业大学，2018.

[15] 中药材产业扶贫推进活动在成都举办[J].中医药管理杂志，2018，26(24)：180.

[16] 寿建鸿.成都荷花池中药材价格指数系统设计与实现[D].电子科技大学，2012.

[17] 江西樟树市中药材种植面积达39万亩[J].科学种养，2019(11)：63.

[18] 徐靓，马玉翠，吴翠，王立雪，李春，巢志茂.广州清平中药材市场中药材贮藏养护现状调查[J].中国药业，2019，28(12)：1-3.

[19] 张丽斯.清平中药材市场形态演变及改造策略研究[D].华南理工大学，2020.

[20] 刘树念.山东鄄城县中药材产业现状、问题及发展建议[J].农业工程技术，2021，41(35)：12-13.

[21] 谭勇.普宁：搭起中药大舞台[N].医药经济报，2002-11-22(002).

[22] 陈思中，吴学兵.资源禀赋、市场需求与大别山产业扶贫——以湖北省蕲春县中药

材产业为例［J］.湖北农业科学，2021，60（04）：125-128.
［23］余晓燕.立足特色资源条件 推动精准产业扶贫——湖北蕲春、英山、房县中药材产业发展模式调研［J］.中国发展，2016，16（04）：43-47.
［24］沈艳阳，曹文献.邵东县廉桥镇中药材产业竞争力影响因素分析［J］.农村经济与科技，2022，33（02）：159-162.
［25］孙兆杰.哈尔滨东北方中药材种植技术研究所——黑龙江省东北方中药材种植产业（集团）股份有限公司［J］.黑龙江科技信息，2000（03）：6-7.
［26］湖南中药材打造千亿元产业［J］.农村百事通，2019（03）：25.
［27］李卫平，李光，蒋志勇.基于湖南岳阳地区调查的小规模中药材种植产业升级发展对策［J］.中国药业，2020，29（16）：19-22.
［28］董宇虹.昆明将打造滇中高山优质中药材产业区［N］.昆明日报,2021-07-11(002).
［29］黄少军，梁庆平，戴传勇，周晓欢.广西玉林市中药材产业现状与存在问题分析［J］.安徽农业科学，2010，38（16）：8707-8708+8713.
［30］孙元鹏，程正，孙燕玲等.中药材类中国特色农产品优势区建设研究［J］.山东农业科学，2019，51（08）：143-149.
［31］王冰，芦智远，张耀武等.浅谈农产品地理标志发展现状与品牌建设［J］.现代食品，2021（23）：34-39.
［32］许朗，高珊，许才明.农产品区域公用品牌发展现状、问题及对策建议［J］.江苏商论，2020（01）：8-11.
［33］王伟，王芳.河北省地理标志保护现状分析与建议［J］.安徽农业科学，2011，39（11）：6798-6800+6803.
［34］韩霜，张少杰，张红兵.河北省道地药材类地理标志产品的保护现状分析［J］.农村经济与科技，2018，29（22）：151-152.
［35］张羽.农产品品牌价值提升策略研究［D］.青岛大学，2016.
［36］黄珊珊.河北省承德市“隆化大米”品牌建设问题研究［D］.武汉轻工大学，2020.
［37］杨瑚，高玉霞.临泽小枣区域品牌价值提升策略研究［J］.山西农经，2021（23）：41-43.
［38］秦超.“大足冬菜”区域品牌建设研究［D］.重庆工商大学，2021.
［39］王浩然.中药材产业链优化研究［D］.武汉轻工大学，2021.
［40］王珑.农产品品牌形象设计研究［D］.浙江农林大学，2013.
［41］李昕.温州市农产品区域公用品牌建设的研究［D］.西北农林科技大学，2019.
［42］秦宇琪.黑龙江省绿色农产品品牌竞争力研究［D］.东北林业大学，2017.
［43］中共中央国务院.中国农村扶贫开发纲要（2011 — 2020年）［EB/OL］.(2011-12-07)［2019-09-15］.http//www.gov.cn/gongbao/content/2011/content_2020905.htm.
［44］刘梦岩，周晓辉.河北省中药材产业扶贫现状及对策［J］.中国乡镇企业会计，2020

（12）：6–7.
［45］孔明.聚焦中药材产业扶贫：产业扶贫有了新”药方”.http：//country.cnr.cn/gundong/20170912/t20170912_523945944.shtml.
［46］新闻直播间.河北安国以中药材种植为抓手推进产业扶贫工作.https：//tv.cctv.com/2020/09/16/VIDETVyUBJTdr7FXUJq6tHgT200916.shtml?spm=C53156045404.PKXC0xLPAnP9.0.0
［47］毕玉婷.河北巨鹿“金银花园艺小镇”推动产业扶贫 静待“致富花”开.https：//www.kmzyw.com.cn/news/20200306/1583478428000.1066.html
［48］李婷.精准扶贫背景下河北省农村产业扶贫模式研究［D］.河北师范大学，2019.
［49］赵颐.河北省中药材种植区域比较优势及种植意愿分析［D］.河北农业大学，2019.
［50］杨伟.基于SWOT分析的彬州市樱桃产业发展初步研究［D］.西北农林科技大学，2019.
［51］张冬燕，王建忠，刘丽.河北省中药材产业发展研究［J］.中国集体经济,2019（36）：24–25.
［52］及华，王琳，谢晓亮等.河北省中药材产业发展现状及问题建议［J］.河北农业科学.2020，24（5）：18–20.
［53］王雪娇，李隆伟，杜春燕.云南省肉羊产业发展现状及比较优势分析［J］.中国农学通报.2022，38（02）：141–149.
［54］张帅，左万琦，徐光泽等.重庆市烟叶生产比较优势分析［J］.安徽农业科学.2021，49（07）：46–52.

附　录

附录1：国家相关政策汇总

附表1　国家相关政策

时间	文件	主要内容
1954年10月	《关于改进中医工作问题给中央的报告》	《报告》提出要加强对中药产销的管理；卫生部应设立中医司，并有一名副部长分工管理中医工作；建议商业部、全国供销合作总社成立中国药材公司；卫生部应将有关中医工作的经费预算、干部分配、工作计划列入今后卫生工作的年度计划。
1984年	《国务院批转国家体改委、商业部、农牧渔业部关于进一步做好农村商品流通工作的报告》	《报告》提出中药材派购品种由30种减为24种，分两种类型进行管理，其他药材全部放开，自由购销。
1991年	《国务院关于进一步搞活农产品流通的通知》	《通知》提出进一步放开中药材市场，全国掀起了建立中药材市场的高潮，中药材市场数量一度破百。
2009年5月	《关于扶持和促进中医药事业发展的若干意见》	《意见》提出要结合农业结构调整，建设道地药材良种繁育体系和中药材种植规范化、规模化生产基地，开展技术培训和示范推广。合理调控、依法监管中药原材料出口。
2010年	《中国药典》	大幅提升了中药饮片、中药提取物、中药材的提取物标准。
2014年12月	《关于加快推进中药材现代物流体系建设指导意见的通知》	《通知》明确了到2020年初步形成采收、产地加工、包装、仓储和运输一体化的中药材现代物流体系的总体目标，提出了六项主要任务：一是建设中药材产业加工基地；二是规范中药材包装；三是建设集中仓储配送网络；四是推广应用现代物流管理与技术；五是完善中药材专业市场的配套物流服务功能；六是做强做大中药材仓储物流企业。
2015年3月	《中药材保护和发展规划（2015–2020年）》	为了切实保护野生中药材资源、解决中药材质量品质下降、价格大幅波动等问题，2011年底，遵照国务院领导同志批示，国家发展改革委员会会同有关部门研究上报国务院《关于综合整治中药材价格大幅度波动政策建议的请示》，提出了包括“加大中药材生产规划和扶持力度”等9条政策措施。经国务院批准，国家发展改革委员会制定了《关于落实中药材价格综合整治政策措施部门分工方案》，明确由工信部、中医药管理局牵头，发展改革委员会、财政部、农业部、商务部、卫生计生委、食品药品监督管理总局、林业局、保监会等部门共同编制《规划》。
2015年6月	《中国药典》（2015年版）	作为我国保证药品质量的法典，本版药典在保持科学性、先进性、规范性和权威性的基础上，着力解决制约药品质量与安全的突出问题，着力提高药品标准质量控制水平，充分借鉴了国际先进技术和经验，客观反映了中国当前医药工业、临床用药及检验技术的水平，必将在提高药品质量过程中起到积极而重要的作用，并将进一步扩大和提升我国药典在国际上的积极影响。

续表

时间	文件	主要内容
2015年12月	《国务院办公厅关于加快推进重要产品追溯体系建设的意见》	《意见》要求到2020年，追溯体系建设的规划标准体系得到完善，法规制度进一步健全；全国追溯数据统一共享交换机制基本形成，初步实现有关部门、地区和企业追溯信息互通共享；食用农产品、食品、药品、农业生产资料、特种设备、危险品、稀土产品等重要产品生产经营企业追溯意识显著增强，采用信息技术建设追溯体系的企业比例大幅提高；社会公众对追溯产品的认知度和接受度逐步提升，追溯体系建设市场环境明显改善。
2016年2月	《中医药发展战略规划纲要（2016–2030年）》	《纲要》提出要全面提升中药产业发展水平，加强中药资源保护利用，推进中药材规范化种植养殖，促进中药工业转型升级，构建现代中药材流通体系。
2016年6月	《全国中药材物流基地规划建设指引》	《指引》指出要引导中药材物流基地的合理布局与规范建设，加快建设全国中药材现代物流体系。
2016年8月	《中医药发展“十三五”规划》	《规划》提出要促进中药材种植养殖业绿色发展。制定国家道地药材目录，加强道地药材良种繁育基地和规范化种植养殖基地建设，发展道地中药材生产和产地加工技术。制定中药材种植养殖、采集、储藏技术标准，利用有机、良好农业规范等认证手段加强对中药材种植养殖的科学引导，发展中药材种植养殖专业合作社和合作联社，提高规模化、规范化水平。支持发展中药材生产保险。推动贫困地区中药材产业化精准扶贫。
2016年12月	《中华人民共和国中医药法》	从法律层面明确了中医药的地位，发展方针和扶持措施，为中医药事业发展提供了法律保障。
2017年2月	《中医药“一带一路”发展规划（2016–2020年）》	《规划》提出对企业从事中药材的种植、牧畜、家禽的饲养以及濒危野生动植物养殖（种植）等项目所得，可按税收法律法规规定减免企业所得税。
2017年6月	《“十三五”中医药科技创新专项规划》	攻克一批常用大宗中药材种植（养殖）、加工、质量控制的技术难题，培育一批中药材大品种，打造中药材大健康产业链。
2017年7月	《中医药法》	明确国家制定中药材种植养殖、采集、贮存和初加工的技术规范、标准，加强对中药材生产流通全过程的质量监督管理，保障中药材质量安全。
2017年9月	《中药材产业扶贫行动计划（2017–2020年）》	《计划》指出首先要打造一批药材基地，形成产业精准扶贫新格局，其次要培育一批经营主体，提升产业精准扶贫成效，再次要发展一批健康产业，推动扶贫成果有效增值，最后搭建一批服务平台，支撑扶贫产业可持续发展。
2018年4月	《省级中药饮片炮制规范修订的技术指导原则》	《原则》指出修订省级饮片炮制规范，应对饮片的药材原植物（动物、矿物）品种，性状、产地、资源情况，产地加工方法，炮制历史沿革，炮制工艺及其研究进展，以及质量控制、临床应用等方面进行全面调查和研究；毒性药材饮片的炮制规范修订，除应符合一般饮片的要求外，还应考察炮制工艺对饮片安全性的影响。
2018年5月	《古代经典名方中药复方制剂简化注册审批管理规定》	中成药质量一致性一直是中药质量控制的难点，单纯依靠终端标准检验有很大的局限性。为保证经典名方制剂质量与疗效的相对一致，需要建立从药材源头到饮片、中间体、制剂全链条的质量控制措施，且整个过程需与“经典名方物质基准”比对。在质量比对、控制中，质量评价的指标和方法尤为关键。

续表

时间	文件	主要内容
2018年5月	《关于加强中医药健康服务科技创新的指导意见》	《意见》提出要提高中药资源对中医药健康服务的保障水平为目标，开展中药资源综合开发利用研究，加强基于临床价值的中药大品种的二次开发及中药材大品种的深度开发，打造中药材健康产业链。
2018年6月	《中药药源性肝损伤临床评价技术指导原则》	在评价中药药源性肝损伤风险因素时，应综合考察药材基原、产地、药用部位、采收时间和加工炮制方法，并严格控制杂质、农药、重金属残留及微生物毒素等外源性污染物。
2018年7月	《中药材生产质量管理规范》征求意见稿	主要从下述五个方面的思路进行修订：①强调对中药材质量有重大影响的关键环节实施重点管理同时，重视全过程细化管理、呼应社会关切，树立风险管控理念。②以高标准、严要求作为《规范》修订出发点，兼顾中药材生产的现实情况和当前技术水平。③将技术规程和质量标准制定前置，作为实施基地建设和管理的前提和依据。④立足中医药的特色和传承，鼓励采用适用的新技术。⑤强调生态环境保护和动物保护。
2018年8月	《关于打赢脱贫攻坚战三年行动的指导意见》	实施中药材产业扶贫行动计划，鼓励中药材企业到贫困地区建设中药材基地。
2018年12月	《全国道地药材生产基地建设规划》	《规划》提出，道地药材的生产科技水平、标准化生产水平、产业化水平、质量化安全水平是发展的重点任务。在资金筹措方面，除财政支持外，规划还鼓励各级农业农村部门吸引金融、社会等资本参与建设。
2019年3月	《关于促进森林康养产业发展的意见》	《意见》要求充分发挥中医药特色优势，大力开发中医药与森林康养服务相结合的产品；加强森林康养食材、中药材种植培育，森林食品、保健品等研发、加工和销售。
2019年10月	《关于促进中医药传承创新发展的意见》	《意见》指出要强化中药材道地产区环境保护，修订中药材生产质量管理规范，制定中药材种子种苗管理办法，规范道地药材基地建设，加强中药材交易市场监管，深入实施中药材扶贫行动。
2019年12月	《中华人民共和国基本医疗卫生与健康促进法》	加强中药的保护与发展，充分体现中药的特色和优势，发挥其在预防、保健、医疗、康复中的作用。
2020年7月	《中国药典（2020年版）》	2020版《中国药典》进一步完善了中药材安全性检测方法；加强和完善了专属性鉴别。对中药材品种和来源的增加与退出，名称、来源和药用部位以及采收和加工方法及药材性状的修订都做出完善。
2020年11月	《关于科学利用林地资源 促进木本粮油和林下经济高质量发展的意见》	《意见》要求积极探索林药、林菌等多种森林复合经营模式，有序发展林下种植业，并明确了用地等支持政策，推动林下中药材生态培育等林下经济高质量发展。
2020年12月	《国家药监局关于促进中药传承创新发展的实施意见》	《意见》指出要修订中药材生产质量管理规范（GAP），制定中药材生产质量管理规范实施指南，引导促进中药材规范化种植养殖，推动中药材产地加工，鼓励中药饮片企业将质量保障体系向种植加工环节延伸，从源头加强中药材、中药饮片质量控制。加强和规范中药新药用中药材、中药饮片的质量管理，明确质量控制研究相关技术要求。保护野生药材资源，严格限定使用濒危野生动、植物药材。加强开展中药新药资源评估，保障中药材来源稳定和资源可持续利用。

续表

时间	文件	主要内容
2021年1月	《中药配方颗粒质量控制与标准制定技术要求》	为规范中药配方颗粒的标准研究，中药配方颗粒质量控制与标准制定技术要求，对中药材提出了更严格的要求。
2021年2月	《关于加快中医药特色发展的若干政策措施》	《措施》明确提出，要加强中药材质量安全风险评估与风险监测，促进快速检测装备研发和技术创新，建设第三方检测平台。
2021年6月	《“十四五”优质高效医疗卫生服务体系建设实施方案》	《方案》指出，要加强中医病房、中药房、中药制剂室、中医综合治疗区、中医康复治疗区、中医经验传承工作室、中西医结合临床研究中心等建设，强化中医特色诊疗设备配置。
2021年6月	《关于进一步加强综合医院中医药工作推动中西医协同发展的意见》	《意见》指出，针对有条件的综合医院特别是有条件的三级甲等综合医院要设置中药房，提供中药饮片、中成药和中药配方颗粒调剂服务以及中药饮片煎煮服务。
2021年8月	《“十四五”林业草原保护发展规划纲要》	《纲要》将林草中药材列入优势特色产业重点项目，提出了林草中药材生态培育的规划目标和重点任务。
2021年12月	《全国中药材生产统计报告（2020）》	其对全国中药材生产情况、各省域中药材生产情况、不同类型中药材的生产情况等进行统计分析，从多个维度展示了全国中药材生产的基本情况。
2022年1月	《推进中医药高质量融入共建“一带一路”发展规划（2021–2025年）》	《规划》指出要加强中药类产品海外注册服务平台建设，并且要求要加强中药材产业合作，提升产业数字化水平；扩大中药类产品贸易，加快培育我国中医药国际化企业和国际知名品牌。
2022年1月	《林草产业发展规划（2021–2025年）》	《规划》提出，因地制宜发展沙柳、沙枣、沙棘、柽柳、梭梭、柠条等节水型种植业，发展沙区食品、药材、饲草等循环用水型加工业。
2022年3月	《“十四五”中医药发展规划》	《规划》将中医药产业协同发展放在重要位置，重点推动中药产业高质量发展，提出加强中药资源保护与利用、加强道地药材生产管理、提升中药产业发展水平、加强中药安全监管等4个方面的具体措施。十四五规划拓宽了中药材种植行业的发展空间，拥有中药材种植布局的中药生产企业受益，包括中国中药、红日药业、白云山、同仁堂、昆药集团等。
2022年3月	《中药材生产质量管理规范》	《规范》的出台为企业设置准入标准，有利于推动中药材产地加工产业从粗放式小作坊式经营向集群产业链转化。并且在药材储存、运输，以及保证品质等方方面面，都有积极作用，能有效促进中药材市场中药质量不断提高，生产流通秩序更加规范，也促使全流程信息化溯源监管的步伐朝中药生产的源头推进了一步。
2022年3月	《林草中药材产业发展指南》	《指南》提出，发挥林草资源优势，通过生态种植、野生抚育和仿野生栽培等生态培育方式生产中药材，提供安全、高效、绿色、有机的优质药材，满足社会对高品质中药材的需求；鼓励各地建立持续稳定的多元投入机制，积极引导社会资本进山入林、投资林草中药材产业；鼓励发展以生产药材为主要目的的商品林，推动规模化集约化经营；优先支持优质林草中药材产品进入森林生态标志产品名录等。

附录2：河北省相关政策汇总

时间	文件	主要内容
2011年	《河北省政府常务会议纪要（第92号）》	《会议纪要》提出建设中药材种植基地。出台《河北省人民政府关于振兴中医药事业的决定》（冀政［2011］99号），壮大河北省中药产业，经省政府批准，启动河北省中药材种植示范园创建工作。
2014年	《河北省中药产业发展规划（2015–2020年）》	编制了《河北省中药产业发展规划（2015–2020年）》安国市与天士力制药集团股份公司、北京同仁堂参茸集团、神威药业集团有限公司、保定英利源盛房地产开发集团等企业完成了中药萃取、中药配方颗粒及中药饮品、安国中药都健康养生园等38个项目的合作签约，总投资额300亿元。
2016年	《河北省中医药发展“十三五”规划》	《规划》提出制定河北道地中药材目录及种植养殖、采集、储藏技术规范或标准。大力发展中药材种植养殖专业合作社和合作联社，引导中药生产企业发挥自身优势，自建或合建中药材种植养殖基地。进一步优化“两带三区”（燕山产业带、太行山产业带、冀中平原产区、冀南平原产区和坝上高原产区）特色区域布局。鼓励中药生产企业向中药材产地延伸产业链，开展趁鲜切制和精深加工。
2017年	《河北省中医药条例》	《条例》提出要加强中药材保护，规定完善分级保护制度，制定河北道地中药材目录，建立河北道地中药材种质资源库、种质资源保护地，采取措施对河北道地、特色中药材进行品种选育和产地保护。
2019年	《河北省中药材标准》	《标准》填补了河北省常用中药材与饮片监管的空白，有效促进河北省中医药事业发展，保证人民用药安全。同时，也将从技术层面更好地促进河北省中药材标准化、规范化、产业化、道地化发展，这对于树立河北省道地药材的品牌效应将发挥重要作用。
2019年	《关于加快推进中医药产业发展的实施意见》	提出要提高中药材种质种源的道地化水平、种植方式的规范化水平和生产体系的标准化水平，全面加强道地中药材的质量管理，加快产销对接建设，打通产业链，完善中药材产业结构，着力提升河北省中药材产业的核心竞争力。
2020年	《关于制定国民经济和社会发展第十四个五年规划和二〇三五年远景目标建议》	建设太行山–燕山中药材种植带；坚持中西医并重和优势互补，促进中医药传承创新发展，支持安国中药都建设。
2021年	《关于加快中药材产业发展的实施意见》	《意见》以深化农业供给侧结构性改革为主线，以中医药与现代农业融合为重点，坚持政府引导、市场运作，突出道地、优化布局，标准引领、绿色发展，保护开发、产业融合为发展原则，明确目标任务，对推进推动我省“十四五”时期中药材产业高质量发展具有重大而深远的意义。
2022年	《河北省中医药发展“十四五”规划》	《规划》提出中医药产业竞争力要明显增强，具体而言培育一批绿色道地“冀药”品牌和冀产中药大品种，中药材种植面积达到255万亩，种植和初加工产值达到500亿元。

附录3：相关国家标准

附表3　相关国家标准汇总

时间	颁发部门	技术规范
2014年	商务部	SB/T 11039-2013 中药材追溯通用标识规范 SB/T 11039-2013 中药材追溯通用标识规范
2015年	国家质量监督检验检疫总局	SN/T 4061-2014 出口辐照植物性中药材鉴定方法 热释光法
2016年	国家质量监督检验检疫总局	SN/T 4458-2016 出口中药材微生物学检验
	工业和信息化部 国家能源局	JB/T 20111-2016 中药材热风穿流式烘干箱
2017年	商务部	SB/T 11182-2017 中药材包装技术规范 SB/T 11173-2016 中药材商品规格等级通则 SB/T 11183-2017 中药材产地加工技术规范 SB/T 11174.5-2016 中药材商品规格等级 第5部分：大黄 SB/T 11174.4-2016 中药材商品规格等级 第4部分：厚朴 SB/T 11174.1-2016 中药材商品规格等级 第1部分：白术 SB/T 11173-2016 中药材商品规格等级通则 SB/T 11174.3-2016 中药材商品规格等级 第3部分：三七 SB/T 11174.2-2016 中药材商品规格等级 第2部分：太子参
	国家质量监督检验检疫总局	SN/T 4604-2016 进出口中药材中真菌毒素的测定 SN/T 4653-2016 出口中药材中氨基甲酸酯类农药残留量的检测方法 液相色谱-质谱/质谱法 SN/T 4527-2016 出口中药材中多种有机氯、拟除虫菊酯类农药残留量的测定
2018年	国家标准化管理委员会	GB/Z 35039-2018 中药材（川党参）产业项目运营管理规范
	国家市场监督管理总局	GB/Z 35038-2018 中药材（三七）产业项目运营管理规范
	国家质量监督检验检疫总局	SN/T 4894-2017 进境动物源性中药材指定企业检疫技术规范 GB/Z 35039-2018 中药材（川党参）产业项目运营管理规范
	中华中医药学会	T/CACM 1021.46-2018 中药材商品规格等级 桂枝
2019年	农业农村部	NY/T 3481-2019 根茎类中药材收获机 质量评价技术规范
	中国中药协会	T/CATCM 010-2019 植物类中药材及饮片多菌灵残留的快速检测-胶体金免疫层析法 T/CATCM 006-2019 中药追溯信息要求 中药材种植
2021年	中国农业机械学会	T/NJ 1211-2020 中药材烘干机
	中国农业机械工业协会	T/NJ 1207-2020 根茎类中药材移栽机
	中国农业机械学会	T/NJ 1212-2020 中药材切片机
	中国医药保健品进出口商会	T/CCCMHPIE 2.3-2021 中药材 追溯信息要求
	中国质量协会	T/CAQ 29001-2021 品质中药材 通用质量规范
	国家能源局	NB/T 10780-2021 空气源热泵烘干中药材技术通则

续表

时间	颁发部门	技术规范
2022年	全联农业产业商会	T/CAICC 05-2021中药材中水胺硫磷的快速检测胶体金免疫层析法
	中国质量协会	T/CAQ 29002-2021品质中药材 人参 T/CAQ 29003-2021品质中药材 三七 T/CAQ 29004-2021品质中药材 天麻
	国家市场监督管理总局 中国国家标准化管理委员会	GB/T 41364-2022中药材种子（种苗）平贝母 GB/T 41362-2022中药材种子（种苗）明党参 GB/T 41363-2022中药材种子（种苗）丹参 GB/T 41365-2022中药材种子（种苗）白术 GB/T 41361-2022中药材种子（种苗）金莲花 GB/T 41277-2022中药材（植物药）新品种评价技术规范 GB/T 41360-2022中药材种子（种苗）菘蓝 GB/T 41221-2021中药材种子检验规程 GB/Z 38765-2020精准扶贫 中药材 滇重楼产业项目运营管理规范 GB/Z 38764-2020精准扶贫 中药材 草果产业项目运行管理规范

附录4：行业标准—机械

附表4　机械行业标准

时间	技术规范
2006年	JB/T 20088-2006中药材截断机
2008年	JB/T 20113-2008中药材颚式破碎机
2016年	JB/T 20113-2016中药材颚式破碎机

附录5：行业标准—商品检验

附表5　商品检验行业标准

时间	技术规范
1993年	SN 0181-1992出口中药材中六六六、滴滴涕残留量检验方法
2008年	SN/T 1957-2007进出口中药材及其制品中五氯硝基苯残留量检测方法 气相色谱-质谱法
2015年	SN/T 4061-2014出口辐照植物性中药材鉴定方法-热释光法 SN/T 4062-2014出口植物性中药材中稀土元素的测定方法 SN/T 4063-2014出口植物性中药材中汞含量的测定 直接进样-冷原子吸收光谱法 SN/T 4064-2014出口植物性中药材中多种元素的测定方法 SN/T 4065-2014出口植物性中药材中富马酸单甲酯和富马酸二甲酯残留量的测定 液相色谱法 SN/T 4167-2015出口中药材检疫监督管理规范 SN/T 4261-2015出口中药材中苯并（a）芘残留量的测定

附录6：行业标准—商业

附表6　商业行业标准

时间	技术规范
2014年	SB/T 11038-2013中药材流通追溯体系专用术语规范
2015年	SB/T 11094-2014中药材仓储管理规范
	SB/T 11095-2014中药材仓库技术规范
2016年	SB/T 11150-2015中药材气调养护技术规范

附录7：中药材种子质量标准

附表7　中药材种子质量标准情况

时间	技术规范
2009年	DB13/T 1083.1-2009中药材种子质量标准 第1部分：远志
	DB13/T 1083.2-2009中药材种子质量标准 第2部分：黄芩
	DB13/T 1083.3-2009中药材种子质量标准 第3部分：知母
2010年	DB13/T 1320.1-2010中药材种子质量标准 第1部分：紫苏
	DB13/T 1320.2-2010中药材种子质量标准 第2部分：菘蓝
	DB13/T 1320.3-2010中药材种子质量标准 第3部分：桔梗
	DB13/T 1320.4-2010中药材种子质量标准 第4部分：荆芥
	DB13/T 1320.5-2010中药材种子质量标准 第5部分：瞿麦
	DB13/T 1320.6-2010中药材种子质量标准 第6部分：黄芪
	DB13/T 1320.7-2010中药材种子质量标准 第7部分：射干
	DB13/T 1320.8-2010中药材种子质量标准 第8部分：牛膝
	DB13/T 1320.9-2010中药材种子质量标准 第9部分：白芷
	DB13/T 1320.10-2010中药材种子质量标准 第10部分：防风

附录8：河北省质量标准

附表8　河北省质量标准情况

时间	颁发部门	技术规范
2015年	河北省质量技术监督局	DB13/T 2118–2014 中药材种子质量标准 王不留行
2016年	河北省质量技术监督局	DB13/T 2224–2015 中药材种苗质量标准 祁菊 DB13/T 2225–2015 中药材种苗质量标准 西陵知母 DB13/T 2413–2016 中药材种子质量 祁薏苡
2017年	河北省质量技术监督局	DB13/T 2594–2017 中药材种子质量标准 祁沙参
2018年	河北省市场监督管理局	DB13/T 2885–2018 中药材种子质量标准 蒲公英 DB13/T 2886–2018 中药材种子质量标准 掌叶半夏 DB13/T 2887–2018 中药材种苗质量标准 猪苓
	河北省质量技术监督局	DB13/T 2692–2018 中药材种子种苗质量标准 北苍术 DB13/T 2705–2018 中药材种子质量标准 北豆根 DB13/T 2707–2018 中药材种子质量标准 土木香 DB13/T 2706–2018 中药材种子质量标准 大蓟 DB13/T 2704–2018 中药材种子质量标准 薄荷
2019年	河北省市场监督管理局	DB13/T 5109–2019 中药材种子质量 苦参

附录9：中国特色农产品优势区名单

附表9　中国特色农产品优势区

第一批（2017年12月25日）	
序号	名称
1	浙江省安吉县安吉白茶中国特色农产品优势区
2	重庆市涪陵区涪陵青菜头中国特色农产品优势区
3	河北省平泉市平泉香菇中国特色农产品优势区
4	重庆市荣昌区荣昌猪中国特色农产品优势区
5	福建省建瓯市建瓯笋竹中国特色农产品优势区
6	浙江省三门县三门青蟹中国特色农产品优势区
7	河南省信阳市信阳毛尖中国特色农产品优势区
8	福建省武夷山市武夷岩茶中国特色农产品优势区
9	宁夏回族自治区盐池县盐池滩羊中国特色农产品优势区
10	安徽省亳州市亳州中药材中国特色农产品优势区
11	湖北省恩施州恩施硒茶中国特色农产品优势区
12	贵州省兴仁县兴仁薏仁米中国特色农产品优势区
13	江西省南丰县南丰蜜桔中国特色农产品优势区

续表

序号	名称
14	江西省赣州市赣南脐橙中国特色农产品优势区
15	山东省东阿县东阿黑毛驴中国特色农产品优势区
16	湖南省安化县安化黑茶中国特色农产品优势区
17	河北省鸡泽县鸡泽辣椒中国特色农产品优势区
18	广西壮族自治区陆川县陆川猪中国特色农产品优势区
19	湖南省邵阳县邵阳油茶中国特色农产品优势区
20	江苏省盱眙县盱眙小龙虾中国特色农产品优势区
21	湖北省武汉市蔡甸区蔡甸莲藕中国特色农产品优势区
22	湖北省潜江市潜江小龙虾中国特色农产品优势区
23	山东省昌邑市昌邑生姜中国特色农产品优势区
24	江苏省邳州市邳州银杏中国特色农产品优势区
25	江苏省昆山市阳澄湖大闸蟹中国特色农产品优势区
26	云南省临沧市临沧普洱茶中国特色农产品优势区
27	浙江省绍兴市柯桥区、诸暨市、嵊州市绍兴会稽山香榧中国特色农产品优势区
28	广东省珠海市斗门区白蕉海鲈中国特色农产品优势区
29	广西壮族自治区田东县百色芒果中国特色农产品优势区
30	云南省元谋县元谋蔬菜中国特色农产品优势区
31	贵州省遵义市遵义朝天椒中国特色农产品优势区
32	山东省金乡县金乡大蒜中国特色农产品优势区
33	重庆市奉节县奉节脐橙中国特色农产品优势区
34	山东省济南市章丘区章丘大葱中国特色农产品优势区
35	四川省苍溪县苍溪猕猴桃中国特色农产品优势区
36	内蒙古自治区杭锦后旗河套向日葵中国特色农产品优势区
37	吉林省汪清县汪清黑木耳中国特色农产品优势区
38	陕西省商洛市商洛核桃中国特色农产品优势区
39	四川省攀枝花市攀枝花芒果中国特色农产品优势区
40	山西省长治市上党中药材中国特色农产品优势区
41	吉林省抚松县抚松人参中国特色农产品优势区
42	河南省灵宝市灵宝苹果中国特色农产品优势区
43	广西壮族自治区永福县永福罗汉果中国特色农产品优势区
44	云南省德宏州德宏小粒咖啡中国特色农产品优势区
45	四川省宜宾县宜宾油樟中国特色农产品优势区
46	河北省迁西县迁西板栗中国特色农产品优势区
47	北京市平谷区平谷大桃中国特色农产品优势区

续表

序号	名称
48	湖南省华容县华容芥菜中国特色农产品优势区
49	宁夏回族自治区中宁县中宁枸杞中国特色农产品优势区
50	黑龙江省海伦市海伦大豆中国特色农产品优势区
51	甘肃省定西市安定区定西马铃薯中国特色农产品优势区
52	内蒙古自治区锡林郭勒盟锡林郭勒草原肉羊中国特色农产品优势区
53	辽宁省北镇市北镇葡萄中国特色农产品优势区
54	陕西省洛川县洛川苹果中国特色农产品优势区
55	海南省澄迈县桥头地瓜中国特色农产品优势区
56	新疆维吾尔自治区巴音郭楞州库尔勒香梨中国特色农产品优势区
57	上海市浦东新区南汇水蜜桃中国特色农产品优势区
58	新疆维吾尔自治区吐鲁番市高昌区吐鲁番哈密瓜中国特色农产品优势区
59	新疆生产建设兵团第一师3团阿拉尔薄皮核桃中国特色农产品优势区
60	西藏自治区日喀则市青稞中国特色农产品优势区
61	青海省玉树州玉树牦牛中国特色农产品优势区
62	大兴安岭林业集团加格达奇林业局大兴安岭黑山猪中国特色农产品优势区
第二批（2019年1月17日）	
1	湖北省随州市随州香菇中国特色农产品优势区
2	河北省怀来县怀来葡萄中国特色农产品优势区
3	吉林省洮南市洮南绿豆中国特色农产品优势区
4	河北省内丘县富岗苹果中国特色农产品优势区
5	四川省资中县资中血橙中国特色农产品优势区
6	四川省广安市广安区广安龙安柚中国特色农产品优势区
7	山西省沁县沁州黄小米中国特色农产品优势区
8	山东省寿光市寿光蔬菜中国特色农产品优势区
9	安徽省黄山市黄山区太平猴魁中国特色农产品优势区
10	广西壮族自治区融安县融安金桔中国特色农产品优势区
11	山东省沂源县沂源苹果中国特色农产品优势区
12	湖北省十堰市武当道茶中国特色农产品优势区
13	重庆市石柱县石柱黄连中国特色农产品优势区
14	山西省忻州市忻州杂粮中国特色农产品优势区
15	山东省烟台市福山区福山大樱桃中国特色农产品优势区
16	浙江省杭州市临安区临安山核桃中国特色农产品优势区
17	广西壮族自治区玉林市玉州区玉林三黄鸡中国特色农产品优势区
18	宁夏回族自治区中卫市中卫香山硒砂瓜中国特色农产品优势区

续表

序号	名称
19	江苏省东台市东台西瓜中国特色农产品优势区
20	四川省眉山市眉山晚橘中国特色农产品优势区
21	云南省漾濞县漾濞核桃中国特色农产品优势区
22	辽宁省鞍山市鞍山南果梨中国特色农产品优势区
23	广西壮族自治区河池市宜州区宜州桑蚕茧中国特色农产品优势区
24	重庆市江津区江津花椒中国特色农产品优势区
25	陕西省大荔县大荔冬枣中国特色农产品优势区
26	甘肃省榆中县兰州高原夏菜中国特色农产品优势区
27	河北省安国市安国中药材中国特色农产品优势区
28	湖北省宜昌市宜昌蜜桔中国特色农产品优势区
29	福建省福鼎市福鼎白茶中国特色农产品优势区
30	海南省三亚市三亚芒果中国特色农产品优势区
31	宁夏回族自治区灵武市灵武长枣中国特色农产品优势区
32	河北省涉县涉县核桃中国特色农产品优势区
33	广西壮族自治区钦州市钦南区钦州大蚝中国特色农产品优势区
34	广东省仁化县仁化贡柑中国特色农产品优势区
35	四川省合江县合江荔枝中国特色农产品优势区
36	山东省滨州市沾化区沾化冬枣中国特色农产品优势区
37	辽宁省盘山县盘山河蟹中国特色农产品优势区
38	安徽省砀山县砀山酥梨中国特色农产品优势区
39	福建省宁德市蕉城区宁德大黄鱼中国特色农产品优势区
40	云南省文山州文山三七中国特色农产品优势区
41	河北省晋州市晋州鸭梨中国特色农产品优势区
42	宁夏回族自治区西吉县西吉马铃薯中国特色农产品优势区
43	湖南省湘潭县湘潭湘莲中国特色农产品优势区
44	内蒙古自治区乌兰察布市乌兰察布马铃薯中国特色农产品优势区
45	山东省汶上县汶上芦花鸡中国特色农产品优势区
46	广西壮族自治区平南县平南石硖龙眼中国特色农产品优势区
47	新疆维吾尔自治区叶城县叶城核桃中国特色农产品优势区
48	安徽省霍山县霍山石斛中国特色农产品优势区
49	重庆市潼南区潼南柠檬中国特色农产品优势区
50	山西省吉县吉县苹果中国特色农产品优势区
51	广东农垦湛江剑麻中国特色农产品优势区
52	贵州省织金县织金竹荪中国特色农产品优势区

续表

序号	名称
53	江苏省苏州市吴中区洞庭山碧螺春中国特色农产品优势区
54	湖南省汝城县汝城朝天椒中国特色农产品优势区
55	甘肃省静宁县静宁苹果中国特色农产品优势区
56	云南省华坪县华坪芒果中国特色农产品优势区
57	甘肃省岷县岷县当归中国特色农产品优势区
58	浙江省余姚市余姚榨菜中国特色农产品优势区
59	四川省安岳县安岳柠檬中国特色农产品优势区
60	江西省婺源县婺源绿茶中国特色农产品优势区
61	重庆市巫山县巫山脆李中国特色农产品优势区
62	河南省杞县杞县大蒜中国特色农产品优势区
63	江苏省南京市高淳区固城湖螃蟹中国特色农产品优势区
64	河南省泌阳县泌阳夏南牛中国特色农产品优势区
65	广东省潮州市潮州单丛茶中国特色农产品优势区
66	云南省腾冲市槟榔江水牛中国特色农产品优势区
67	云南省宾川县宾川柑橘中国特色农产品优势区
68	内蒙古自治区赤峰市赤峰小米中国特色农产品优势区
69	江苏省海门市海门山羊中国特色农产品优势区
70	贵州省都匀市都匀毛尖中国特色农产品优势区
71	青海省海西蒙古族藏族自治州柴达木枸杞中国特色农产品优势区
72	天津市宝坻区宝坻黄板泥鳅中国特色农产品优势区
73	内蒙古自治区通辽市科尔沁牛中国特色农产品优势区
74	新疆生产建设兵团第一师阿拉尔市阿拉尔红枣中国特色农产品优势区
75	新疆维吾尔自治区若羌县若羌红枣中国特色农产品优势区
76	江西省崇仁县崇仁麻鸡中国特色农产品优势区
77	内蒙古自治区鄂托克旗阿尔巴斯绒山羊中国特色农产品优势区
78	河南省平舆县平舆白芝麻中国特色农产品优势区
79	上海市崇明区崇明清水蟹中国特色农产品优势区
80	新疆维吾尔自治区鄯善县吐鲁番葡萄中国特色农产品优势区
81	陕西省富平县富平奶山羊中国特色农产品优势区
82	西藏自治区工布江达县藏猪中国特色农产品优势区
83	黑龙江省东宁市东宁黑木耳中国特色农产品优势区
84	西藏自治区类乌齐县牦牛中国特色农产品优势区
第三批（2020年2月21日）	
1	四川省广元市朝天核桃中国特色农产品优势区

续表

序号	名称
2	辽宁省大连市大连海参中国特色农产品优势区
3	山西省临猗县临猗苹果中国特色农产品优势区
4	黑龙江省齐齐哈尔市梅里斯达斡尔族区梅里斯洋葱中国特色农产品优势区
5	辽宁省大连市大连大樱桃中国特色农产品优势区
6	四川省通江县通江银耳中国特色农产品优势区
7	四川省凉山州凉山桑蚕茧中国特色农产品优势区
8	山西省大同市云州区大同黄花中国特色农产品优势区
9	山东省肥城市肥城桃中国特色农产品优势区
10	云南省勐海县勐海普洱茶中国特色农产品优势区
11	安徽省六安市六安瓜片中国特色农产品优势区
12	贵州省湄潭县湄潭翠芽中国特色农产品优势区
13	河北省兴隆县兴隆山楂中国特色农产品优势区
14	安徽省宁国市宁国山核桃中国特色农产品优势区
15	广东省清远市清远鸡中国特色农产品优势区
16	广西壮族自治区恭城瑶族自治县恭城月柿中国特色农产品优势区
17	河北省隆化县隆化肉牛中国特色农产品优势区
18	湖南省衡阳市衡阳油茶中国特色农产品优势区
19	广西壮族自治区苍梧县六堡茶中国特色农产品优势区
20	山西省隰县隰县玉露香梨中国特色农产品优势区
21	吉林省通化县通化蓝莓中国特色农产品优势区
22	湖北省赤壁市赤壁青砖茶中国特色农产品优势区
23	吉林省集安市集安人参中国特色农产品优势区
24	湖北省通城县黄袍山油茶中国特色农产品优势区
25	河南省西峡县西峡猕猴桃中国特色农产品优势区
26	广西壮族自治区容县容县沙田柚中国特色农产品优势区
27	山东省胶州市胶州大白菜中国特色农产品优势区
28	山西省安泽县安泽连翘中国特色农产品优势区
29	广西壮族自治区田阳县百色番茄中国特色农产品优势区
30	陕西省眉县眉县猕猴桃中国特色农产品优势区
31	浙江省庆元县、龙泉市、景宁畲族自治县庆元香菇中国特色农产品优势区
32	重庆市永川区永川秀芽中国特色农产品优势区
33	河北省巨鹿县巨鹿金银花中国特色农产品优势区
34	江苏省兴化市兴化香葱中国特色农产品优势区
35	广西壮族自治区全州县全州禾花鱼中国特色农产品优势区

续表

序号	名称
36	四川省宜宾市宜宾早茶中国特色农产品优势区
37	陕西省紫阳县紫阳富硒茶中国特色农产品优势区
38	湖北省蕲春县蕲艾中国特色农产品优势区
39	江西省上饶市广丰区广丰马家柚中国特色农产品优势区
40	湖北省洪湖市洪湖水生蔬菜中国特色农产品优势区
41	江苏省无锡市惠山区阳山水蜜桃中国特色农产品优势区
42	浙江省磐安县磐五味中药材中国特色农产品优势区
43	重庆市万州区万州玫瑰香橙中国特色农产品优势区
44	辽宁省铁岭市铁岭榛子中国特色农产品优势区
45	广东省德庆县德庆贡柑中国特色农产品优势区
46	贵州省麻江县麻江蓝莓中国特色农产品优势区
47	福建省平和县平和蜜柚中国特色农产品优势区
48	内蒙古自治区呼伦贝尔市呼伦贝尔草原羊中国特色农产品优势区
49	山东省烟台市烟台苹果中国特色农产品优势区
50	内蒙古自治区乌海市乌海葡萄中国特色农产品优势区
51	广东省广州市从化区、增城区广州荔枝中国特色农产品优势区
52	贵州省威宁彝族回族苗族自治县威宁洋芋中国特色农产品优势区
53	江西省广昌县广昌白莲中国特色农产品优势区
54	内蒙古自治区阿拉善左旗阿拉善白绒山羊中国特色农产品优势区
55	浙江省常山县常山油茶中国特色农产品优势区
56	安徽省滁州市南谯区、琅琊区滁菊中国特色农产品优势区
57	广东农垦湛江菠萝中国特色农产品优势区
58	宁夏回族自治区盐池县盐池黄花菜中国特色农产品优势区
59	青海省共和县龙羊峡三文鱼中国特色农产品优势区
60	河北省深州市深州蜜桃中国特色农产品优势区
61	新疆生产建设兵团第五师双河葡萄中国特色农产品优势区
62	江苏省溧阳市溧阳青虾中国特色农产品优势区
63	江苏省宝应县宝应荷藕中国特色农产品优势区
64	贵州省盘州市盘州刺梨中国特色农产品优势区
65	黑龙江省讷河市讷河马铃薯中国特色农产品优势区
66	上海市嘉定区马陆葡萄中国特色农产品优势区
67	甘肃省陇南市武都区武都花椒中国特色农产品优势区
68	北京市怀柔区怀柔板栗中国特色农产品优势区
69	河南省焦作市怀药中国特色农产品优势区

续表

序号	名称
70	陕西省商洛市商洛香菇中国特色农产品优势区
71	陕西省韩城市韩城花椒中国特色农产品优势区
72	福建省安溪县安溪铁观音中国特色农产品优势区
73	黑龙江省伊春市伊春黑木耳中国特色农产品优势区
74	吉林省前郭县查干湖淡水有机鱼中国特色农产品优势区
75	山东省夏津县夏津椹果中国特色农产品优势区
76	黑龙江省虎林市虎林椴树蜜中国特色农产品优势区
77	天津市西青区沙窝萝卜中国特色农产品优势区
78	福建省连江县连江鲍鱼中国特色农产品优势区
79	长白山森工集团有限公司长白山桑黄中国特色农产品优势区
80	青海省祁连县祁连藏羊中国特色农产品优势区
81	新疆维吾尔自治区英吉沙县英吉沙杏中国特色农产品优势区
82	西藏自治区亚东县亚东鲑鱼中国特色农产品优势区
83	海南省东方市东方火龙果中国特色农产品优势区
第四批（2020年9月29日）	
1	黑龙江省通河县通河大榛子中国特色农产品优势区
2	湖南省洪江市黔阳冰糖橙中国特色农产品优势区
3	山西省绛县绛县山楂中国特色农产品优势区
4	江西省遂川县遂川狗牯脑茶中国特色农产品优势区
5	湖南省邵东市邵东玉竹中国特色农产品优势区
6	海南省海口市火山荔枝中国特色农产品优势区
7	湖南省炎陵县炎陵黄桃中国特色农产品优势区
8	江西省吉安市井冈蜜柚中国特色农产品优势区
9	湖南省南县南县小龙虾中国特色农产品优势区
10	江西省进贤县军山湖大闸蟹中国特色农产品优势区
11	江西省樟树市樟树中药材中国特色农产品优势区
12	吉林省桦甸市桦甸黄牛中国特色农产品优势区
13	四川省威远县威远无花果中国特色农产品优势区
14	河北省宽城县宽城板栗中国特色农产品优势区
15	湖南省保靖县保靖黄金茶中国特色农产品优势区
16	安徽省潜山市天柱山瓜蒌籽中国特色农产品优势区
17	福建省福安市福安葡萄中国特色农产品优势区
18	河南省汝阳县汝阳香菇中国特色农产品优势区
19	广西壮族自治区荔浦市荔浦砂糖桔中国特色农产品优势区

续表

序号	名称
20	云南省彝良县昭通天麻中国特色农产品优势区
21	广西壮族自治区容县霞烟鸡中国特色农产品优势区
22	广西壮族自治区南宁市武鸣区武鸣沃柑中国特色农产品优势区
23	贵州省水城县水城红心猕猴桃中国特色农产品优势区
24	四川省绵阳市三台县涪城麦冬中国特色农产品优势区
25	河南省卢氏县卢氏连翘中国特色农产品优势区
26	吉林省集安市集安山葡萄中国特色农产品优势区
27	四川省雅安市名山区蒙顶山茶中国特色农产品优势区
28	河北省辛集市辛集黄冠梨中国特色农产品优势区
29	湖北省罗田县罗田板栗中国特色农产品优势区
30	甘肃省渭源县渭源白条党参中国特色农产品优势区
31	河北省遵化市遵化香菇中国特色农产品优势区
32	四川省会理县会理石榴中国特色农产品优势区
33	贵州省石阡县石阡苔茶中国特色农产品优势区
34	山西省右玉县右玉羊中国特色农产品优势区
35	安徽省青阳县九华黄精中国特色农产品优势区
36	河北省昌黎县昌黎葡萄中国特色农产品优势区
37	陕西省澄城县澄城樱桃中国特色农产品优势区
38	湖北省丹江口市武当蜜桔中国特色农产品优势区
39	福建省龙岩市福建百香果中国特色农产品优势区
40	河北省邢台市信都区、内丘县邢台酸枣中国特色农产品优势区
41	湖北省麻城市麻城福白菊中国特色农产品优势区
42	浙江省武义县武义绿茶中国特色农产品优势区
43	广东省英德市英德红茶中国特色农产品优势区
44	江苏省高邮市高邮鸭中国特色农产品优势区
45	广西壮族自治区灵山县灵山荔枝中国特色农产品优势区
46	山东省平邑县平邑金银花中国特色农产品优势区
47	陕西省汉中市汉中仙毫中国特色农产品优势区
48	四川省渠县渠县黄花中国特色农产品优势区
49	吉林省蛟河市蛟河黑木耳中国特色农产品优势区
50	山东省曹县曹县芦笋中国特色农产品优势区
51	陕西省定边县、靖边县榆林马铃薯中国特色农产品优势区
52	重庆市黔江区黔江桑蚕茧中国特色农产品优势区
53	甘肃省天水市麦积区花牛苹果中国特色农产品优势区

续表

序号	名称
54	山西省岚县岚县马铃薯中国特色农产品优势区
55	浙江省安吉县安吉冬笋中国特色农产品优势区
56	河南省兰考县兰考红薯中国特色农产品优势区
57	重庆市石柱县石柱莼菜中国特色农产品优势区
58	福建省古田县古田银耳中国特色农产品优势区
59	山东省乐陵市乐陵金丝小枣中国特色农产品优势区
60	安徽省天长市天长龙岗芡实中国特色农产品优势区
61	广西壮族自治区三江县三江高山鲤鱼中国特色农产品优势区
62	陕西省佳县佳县油枣中国特色农产品优势区
63	福建省福州市福州茉莉花茶中国特色农产品优势区
64	湖北省嘉鱼县嘉鱼甘蓝中国特色农产品优势区
65	辽宁省新民市关东小梁山西瓜中国特色农产品优势区
66	河南省宁陵县金顶谢花酥梨中国特色农产品优势区
67	湖北省宜昌市宜昌红茶中国特色农产品优势区
68	贵州省锦屏县锦屏茶油中国特色农产品优势区
69	山东省昌乐县昌乐西瓜中国特色农产品优势区
70	云南省临沧市临沧坚果中国特色农产品优势区
71	海南省万宁市万宁槟榔中国特色农产品优势区
72	西藏自治区白朗县白朗蔬菜中国特色农产品优势区
73	新疆维吾尔自治区莎车县莎车巴旦姆中国特色农产品优势区
74	青海省乌兰县乌兰茶卡羊中国特色农产品优势区
75	内蒙古自治区开鲁县开鲁红干椒中国特色农产品优势区
76	宁夏回族自治区银川市贺兰山东麓酿酒葡萄中国特色农产品优势区
77	广东省江门市新会区新会陈皮中国特色农产品优势区
78	广东农垦湛江红江橙中国特色农产品优势区
79	大兴安岭林业集团公司北极蓝莓中国特色农产品优势区

数据来源：农业部、中央农村工作领导小组办公室、国家发展和改革委员会、财政部、国家林业局、科技部、国土资源部、环境保护部、水利部

附录10：全国农产品地理标志数量统计表

附表10 全国农产品地理标志

省份	地理标志总数	中药材地理标志数量	中药材地理标志数量占总数比例	备注（中药材具体的品种）
甘肃	232	20	8.62%	渭源白条党参、瓜州枸杞、宕昌黄芪、瓜州锁阳、宕昌大黄、武都纹党参、宕昌党参、武都红芪、哈达铺当归、岷县当归、陇西白条党参、陇西黄芪、景泰枸杞、天水连翘、清水半夏、玉门枸杞、民勤甘草、华亭大黄、靖远枸杞、西和半夏
山东	964	43	4.46%	马山栝楼、郯城金银花、莱阳莱胡参、莱芜白花丹参、荣成海参、文登西洋参、单县罗汉参、柳下邑猪牙皂、高唐栝蒌、荣成西洋参、莒县黄芩、莒县丹参、临朐丹参、郓半夏、东阿阿胶、陈集山药、嘉祥白菊花、冠县灵芝、灵山岛海参、莒县黄芩、苍山牛蒡、新城细毛山药、前岭山药、长山山药、嘉祥细长毛山药、泰山紫草、威海海参、平邑金银花、池上桔梗、泰山黄精、泰山四叶参、烟台海参、郯城银杏、博山金银花、长岛海参、汶上牛蒡、高家河苦菊、太平山药、鸡黍红花斑山药、莱芜白花丹参、文登银杏、博山连翘、日照金银花
河南	278	42	15.11%	安阳栝楼、卫辉卫红花、尖山金银花、嵩县银杏、嵩县皂角刺、渑池丹参、汝阳杜仲、汝阳甪里艾、禹州金银花、栾川山茱萸、禹州丹参、禹州半夏、卢氏连翘、密县金银花、怀菊花、唐半夏、商桔梗、怀地黄、商茯苓、南召辛夷、封丘金银花、嵩县银杏、嵩胡、偃师银条、长葛蜂胶、怀山药、西峡六味地黄丸、桐桔梗、西峡山茱萸、怀牛膝、确山夏枯草、禹白附、铁棍山药、怀姜、禹白芷、邵店黄姜、禹南星、方城丹参、清丰白灵菇、商天麻、伏牛山连翘、灵宝杜仲
湖北	605	44	7.27%	建始厚朴、竹山肚倍、郧阳天麻、潜半夏、房县虎杖、罗田天麻、郧西杜仲、伏龙山七叶一枝花、英山天麻、天门半夏、钟祥葛粉、麻城福白菊、洪湖莲子、竹溪黄连、房县北柴胡、板桥党参、巴东独活、英山桔梗、利川山药、随州古银杏、利川黄连、襄阳杜仲、蕲春薏苡仁、宜昌天麻、蕲艾、长阳金栀、巴东玄参、蕲山药、武穴佛手山药、九资河茯苓、杨林湖白莲、张广河天麻、罗田天麻、郧阳天麻、五峰五倍子、通山香榧、襄阳山药、柏树湾金银花、房县白及、随县葛粉、襄半夏、泗流山薏苡仁、汈汊湖莲子、枣阳半枝莲
内蒙古	176	13	7.39%	莫力达瓦苏子、阿拉善锁阳、阿拉善肉苁蓉、牛家营子北沙参、牛家营子桔梗、巴彦淖尔河套枸杞、巴彦淖尔河套肉苁蓉、鄂伦春北五味子、固阳黄芪、先锋枸杞、敖汉北虫草、杭锦旗甘草、河套枸杞

续表

省份	地理标志总数	中药材地理标志数量	中药材地理标志数量占总数比例	备注（中药材具体的品种）
四川	678	35	5.16%	崇州郁金、阆中川明参、苍溪川明参、天全川牛膝、荥经天麻、芭蕉木瓜、仪陇半夏、彭州川芎、大邑黄连、通江银耳、青川天麻、三台涪城麦冬、遂宁川白芷、松贝、金口河乌天麻、金川秦艽、崇州郁金、康定羌根、雅连、金堂明参、达县苎麻、中江丹参、旺苍杜仲、南江金银花、大竹苎麻、彭州川芎、金口河川牛膝、梓潼桔梗、米易山药、南江厚朴、南江杜仲、宝兴川牛膝、松潘贝母、古蔺赶黄草、平武天麻
浙江	306	34	11.11%	武义铁皮石斛、金华佛手、遂昌菊米、建德西红花、淳安覆盆子、慈溪麦冬、杭白菊、遂昌三叶青、龙泉灵芝、龙泉灵芝孢子粉、天目笋干、里叶白莲、浙贝母、於术、武义宣莲、鄞州蔺草、枫桥香榧、新昌白术、处州白莲、台州天台乌药、磐安玄参、嵊州香榧、武义铁皮石斛、磐五味、磐安白术、东阳香榧、樟村浙贝、志棠白莲、磐安元胡、磐安白芍、千岛银针、磐安中药材、天目山铁皮石斛、温郁金
安徽	257	18	7.00%	宁前胡、鸦山瑞草魁、亳菊、亳丹皮、九华黄精、明光甜叶菊、宣城铁皮石斛、滁菊、霍山石斛、亳白芍、金寨天麻、金寨灵芝、金寨西洋参、苏岭山药、霍山灵芝、龙岗芡实、金寨茯苓、李兴桔梗
福建	533	25	4.69%	和溪巴戟天、漳浦穿心莲、永定巴戟天、明溪金线莲、武平仙草、冠豸山铁皮石斛、长泰砂仁、柘荣太子参、建莲、明溪淮山、建宁通心白莲、武平金线莲、安砂淮山、片仔癀、建泽泻、灵通七叶胆、泰宁铁皮石斛、程溪金蝉、五夫白莲、漳浦穿心莲、马铺淮山、德化淮山、山格淮山、南靖金线莲
山西	217	18	8.29%	平顺潞党参、阳城山茱萸、平顺连翘、介休绵芪、绛县连翘、绛县黄芩、新绛远志、上党党参、平遥长山药、冀村长山药、梧桐山药、沁州南瓜子、恒山黄芪、壶关党参、潞州黄芩、上党连翘、神池胡麻、安泽连翘
吉林	126	15	11.90%	集安五味子、集安边条参、靖宇林下参、靖宇西洋参、靖宇平贝母、永吉柞蚕蛹虫草、长白山人参、抚松人参、长白山红景天、大川平贝母、黄松甸灵芝、白城甘草、安图人参、抚松林下山参、长白山五味子
青海	97	9	9.28%	柴达木枸杞、果洛蕨麻、果洛大黄、互助大黄、互助当归、互助黄芪、青海冬虫夏草、久治贝母、门源蕨麻
陕西	251	17	6.77%	耀州黄芩、宁陕猪苓、宁陕天麻、镇巴天麻、镇巴大黄、平利绞股蓝、略阳杜仲、子洲黄芪、商洛丹参、汉中附子、略阳天麻、城固元胡、略阳猪苓、镇坪黄连、略阳黄精、留坝猪苓、太白贝母

续表

省份	地理标志总数	中药材地理标志数量	中药材地理标志数量占总数比例	备注（中药材具体的品种）
新疆	203	9	4.43%	裕民无刺红花、精河枸杞、于田红柳大芸、石河子肉苁蓉、新疆兵团三十一团罗布麻、巩留天山伊贝、吉木萨尔红花、巩留树上干杏、阿勒泰大果沙棘
宁夏	80	7	8.75%	六盘山秦艽、盐池甘草、六盘山黄芪、中宁枸杞、同心银柴胡、宁夏枸杞、盐池胡麻
江西	201	18	8.96%	广昌泽泻、东乡白花蛇舌草、德兴铁皮石斛、怀玉山三叶青、铜鼓黄精、遂川金桔、广昌白莲、余江夏天无、商州枳壳、清江枳壳、瑞昌山药、石城白莲、黎川香榧、宜春苎麻、临川金银花、南城淮山、登龙粉芋、德兴覆盆子
河北	253	3	1.19%	祁菊花、祁山药、赤城赤芍
重庆	275	14	5.09%	秀山金银花、城口太白贝母、垫江丹皮、铜梁枳壳、石柱黄连、秀山白术、铜梁葛粉、南川玄参、云阳乌天麻、秀山黄花、城口太白贝母、彭水苏麻、南川天麻、大路黄花
湖南	274	12	4.38%	靖州茯苓、绥宁绞股蓝、龙山厚朴、龙山黄柏、龙山百合、隆回龙牙百合、沅江苎麻、隆回金银花、张家界葛根粉、邵东流泽玉竹、辰溪金银花、湘莲
辽宁	272	19	6.99%	宽甸石柱人参、本溪林下参、本溪辽五味、新宾辽细辛、建平苦参、清原龙胆、桓仁山参、岫岩辽五味子、抚顺辽五味子、庄河山牛蒡、石柱参、抚顺哈什蚂、抚顺林下参、桓仁天麻、桓仁贝母、桓仁黄芪、桓仁桔梗、桓仁辽五味子、桓仁细辛
贵州	298	23	7.72%	安顺山药、赤水金钗石斛、兴义黄草坝石斛、安龙白及、威宁党参、大方天麻、赫章半夏、德江天麻、大方圆珠半夏、施秉太子参、织金竹荪、安顺山药、安龙金银花、关岭桔梗、安龙石斛、道真玄参、黎平茯苓、织金头花蓼、织金续断、正安白及、六枝龙胆草、雷山乌杆天麻、施秉头花蓼
广东	237	15	6.33%	德庆何首乌、德庆巴戟、江门牛大力、火山粉葛、连州溪黄草、阳山淮山、吴厝淮山、合水粉葛、始兴石斛、庙南粉葛、西牛麻竹叶、竹山粉葛、高要巴戟天、活道粉葛、三圳淮山
云南	310	14	4.52%	龙陵紫皮石斛、玉龙滇重楼、马厂当归、云南白药、文山三七、广南铁皮石斛、芒市石斛、云南天麻、西畴阳荷、姚安山药、福贡云黄连、丽江玛咖、普洱石斛、广南西枫斗
广西	247	10	4.05%	白石山铁皮石斛、都峤山铁皮石斛、平乐慈姑、金田淮山、梧州龟苓膏、忻城金银花、那楼淮山、马山金银花、贺街淮山、雅长铁皮石斛
江苏	366	12	3.28%	宝应慈姑、滨海白何首乌、洋马菊花、泰兴白果、淮山药、邳州银杏、马山芋头、万年香沙芋艿、洪泽芡实、新毛芋艿、金湖芡实、丰县牛蒡

续表

省份	地理标志总数	中药材地理标志数量	中药材地理标志数量占总数比例	备注（中药材具体的品种）
黑龙江	252	10	3.97%	双城菇娘、桦南紫苏、勃利红松籽、大庆大同板蓝根、红星平贝母、孙吴大果沙棘、铁力平贝母、铁力北五味子、伊春红松籽、孙吴汉麻
西藏	128	5	3.91%	波密天麻、西藏藏红花、那曲冬虫夏草、林芝灵芝、林芝天麻
海南	104	3	2.88%	澄迈山柚油、澄迈苦丁茶、永兴黄皮
上海	31	0	0.00%	
北京	37	0	0.00%	
天津	40	0	0.00%	

数据来源：2020年《第四次全国地理标志调研报告》

附录11：全国农业品牌目录2019农产品区域公用品牌

附表11　2019农产品区域公用品牌

果品81（个）		
序号	申报单位	申报品牌
1	北京市平谷区人民政府果品办公室	平谷大桃
2	北京市大兴区西甜瓜产销协会	大兴西瓜
3	天津市滨海新区葡萄种植业协会	茶淀玫瑰香葡萄
4	河北省张家口市宣化区葡萄研究所	宣化牛奶葡萄
5	山西省隰县果业局	隰县玉露香梨
6	山西省夏县夏乐精品瓜业协会	夏县西瓜
7	山西省临猗县临晋镇人民政府	临猗县临晋江石榴
8	内蒙古自治区乌海市植保植检站	乌海葡萄
9	辽宁省鞍山市南果梨协会	鞍山南果梨
10	辽宁省大连市现代农业生产发展服务中心	大连大樱桃
11	辽宁省庄河市农业发展服务中心	庄河蓝莓
12	辽宁省葫芦岛市农业发展服务中心	葫芦岛苹果
13	辽宁省大连市现代农业生产发展服务中心	大连苹果
14	辽宁省北镇市农业农村局	北镇葡萄
15	辽宁省东港市草莓协会	东港草莓
16	黑龙江省伊春市绿色食品协会	伊春蓝莓
17	上海市嘉定区马陆镇农业服务中心	马陆葡萄

续表

序号	申报单位	申报品牌
18	上海市浦东新区农业技术推广中心	南汇水蜜桃
19	江苏省句容市茅山镇人民政府	丁庄葡萄
20	江苏省东台市西瓜产销协会	东台西瓜
21	浙江省象山县柑橘产业联盟	象山柑橘
22	浙江省衢州市柑桔产业协会	衢州椪柑
23	浙江省常山县胡柚产销行业协会	常山胡柚
24	浙江省慈溪市林特技术推广中心	慈溪杨梅
25	安徽省长丰县草莓协会	长丰草莓
26	安徽省怀远县石榴协会	怀远石榴
27	福建省永春县柑桔同业公会	永春芦柑
28	福建省福清市一都镇农业服务中心	一都枇杷
29	江西省赣州市赣南脐橙协会	赣南脐橙
30	山东省肥城市肥城桃产业协会	肥城桃
31	山东省昌乐县瓜菜协会	昌乐西瓜
32	山东省烟台市苹果协会	烟台苹果
33	山东省烟台市大樱桃协会	烟台大樱桃
34	河南省灵宝市果品产业协会	灵宝苹果
35	河南省兰考县农产品质量安全检测中心	兰考蜜瓜
36	河南省西峡县猕猴桃生产办公室	西峡猕猴桃
37	湖北省宜昌市柑桔产业协会	宜昌蜜桔
38	湖北省秭归县柑橘协会	秭归脐橙
39	湖南省洞口县雪峰蜜桔协会	洞口雪峰蜜桔
40	湖南省石门县柑橘协会	石门柑橘
41	湖南省炎陵县炎陵黄桃产业协会	炎陵黄桃
42	广东省德庆县农业技术推广中心	德庆贡柑
43	广东省惠阳区农业农村局	镇隆荔枝
44	广东省梅县区农业农村局	梅县金柚
45	广东省始兴县农业农村局	始兴杨梅
46	广西壮族自治区百色市发展水果生产办公室	百色芒果
47	广西壮族自治区南宁市水果生产技术指导站	南宁香蕉
48	广西壮族自治区平南县农业技术推广中心	平南石硖龙眼
49	广西壮族自治区融安县水果生产技术指导站	融安金桔
50	广西壮族自治区灵山县龙武香荔桂味荔枝协会	灵山荔枝
51	广西壮族自治区富川县水果生产办公室	富川脐橙

续表

序号	申报单位	申报品牌
52	广西壮族自治区阳朔县农业技术推广中心	阳朔金桔
53	海南省三亚市芒果协会	三亚芒果
54	海南省澄迈福橙产销协会	澄迈福橙
55	海南省三亚市农业农村局	三亚甜瓜
56	重庆市忠县果业发展中心	忠县柑橘
57	重庆市梁平区农业技术服务中心	梁平柚
58	重庆市巫山县果品产业发展中心	巫山脆李
59	重庆市黔江区农产品质量安全管理站	黔江猕猴桃
60	四川省安岳县柠檬产业局	安岳柠檬
61	四川省苍溪县猕猴桃产业发展局	苍溪红心猕猴桃
62	四川省都江堰市猕猴桃协会	都江堰猕猴桃
63	四川省丹棱县农业农村局多经站	丹棱桔橙
64	贵州省安顺市镇宁县植保质检站	镇宁蜂糖李
65	云南省华坪县人民政府	华坪芒果
66	云南省宾川县农副产品营销服务中心	宾川红提葡萄
67	云南省昭通市苹果产业发展协会	昭通苹果
68	云南省华宁县柑橘产业发展办公室	华宁柑桔
69	陕西省眉县果业局	眉县猕猴桃
70	陕西省洛川县苹果产业协会	洛川苹果
71	陕西省大荔县果业发展中心	大荔冬枣
72	陕西省白水县苹果产品发展中心	白水苹果
73	陕西省凤翔县农产品质量安全检验检测站	凤翔苹果
74	陕西省西安市鄠邑区农业技术推广中心	户县葡萄
75	陕西省铜川市果业发展中心	铜川苹果
76	陕西省蒲城县果业管理局	蒲城酥梨
77	陕西省铜川市果业发展中心	铜川大樱桃
78	甘肃省庆阳市果业发展中心	庆阳苹果
79	宁夏回族自治区中卫市苹果产业协会	沙坡头苹果
80	宁夏回族自治区中卫市农业技术推广与培训中心	中卫硒砂瓜
81	新疆维吾尔自治区巴音郭楞蒙古自治州库尔勒香梨协会	库尔勒香梨
蔬菜（31个）		
1	天津市西青区辛口镇沙窝萝卜产销协会	沙窝萝卜
2	河北省玉田县农业技术推广中心	玉田包尖白菜
3	山西省大同市云州区黄花菜合作协会	大同黄花

续表

序号	申报单位	申报品牌
4	黑龙江省梅里斯达斡尔族区人民政府	梅里斯大八旗洋葱
5	江苏省靖江市香沙芋产销协会	靖江香沙芋
6	浙江省余姚市榨菜协会	余姚榨菜
7	福建省建宁县建莲产业协会	建宁通心白莲
8	山东省金乡县大蒜种植协会	金乡大蒜
9	山东省济南市莱芜区生姜加工协会	莱芜生姜
10	山东省济南市章丘区大葱产业协会	章丘大葱
11	山东省曹县芦笋协会	曹县芦笋
12	山东省寿光蔬菜瓜果产业协会	寿光桂河芹菜
13	山东省昌邑市大姜协会	昌邑大姜
14	山东省兰陵县农业科学研究所	苍山大蒜
15	河南省温县四大怀药协会	温县铁棍山药
16	河南省汝阳县农产品质量安全检测站	汝阳红薯
17	河南省杞县农业产业化办公室	杞县大蒜
18	河南省柘城县农业农村局	柘城辣椒
19	湖南省华容县蔬菜产业服务中心	华容芥菜
20	湖南省汝城县农业综合服务中心	汝城朝天椒
21	广东省增城区农业农村局	增城迟菜心
22	广东省新丰县农业农村局	新丰佛手瓜
23	广西壮族自治区荔浦市农业农村局	荔浦芋
24	海南省澄迈县桥头地瓜产销协会	澄迈桥头地瓜
25	重庆市涪陵区榨菜管理办公室	涪陵青菜头
26	四川省绵阳市安州区经济作物站	安州魔芋
27	四川省遂宁市安居区五二四红苕专业技术协会	安居红苕
28	贵州省安顺市普定县人民政府	白旗韭黄
29	云南省罗平县生姜技术推广站	罗平小黄姜
30	甘肃省兰州农产品产销协会	榆中大白菜
31	青海省循化线辣椒协会	循化线辣椒
粮食（46个）		
1	天津市津南区农业技术推广服务中心	小站稻
2	河北省卢龙县农业农村局	卢龙孤竹小金米
3	山西省忻府区农业产业化协会	忻州糯玉米
4	山西省岚县农业技术站	岚县马铃薯
5	山西省沁县农业技术推广中心	沁州黄小米

续表

序号	申报单位	申报品牌
6	内蒙古自治区兴安盟农牧业产业化龙头企业协会	兴安盟大米
7	内蒙古自治区赤峰市农畜产品质量安全监督站	赤峰小米
8	内蒙古自治区敖汉旗农业遗产保护中心	敖汉小米
9	内蒙古自治区乌兰察布市农畜产品质量安全监督管理中心	乌兰察布马铃薯
10	辽宁省盘锦市大米协会	盘锦大米
11	吉林省九台区农业农村局	九台贡米
12	吉林省榆树市人民政府	榆树大米
13	吉林省梅河大米协会	梅河大米
14	吉林省舒兰市大米协会	舒兰大米
15	黑龙江省庆安县人民政府	庆安大米
16	黑龙江省方正大米协会	方正大米
17	黑龙江省桦南县优质农产品协会	桦南大米
18	黑龙江省绥化市绿色食品发展中心	绥化鲜食玉米
19	黑龙江省肇州县老街基特色杂粮协会	肇州糯玉米
20	黑龙江省五常市大米协会	五常大米
21	黑龙江省宁安市人民政府国家地理标志保护产品管理办公室	响水大米
22	黑龙江省海伦市农业产业化协会	海伦大豆
23	黑龙江省农垦九三管理局	九三大豆
24	上海崇明大米产业协会	崇明大米
25	上海市松江区农业农村委员会	松江大米
26	江苏省射阳县大米协会	射阳大米
27	江西省宜春市袁州区农业农村局	宜春大米
28	江西省万年县农业农村局	万年贡米
29	江西省永修县经济作物生产技术指导站	永修香米
30	山东省滕州市种子管理站	滕州马铃薯
31	河南省新乡市种子管理站	新乡小麦
32	河南省永城市现代农业发展促进会	永城富硒小麦粉
33	湖南省常德市粮食行业协会	常德香米
34	广东省台山市粮食行业协会	台山大米
35	广东省恩平市农业农村局	恩平大米
36	四川省广元市昭化区农业技术推广中心	昭化王家贡米
37	贵州省兴仁县薏仁专业协会	兴仁薏仁米
38	贵州省从江县农产品质量安全监管检测站	从江香禾糯
39	云南省墨江哈尼族自治县农业农村和科学技术局	墨江紫米

续表

序号	申报单位	申报品牌
40	甘肃省定西市安定区马铃薯经销协会	定西马铃薯
41	青海省农产品流通促进会	兴海青稞
42	宁夏优质稻米产业化协会	宁夏大米
43	宁夏回族自治区西吉县马铃薯产业服务中心	西吉马铃薯
44	新疆维吾尔自治区察布查尔锡伯自治县有机农产品协会	察布查尔大米
45	新疆维吾尔自治区奇台县农业技术推广中心	奇台面粉
46	新疆维吾尔自治区木垒哈萨克自治县农业农村局	木垒鹰嘴豆
	油料（8个）	
1	内蒙古自治区巴彦淖尔市绿色食品发展中心	河套向日葵
2	河南省驻马店市正阳县农产品质量安全检测站	正阳花生
3	河南省驻马店市平舆县农产品质量安全检测站	平舆白芝麻
4	湖南省邵阳县油茶产业发展办公室	邵阳茶油
5	广东省龙川县农业农村局	龙川山茶油
6	重庆市酉阳土家族苗族自治县农产品质量安全监督管理站	酉阳茶油
7	甘肃省会宁县电子商务协会	会宁胡麻油
8	青海省门源县农业技术推广中心	门源小油菜籽
7	甘肃省会宁县电子商务协会	会宁胡麻油
8	青海省门源县农业技术推广中心	门源小油菜籽
	畜禽（30个）	
1	北京市畜牧总站	北京鸭
2	内蒙古自治区鄂托克旗农牧业产业化综合服务中心	鄂托克阿尔巴斯绒山羊
3	内蒙古自治区呼伦贝尔市农牧业产业化协会	呼伦贝尔草原羊肉
4	内蒙古自治区锡林郭勒盟肉类协会	锡林郭勒羊肉
5	内蒙古自治区包头市达茂联合旗肉食品行业协会	达茂草原羊
6	内蒙古自治区通辽市农畜产品质量安全中心	科尔沁牛
7	吉林省长春市双阳区鹿乡镇人民政府	双阳梅花鹿
8	吉林省乾安县农业农村局	乾安肉羊
9	吉林省桦甸市农业农村局	桦甸黄牛
10	江苏省海门市畜牧兽医站	海门山羊
11	江苏省如东县狼山鸡协会	如东狼山鸡
12	江西省宁都县畜牧兽医局	宁都黄鸡
13	山东省汶上县芦花鸡协会	汶上芦花鸡
14	河南省驻马店市泌阳县夏南牛研究推广中心	泌阳夏南牛
15	河南省郏县红牛养殖协会	郏县红牛

续表

序号	申报单位	申报品牌
16	湖北省黄冈市人民政府	大别山黑山羊
17	湖南省临武县临武鸭产业协会	临武鸭
18	重庆市丰都县肉牛协会	丰都牛肉
19	重庆市荣昌区农产品质量安全检验检测站	荣昌猪
20	重庆市城口县农业畜牧技术推广中心	城口山地鸡
21	四川省巴中市南江黄羊科学研究所	南江黄羊
22	云南省腾冲市畜牧工作站	槟榔江水牛
23	西藏亚东县农业农村局	帕里牦牛
24	陕西省富平县畜牧发展中心	富平奶山羊
25	甘肃省山丹羊产业开发办公室	山丹羊肉
26	甘肃省天祝县农产品质量安全检测站	天祝白牦牛
27	青海省大通县农产品质量安全检验检测站	大通牦牛
28	青海省互助县畜牧兽医站	互助八眉猪
29	宁夏回族自治区盐池县滩羊肉产品质量监督检验站	盐池滩羊肉
30	宁夏回族自治区固原市畜牧推广服务中心	固原黄牛
水产（21个）		
1	天津市宝坻区泥鳅养殖业协会	宝坻黄板泥鳅
2	辽宁省大连市海洋渔业协会	大连海参
3	辽宁省渔业协会	辽参
4	吉林省前郭尔罗斯蒙古族自治县农业农村局	查干湖淡水鱼
5	黑龙江省杜尔伯特蒙古族自治县渔业协会	连环湖鳙鱼
6	江苏省洪泽湖渔业协会	洪泽湖大闸蟹
7	江苏省盱眙龙虾协会	盱眙龙虾
8	江苏省溧阳市青虾养殖协会	溧阳青虾
9	江苏省常州市金坛区水产技术指导站	长荡湖大闸蟹
10	安徽省五河县螃蟹协会	五河螃蟹
11	山东省威海市海参产业协会	威海刺参
12	河南省郑州市渔业协会	郑州黄河鲤鱼
13	湖北省潜江龙虾产业发展促进会	潜江龙虾
14	湖北省荆州市荆州鱼糕加工产业协会	荆州鱼糕
15	湖北省洪湖市水生蔬菜产业开发研究会	洪湖莲藕
16	湖南省南县小龙虾协会	南县小龙虾
17	广东省珠海市斗门区人民政府	斗门白蕉海鲈
18	广东省茂名市农业农村局	茂名罗非鱼

续表

序号	申报单位	申报品牌
19	广西壮族自治区钦州市水产技术推广站	钦州大蚝
20	西藏亚东县农业农村局	亚东鲑鱼
21	青海省循化撒拉自治县农业农村和科技局	黄河循鳟
茶叶（33个）		
1	江苏省宜兴市茶叶协会	宜兴红茶
2	江苏省苏州市吴中区洞庭山碧螺春茶业协会	洞庭山碧螺春
3	浙江省泰顺县茶业协会	泰顺三杯香茶
4	浙江省宁海县茶业协会	望海茶
5	浙江省淳安县茶叶行业协会	千岛湖茶
6	浙江省安吉县农业农村局茶叶站	安吉白茶
7	安徽省裕安区茶叶协会	六安瓜片
8	安徽省黄山区茶业协会	太平猴魁
9	安徽省巢湖坝镇都督山茶叶产业协会	都督翠茗
10	安徽省石台县硒产业协会	石台硒茶
11	安徽省滁州市南谯区滁菊协会	滁州滁菊
12	福建省福安市茶业协会	坦洋工夫
13	福建省武夷山市茶叶科学研究所	武夷山大红袍
14	福建省福州市园艺学会	福州茉莉花茶
15	江西省婺源县茶业协会	婺源绿茶
16	江西省九江市茶叶产业协会	庐山云雾茶
17	江西省靖安县白茶协会	靖安白茶
18	江西省浮梁县茶叶协会	浮梁茶
19	山东省泰安市泰山茶叶协会	泰山茶
20	山东省日照市茶叶技术推广中心	日照绿茶
21	河南省信阳市茶叶协会	信阳毛尖
22	湖北省武当道茶产业协会	武当道茶
23	湖北省恩施州茶产业协会	恩施硒茶
24	湖北省襄阳市茶叶协会	襄阳高香茶
25	湖南省安化县茶旅产业发展服务中心	安化黑茶
26	湖南省岳阳市茶叶产业化领导小组办公室	岳阳黄茶
27	广东省英德市农业农村局	英德红茶
28	广西壮族自治区横县茉莉花产业服务中心	横县茉莉花茶
29	重庆市永川区茶叶行业协会	永川秀芽
30	四川省筠连县农业农村局茶叶技术推广站	筠连红茶

续表

序号	申报单位	申报品牌
31	贵州省湄潭县茶叶协会	湄潭翠芽
32	云南省临沧市农业农村局	临沧普洱茶
33	陕西省安康市茶业协会	安康富硒茶
林特（16个）		
1	北京市怀柔区农业发展促进会	怀柔板栗
2	河北省易县柿子产业协会	易县磨盘柿
3	山西省稷山县枣业发展服务中心	稷山板枣
4	辽宁省铁岭市现代农业服务中心	铁岭榛子
5	福建省建瓯市锥栗协会	建瓯锥栗
6	福建省南平市延平区林木种苗站	延平百合
7	江西省乐安县竹笋加工协会	乐安竹笋
8	江西省宜丰县绿色食品发展办公室	宜丰蜂蜜
9	海南省文昌市农业农村局	文昌椰子
10	云南省江城县农业技术推广中心	江城坚果
11	云南省德宏州农业农村局	德宏小粒咖啡
12	甘肃省永登县玫瑰协会	苦水玫瑰
13	宁夏回族自治区灵武长枣协会	灵武长枣
14	新疆维吾尔自治区特克斯县农业农村局产业化科	特克斯山花蜜
15	新疆维吾尔自治区阿克苏地区实验林场	阿克苏红枣
16	新疆生产建设兵团和田玉枣产业协会	和田玉枣
食用菌（10个）		
1	河北省平泉市食用菌行业协会	平泉香菇
2	吉林省汪清县乡镇企业暨农产品加工企业协会	汪清黑木耳
3	吉林省蛟河市黄松甸食（药）用菌协会	黄松甸黑木耳
4	黑龙江省东宁市食用菌协会	东宁黑木耳
5	福建省顺昌县食用菌竹笋开发办公室	顺昌海鲜菇
6	山东省邹城市食用菌产业发展中心	邹城蘑菇
7	湖北省随州市食用菌协会	随州香菇
8	四川省通江银耳协会	通江银耳
9	四川省青川县农业产业发展中心	青川黑木耳
10	陕西省商洛市农技推广站	商洛香菇
中药材（18个）		
1	河北省巨鹿县林业局	巨鹿金银花
2	山西省屯留县民康中药材专业技术协会	上党党参

续表

序号	申报单位	申报品牌
3	吉林省抚松县人参产业发展中心	抚松人参
4	浙江省乐清市铁皮石斛产业协会	雁荡山铁皮石斛
5	安徽省天长市桐城芡实协会	天长龙岗芡实
6	安徽省霍山县霍山石斛产业协会	霍山石斛
7	河南省济源市人民政府	济源冬凌草
8	湖北省蕲春县蕲艾产业协会	蕲春蕲艾
9	广东省化州市农业农村局	化州橘红
10	广西壮族自治区永福县名特优农产品协会	永福罗汉果
11	贵州省赤水市现代高效农业园区管理委员会	赤水金钗石斛
12	贵州省安龙县植保植检站	安龙白及
13	云南省文山州三七中医药发展中心	文山三七
14	甘肃省瓜州县农业农村局	瓜州枸杞
15	甘肃省文县中药材产业开发服务中心	文县纹党参
16	青海省海西州农牧局	柴达木枸杞
17	宁夏回族自治区中宁县枸杞产业发展服务中心	中宁枸杞
18	新疆精河县枸杞协会	精河枸杞
其他（6个）		
1	江西省乐平市名口镇流芳区域资源研究社	流芳茅蔗糖
2	广东省江门市新会区新会陈皮行业协会	新会陈皮
3	重庆市江津区农产品质量安全中心	江津花椒
4	甘肃省张掖市种子行业协会	张掖种子玉米
5	新疆维吾尔自治区霍城县农业技术推广站	霍城薰衣草
6	新疆维吾尔自治区岳普湖县农业农村局	岳普湖小茴香

数据来源：国家市场监督管理总局

附录12：河北省特色农产品优势区

附表12　河北省特色农产品优势区情况

第一批（2019年1月）	
序号	名称
1	河北省平泉市平泉香菇中国特色农产品优势区
2	河北省鸡泽县鸡泽辣椒中国特色农产品优势区
3	河北省迁西县迁西板栗中国特色农产品优势区

续表

序号	名称
4	河北省内丘富岗苹果特色农产品优势区
5	河北省晋州鸭梨特色农产品优势区
6	河北省安国中药材特色农产品优势区
7	河北省涉县核桃特色农产品优势区
8	河北省怀来葡萄特色农产品优势区
9	河北省武安小米特色农产品优势区
10	河北省青县羊角脆甜瓜特色农产品优势区
11	河北省玉田包尖白菜特色农产品优势区
12	河北省赵县雪花梨特色农产品优势区
13	河北省隆化肉牛特色农产品优势区
14	河北省巨鹿金银花特色农产品优势区
15	河北省崇礼彩椒特色农产品优势区
16	河北省滦平中药材特色农产品优势区
17	河北省馆陶黄瓜特色农产品优势区
18	河北省藁城强筋小麦特色农产品优势区
19	河北省深州蜜桃特色农产品优势区
20	河北省遵化香菇特色农产品优势区
21	河北省万全鲜食玉米特色农产品优势区
22	河北省满城草莓特色农产品优势区
23	河北省围场马铃薯（种薯）特色农产品优势区
24	河北省永年大蒜特色农产品优势区
25	河北省黄骅冬枣特色农产品优势区
26	河北省清河山楂特色农产品优势区
27	河北省邢台县酸枣仁特色农产品优势区
28	河北省察北奶牛特色农产品优势区
29	河北省滦州花生特色农产品优势区
30	河北省曹妃甸河蚆鱼特色农产品优势区
31	河北省阳原驴特色农产品优势区
32	河北省昌黎旱黄瓜特色农产品优势区
33	河北省行唐大枣特色农产品优势区
34	河北省丰宁小米特色农产品优势区
35	河北省张北马铃薯（种薯）特色农产品优势区
36	河北省威县威梨特色农产品优势区
37	河北省赞皇大枣特色农产品优势区

续表

序号	名称
38	河北省曲周蔬菜（种苗）特色农产品优势区
39	河北省涉县柴胡特色农产品优势区
40	河北省迁西栗蘑特色农产品优势区
41	河北省魏县鸭梨特色农产品优势区
42	河北省永清胡萝卜特色农产品优势区
43	河北省卢龙甘薯特色农产品优势区
44	河北省南和强筋小麦特色农产品优势区
45	河北省塞北奶牛特色农产品优势区
46	河北省泊头鸭梨特色农产品优势区
47	河北省清苑西瓜特色农产品优势区
48	河北省蔚县杏扁特色农产品优势区
49	河北省尚义燕麦特色农产品优势区
50	河北省沽源花椰菜特色农产品优势区
51	河北省平乡油葵特色农产品优势区
52	河北省乐亭设施桃特色农产品优势区
53	河北省昌黎海参特色农产品优势区
54	河北省黄骅梭子蟹特色农产品优势区
55	河北省饶阳设施葡萄特色农产品优势区
第二批（2019年12月）	
1	河北省饶阳设施蔬菜特色农产品优势区
2	河北省兴隆山楂特色农产品优势区
3	河北省辛集黄冠梨特色农产品优势区
4	河北省乐亭甜瓜（薄皮）特色农产品优势区
5	河北省围场胡萝卜特色农产品优势区
6	河北省邱县红薯（食用）特色农产品优势区
7	河北省隆化中药材特色农产品优势区
8	河北省成安草莓特色农产品优势区
9	河北省献县金丝小枣特色农产品优势区
10	河北省遵化油鸡特色农产品优势区
11	河北省赞皇蜜蜂特色农产品优势区
12	河北省蔚县小米特色农产品优势区
13	河北省内丘酸枣仁特色农产品优势区
14	河北省南和宠物食品特色农产品优势区
15	河北省沙河红薯（淀粉用）特色农产品优势区

续表

序号	名称
16	河北省固安番茄特色农产品优势区
17	河北省馆陶艾草特色农产品优势区
18	河北省阜城高粱特色农产品优势区
19	河北省临城核桃特色农产品优势区
20	河北省邢台县浆水苹果特色农产品优势区
21	河北省阜平香菇特色农产品优势区
22	河北省山海关大樱桃特色农产品优势区
23	河北省献县肉鸭特色农产品优势区
24	河北省新乐西瓜特色农产品优势区
25	河北省定州葡萄特色农产品优势区
26	河北省平泉黄瓜特色农产品优势区
27	河北省玉田甲鱼特色农产品优势区
28	河北省武邑红梨特色农产品优势区
29	河北省承德县食用菌特色农产品优势区
30	河北省安平生猪特色农产品优势区
31	河北省涿鹿葡萄特色农产品优势区
32	河北省曲周小米特色农产品优势区
33	河北省安次甜瓜（厚皮）特色农产品优势区
34	河北省柏乡强筋小麦特色农产品优势区
35	河北省康保荞麦特色农产品优势区
36	河北省丰润生姜特色农产品优势区
37	河北省阳原鹦哥绿豆特色农产品优势区
38	河北省青龙北苍术特色农产品优势区
39	河北省塞北马铃薯特色农产品优势区
40	河北省故城肉鸡特色农产品优势区
第三批（2020年12月）	
1	河北省望都辣椒特色农产品优势区
2	河北省泊头桑葚特色农产品优势区
3	河北省武强奶牛特色农产品优势区
4	河北省邯郸市经开区叶菜特色农产品优势区
5	河北省大名花生特色农产品优势区
6	河北省昌黎春季马铃薯特色农产品优势区
7	河北省易县磨盘柿特色农产品优势区
8	河北省蠡县麻山药特色农产品优势区

续表

序号	名称
9	河北省宽城香菇特色农产品优势区
10	河北省遵化板栗特色农产品优势区
11	河北省滦南肉鸡特色农产品优势区
12	河北省邢台市任泽区十字花科蔬菜特色农产品优势区
13	河北省沽源藜麦特色农产品优势区
14	河北省深州黄冠梨特色农产品优势区
15	河北省无极黄瓜特色农产品优势区
16	河北省青龙板栗特色农产品优势区
17	河北省馆陶黑小麦特色农产品优势区
18	河北省黄骅苜蓿特色农产品优势区
19	河北省元氏芽球菊苣特色农产品优势区
20	河北省平泉寒地苹果特色农产品优势区
21	河北省黄骅南美白对虾特色农产品优势区
22	河北省围场中药材特色农产品优势区
23	河北省永清设施黄瓜特色农产品优势区
24	河北省隆尧强筋小麦特色农产品优势区
25	河北省承德县国光苹果特色农产品优势区
26	河北省阜城西瓜特色农产品优势区
27	河北省肃宁肉鸭特色农产品优势区
28	河北省涉县连翘特色农产品优势区
29	河北省兴隆板栗特色农产品优势区
30	河北省藁城番茄特色农产品优势区
31	河北省肥乡番茄特色农产品优势区
32	河北省赞皇樱桃特色农产品优势区
33	河北省张北甜菜特色农产品优势区
34	河北省定州辛辣蔬菜特色农产品优势区
35	河北省蔚县知母特色农产品优势区
36	河北省南宫黄韭特色农产品优势区
37	河北省宁晋羊肚菌特色农产品优势区
38	河北省张北燕麦特色农产品优势区
39	河北省元氏石榴特色农产品优势区
40	河北省曲周甜叶菊特色农产品优势区
41	河北省邢台市信都区板栗特色农产品优势区
42	河北省新乐花生特色农产品优势区

续表

序号	名称
43	河北省威县葡萄特色农产品优势区
44	河北省涿鹿杏扁特色农产品优势区
45	河北省宣化张杂谷特色农产品优势区

数据来源：河北省农业农村厅、河北省发展和改革委员会、河北省林业和草原局、河北新闻网

附录13：河北省农产品区域公用品牌

附表13　河北省农产品区域公用品牌情况

果品（15个）		
序号	地区	申报品牌
1	张家口市	宣化牛奶葡萄
2	保定市	顺平苹果
3	保定市	清苑西瓜
4	辛集市	辛集皇冠梨
5	邢台市	内丘苹果
6	邯郸市	成安草莓
7	保定市	高碑店黄桃
8	衡水市	武邑红梨
9	邢台市	浆水苹果
10	廊坊市	安次甜瓜
11	邢台市	威县葡萄
12	唐山市	唐山酸梨
13	邯郸市	邱县文冠果
14	衡水市	漫河西瓜
15	保定市	高阳西洋梨
蔬菜（6个）		
1	唐山市	玉田包尖白菜
2	承德市	平泉黄瓜
3	廊坊市	固安番茄
4	衡水市	冀州天鹰椒
5	保定市	徐水西红柿
6	保定市	蠡县红薯
粮食（5个）		

续表

序号	地区	申报品牌
1	秦皇岛市	卢龙孤竹小金米
2	石家庄市	藁城宫面
3	唐山市	唐山大米
4	邢台市	南和金米
5	石家庄市	藁城宫米
林特（1个）		
1	保定市	易县磨盘柿
食用菌（3个）		
1	承德市	平泉香菇
2	邯郸市	魏县杏鲍菇
3	邢台市	宁晋羊肚菌
中药材（9个）		
1	邢台市	巨鹿金银花、枸杞
2	保定市	蠡县麻山药
3	邢台市	邢台酸枣仁
4	邯郸市	涉县柴胡、连翘
5	衡水市	安平白山药
6	承德市	围场沙棘
7	保定市	安国祁菊花、祁山药、祁紫菀
8	邢台市	清河山楂
9	秦皇岛市	青龙北苍术
肉类产品（6个）		
1	邯郸市	邱县羊肉
2	秦皇岛市	青龙绒山羊
3	廊坊市	安次肉鸡
4	秦皇岛市	抚宁生猪
5	沧州市	献县肉鸭
6	保定市	徐水驴肉
经济植物类（1个）		
1	承德市	兴隆板栗
水产动物类（3个）		
1	秦皇岛市	昌黎扇贝
2	唐山市	唐山河鲀
3	沧州市	黄骅梭子蟹

续表

序号	地区	申报品牌
动物产品（1个）		
1	邢台市	南和犬猫粮

数据来源：国家市场监督管理总局

附录14：2021年100种中药材价格表

附表14　2021年100种中药材价格　　单位：元/千克A2：Q170

序号	药材	规格	等级	产地	1月	2月	3月	4月	5月	6月	7月	8月	9月	10月	11月	12月
1	阿胶		东阿	山东	2830	2830	2830	2850	2850	2850	2750	2720	2720	2720	3000	2850
2	艾叶		统	河南	7	7	7	7	7	7	8	8	9.5	9.5	9.5	9.5
3	白花蛇	条	统	江西	100	100	100	100	100	100	95	95	90	90	90	90
4	白芍	杭白芍	统	浙江	26	26	26	26	26	26	26	30	30	30	30	30
5	白芍	亳白芍	统	安徽亳州	12.5	12.5	12.5	12.5	12.5	12.5	12.5	22	22	22	22	22
6	白芍	亳白芍	一二等	安徽亳州	16.5	16.5	16.5	16.5	16.5	16.5	16.5	24	24	24	24	24
7	白芍	亳白芍	三四等	安徽亳州	10.5	10.5	10.5	10.5	10.5	10.5	10.5	20	20	20	20	20
8	白术		统	浙江	19	19	19	19	19	19	22	25	28	32	32	32
9	白术		统	湖北	16	16	16	16	16	16	19	22	25	29	29	29
10	白术		统	河北安国	10	10	11	10	10	10	11	13	15	16	17	17
11	白芷	祁白芷	一等	河北安国	8	7.5	7.5	7.5	8	9	9.5	12	12	12.5	13.5	13.5
12	白芷	祁白芷	二等	河北安国	7	6.5	6.5	6.5	7	8.5	8.5	11	11	11.5	12.5	12.5
13	白芷	祁白芷	三等	河北安国	6	5.5	5.5	5.5	6	8	7.5	9	10	10.5	11.5	11.5
14	白芷	川白芷	统	四川	12	12	12	12	12	12	14	22	22	23	23	23
15	板蓝根		统	河北	11.5	11	9.5	9	9.5	10	11.5	12	12	12	13	14
16	半夏		统	甘肃	100	100	100	100	90	90	90	90	90	80	80	80
17	北沙参		一等	河北安国	32	34	34	38	38	35	35	35	40	42	45	48

续表

序号	药材	规格	等级	产地	1月	2月	3月	4月	5月	6月	7月	8月	9月	10月	11月	12月
18	北沙参		二等	河北安国	20	22	22	24	24	23	23	23	26	28	30	35
19	北沙参		三等	河北安国	13	15	15	16	16	15	15	15	18	22	24	26
20	北沙参		统	内蒙	45	45	45	45	45	45	45	45	45	52	65	65
21	鳖甲		统	江西	120	120	120	120	120	120	120	120	120	125	125	125
22	冰片			云南	510	510	530	510	500	500	520	520	520	520	520	520
23	苍术	野生	光统	河北承德	170	170	190	200	200	200	200	200	200	200	200	200
24	柴胡	家	统	山西	75	75	75	75	75	75	75	75	75	75	75	75
25	柴胡	野生	统	河北承德	155	155	155	155	155	155	155	155	155	155	155	155
26	蝉蜕		水洗	河北	380	380	380	380	380	400	500	520	520	520	500	500
27	陈皮		统	浙江	8	8	8	8	8	8	8	8	8	8	9	10
28	赤芍		统	内蒙	48	48	52	52	52	52	52	52	52	52	52	52
29	川贝母	松贝	统	四川	3200	3200	3200	3200	3200	3200	3200	3300	3300	3300	3300	3300
30	川贝母	青贝	统	四川	2800	2800	2800	2800	2800	2800	2800	2900	2900	2800	2800	2800
31	川贝母	炉贝	统	四川	2600	2600	2600	2600	2600	2600	2600	2700	2700	2500	2500	2500
32	川芎		统	四川	24	27	26	27	34	34	32	31	32	35	46	41
33	大黄	西	统	甘肃礼县	26	26	26	26	26	26	26	26	26	26	26	26
34	大青叶		统	河北安国	3.5	3.5	3.5	3.5	3.5	3.5	3.5	3.5	3.5	3.5	3.5	3.5
35	丹参	家种	统	山东	14	14	14	14	14	13	13.5	15	15	16	18	18
36	丹参	家种	统	河北	12	12	12	12	12	10	11	13	13	13	16	16
37	丹参	野生	统	河北	20	20	20	20	20	20	20	20	20	20	22	22
38	淡豆豉		统	河北安国	15	15	15	15	15	15	15	15	15	15	15	15
39	当归	全归	统	甘肃岷县	25	26	28	26	26	30	30	38	38	38	38	38
40	当归	归头	统	甘肃岷县	55	55	58	55	55	65	65	70	70	70	70	70
41	当归	归尾	统	甘肃岷县	14	15	18	15	15	15	15	20	20	20	20	20
42	党参	白条党	大条	甘肃	50	52	52	52	52	52	60	65	60	60	60	60
43	党参	白条党	中条	甘肃	40	42	42	42	42	42	46	55	50	50	50	50

续表

序号	药材	规格	等级	产地	1月	2月	3月	4月	5月	6月	7月	8月	9月	10月	11月	12月
44	党参	白条党	小条	甘肃	30	31	31	31	31	31	34	48	43	43	43	43
45	地黄		混	河南	11	11	13	13	15	20	30	30	30	40	46	50
46	地黄		一二等	河南	15	15	16.5	16.5	18	22	34	34	34	46	48	60
47	地黄		三四等	河南	12.5	12.5	14.5	14.5	16	21	32	32	32	41	44	55
48	地龙		全开	广东	265	265	265	265	265	265	265	265	265	265	265	265
49	杜仲	干皮	统	四川	11	11	11	11	11	11	11	11	11	11	11	13
50	防风	家种	统	河北安国	13	13	13	13	13	15	16	21	21	23	27	27
51	防风	野生	统	内蒙海拉尔	300	300	300	300	300	300	300	300	300	300	300	300
52	防风	野生	统	河北张家口	280	280	280	280	280	280	280	280	280	280	280	280
53	茯苓		统丁	安徽	32	32	33	36	36	36	40	40	38	38	38	38
54	附子	清水	黑	四川	38	38	38	38	38	38	38	38	39	39	39	39
55	附子	清水	白	四川	48	48	48	48	48	48	50	50	50	50	50	50
56	甘草	家种	统	甘肃	9	9	9	9	9	9	9	9	9	9	9	9
57	甘草	野生	统	内蒙	18	18	18	18	18	18	18	18	18	18	18	18
58	干姜	个	统	云南	27	27	30	27	27	23	19	19	17	17	17	20
59	葛根	粉块	无硫	广西	15	15	15	15	15	15	15	15	15	15	12	12
60	葛根	柴丁	无硫	安徽	17	17	17	17	17	17	17	17	17	17	17	17
61	钩藤		统	湖南	80	80	80	80	80	65	65	65	65	65	65	65
62	枸杞		280粒	宁夏中宁	60	60	60	60	60	60	60	60	60	62	62	62
63	枸杞		380粒	宁夏中宁	48	48	48	48	48	48	48	48	48	50	50	50
64	枸杞		选	青海	50	50	50	50	50	50	50	50	50	52	52	52
65	瓜蒌	全	统	河北	16	18	18	18	22	22	34	34	34	34	34	34
66	瓜蒌	仁	统	河北	18	18	18	18	18	18	24	24	30	30	30	30
67	瓜蒌	皮	统	河北	15	18	18	18	20	20	24	24	30	30	30	30
68	广藿香		统	广东	26	26	25	23	20	15	12	14	14	14	14	11

续表

序号	药材	规格	等级	产地	1月	2月	3月	4月	5月	6月	7月	8月	9月	10月	11月	12月
69	龟甲	净	统	广东	150	150	150	125	125	125	125	125	125	125	125	125
70	桂枝		统	广西	6.5	6.5	6.5	6.5	6.5	6.5	6.5	6.5	9	9	9	9
71	蛤蚧		大	进口	55	55	55	72	85	85	85	85	85	85	85	85
72	蛤蚧		中	进口	44	44	44	65	75	75	75	75	75	75	75	75
73	蛤蚧		小	进口	40	40	40	50	60	60	60	60	60	60	60	60
74	红花		统	新疆	155	155	150	160	160	150	150	165	165	185	185	185
75	厚朴		统	四川	12	12	12	12	12	12	12	12	12	12	12	12
76	黄柏		统	四川	18	18	18	18	18	20	20	20	21	21	30	32
77	黄柏		统	东北	35	35	35	32	32	32	32	32	35	35	45	55
78	黄连	鸡爪	统	四川	130	130	130	130	140	140	140	140	155	155	150	150
79	黄连	单枝	统	四川	140	150	150	145	150	150	150	150	165	165	160	160
80	黄芪		统	甘肃	15	15	15	15	15	15	15	15	15	15	15	15
81	黄芪		大条	甘肃	22	22	22	22	22	22	22	22	22	22	22	22
82	黄芪		中条	甘肃	18	18	18	18	18	18	18	18	18	18	18	18
83	黄芩	家	统	山西	25	25	25	24	20	17	20	20	20	22	22	22
84	黄芩	野生	统	内蒙	40	40	40	40	40	40	40	40	40	40	40	40
85	鸡内金		统	河北	9	9	9	9	9	9	9	9	9	9	11	11
86	鸡血藤		统	广西	9	9	9	9	9	9	9	9	9	9	11	11
87	僵蚕		统	四川	120	120	120	120	120	120	120	120	120	120	120	120
88	金银花		统	山东	180	180	170	170	150	145	145	145	145	145	145	145
89	金银花		统	河南	220	220	210	210	170	160	160	160	160	160	160	160
90	金银花		青花	河北巨鹿	210	210	200	200	150	140	140	140	140	140	140	140
91	荆芥	全	统	河北安国	6.5	6.5	6	6	6	6.5	7	7	12	13	14	15
92	荆芥	穗	统	河北安国	25	25	25	25	25	25	25	25	25	30	32	35
93	桔梗		统	河北安国	24	24	24	24	24	24	25	25	25	25	27	33
94	桔梗		统	内蒙赤峰	30	30	30	30	30	30	30	30	30	30	32	38
95	菊花	祁菊	一等	河北安国	46	48	48	48	50	52	55	55	53	56	72	75
96	菊花	祁菊	二等	河北安国	41	42	42	42	43	48	50	50	48	52	65	68
97	菊花	杭菊		江苏	43	43	43	43	43	43	55	55	50	55	65	70

续表

序号	药材	规格	等级	产地	1月	2月	3月	4月	5月	6月	7月	8月	9月	10月	11月	12月
98	菊花	贡菊		安徽	180	190	190	190	200	200	200	200	200	200	240	260
99	苦杏仁	带皮	统	河北承德	29	29	29	29	30	30	31	31	31	31	34	34
100	款冬花		统	河北张家口	65	65	65	65	65	65	65	65	85	85	85	95
101	连翘		水煮青	河南	75	75	75	70	65	75	95	110	120	120	120	120
102	灵芝	家	统	山东	32	32	32	32	32	32	32	32	32	32	32	32
103	灵芝	野生	统	越南	240	240	240	240	240	240	240	240	240	240	240	240
104	龙胆草	北龙胆	统	辽宁	50	50	50	50	46	55	55	55	55	75	75	75
105	龙胆草	南龙胆	统	云南	55	55	55	55	55	55	55	55	55	55	55	55
106	鹿茸	驯鹿	统	辽宁	3500	3500	3500	3500	3200	3200	3200	3200	3200	3200	3200	3200
107	麻黄		统	内蒙	13	13	13	13	13	13	13	13	13	13	13	13
108	麦冬	川	统	四川	48	48	55	55	60	60	60	65	65	67	72	68
109	麦冬	山	统	湖北	32	32	32	32	35	35	35	40	40	40	45	44
110	没药		统	进口	190	190	190	190	190	190	190	190	190	190	190	190
111	牡丹皮	粉丹	统	安徽	25	25	25	25	25	25	25	30	30	33	36	33
112	牡丹皮	黑丹	统	安徽	15	15	16	15	15	15	15	25	25	28	30	28
113	牡蛎		统	山东	3	3	3	3	3	3	3	3	3	3	3	3
114	木通		统	四川	12	12	12	12	12	12	12	12	12	12	12	12
115	木香		统	云南	14	14	14	14	16	20	20	20	20	20	20	20
116	牛膝		统	河北安国	9.5	9.5	14	14	14	15	15	15	15	17	32	32
117	青皮		统	江西	9	9	9	9	9	9	9	9	9	9	9	9
118	全蝎		清水	河北	3200	3200	3200	3200	3200	3000	3000	3000	3000	3000	3000	2800
119	全蝎		盐水	河北	2400	2400	2400	2400	2400	2200	2200	2200	2200	2200	2200	2100
120	肉桂		统	广西	17	17	17	17	20	18	18	18	18	18	18	18
121	乳香		珠	进口	60	60	60	60	60	60	60	60	60	60	60	60
122	三七	春七	20头	云南	290	290	290	300	270	270	270	270	270	250	270	270
123	三七	春七	40头	云南	140	140	160	170	170	170	170	170	170	150	170	170
124	三七	春七	80头	云南	115	115	140	145	135	135	135	135	135	130	135	135

续表

序号	药材	规格	等级	产地	1月	2月	3月	4月	5月	6月	7月	8月	9月	10月	11月	12月
125	三七	春七	120头	云南	110	110	130	135	130	130	130	130	130	125	130	130
126	三七	春七	无数头	云南	100	100	120	125	120	120	120	120	120	115	120	120
127	桑寄生		统	广西	7	7	7	7	7	7	7	7	7	7	7	7
128	砂仁		壳	广东	230	230	270	230	230	220	200	190	190	190	190	160
129	砂仁		去皮	广东	330	330	380	330	330	320	300	290	290	290	290	260
130	山药	毛	一等	河北安国	14	13	13	14.5	15	15	14.5	14.5	15	19	19	20
131	山药	毛	二等	河北安国	9	8	8	10	12	12	12	12	12	17	17	18
132	山药	毛	三等	河北安国	6	5.5	5.5	8	9	9	9	9	9	15	15	16
133	山药	光	一等	河北安国	29	26	26	27	30	30	30	30	32	34	34	35
134	山药	光	二等	河北安国	23	20	20	21	27	27	27	27	28	29	30	32
135	山药	光	三等	河北安国	17	16	16	17	21	21	21	21	22	24	25	28
136	山药	光	四等	河北安国	15	14	14	15	18	18	18	18	19	22	23	25
137	山药	毛	统	河南	10.5	10	10	12	15	15	15	15	16	23	23	28
138	山楂		统	河北承德	8	8	8	8	8	8	8	8	8	8	8	8
139	山茱萸		统	陕西	33	33	37	35	35	35	35	45	50	50	50	50
140	神曲	六神曲	统	四川	16	16	16	16	16	16	16	16	16	16	16	16
141	石膏		统	山东	4.5	4.5	4.5	2	2	2	2	2	2	2	2	2
142	水蛭		淡水	山东	1300	1350	1500	1500	1480	1480	1550	1600	1550	1650	1650	1720
143	酸枣仁		统	山东	300	300	300	320	320	300	300	360	450	470	470	480
144	天花粉		一等	河北安国	21	26	27	27	30	30	30	30	30	30	30	35
145	天花粉		二等	河北安国	19	22	22	21	24	24	24	25	25	25	26	30
146	天花粉		三等	河北安国	14	17	17	16	18	18	18	20	20	20	22	26
147	天麻	无硫	统	四川	125	125	125	125	125	125	125	125	125	120	120	120

续表

序号	药材	规格	等级	产地	1月	2月	3月	4月	5月	6月	7月	8月	9月	10月	11月	12月
148	天麻		一二等	四川	150	150	150	150	150	150	150	150	150	145	145	145
149	天麻		三四等	四川	115	115	115	115	115	115	115	115	115	110	110	110
150	乌梢蛇	国产	统	江西	1100	1100	1100	1100	1100	950	950	900	900	900	900	900
151	五味子	北五味	统	辽宁	55	55	55	55	60	60	65	80	78	80	80	75
152	五味子	南五味	统	陕西	53	53	53	53	53	53	56	68	68	68	68	65
153	西洋参	国产（10g）	软支	吉林	360	360	360	360	360	360	360	360	360	360	360	360
154	西洋参	国产（10g）	硬支	吉林	300	300	300	300	300	300	300	300	300	300	300	300
155	西洋参	进口（10g）	统	加拿大	950	950	950	950	950	950	950	950	950	950	950	850
156	夏枯草		统	河南	28	28	30	40	40	25	23	23	20	24	24	21
157	辛夷		统	河南	28	28	30	33	33	34	34	34	34	34	34	34
158	延胡索		统	浙江	40	40	40	41	50	52	52	52	52	57	67	66
159	延胡索		统	陕西	38	38	38	39	48	50	50	50	50	56	65	65
160	益母草		统	河北安国	3.5	3.5	3.5	3.5	3.5	3.5	3.5	3.5	3.5	5	5	5
161	薏苡仁	小粒	统	贵州	12	13	13	11	9.5	10	12	11	12.5	13	13	13
162	淫羊藿		统	甘肃	95	95	95	95	95	100	130	130	130	140	140	140
163	淫羊藿		统	东北	90	90	90	90	90	120	120	120	120	130	130	130
164	远志	肉	统	山西	90	90	90	90	90	90	90	90	90	90	90	90
165	远志	全	统	山西	50	50	50	50	50	50	50	50	50	50	50	50
166	远志	筒	一级	山西	200	200	200	200	200	200	200	200	200	200	200	200
167	远志	筒	二三等	山西	160	160	160	160	160	160	160	160	160	160	160	160
168	浙贝	无硫	统	浙江	32	32	32	32	38	42	42	42	42	45	45	45
169	知母	家种	毛统	河北安国	21	21	18	18	20	20	19	18	19	22	25	25
170	知母	家种	肉统	河北安国	52	52	53	60	60	60	60	57	58	65	68	68
171	知母	家种	统	安徽亳州	11	11	11	11	11	11	11	15	16	22	23	23
172	栀子		统	江西	12	12	12	15	15	15	16	17	18	22	22	22

续表

序号	药材	规格	等级	产地	1月	2月	3月	4月	5月	6月	7月	8月	9月	10月	11月	12月
173	枳壳		统	江西	18	18	18	18	18	20	32	32	31	31	31	31
174	枳实		统	江西	45	45	45	45	45	75	82	82	82	82	82	82
175	猪苓		统	东北	50	50	50	50	50	48	48	48	48	48	50	55
176	紫苏	梗	统	河北安国	4.5	4.5	4.5	4.5	4.5	6	6	6	6	6	6	6

附录15：2022年100种中药材价格表

附表15　2022年100种中药材价格　　单位：元/千克 A2：Q170

序号	药材	规格	等级	产地	1月	2月	3月	4月	5月	6月	7月	8月	9月	10月	11月	12月
1	阿胶		东阿	山东	2850	2850	2850	2850	2850	2850	2850	2850	2950	2950	2900	2900
2	艾叶		统	河南	9.5	9.5	9.5	9.5	10	10	10	10	10	10	10	10
3	白花蛇	条	统	江西	85	80	80	80	80	85	85	85	80	80	80	80
4	白芍	杭白芍	统	浙江	30	30	30	30	30	30	30	30	30	30	28	28
5	白芍	亳白芍	统	安徽亳州	22	22	22	22	22	22	22	22	22	22	20	20
6	白芍	亳白芍	一二等	安徽亳州	24	24	24	24	24	24	28	28	28	28	26	26
7	白芍	亳白芍	三四等	安徽亳州	20	20	20	20	20	20	22	22	22	22	20	20
8	白术		统	浙江	32	32	32	32	30	30	30	30	30	30	28	30
9	白术		统	湖北	29	28	28	28	26	26	27	27	27	27	26	27
10	白术		统	河北安国	17	16	16	16	14	14	14	14	14	14	13	14
11	白芷	祁白芷	一等	河北安国	13	13	13	13	13	13	13	13	14	14	13	24
12	白芷	祁白芷	二等	河北安国	12	12	12	12	12	12	12	12	13	13	12	23
13	白芷	祁白芷	三等	河北安国	11	11	11	11	11	11	11	11	12	12	11	22
14	白芷	川白芷	统	四川	23	23	23	23	23	21	21	20	20	20	20	23
15	板蓝根		统	河北	14	14	13.5	13.5	11	11	11	11	11	11	14	20
16	半夏		统	甘肃	80	80	80	80	80	70	70	70	70	70	70	75

续表

序号	药材	规格	等级	产地	1月	2月	3月	4月	5月	6月	7月	8月	9月	10月	11月	12月
17	北沙参		一等	河北安国	48	48	48	48	48	48	48	49	45	45	45	46
18	北沙参		二等	河北安国	35	35	35	35	35	35	35	36	35	36	36	41
19	北沙参		三等	河北安国	26	26	26	26	26	26	26	27	26	28	28	31
20	北沙参		统	内蒙	65	65	65	65	65	65	50	50	50	50	50	52
21	鳖甲		统	江西	125	120	120	120	120	120	120	120	120	120	125	125
22	冰片			云南	520	520	520	520	520	520	520	520	520	520	520	520
23	苍术	野生	光统	河北承德	200	195	195	195	190	190	190	180	180	180	180	180
24	柴胡	家	统	山西	75	75	75	75	75	75	75	75	75	75	75	75
25	柴胡	野生	统	河北承德	155	155	155	155	155	155	155	155	155	155	155	155
26	蝉蜕		水洗	河北	500	500	500	500	500	500	520	530	530	530	530	530
27	陈皮		统	浙江	11	11	11	11	11	11	11	13	13	13	12	13
28	赤芍		统	内蒙	52	52	55	55	53	53	53	50	50	50	45	45
29	川贝母	松贝	统	四川	3200	3200	3200	3200	3200	3200	3800	3900	3900	4000	4000	4300
30	川贝母	青贝	统	四川	2700	2700	2700	2700	2700	2700	3200	3200	3200	3400	3400	3600
31	川贝母	炉贝	统	四川	2400	2400	2400	2400	2400	2400	2400	2400	2400	2600	2600	2900
32	川芎		统	四川	41	43	43	43	32	32	31	38	38	38	35	35.5
33	大黄	西	统	甘肃礼县	26	26	26	26	28	28	28	28	25	25	25	25
34	大青叶		统	河北安国	3.5	3.5	3.5	3.5	3.5	3.5	3.5	3.5	3.5	3.5	3.5	4.8
35	丹参	家种	统	山东	18	18	18	18	17	17	17	17	17	17	18	18
36	丹参	家种	统	河北	16	16	16	16	15	15	15	15	15	15	16	16
37	丹参	野生	统	河北	22	22	22	22	22	22	22	22	22	22	22	22
38	淡豆豉		统	河北安国	15	15	15	15	15	15	15	15	15	15	15	20
39	当归	全归	统	甘肃岷县	38	40	40	40	40	40	45	60	60	60	60	60
40	当归	归头	统	甘肃岷县	70	75	75	75	75	75	80	56	56	56	56	56

续表

序号	药材	规格	等级	产地	1月	2月	3月	4月	5月	6月	7月	8月	9月	10月	11月	12月
41	当归	归尾	统	甘肃岷县	20	22	22	22	22	22	25	52	52	52	52	52
42	党参	白条党	大条	甘肃	60	60	60	60	62	62	62	75	75	75	75	90
43	党参	白条党	中条	甘肃	50	50	50	50	58	58	58	68	68	68	68	73
44	党参	白条党	小条	甘肃	43	43	43	43	50	50	50	58	58	58	58	65
45	地黄		混	河南	50	48	46	46	40	46	50	45	45	26	22	26
46	地黄		一二等	河南	60	58	56	56	55	58	60	58	58	36	35	36
47	地黄		三四等	河南	55	53	50	50	48	50	53	48	48	30	28	30
48	地龙		全开	广东	260	260	245	245	245	245	245	250	260	280	260	260
49	杜仲	干皮	统	四川	13	14	14	14	14	14	14	14	14	14	14	14
50	防风	家种	统	河北安国	30	30	26	26	23	23	26	28	27	30	30	60
51	防风	野生	统	内蒙海拉尔	300	300	300	300	280	280	280	280	280	280	280	340
52	防风	野生	统	河北张家口	280	280	280	280	260	260	260	260	260	260	260	320
53	茯苓		统丁	安徽	38	36	36	36	33	33	33	32	30	30	26	28
54	附子	清水	黑	四川	39	45	45	45	45	45	45	45	45	45	45	58
55	附子	清水	白	四川	50	55	55	55	55	55	55	55	55	55	55	65
56	甘草	家种	统	甘肃	9	15	15	15	15	15	15	15	15	15	15	20
57	甘草	野生	统	内蒙	18	20	20	20	20	20	20	20	20	20	20	22
58	干姜	个	统	云南	20	20	18.5	18.5	18.5	18.5	18.5	20	20	20	18	22
59	葛根	粉块	无硫	广西	12	12	12	12	12	12	12	12	12	12	12	12
60	葛根	柴丁	无硫	安徽	17	17	17	17	17	17	17	17	17	17	17	17
61	钩藤		统	湖南	65	65	65	65	65	65	65	65	65	65	65	65
62	枸杞		280粒	宁夏中宁	62	62	62	62	55	50	49	49	49	49	48	48
63	枸杞		380粒	宁夏中宁	50	50	50	50	45	45	43	43	43	43	40	40
64	枸杞		选	青海	52	52	52	52	50	50	40	40	40	40	38	38

续表

序号	药材	规格	等级	产地	1月	2月	3月	4月	5月	6月	7月	8月	9月	10月	11月	12月
65	瓜蒌	全	统	河北	34	35	35	35	60	80	80	80	80	60	60	60
66	瓜蒌	仁	统	河北	30	30	30	30	30	30	30	30	30	28	28	28
67	瓜蒌	皮	统	河北	30	30	26	26	26	26	26	26	26	24	24	24
68	广藿香		统	广东	11	11	11	11	11	11	11	11	11	11	14	25
69	龟甲	净	统	广东	125	125	120	120	110	110	110	110	110	110	110	110
70	桂枝		统	广西	9	9	9	9	9	10	10	10	10	10	10	11
71	蛤蚧		大	进口	85	85	85	85	85	65	70	60	60	60	68	68
72	蛤蚧		中	进口	75	75	75	75	75	55	60	55	55	55	58	58
73	蛤蚧		小	进口	60	60	60	60	60	50	55	50	50	50	53	53
74	红花		统	新疆	180	180	180	180	165	140	145	165	165	165	165	165
75	厚朴		统	四川	12	12	12	12	12	12	12	12	12	12	13	13
76	黄柏		统	四川	32	32	34	34	30	30	32	31	30	30	30	32
77	黄柏		统	东北	55	57	58	58	70	80	85	85	70	70	70	70
78	黄连	鸡爪	统	四川	150	150	145	145	145	135	135	180	160	190	200	210
79	黄连	单枝	统	四川	160	160	155	155	155	150	150	190	175	200	210	220
80	黄芪		统	甘肃	15	15	17	17	17	17	17	17	17	17	17	17
81	黄芪		大条	甘肃	22	22	24	24	24	24	24	24	24	24	24	24
82	黄芪		中条	甘肃	18	18	20	20	20	20	20	20	20	20	20	20
83	黄芩	家	统	山西	22	22	22	22	19	19	19	19	19	19	19	26
84	黄芩	野生	统	内蒙	40	40	40	40	40	40	40	40	40	40	40	40
85	鸡内金		统	河北	11	11	11	11	11	11	11	12	12	12	12	12
86	鸡血藤		统	广西	11	11	11	11	15	15	15	15	15	15	15	8.5
87	僵蚕		统	四川	120	120	120	120	120	120	120	120	115	125	125	130
88	金银花		统	山东	145	145	140	140	150	140	140	140	140	140	140	200
89	金银花		统	河南	160	160	155	155	160	150	150	150	150	150	150	250
90	金银花		青花	河北巨鹿	140	140	135	135	150	140	140	140	140	140	140	240
91	荆芥	全	统	河北安国	15	16	16	16	18	18	17	22	22	10	9	18
92	荆芥	穗	统	河北安国	35	35	35	35	35	35	35	35	35	34	32	35

续表

序号	药材	规格	等级	产地	1月	2月	3月	4月	5月	6月	7月	8月	9月	10月	11月	12月
93	桔梗		统	河北安国	33	33	32	32	32	32	30	32	32	32	28	30
94	桔梗		统	内蒙赤峰	38	38	35	35	35	35	33	35	35	35	31	35
95	菊花	祁菊	一等	河北安国	75	75	75	75	70	70	70	68	68	65	60	62
96	菊花	祁菊	二等	河北安国	70	70	70	70	65	65	65	63	63	60	55	58
97	菊花	杭菊		江苏	70	70	70	70	70	70	70	70	70	68	68	70
98	菊花	贡菊		安徽	260	260	270	270	270	270	290	290	290	280	160	160
99	苦杏仁	带皮	统	河北承德	34	35	33	33	33	33	27	26	26	26	26	30
100	款冬花		统	河北张家口	95	95	100	100	100	100	100	100	130	140	140	220
101	连翘		水煮青	河南	120	125	125	125	125	135	125	125	120	120	130	220
102	灵芝	家	统	山东	32	32	32	32	32	32	32	32	32	32	32	32
103	灵芝	野生	统	越南	240	240	240	240	240	240	240	240	240	240	240	240
104	龙胆草	北龙胆	统	辽宁	75	75	75	75	75	75	75	75	75	70	60	65
105	龙胆草	南龙胆	统	云南	55	55	55	55	55	55	55	55	55	55	55	55
106	鹿茸	驯鹿	统	辽宁	3200	3200	3200	3200	3200	3200	3200	3200	3200	3200	3200	3200
107	麻黄		统	内蒙	13	13	13	13	13	13	13	13	13	13	13	13
108	麦冬	川	统	四川	68	68	68	68	66	66	66	70	70	80	80	83
109	麦冬	山	统	湖北	44	48	48	48	52	52	52	54	54	70	70	72
110	没药		统	进口	190	190	190	190	170	170	170	170	170	170	170	170
111	牡丹皮	粉丹	统	安徽	33	33	32	32	32	32	32	34	40	40	40	45
112	牡丹皮	黑丹	统	安徽	28	28	24	24	24	24	24	30	30	30	30	32
113	牡蛎		统	山东	3	3	2	2	2	2	2	2	2	2	2	3
114	木通		统	四川	12	12	12	12	12	12	12	12	12	12	12	12
115	木香		统	云南	16	16	16	16	15	14	14	14	14	13	13	13
116	牛膝		统	河北安国	32	30	40	40	31	31	35	35	35	18	24	24
117	青皮		统	江西	9	12	12	12	12	12	12	12	12	12	12	12

续表

序号	药材	规格	等级	产地	1月	2月	3月	4月	5月	6月	7月	8月	9月	10月	11月	12月
118	全蝎		清水	河北	2800	2800	2800	2800	2800	2700	2700	2700	2700	2700	2700	2700
119	全蝎		盐水	河北	2100	2100	2100	2100	2100	1950	1950	1950	1950	1950	1950	1950
120	肉桂		统	广西	18	18	18	18	17	17	17	17	17	16	16	16
121	乳香		珠	进口	60	60	60	60	60	60	60	60	60	60	60	60
122	三七	春七	20头	云南	270	250	240	230	190	190	185	185	185	180	180	170
123	三七	春七	40头	云南	170	160	150	150	130	130	125	125	125	120	120	115
124	三七	春七	80头	云南	135	135	135	125	120	120	110	110	110	105	105	105
125	三七	春七	120头	云南	130	130	130	130	105	105	105	105	105	100	100	100
126	三七	春七	无数头	云南	120	120	120	120	100	100	100	100	100	100	100	100
127	桑寄生		统	广西	7	7	7	7	7	7	7	7	7	7	7	7
128	砂仁		壳	广东	160	150	145	145	120	108	95	90	100	90	90	90
129	砂仁		去皮	广东	260	250	245	245	320	210	180	165	180	150	150	150
130	山药	毛	一等	河北安国	20	20	20	20	18	17	16	17	17	17	17	17
131	山药	毛	二等	河北安国	18	18	18	18	16	15	14	15	15	15	15	15
132	山药	毛	三等	河北安国	16	16	16	16	15	14	12	13	13	13	13	13
133	山药	光	一等	河北安国	35	35	35	35	33	32	32	35	35	35	35	35
134	山药	光	二等	河北安国	32	32	33	33	31	30	30	32	32	32	32	32
135	山药	光	三等	河北安国	28	28	31	31	29	28	28	30	30	30	30	30
136	山药	光	四等	河北安国	25	25	29	29	27	26	26	28	28	28	28	28
137	山药	毛	统	河南	28	28	28	28	23	22	21	21	21	21	21	21
138	山楂		统	河北承德	8	8	8	8	8	8	8	8	8	10	10	13
139	山茱萸		统	陕西	50	50	50	50	50	50	50	52	52	52	60	60
140	神曲	六神曲	统	四川	16	16	16	16	16	16	16	16	16	16	16	16
141	石膏		统	山东	2	2	2	2	2	2	2	2	3	3	3	5
142	水蛭		淡水	山东	1720	1720	1750	1750	1750	1750	1750	1780	1850	1900	1900	1850

续表

序号	药材	规格	等级	产地	1月	2月	3月	4月	5月	6月	7月	8月	9月	10月	11月	12月
143	酸枣仁		统	山东	480	490	490	490	570	580	740	980	850	850	880	880
144	天花粉		一等	河北安国	38	39	39	39	39	39	39	40	40	40	40	42
145	天花粉		二等	河北安国	32	33	33	33	33	33	33	34	35	35	35	38
146	天花粉		三等	河北安国	27	30	30	30	30	30	30	32	33	33	33	34
147	天麻	无硫	统	四川	120	120	120	120	90	90	90	90	90	90	90	90
148	天麻		一二等	四川	145	145	145	145	140	140	140	140	140	140	140	140
149	天麻		三四等	四川	110	110	110	110	100	100	100	100	100	100	100	100
150	乌梢蛇	国产	统	江西	900	780	780	780	780	630	630	630	600	600	600	600
151	五味子	北五味	统	辽宁	72	70	72	72	72	72	72	72	70	68	68	68
152	五味子	南五味	统	陕西	65	62	65	65	65	65	58	58	58	58	58	58
153	西洋参	国产（10g）	软支	吉林	360	360	360	360	320	320	320	320	320	320	320	320
154	西洋参	国产（10g）	硬支	吉林	300	300	300	300	280	280	280	280	280	280	280	280
155	西洋参	进口（10g）	统	加拿大	850	850	850	850	800	800	800	800	800	800	800	800
156	夏枯草		统	河南	20	21	23	23	22	18	22	18	18	18	21	21
157	辛夷		统	河南	34	30	30	30	30	30	38	38	38	41	50	52
158	延胡索		统	浙江	66	68	75	75	85	125	140	170	155	150	150	145
159	延胡索		统	陕西	65	66	74	74	85	120	130	160	155	150	150	140
160	益母草		统	河北安国	5	5	5	5	5	5	5	5	5	5	5	5
161	薏苡仁	小粒	统	贵州	13	12	12	12	12.5	12.5	11	11	11.5	11.5	11.5	12
162	淫羊藿		统	甘肃	140	150	150	150	150	150	150	150	150	150	150	150
163	淫羊藿		统	东北	130	135	135	135	135	135	135	135	135	135	135	135
164	远志	肉	统	山西	90	90	90	90	90	90	90	90	90	90	90	90
165	远志	全	统	山西	50	50	50	50	45	45	45	45	45	45	45	45
166	远志	筒	一级	山西	200	200	200	200	190	190	190	190	190	190	190	190
167	远志	筒	二三等	山西	160	160	160	160	150	150	160	160	160	160	160	160

续表

序号	药材	规格	等级	产地	1月	2月	3月	4月	5月	6月	7月	8月	9月	10月	11月	12月
168	浙贝	无硫	统	浙江	45	50	50	50	63	60	60	55	55	55	50	58
169	知母	家种	毛统	河北安国	25	26	26	26	25	28	30	30	30	30	30	34
170	知母	家种	肉统	河北安国	68	68	68	68	68	68	70	70	70	70	70	75
171	知母	家种	统	安徽亳州	23	24	24	24	24	24	24	24	24	24	26	30
172	栀子		统	江西	21	20	20	20	20	20	20	19	19	17	22	22
173	枳壳		统	江西	30	28	26	26	24	20	18	21	24	24	21	21
174	枳实		统	江西	82	82	65	65	60	42	38	45	50	50	45	45
175	猪苓		统	东北	55	55	55	55	55	55	55	55	55	55	55	55
176	紫苏	梗	统	河北安国	6	6	6	6	6	6	6	6	6	6	6	6